灯谜典故杂感

（下）

灯谜·典故·杂感

张志有◎著

兰州大学出版社

图书在版编目(CIP)数据

灯谜·典故·杂感/张志有著. —兰州:兰州大学出版社,2010.12
ISBN 978-7-311-03637-9

Ⅰ.①灯… Ⅱ.①张… Ⅲ.①小品文—作品集—中国—当代 Ⅳ.①I267.3

中国版本图书馆 CIP 数据核字(2010)第 259740 号

策划编辑 宋 婷
责任编辑 饶 慧 钟 静 王晓芳
封面设计 管军伟

书　　名 灯谜·典故·杂感(下)
作　　者 张志有 著
出版发行 兰州大学出版社 (地址:兰州市天水南路 222 号 730000)
电　　话 0931-8912613(总编办公室) 0931-8617156(营销中心)
　　　　 0931-8914298(读者服务部)
网　　址 http://www.onbook.com.cn
电子信箱 press@lzu.edu.cn
印　　刷 兰州瑞昌印务有限责任公司
开　　本 787 mm×1092 mm 1/16
总 印 张 34.25
总 字 数 1028 千
版　　次 2013 年 6 月第 2 版
印　　次 2013 年 6 月第 2 次印刷
书　　号 ISBN 978-7-311-03637-9
定　　价 70.00 元(上、下)

(图书若有破损、缺页、掉页可随时与本社联系)

目　录

乙 卷

丙　卷

丁 卷

戊 卷

己 卷

庚 卷

辛卷

壬卷

癸卷

己卷

谜意画:磨杵成针(机械工具名称)　　多功能改锥　(张志有　作)

插　图:刘旭　作

相如已定题柱志

题柱典凡两见,出于相如者,又称“题桥”。晋·常璩《华阳国志》:“升仙桥在成都县北十里,即司马相如题桥柱曰:‘不乘驷马高车,不复过此桥。’”古人咏“题桥”典之诗句颇多,题句出许浑笔下,郑百川友借以作面,择底乃“司马昭之心”。底句作为成语,不当与下句“路人皆知”割裂,用喻已为人所共知之阴谋、野心,其典出《三国志·魏志·高贵乡公传》。此谜若用杜牧句“相如已定题桥志”作面,猜为“司马昭之心,路人皆知”,似更妥贴。因“题桥”句,路人举目可见,已昭示明白司马相如志矣。严禁刻画涂写之处,仍不乏刻画涂写。彰其名乎?只堪臭名昭彰也!“昭志”只见于孩童期的作文了,长大后,还有张扬的“昭志”吗?

(己卷 1·2004 年 5 月 7 日)

※谜苑拾萃※　喝雉呼卢(《史记》句一)　　鸡狗之声相闻　(民国·姚劲秋　作)

宁可抱香枝上老

宋·朱淑真《黄花》诗句“宁可抱香枝上老,不随黄叶舞秋风”,与宋·郑思肖《画菊》诗句“宁可枝头抱香死,何曾吹落北风中”意颇近;泰国林仲杰先生撷题句作元人名“脱脱不花”面句,谜用“卷帘”格,底材以“花不脱脱”应扣面句。不似“零落成泥碾作尘”(陆游句)的梅,朱淑真笔下的花,是宁肯赖在枝头而不脱落的。世界需要各种花来装扮。“成泥碾作尘,抱香枝上老”各有志向,各显精神。还有些花,分量很轻,带着它的种子,让风为之传扬,落地生根,美化哪怕是偏僻村野亦足矣。生活在天堂是有幸享福,生活在穷乡僻壤却不应认命受罪;能改变穷乡僻壤,使之成天堂、创造幸福的人才最可尊敬。

(己卷 2·2004 年 5 月 8 日)

※谜苑拾萃※　往事不堪回首(疾病一)　　痛经　(张志有　作)

羊　　起!

晋·葛洪《神仙传·黄初平》:牧羊童黄初平遇道士带去学道,四十余年不见;其兄寻觅之,道士告曰:在金华山中牧羊;见了胞弟,问羊何在,弟叱曰:“羊起!”立见白石成羊,约数万头。叱,意为呼唤。一声“羊起”之叱,石变为羊,我用题句作电影名《未来在召唤》的谜面。国人俗以十二地支的“未”,与生肖“羊”相配。谁都有未来,听之任之者有,奋斗寻求者也有。美好的未来,那是要靠艰辛的劳动奋斗以求的。叱石成羊般的“化腐朽为神奇”,写《神仙传》的葛洪见过吗?“天上不会掉馅饼”的警示,是因为总有人盼着“天上掉馅饼”。“不怕一万,就怕万一”,防险该有这精神。“不求一万,就求万一”,博彩提倡这精神。

(己卷 3·2004 年 5 月 8 日)

※灵犀一典※　黄初平叱石(科技新词一)　　复制羊　(卢一雄　作)

青钱万选

没想沾光,“青钱万选” 却誉归张家, 当予一述。《新唐书·张荐传》:“员外郎员半千数为公卿称‘(张)鷟文辞犹青铜钱,万选万中’,时号鷟青钱学士。”此典用喻文才超众。宝鸡田鸿牛友“借题发挥”、意飞神驰地配以佛教人物“文殊”作底。此谜言简意赅;“赅”在谜面典故的丰富蕴涵上。“凡应八举,皆登甲科”,张鷟文才确乎出类拔萃(殊),然其生平事略仅得附在乃孙张荐传中方为人知。文、才毕竟不是做人的根本。除文才之外,张鷟之为人在《中国人名大辞典》中,实在找不出褒扬的话。德乃做人根本;时下,“德育”却不见稍为顾及,而“才、能”培养之投入却越来越多,且过分偏重于进“校门”。巨金堆集的教育,让世风每每受到玷污。

(己卷 4·2004 年 5 月 9 日)

※灵犀一典※　青钱万选(多哈亚运冠军名一)　　张文秀　(林凯胜　作)

扣角干名计已疏

题句出韦庄诗中,郑百川先生借作谜面,措底乃足球教练名:戚务生。谜以“疏”扣底“生”字。干名,求取功名的“事务”也。以“扣角”而“干名”者,“宁戚”也。《艺文类聚》引《琴操》:“宁戚饭牛车下,叩角而商歌……齐桓公闻之,举以为相。”百里奚、圆规道人也有扣牛角而歌之载,但后世用典,多取宁戚说。干名、干誉、干世、干进,义相近,皆属悠久历史的求取功、名、利、禄的词语。现而今,“干法”已发扬光大了;对官场陌生如我之“干盲”,对其中之“黑”,难免估计不足。羡慕宁戚吧,穷得叮当响,却生逢其时,连“干名”都能碰上“廉洁奉公”者。 (己卷5·2004年5月9日)

※谜苑拾萃※ 道不拾遗(北京地域一) 东西长安街 (王如勇 作)

景帝号为智囊

题句出《幼学琼林·文事》。汉代晁错,当太子家令时,太子(后为汉景帝)号其曰“智囊”。泰国林仲杰先生借题句作谜面,择以《增广贤文》句“用心计较般般错”为底。“般般”言“计”之多而广;“心计”以扣“智”;“错误”之“错”,踏实为晁错其人。“用心计较般般错”,大智若愚者反是。遇事千般寻思,万般筹谋,总觉着考虑不周,犹柔寡断,却总成错算。当然了,晁错被腰斩于市,乃政治斗争的牺牲品,与其“智囊”无涉。底文含意,可用“聪明反被聪明误”类比乎?不过,当广告铺天盖地、促销无处不在之际,还真得“用心计较”,以免遭遇陷阱伤害。 (己卷6·2004年5月10日)

※灵犀一典※ 号曰智囊(口语一) 说错 (选自《评注灯虎辨类》)

引弓虚发而下鸟

我借题句作谜面,谜底乃我国已故著名画家徐悲鸿。何以成谜,容我道来。《战国策·楚策四》:更羸对魏王说:“臣为王引弓虚发而下鸟。”魏王疑之。旋有雁自东方来,更羸以虚发而下之。魏王问故,更羸答:“飞徐而鸣悲”的雁原有创伤,闻弦声,惊欲高飞,挣裂伤口落下。虚拉弓弦而能下鸟是现象,雁“飞徐鸣悲”由旧创复发而下才是本质,以“徐悲鸿”应答面材,谁云不宜?同班同学,廿数年后重聚,谁也没想到某甲会是资产过亿者。别穷究其“大发”之窍吧,用句俗语说“鸡不尿尿,各有各的道”。慎议他人之非,尤其对能力平庸却大权在握者。“人不可貌相,海水不可斗量”。不知狗的主,千万别打狗。 (己卷7·2004年5月10日)

※灵犀一典※ 伤鸟有弦惊不定(《西厢记》句一) 怕动弹 (郑百川 作)

扔掉人旁不做官

清初有一学者叫高士其,但这里不说他。著名科学家高士其,原名高仕錤,此名兴许寓有父辈的期望吧,但他不满意,说“扔掉人旁不做官,扔掉金旁不要钱”,改成今名。谜号“听雨楼”的泰国马维克先生,借题句作谜面,底乃《桃花源记》“高尚士也”句,别义作:高尚品德士是也。“不做官,不要钱”就是“高尚士”吗?不尽然。“做官、要钱”即“下品者”吗?更不能成立。高士其之所以“高尚”,在于“已有”而“扔掉”。卑污者之所以卑下,在于不该得到的却用非法手段索取、攫取、掠取。“手莫伸,伸手必被捉”,那个“必”字,水分越来越大了,“伸手”者在偷着乐呢;执法者,你不能让“伸手”者乐呀!

(己卷8·2004年5月11日)

※谜苑拾萃※ 驱遣羲和染新绿(成语一) 来日方长 (伍耿怀 作)

燕啄皇孙

李密《陈情表》中“报刘之日短也”,意思是:报答祖母刘氏恩情的日子不多了,我为此句谋面句曰“燕啄皇孙”。《汉书·孝成赵王后传》载:汉成帝时童谣曰:“燕飞来,啄皇孙。皇孙死,燕啄矢。”后来,赵飞燕入宫,当了汉成帝皇后;飞燕无子,杀了别的妃子所生两子。骆宾王《讨武曌檄》中“燕啄皇孙,知汉祚之将尽”句即指此事。我谜以底作晓喻:刘家天下快完了。其实,骆宾王想说的是“武啄皇孙”。李家王朝寿终也罢,刘氏气数将尽也好,小民原不介意,只盼着温饱日子得以继续。历史上,李唐、刘汉都有过可资称道的“盛世”。历史的发展,对“盛世”的要求当更高。其实,“道不拾遗,夜不闭户”的清平,也不是很容易就能达到的,何况物质生活高度发达的今天,口号不要太响亮了。

(己卷 9·2004 年 5 月 11 日)

※谜苑拾萃※　敢叫日月换新天(川剧名一)　《易胆大》(史东山　作)

出无车,食无鱼

“千里姻缘一线牵”。我曾把谜人比作媒人,任是谜底、谜面风马牛不相及,谜人却能促使它们匹配成美满姻缘。至今,我仍坚持这个看法。题文与成语“我行我素”缔结谜缘,大媒乃新加坡郑泽生先生。题句撷自《战国策·齐策四》:“齐人冯谖”寄食于孟尝君门下,曾三次弹剑铗要求优厚待遇,第一次嫌“食无鱼”(我素),第二次嫌“出无车”(我步行),第三次嫌“无以为家”,孟尝君一一满足了冯的要求。后来,冯谖回报了孟尝君的知遇之恩。“走自己的路,让别人说去吧”,与“一条道走到黑”义不同,前者大约就是“我行我素”吧。“一家之言”是在“我行我素”基础上形成的,若兼收并蓄,不能成“一家之言”。人人可有主意,不可人人皆有“主义”。

(己卷 10·2004 年 5 月 11 日)

※灵犀一典※　长铗归来兮,无以为家(外国名著一)　《伊索寓言》(李次高　作)

晨昏燕蝠争

宋·薛季谊《游竹陵善权洞诗》有“左右触蛮战,晨昏燕蝠争”之句,前句典故在本文丁卷 101 篇有述。苏轼《寄周邠诸诗》:“奈何效燕蝠,屡欲争晨暝”之句,基于这样故事:燕以日出为晨,日落为夕,蝙蝠则与之反,两者争论不休。故事嘲笑爱作无意义争吵的人。我借题句作谜面,以成语“颠倒黑白”为谜底。争去吧,燕蝠所谓的黑白,永远是颠倒的。故事还说:一鸟建议燕、蝠,去请凤凰裁判,又一鸟云,凤凰多睡,诸事已让狐狸代理。谜,本有很多的不确定性,嗜之者凑在一起玩,有了一些约定俗成的规则,但至今未登上正经的艺术殿堂;有人为其一条理论,争吵得翻了脸,大可不必。试问,谜坛“一把手”,相当几品官?

(己卷 11·2004 年 5 月 11 日)

※灵犀一典※　奈何效燕蝠(毛泽东词句一)　只争朝夕　(张志有　作)

自觉居处崇,未瞻斯民康

题句出唐·韦应物诗《郡斋雨中与诸文士燕集》。瞻,别本作“睹”,义同。韦应物时任苏州刺史,他惭愧自己住在高贵的宅第里,对民众的疾苦漠视之。拢诗义,民国著名谜家黎国廉着题句作面,择以《左传·宣公十五年》句“高下在心”作谜底。底作“高/下在心”读断,与面句契合无隙。韦苏州也许“谦虚”,能以“未瞻斯民康”而歉疚。百多年前,通信是极不发达的,底层民情的上达,不仅限于通信手段,更由于层层官员的“报喜不报忧”,就百倍地困难,以至于不可能了。看来,通信手段是次要的。如今,通信手段已是极其先进了,可底层实情的上达,仍极其困难,而且是官越多越困难。

(己卷 12·2004 年 4 月 13 日)

※谜苑拾萃※　两句三年得,一吟双泪流(成语一)　妙语连珠　(辞明　作)

或为击贼笏，逆竖头破裂

题句出自文天祥《正气歌》，典出《旧唐书·段秀实传》：唐德宗朝，朱泚谋反，与段秀实议，秀实闻之大骂“狂贼”，即夺笏击泚致额破血流，秀实因此遭害。《正气歌》采历代忠良壮烈事绩排比之，总赞曰：“是气所磅礴，凛然万古存。”褒扬正气，谜人当不惜绵薄，我借题句作面，择以二剧目为底：忠臣义、拷红。红字双解，既血亦朱。段秀实殊可敬，当其持笏击泚时，实置性命于不顾矣。或曰：秀实之行为，智者不取。我不恨“智者”，也许人家有诛贼忠君又不危及自身之妙策，但“智”与“巧伪”往往是难以分辨的。大千世界，本应容纳各种性格的人存在，人皆“智者”，诚信则鲜矣。

（己卷 13·2004 年 5 月 21 日）

※灵犀一典※ 或为击贼笏（出版术语一·秋千） 朱批 （张志有 作）

四序之阳春，九州之咸雒……

李德裕在唐代宰相里，应属佼佼者，著有《会昌一品集》。郑业为此集所作序文中对李德裕有很高的评价，文曰：“四序之阳春，九州之咸雒，品汇之应龙，人伦之姬旦。”四重排比，从“四序、九州、品汇、人伦”四方面颂扬了李德裕，此四方面之优秀，合成德裕其人，故民国谜人黎国廉借题文四句作谜面，以《书经·康诰》句“若德裕乃身”为底；底义原作：用和顺的美德，丰富自己。各行业中谁最忙？中、小学生。不是给他们“减负”吗？还只是口号。当“大本”都难找到工作时，谁不为高文凭玩命，负担减得下去吗？“若德裕乃身”，谁还顾得上？可最大的忧患，正在于此。缺“德”乃罪恶之渊薮。

（己卷 14·2004 年 5 月 21 日）

※谜苑拾萃※ 言白（十字俗语一） 见人说人话，见鬼说鬼话 （张志有 作）

尔后为诗绝无美句

郑百川先生用题句作面，拟猜蒙书名《昔时贤文》。底之别义作：往昔之时贤才之文。为什么会这样呢？《南史·江淹传》：“梦一丈夫自称郭璞，谓淹曰：‘吾有笔在卿处多年，可以见还。’淹乃探怀中得五色笔一以授之。尔后为诗绝无美句，时人谓之才尽。”“江郎才尽”典出此。《幼学》有“江淹梦笔生花，文思大进”之句，而“梦笔生花”另有所属：“李太白少时，梦所用之笔头生花，后天才赡逸，名闻天下。”（《开元天宝遗事·梦笔头生花》）纪昀论此事曰：“特睡乡幻景耳。”此语亦可用于江淹事。中国无诺贝尔文学奖获得者，是“中无贤文”或“外多杰才”吗？奥斯卡不等于电影的最高境界。鳞次栉比的摩天楼，让中国不像中国！

（己卷 15·2004 年 5 月 21 日）

※灵犀一典※ 梦笔生花（赵树理作品中人名一） 李有才 （张志有 作）

续 命 汤

“命”之一义是“寿命”；月月岁岁，积成寿命。续，延也。我借题句作电影《延安岁月》之谜面。此谜易解，但面材有故事。《艺文类聚》卷八七引《三十六国春秋》：“（晋）安帝元年，（卢）循遗（刘）裕益智粽，裕乃答以续命汤。”益智乃中药，是否有益智功能，不得知。看来，卢循在讥刘裕乏智，刘裕还以续命汤，示循短寿乎？我从小至今都怵“送礼”，唯因不好意思，却没想更多。真像“益智粽、续命汤”那样的颇多寓意的礼，更鲜乎闻。联想之，有因“送礼”而送了命的吗？想必有。可以设想，送某大礼，原本好意，却被受礼者误为恶意，岂不是马屁拍到马蹄上？最近，一“老革命”送礼给我，让我写假证明为他争取“正县级”待遇，我没写；别人写了，我左右不是人。

（己卷 16·2004 年 5 月 21 日）

※谜苑拾萃※ 杀人者，打虎武松也（电影名二） 《墙头记》《谁是凶手》 （林富杰 作）

天下无不是的父母

题句出旧时蒙书《增广贤文》,亦名《增广》、《昔时贤文》。题句当然失之偏颇,但也别"极左",批之"上纲上线"。普天下的父母,其对子女的一切言行,多是出自好心的关爱;由是,清人徐家礼借题句作面,撷《诗经·小雅·楚茨》句"莫怨具庆"作底。"莫怨"由题句婉转达意;"具庆"一词入谜时义作:父母俱存;旧时科考填写履历时,若父母俱在,则填"具庆"二字。人皆有"不是",父母亦难免,甚至有该受"大义灭亲"的"不是",但毕竟是极少数。父母们的"不是",有时实是心为儿女而发生的;我不为他们"饰非",唯愿儿女们也用父母待己之心去回报父母。而"具庆"一词的本义是:俱皆欢庆。

(己卷 17·2004 年 5 月 22 日)

※灵犀一典※　父母俱存一乐也(《诗经》句一)　　莫怨具庆　(《湛持庋词》选)

其心不正而上下乱之

拟以题句,"谜国雁臣"刘雁云先生用作"恤"字的谜面。"心不正"作"忄";"而上下乱之"成"血"。此谜运典否?作者初意恐未用典,然暗合典故。《西京杂记》卷三:刘邦入咸阳宫,得一方镜,"人直来照之,影则倒见;以手扪心而来,则肠胃五脏,历然无碍……又女子有邪心,则胆张心动。秦始皇常以照宫人,胆张心动者则杀之。"前述之"秦镜"如存在过,直是古代的 X 光机,或曰"测邪镜"。读者君,你看题文难道不是"测邪镜"中之象?有人当亟须"测邪镜"类尤物,如老板、领导们;现实也印证着那"尤物"的必要性。窃以为,如是,悲剧矣。当大千世界的芸芸众生构筑起心灵的防线时,人们该多累啊!

(己卷18·2004年5月22日)

※谜苑拾萃※　妆罢低声问夫婿(词牌二)　　《学画眉》《怎么郎》(清·施鲁詹　作)

能徙者予五十金

成语"信而有征"原出《左传·昭公八年》,义作:确实可信有证据;我为此语谋得谜面如题文,其出《史记·商君列传》。卫国人公孙鞅(即卫鞅、商鞅),少有奇才,在卫国未获重用,闻秦孝公求贤,投之。卫鞅欲变秦法,须先取信于民。他令树三丈之木于南门,募民能搬置北门者赏十金;后又改为"能徙者予五十金"。有人徙之,获五十金。行变法秦得以富强,封卫鞅"商十五邑,号为商君"。"信而有征"别义作:(为取)信而征(募徙木人),为此解我颇费心机。图财者不谋而合地拿"信"开刀。食品每每带毒了,什么不可以带毒呢?街上开张了一家"放心肉"店;"放心"二字实无必要,不加此二字的商品,就该让人"担心"吗?对加上"放心"的商品,也别盲目"放心"!

(己卷 19·2004 年 5 月 22 日)

※灵犀一典※　能徙置北门者,予五十金(五言唐诗句一)　　常存抱柱信　(林仲杰　作)

肃静、回避

晚清淮安隐语社谜作中,有以题文作面猜《西厢记》二句,底乃"休言语,靠后些"者,此谜几无"别解",近于释词,殊少味道。然读此谜,见其摹形绘声之毕肖,对了解古事不无裨益,因而录之入题。不去查悉古代的"仪仗"制度了,小说、影视剧中每可看到"大官"出行,总有举以"肃静、回避"大牌开道者。此制不悉始自何年何代,亦不悉何品官员才能享此"排场",唯感其"八面威风"。戏剧里的"夸张",目的在于让观众能看得清楚,悟得明白;戏剧中的"程式化动作",用以阐明特定的含意,尤重"演"字;但戏剧里的"程式化",社会上效仿尤其快,"肃静、回避"蔚成风气。今无"肃静、回避"大牌了,现代化的代用品更费钱、更排场也更威风——这最重要。

(己卷 20·2004 年 5 月 23 日)

※灵犀一典※　肃静　回避(《孟子》句一)　　行辟人可也　(选自《四子彀音》)

蹑足封时虑已深

汉初三杰乃萧何、韩信、张良。萧何全力保障后方供应，韩信全意在前方打仗，前后不沾的张良稳坐帐中玩心计。楚、汉逐鹿际，刘邦被困荥阳，拥有重兵的韩信迟于救邦，却请封假齐王，刘邦怒；张良等暗踩刘邦脚而授之以机，邦乃实封韩信齐王。这点“猫腻”，钱若水《淮阴侯庙》诗予以揭穿：“蹑足封时虑已深。”郑百川先生用斯句作面，借“卷帘格”措新词“信任危机”作谜底，底材以“危机时任（封齐王）信”昭示“虑已深”。“劳心者制人，劳力者制于人”，信然，也没错。但“劳心者”须“讲信用”。韩信能统帅数十万大军，亦“劳心者”，惜其唯用心于用兵，而不是用于争权势、打天下，后终惨死。

（己卷 21·2004 年 5 月 24 日）

※谜苑拾萃※　世人皆欲杀（电视剧一）　《公主之死》（钱燕林　作）

磨杵成针

《潜确类书》卷六十载：李白少时不用功学习；一日，遇老妪磨铁杵，云“欲成针”。李白颇受感动，遂发愤读书，终有成就。此故事演变成俗谚“只要功夫深，铁杵磨成针”。改锥，又名“起子、螺丝刀”等，其功用多者，叫“多功能改锥”。我为此种工具谋以谜面：磨杵成针。磨杵成针，只用其喻意，无意提倡不用脑的蛮干。生产方式进步很大，流水线、自动化什么的，但线上工作，技术是次要的，熟练者即可胜任。“熟练工种”也得有人干，繁重的体力劳动依然存在，但高级技工却渐显稀少，这让人对教育的“盲从”现象深思：外语非得像国语般人皆掌握吗？文凭越“高”越好吗？念书多与贡献大能画等号吗？

（己卷 22·2004 年 5 月 24 日）

※灵犀一典※　铁杵磨成针（学校语二）　教棒　尖子生　（孙胜利　作）

味　谏　轩

“方怀味谏轩中果，忽见金盘橄榄来”，乃黄庭坚《谢王子予送橄榄》中诗句。作者自注曰：“戎州蔡次律家，轩外有余甘，余名之曰味谏。”余甘，橄榄别名。任渊又为黄鲁直诗作注：“味谏，言余甘初苦而终有味。”清人张实斋以题句缀面，截《论语·公冶长》中“臧文仲居蔡”之“居蔡”二字作谜底，此二字原义为“畜养大龟”。把蔡次律家的味谏轩别解作“畜养大龟”，甚属不恭，却见谜家别样机杼。用一句歌词释“味谏”：“橄榄好吃回味甜”。橄榄初味苦，浅尝辄止者不能忍其苦，则无缘品其“回味甜”。谏，规劝君王、尊者，使之改正错误之举动也。当爱提意见，尤其是对君王、尊者爱“劝谏”的人受排挤、迫害时，“黑暗时代”来了。

（己卷 23·2004 年 5 月 24 日）

※谜苑拾萃※　三跪大礼迎客人（商业用语一）　九折酬宾　（邹东海　作）

卿试掷地，要作金石声

《世说新语·文学》：孙兴公写成《天台赋》后，让范荣期看，并说：“卿试掷地，要作金石声。”潮州郑百川友借兴公语作谜面，巧以近代史两个人名为谜底，是为：孙文、陈其美。底材串释为：孙兴公说自己文章之美。没读过《天台赋》，果然“掷地作金石声”，我当穷索之以读。孙兴公该是为人熟知的文学家了，想从《中国人名大辞典》查他的生平，没查到；作过“金石声”般文章的人几乎被历史给湮没了。芸芸众生，日出而作，日入而息，报上没名，电视里没影，默默无闻地仍将走过一生；照样有他的喜怒哀乐，照样在降生时带给亲朋欢乐，在永诀时让亲朋哀伤。世界上平凡的人居多，世界的美好却大多是他们创造的。平凡和平庸没有本质的区别。

（己卷 24·2004 年 5 月 26 日）

※灵犀一典※　卿试掷地，要作金石声（明代人二）　孙显　文嘉　（张志有　作）

入吾彀

入彀,原指进入弓箭射程之内。五代王定保《唐摭言·述进士上》:“(唐太宗)私幸端门,见新进士缀行而出,喜曰:‘天下英雄入吾彀中矣!’”明悉前语,则我以“入吾彀”缀面,觅股票名“中科英华”作底之谜,不再解释了。“中科(举皆)英华”吗?我不苟同。高学历、高学位与实际工作能力之间绝不能画等号,谁若只凭文凭、学位用人,大抵是会后悔的。别为“入吾彀”沾沾自喜吧,你也许“入人彀”了。真有杰才“入吾彀”,也别高兴得太早,身在大西北毗邻沙漠的人,对“入吾彀”高兴不起来,收入的低微,已形成“恶性循环”,培养人才难、花费大,但却留不住人才!前些年“孔雀东南飞”,近些年有进步:麻雀东南飞!

(己卷25·2005年4月3日)

※灵犀一典※　天下英雄入吾彀中矣(地名三)　　上高　兴国　进贤　(任焕长　作)

螳螂捕蝉,黄雀在后

题文故事出《说苑·正谏》:蝉在树上高鸣饮露,不知螳螂伺机捕它;螳螂旁,黄雀又伸长脖子要啄螳螂,黄雀又怎知下有弹丸正对准它?故事寓意深刻。郑百川先生为题文配以美国电影名《虫虫危机》。蝉、螳螂,二虫也;危机,谓“虫、虫”均处“危亡时机”。“虫虫”并不知“危机”,危机是智者为它申明的。何劳智者,当局者迷,平凡的旁观者亦清。利益当前,诱惑你忘了做份“可行性分析”;即使做分析,也往往以先入之见,重视有利条件,忽视不利因素,从而做出错误的决断。矿难不断。为了温饱去采矿的山民,暂时温饱了,却送命于无完备开采条件的“矿井”。小民怎么能想到,黑心矿主井下的小民,更比“虫虫危机”。

(己卷26·2004年5月27日)

※灵犀一典※　螳螂捕蝉,黄雀在后(公安术语一)　　尾随捕　(苏君湖　作)

雷尚书

曾自撰谜面“妻子不拒上门礼”,着猜出版名词;今又借典故“雷尚书”作其面。《世说新语·惑溺》:“王丞相有幸妾姓雷,颇预政事,纳货(收受贿赂)。蔡公谓之‘雷尚书’。”两面共参,你悟知谜底了吗?内容提要。妾比原配夫人(妻、古称内人)地位差远了,但因受宠,竟干预政事,纳货(提来的就要),人以“尚书”目之。我那自撰面原是讽喻世风的,但眼下比作那谜时更“雷厉风行”了;“雷尚书”事绩发扬光大乎?世风不好时,当官难;若摊上眼皮子浅的“贵夫人”,想“出污泥而不染”也难。企业多艰,但里面小头目比之同年龄的撅着屁股干活的工人,却阔多了,至于大头目,还算“工人阶级”成员吗?企业想不亏,綦难!

(己卷27·2004年5月27日)

※谜苑拾萃※　杯酒释兵权(三国人二)　　赵统　武安国　(吴川　作)

丁兰刻木

新中国成立后不几年,不见宣传“二十四孝”了。丁兰刻木列二十四孝之一,句出李瀚《蒙求》。清人章祖泰所撰《四子彀音》中有以“丁兰刻木”为面,猜底乃《中庸》三句“事死如事生,事亡如事存,孝之至也”之谜;此谜易懂,味亦淡。《初学记》卷十七引晋·孙盛《逸人传》记:“丁兰者,河内人也。少丧考妣,不及供养,乃刻木为人,仿佛亲形,事之若生,朝夕定省。”我不知道现在的道德教育有无“孝”的内容,只是遗憾,很难听到“孝敬”的声音了。不是到了老年,才企盼有“孝”及身。母亲亡故时,她对我们最实在的关心、牵挂,一一涌现眼前,而我不能再回报她了,油然地痛彻心肺。为了你的老境的慰藉,关心老人吧。

(己卷28·2004年6月2日)

※触典旁通※　刻木事亲(《孟子》句一)　　象忧亦忧,象喜亦喜　(清·章祖泰　作)

贼为荀巨伯所感，遂班军而还

贼、盗也有讲“义”的时候，黑道亦间或履行“行规”，唯奸商无恶不作，天良丧尽。《世说新语·德行》：荀巨伯远出看望病友，遇贼攻城，友令巨伯速去；巨伯不愿弃义以求生；贼入城，问荀：一城皆空，何敢独留？巨伯答：友人有疾，不忍弃他，宁愿以身替友死。贼等相互看着说：“‘我辈无义之人，而入有义之国。’遂班军而还，一郡并获全。”题句系据前文裁组，借“上楼格”作成语“义无反顾”之谜面。贼亦顾及“无义”之斥责，“班军而还”——反也。假酒死人有之，假奶粉死人有之，更多假货如慢性毒药，让人死于莫明。药品质量提高了，合格率95%；剩下的5%和更多的假药难道能“治病救人”？造假者比强盗更可恶。

（己卷29·2004年5月28日）

※谜苑拾萃※ 刻木事亲（三国人名一） 丁奉 （清·叶月坨 作）

况复葆素心，贞固励其节……

“况复葆素心，贞固励其节。无人也自馨，何求世相悦。”此乃清人黄梓庠《幽兰》诗，旨在颂赞兰花的品德。三明许祯祥先生借诗句作澳门名人“美兰德”之谜面。雅面雅底，珠、璧共辉，令人清心寡欲，油然而生羡敬。和“兰”字搭配的许多词都具美好义。人名，尤其是女性人名，兰字有泛滥之势，人皆爱美么。人多想以兰之美德自诩，但却忘了兰的“素心”，她的“无人也自馨，何求世相悦”。李白的《与韩荆州书》，不无“干名”之嫌；鲁迅之不屑于诺贝尔文学奖之提名，诚如兰之“自馨”，不“求世相悦”，那是极其难得的。一个群众组织要靠捐款求存，要花钱捐“无品官”，悲夫，灯谜！大悲也，收钱的那个机构！

（己卷30·2004年5月28日）

※谜苑拾萃※※ 写点东西留人间（字一） 火 （查坤林 作）

爹爹给我无价宝

有个著名品牌叫“德尔惠”，我用“尔”字之“你”义，解“惠”字作“赠给”，为德尔惠觅谜面“爹爹给我无价宝”。底材别义作：品德是你（爹爹）给我的。什么是无价宝呢？和氏璧亦只价值连城，可誉无价宝者唯“品德”。题面之句出于现代京剧《红灯记》中李铁梅《光辉照儿永向前》唱段，其后句即连唱词“爹爹的品德传给我”，揭示出“无价宝”——品德。此谜扣合熨帖，立意高远。谜是娱人身心的，若能给人品德之陶冶，善莫大焉。还是《红灯记》中，“穷人的孩子早当家”的声音，其与“无价宝”应该是有内在联系的。穷人的孩子、亿万富翁的后人，活在这个世界上的名声，不是能靠继承得到的。

（己卷31·2004年5月28日）

※触典旁通※ 贫不卖书留儿读（群体称谓一） 知识分子 （佚名 作）

白门身死日，谁肯似公台

不标谜目，谜面有机地包含着谜目、谜底的提示成分的谜作叫“探骊谜”，猜射时，一般谜目在前，谜底连于后；“反探骊”，猜出谜底在前，谜目在后。银川吴新民谜友借题句缀面拟“反探骊谜”，猜出内容是“故宫、名胜”。读过《三国演义》吧，“三姓家奴”吕布，白门楼殒命前哀求刘备在曹操面前为他美言以免死；可他的谋士陈宫却凛然赴死，书中有诗赞曰“白门身死日，谁肯似公台（陈宫字公台）！”谜底谓：宫虽死，膺胜名。人谁无死，把死看成归宿，怕什么！话是这样说，有些人，如吕布之类吧，别说在死亡面前，做任何事时都“苟且”，从不敢说心里活，做自己想做的事，像摇尾乞怜的狗，只为块骨头！

（己卷32·2004年5月28日）

※灵犀一典※ 何不发一言而相宽乎（聊目三） 《布商》《刘全》《顾生》 （庄容川 作）

马日电示

由于形式短小，灯谜与时代脉搏贴得最紧。去年抗 SARS 期间，即有许多紧扣此主题的佳作面世。2004 年 4 月，"抗非"电视剧《21 天》在央视播出，我为其设计谜面"马日电示"。谜以"天"代"日"，"电示"是"电报示知"的缩语。旧时电报，以韵目代替日期：一日为东，二日为冬，三江，四支，……廿一马；即二十一日，仅用"马"即可代之。我最早知悉此种代法，由教员讲"马日事变"。我多次表述过，"借代"是谜法中的最下流者，不得已用之。"借代"无道理可讲，死规定。前谜谜面仅用"马日"二字即可，"电示"二字是为猜者着想特加的"启示内容"。面向群众展猜的谜作，忌千万别用只有圈内人才知悉的"专业谜法"。

（己卷 33·2004 年 5 月 29 日）

※谜苑拾萃※ 丹心一点血凝成（字一） 盘 （林百雄 作）

一骑红尘妃子笑

宫闱多丑闻，"父夺子妻"有名的不止一例。杨玉环原为玄宗子寿王瑁妃，玄宗夺之；又为掩人耳目，令杨为尼，赐法号太真，旋纳为贵妃。玉环宠极，以嗜食荔枝，玄宗令驿骑专程传送；其荒淫直与烽火戏诸侯无二。杜牧诗《过华清宫绝句三首》其一有句曰："一骑红尘妃子笑，无人知是荔枝来。"澄海刘秋大先生为题句配台湾小说《太真实的爱》作底。"太真实"三字极别解之能事。诗谜配，似写生活情趣，毋乃贵妃之"情趣"，太过奢靡了。唐代无飞机，若有，玄宗是会派军用飞机"特快专递"荔枝的，色令致昏。腐败了，其现象会无奇不有地荒唐。1994 年 2 月赴"东方谜王赛"车上，无意中听到：军用专机为领导搬家。

（己卷 34·2004 年 5 月 29 日）

※灵犀一典※ 一骑红尘妃子笑（陈毅诗句二） 今实现 真愉悦 （武骝 作）

失之东隅，收之桑榆

我借题句作面，底乃"郴"字。前句得"阝"，后句收"桑榆"二木，与"阝"合成"郴"字；此谜最早刊在周震康先生编的《昌国商灯》上，时在 1988 年 2 月。题文出汉光武帝金口。《后汉书·冯异传》：冯异战赤眉，先败后胜，光武帝慰劳他说："始虽垂翅回谿，终能奋翼黾池，可谓'失之东隅，收之桑榆'。"东隅，日出处；桑榆，日落时所照处。题语比喻初虽在一方失利，最后在另一方取得胜利。字谜少别解之趣；若以题句作面，猜口语"总有一天"，却饶韵味。决策失误，给国家、集体造成损失，轻描淡写道"交学费"。有些干部，靠山硬，倒不了，大不了"易地坐官"，无休止地"交学费"。也许"总有一天"收之桑榆吧。

（己卷 35·2004 年 5 月 31 日）

※灵犀一典※ 失之东隅，收之桑榆（古语一） 日出而作，日入而息 （张志有 作）

何愁架上药生尘

"救死扶伤，实行革命的人道主义"，这是毛泽东对卫生工作的题词。早年间这句题词在每个医院都能看到，而且都是按照题词要求做的。如今，那话也许还未被"白大褂"完全忘掉，但遵照执行的却鲜乎见。甘肃省向卫生工作的不良现象"开刀"了，收"红包"将被开除，挺令人感动的。好多企业"公费医疗"、"医疗保险"都等于零；患者送出了红包，还得对收受者感激涕零，这是卫生工作的"现在进行式"。澄海陈挺作一谜，特列入我文，借彰扬药店善行。谜面录自药店楹联"但愿世间人无病，何愁架上药生尘"之下联，谜底是电视剧名《好人永康》。兰州牛肉面馆最多，第二个多的是药店；药品价高成了报纸的"卖点"了；药店会"好人永康"吗？但愿街上药店减少。

（己卷 36·2004 年 5 月 31 日）

※灵犀一典※ 但愿世间人无病，何愁架上药生尘（花卉二） 长乐 鲜客来 （武骝 作）

染　指

约在1980年吧，我以“染指”作面，着猜电工术语“接触不良”。凭直觉，我认定染指是插手干坏事，最近，才落实了“染指”这典故的真缔。《左传·宣公四年》：楚人献鼋（即鳖）给郑灵公尝鲜。此事让公子宋看到，他食指动了，说：“他日我如此，必尝异味。”郑灵公知道后，不悦；鼋肉煮好了，偏没让公子宋吃，公子宋发怒了，“染指于鼎，尝之而出”。后来，用“染指”比喻沾取不应得到的利益。看来，我早年对“染指”的直觉存在误差。但是，沾取不应得到利益的举动，总属“不良”行为吧。“染指”，轻点说是错误，进而索取非法所得，再演变下去，则是巧取豪夺。记住陈毅元帅的诗句吧：“手莫伸，伸手必被捉！”

（己卷37·2004年5月31日）

※谜苑拾萃※　手莫伸，伸手必被捉（武术词一）　擒拿　（李保　作）

要向先生借枕头

澄海谜家张哲源借题句作面成谜，底作“朱”字。“先生”示意“生”字之前面两笔“丿、一”；“枕头”取用“木”字，“丿、一”与“木”合成“朱”字。我不赞成“别解在面”的作谜方法，但字谜例外，因底字无别解可言。此作谜面只是借用，入谜时与典故无涉。清·梁绍壬《两般秋雨庵随笔》卷一有《过邯郸卢生庙》诗，其末句即“要向先生借枕头”。诗述唐人沈既济《枕中记》“黄粱梦”事。卢生四十年仕宦生涯，原只春梦一场；借枕者所求，不外“虽然作梦也风流”。街头大声叫卖的报，每天都有自杀消息。何故轻生呢？即使下岗失业，街边摆个小摊亦可温饱；作些美好的憧憬吧，“痛并快乐着”！

（己卷38·2004年6月1日）

※灵犀一典※　要向先生借枕头（聊目一）　《续黄粱》（张超南　作）

嫦娥应悔偷灵药

唐·李复言《续幽怪录·定婚店》：唐人韦固，赴长安经宋城遇一老人，背有袋，持书翻阅；韦询何书？答：婚牍，载天下男女婚配事。其背袋有红绳，用来拴缚应该结为夫妻的男女的脚。世谓“千里姻缘一线牵”本此。唐以来，谓主管婚姻之神曰“月下老人”，简称“月下老”、“月老”。我为“月下老人”择面即题句，其出李商隐诗《嫦娥》。偷吃其夫不死药的嫦娥，“奔月”了；因不甘寂寞，又后悔了，她想从月（上）下（来成为有）老（死之）人。汉代，我人已有“奔月”之设想，千余年后，人类实现了在地球月球间的往还。炎黄子孙仍将以其智慧构想并创造人类文明和科技进步。高校的学习气氛无法恭维，学子们，你们的宏图，单靠空想吗？

（己卷39·2004年6月1日）

※灵犀一典※　嫦娥应悔偷灵药（《新鸳鸯蝴蝶梦》句一）　何苦要上青天　（李文林　作）

不才明主弃

澄海王友宜谜友制一“印谜”，印文是“不才明主弃”，猜底乃唐诗人名连字“章良能、达之”。章，突现印谜特征的附加字也。谜底别义作：文章好就能发达，反击扣合。面句出孟浩然诗《岁暮归南山》。孟浩然年近四十赴长安应试不第，有斯诗。《唐才子传·孟浩然》载：浩然四十游京师名士间，诗为众人钦服，尤受张九龄、王维推重。王维待诏金銮殿中，一日私邀浩然入，恰唐玄宗驾临，浩然忙匿床下；维以实告，帝令出见，并问新诗，浩然吟至“不才明主弃，多病故人疏”时，帝不悦曰：“卿不求仕，朕何曾弃卿，奈何诬我！”由是，浩然“终身白衣”。浩然诗名甚高，终身白衣何憾。才和官位多是矛盾的，仕途坦荡辉煌者，鲜有才名昭著人。

（己卷40·2004年6月1日）

※灵犀一典※　不才明主弃（反探骊）　王选 杰出人才　（方炳良　作）

璧谢

我曾以“璧谢”缀面,着猜时政人名“回良玉”。此谜撞车者,谅必不少,何故?典熟底宜所致。春秋际,晋重耳流亡国外达十九年。《左传·僖公廿三年》载:重耳抵曹,国君待之无礼,趁重耳洗澡时,偷窥“骈胁(肋骨间无间隔,状若板块)”。曹国大臣僖负羁的妻子识重耳必成大业,后若得志,将惩罚对己无礼的国家,劝夫君善待重耳。僖负羁从妻之言,美食中藏一贵重的玉璧,敬奉重耳。重耳留食而返璧,此即“璧谢”。面用蔺相如“完璧归赵”之“璧还”亦宜。一个新兴行业火了——“礼品回收”,那是“山大王”享用不完时的去向。有“璧谢”的吗?有,总得回赠点啥,意思意思么。

(己卷 41·2004 年 6 月 1 日)

※灵犀一典※　璧谢(《诗经》句一)　　报之以琼琚　(张志有　作)

隔江犹唱后庭花

澄海陈楚有先生以题句作面,措《三国演义》人名二“乐进、陈宫”为谜底。谜面撷自唐·杜牧诗《泊秦淮》,其上句曰“商女不知亡国恨”。商女,卖唱为生之歌女。《后庭花》即《玉树后庭花》,传为南朝荒淫的陈后主所制。沉湎声(靡靡的《后庭花》等艳词)色、不问朝政的陈叔宝导致隋灭其国。乐(指《后庭花》)进(入南朝)陈宫,谜人似轻描淡写,读者却勿轻其旨。那阵的“商女”,充其量挣个温饱的小费,今之“歌星”却属生活上的贵族了,有的还“唱而优”进入了“政界”。杜牧真“贼”,“顾左右而言他”,不吝惜以重笔去指责“不知亡国恨”的“商女”。迎合受众吧,他们爱听什么,你就唱什么,“歌女何关兴国责”。

(己卷 42·2004 年 6 月 2 日)

※谜苑拾萃※　何处与人闲嗑牙(古书名一)　　《浪迹丛谈》(清·傅泽亭　作)

易帜

易帜,直解作“改换旗帜”,可我以之作谜面,用政治术语“插红旗”作谜底。怕是有两代人对“插红旗”一词陌生了。我辈年轻时,政治运动很多,“插红旗,拔白旗”乃其一。何谓“白旗”?“思想落后”。其实,所谓“思想落后”,只是不合潮流而已。现在来看,当时“合潮流”的思想,未必推动了社会进步。《史记·淮阴侯列传》:高祖二年(205),韩信率兵在井陉口背水列阵诱赵军。夜半,两军对垒,信遣骑兵两千,每人持一红旗,趁赵军出击之际,偷袭入赵营,拔赵帜,易为红旗。赵军见状,以为大势已去,自乱阵脚,遂致惨败。1958 年“大跃进”,我没积极地带领工人用可笑的办法“造”轴承,被批判为“右倾”。这是我的“不光荣历史”吗?

(己卷 43·2004 年 6 月 2 日)

※谜苑拾萃※　枉入红尘若许年(俗语一)　　一块石头落了地　(董书祥　作)

恭作人无长物

题句出《世说新语·德行》,晋江伍耿怀先生撷之作面,以宋代名医名“王惟一”为谜底;借典所蕴,底材当释作:王恭作人,物惟一件,无多余者。王大看望自会稽归来的王恭,见王恭坐下竹席甚好,索要之,王恭当即予之而不吝。后来,王大见王恭坐的是草垫,奇而问之,恭答:你不了解我,“恭作人无长(多余)物”。生产、经营应讲究“储备量”,使生产、经营得以连续,不致中辍。居家过日子,生活必需品亦当有适量储备,总不能吃了上顿没下顿吧?王恭之俭太过乎?不为过。社会之发展,物质之丰富,购物之方便,总有一天会让“储备量”臻于零。倒是为“身外物”聚敛无度者,悠着点,别累坏了您哪!

(己卷 44·2004 年 7 月 27 日)

※灵犀一典※　恭无言,大去后,即举所坐者送之(中药一)　　王不留行　(莫志刚　作)

是食言多矣

《左传·哀公廿五年》：鲁国权臣孟武伯说话不算数，鲁哀公对之很不满。一次，哀公宴群臣，孟武伯问哀公宠臣郭重“何肥也？”哀公曰：“是食言多矣，能无肥乎？”成语“食言而肥”出于此典。感斯典，清人徐培萱择题文作谜面，着猜市名“合肥”，释作“合当肥胖”；“肥”自典出，“合”字有味。时下，肥胖者巨增。昔日，人羡之“富态”，已衍化为人恶之“病态”；妙龄女郎怕是不再以“环肥”作尊崇仿效之对象了。因病，我较昔日瘦了，但仍高于标准体重，只要不是因病，体重再减些，我也高兴。见到电视剧里的达官贵人，体多丰腴，我都有点难为情，但愿他们的体重超标和我同样原因，而不是由于太多的应酬和层出不穷的“食言”。 （己卷45·2004年7月27日）

※谜苑拾萃※ 碰杯（口语一） 对着干 （黄正义 作）

子欲养而亲不待

汉·韩婴《韩诗外传》卷九：皋鱼哭道旁，孔丘追问何故，皋鱼检讨了一生中三个过失，其一是：“少而好学，周游诸侯，以殁吾亲。”并总结说：“子欲养而亲不待，往而不可追者年也，去而不可得见者亲也。”孔子听后说：“弟子识之，足以诫矣！”听了孔丘的话，其弟子辞师回家侍养长辈者一十三人。现而今，周休两日，工作忙得不可开交的人并非很多，无须辍学、辞工专事孝亲；你心里有哺育、培养你成人的长辈，绝对会有时间的。有些人，是专门在老人们故去后，才表演“孝心”的，这很可恶。“子欲养而亲不待”，刘雁云先生以之缀面，着猜市招，底材似在劝孝：供（养）应（该）早点。

（己卷46·2004年7月27日）

※谜苑拾萃※ 高堂明镜悲白发（中药三） 知母 乌头 苍耳 （郑惠民 作）

问今是何世

题句出陶渊明《桃花源记》。“源”中人“先世避秦时乱，与外人间隔，乃不知有汉，无论魏晋”，因有“问今是何世”之询。我借题文作称谓“忘年交”之谜面，底材释作：不知年交哪个朝代。“忘年交”亦有典。《后汉书·祢衡传》载：孔融爱祢衡才，友之；融年四十时，衡甫二十岁，两人差了一代人的年岁。后世用“忘年交（友）”指不计年龄长幼只以才德品格为尚的交往。何必介意“今是何世”？无论何世，百姓都得纳税，都盼着有安定的、进步的生活，而不是相反，这是最基本的民意。民意无须华饰的口号作标签。最雄壮的口号带来过“年馑”。恨“包装”，可此行业在突飞猛进！ （己卷47·2004年7月29日）

※触典旁通※ 寻得桃源好避秦（探骊） 作家 隐地 （武骝 作）

网开三面

“网开一面”是题句的衍变，陈晞舟为之拟底以出版名词“封三”，周震康先生谋底乃“三围”。“网开三面”典出《史记·殷本纪》：猎人四面设网，并祈祷各方禽鸟尽入其中。商汤见之，不忍鸟为尽捉，“乃去其（网）三面，祝曰：‘欲左，左。欲右，右。不用命，乃入吾网。’诸侯闻之，曰：‘汤德至矣。’”水浒将领“汤隆、施恩”恰是“汤德至矣”句别样的注脚，澄海陈希泉先生撷“网开三面”作其面。纷扰的世界，有“解体”的，有“共体”的，像孩童们“过家家”，动不动“恼”了。同胞手足尚且为“利”“玩命”，世界大同就只能是遥远的梦幻。数千年前商汤的“仁德”，怕只会让后人感到幼稚。强权者不齿“共体”，它恨不能网设六面，尽罗“大千”以为己用。 （己卷48·2004年7月29日）

※灵犀一典※ 不用命，乃入吾网（唐人名一） 乌承恩 （张志有 作）

一　笔　勾

“不才、在下”是两个谦称，我为之谋面已有两谜，“一笔勾”乃又一面矣；因此面关系，谜底当别解作：无才者，被汰下。北宋范仲淹不仅以文学著名，且系清廉高官，据朱熹《五朝名臣言行录》载：仲淹“取班簿，视不才监司，每见一人姓名，一笔勾之。”后来，把不再提往事或全部予以否定叫“一笔勾”。范仲淹也太“不爱惜干部”了，朝廷培养“干部”多不容易呀，数十年寒窗，层层考试，你看不顺眼，就给人“一笔勾”，连个留用察看的机会都不给？析此谜，倒无此弊，“不才”就给“在下”。当不好大官，当小官，小官也当不好，就去跑腿打杂吧。贪官已不鲜见了，平庸官屡见不鲜了，对之施“仁”，世风难以好转。

（己卷 49·2004 年 7 月 29 日）

※谜苑拾萃※　城门失火（菜肴名一）　　烧带鱼　（李东航　作）

款书是光书，疑语非光语

“四大发明”光辉不朽。现代有些“发明”，玷污了中华文明，“文革”即其一；其中的“群众专政”，是文明的倒退；一句话，人成了“牛鬼蛇神”，这让我想到历史上的一个诬陷。《朝野佥载》记：武则天监国期间，江琛把刺史裴光判书裁组成文，告为反书；审案官员多经审验，发现“款书是光书，疑语非光语。”后来，尚书张楚金对着太阳察看，知为补作；投水中，粘缀尽散，江琛服诬告罪。民初谜人金子乾借题文缀面，择《诗经·泮水》“来献其琛”句作底，谓：来献假文者，其琛也。江琛诬陷人，还知伪造罪证；“文革”时的一句话，会让人“永世不得翻身”；历史上只一次“莫须有”，“文革”把它“发扬光大”了。

（己卷 50·2005 年 3 月 1 日）

※谜苑拾萃※　归遗细君（《四书》一句）　　仁内也　（《绝妙集》谜选）

一　饭　报

“一饭报”说的不是“千金酬漂母”那事，此事见《左传·宣公二年》：晋人灵辄饿倒桑阴下，赵盾赐以食；灵辄食其半，欲以余半遗母。赵盾让他吃完，又送给他箪食与肉。后来，灵辄当了晋灵公的卫士；当灵公谋害赵盾时，灵辄倒过戟来，保护赵盾出逃。此事传为“一饭（餐）报”。我摘毛泽东词句“还有吃的”作“一饭报”之谜底。底材别释作：还报因有赠食（吃的）之举。“还”本读 hái，入谜读 huán。由此“还（huán）”字，生出许多事端。高考录取将毕，“谢师宴”乐疯了餐饮业老板。掌权者视“请吃”为“小儿科”，早已不齿。教师育人属“本职”，亦有额外之酬。工人忙碌于本职，非但收入低微，谁又对其说声谢字来？

（己卷 51·2004 年 7 月 30 日）

※灵犀一典※　一饭报（科技名词一·燕尾）　　反馈［贵食］　（张志有　作）

临终遗大事，专意属周郎

题句出自《三国演义》第廿九回中引用诗句。当是时，“小霸王”孙策“金疮迸裂”，命在旦夕，乃将掌国印绶，付弟孙权，特嘱曰：“倘内事不决，可问张昭；外事不决，可问周瑜。”六安刘金有先生撷题句作谜面，配以保险名词“除外责任”之底。此谜底材中，“周瑜”无迹，不能算“最典型”的用典谜，但“除外责任”四字，婉约而不虚，“除”字尤见作者真知灼见。除，不用“去掉”义，而用《辞源》中第六义“拜官授职”。有感而发，我为“除外责任”拟谜面作：遇事一推六二五。刚工作时，“外行不能领导内行”是“反动言论”。瞎指挥能不盛行？还领教过几个“遇事一推六二五”的领导，属下称之“安乐王、甩手掌柜”的。时下，某些衙门里，顶风臭出几十里。

（己卷 52·2004 年7月 31 日）

※灵犀一典※　内事不决问张昭（商贸活动一）　　对外招商周　（闻春桂　作）

酒香不怕巷子深

上门征订报纸,铁心了:不订。不是掏不起几十块钱,是害怕那铺天盖地、连篇累牍的广告。著名媒体上的广告,尚多虚假成分,小报广告则俨然是:请您上当。题句有典故吗?尚未查悉,但它绝对是蕴含哲理的谚语,我用之作著名品牌"好利来"的谜面。无意为"好利来"作免费宣传。兰州的"好利来"蛋糕,前些天的质检结果是:不合格,那也是"响当当"的品牌啊。金华火腿,不少用剧毒农药浸泡过;龙口粉丝发现有害成分;四川火锅底料,用了不少石蜡,这些都是报纸上曝过光的,绝非我危言耸听。有条件"讲究"的人担心:还有什么可吃的吗?兰州有家最地道的牛肉面馆,据说生意火暴,哪天找上门尝尝,若名不虚传,常去吃来。 (己卷 53·2004 年 7 月 31 日)

※灵犀一典※ 酒香不怕巷子深(成语一) 耐人寻味 (张志有 作)

万里之路,起于此桥

成都之万里桥,古籍记其甚多而相类,今《辞源》乃据晋·常璩《华阳国志》载:"三国蜀费祎奉使去吴,诸葛亮送之,祎曰:'万里之路,始于此桥,因以为名。'"谜师郑百川因以题文作交通名词"起步费"之谜面,费,费祎也。若把"起步费"之"费",别解为"费事",很多人会为之谋面"万事开头难"。也别争竞谁先有此作吧,此等熟路,"撞车"难避,而作谜贵在"另辟蹊径"。万事开头难,诚然。但别以为"开头"以后就不难了。"开头"以后的"正常工作程序",恰是因袭、守旧的开始;长此下去,适成前进、取得更大成绩的阻力、绊脚石。不畏创业难,不断找不足,自讨苦吃,再创业,此谓之"开拓"。

(己卷 54·2004 年 8 月 2 日)

※灵犀一典※ 祎曰:万里之路,始于此桥(电信术语一·卷帘) 长途话费 (赵首成 作)

酬　媒

晋朝有个阴阳先生,名索沈,《晋书·索沈传》载:令狐策梦站冰上与冰下人说话,索沈解梦曰:冰上是阳,冰下是阴,你的梦预兆着有关阴阳之事,并引《诗经·匏有苦叶》"士如归妻,迨冰未泮"句,说明令狐策将为人说媒、成就婚姻。令狐策年事已高,不信此话,孰料,令狐老头偏成就了田豹之子与张公女儿的婚事。"冰人"典出此。早些年,我以"酬媒"为面,拟猜作家谢冰心时,尚不悉"冰人"有着恁多的说道。越是"封建",媒人的功用越大。若无"八棍子打不出屁来"的老实疙瘩,"冰人"这行当将大受冷落了。婚姻是社会稳定的一个重要方面,婚姻的草率不是也不应成为社会进步的标志。

(己卷 55·2004 年 7 月 31 日)

※谜苑拾萃※ 今夜月明人尽望(探骊) 首都 仰光 (洪流 作)

金莲妒嫉李六娘

《辞海》中《金瓶梅》条,对该书的文学成就以肯定,又写"然秽笔过多,散布了不良影响"。这当是《金瓶梅》遭禁之因。据说,专事文学研究的教授,够某一级别的领导,凭介绍信可购此书(非洁本)。即使有途径借阅,我也未猎其奇。读过王跃文的《国画》,我惊诧它竟能出版,我疑它是否模仿《金瓶梅》在写。有权买《金瓶梅》的部分人,怕是对不起那特购待遇,以致丑恶现象蔓延,污染社会。不像《水浒》,在《金瓶梅》里,西门庆、潘金莲都没有死。西门大官人依旧妻妾成群,李六娘最小,名瓶儿。青岛马杰忠君以题句巧构"即物赠谜"——以猜中之物为赠。《金瓶梅》由西门庆三个老婆名中各取一字合成。猜中此谜者得奖:醋一瓶。猜中了,乐滋滋的,醋却饶有别味。 (己卷 56·2004 年 10 月 4 日)

※谜苑拾萃※ 她下令发车(电影名一) 《一个女人的命运》 (张志有 作)

时人谓勃为腹稿

已构思好还未落笔成形的稿子称“腹稿”，其典出《新唐书·王勃传》：王勃写文章，开始时不落笔打草稿，而是先磨够墨，饮酒至酣，再蒙头大睡；睡醒了，挥笔疾书而成篇，连一字也不用改动，“时人谓勃为腹稿”。我以前句作面，借调首格，让党史人名“安子文”作谜底；底材以“子安文”切面，王勃字子安。王勃“腹稿”当是磨墨、饮酒时打的，总不是睡梦中打的吧？捷才有之，其人智商高。但是，若非心直口快的“捷才”者，也难成“捷且佳”之文。遇事万般思虑，总怕触犯了哪个权贵、影响到自己的功名前程的人，即使才高八斗胜曹植，为文疾速赛枚皋，也难似王勃一挥而就的。捷、佳文者，还得具梗直的“傻”性子。

(己卷 57·2004 年 8 月 2 日)

※灵犀一典※　腹稿集(市招一)　　文胸总汇　(张志有　作)

一橼得所，五桂安居

橼，枸橼，木名，即香橼(圆)，果实状若人手，俗名佛木柑，味欠佳而香甚，可入药。题句系孙中山故居联语。五桂，山名。联语义作：橼木幸得成屋，在五桂落座。中山胡三白先生取本地“材”，借题文作“孙山落第”一语的谜面，此语化自“名落孙山”典，见诸蒲松龄文，入谜别意是：孙文在五桂山落成府第。谜材有的“有意义”，有些“无意义”。“聊目”谜作了数百年，佳作颇夥，可它“意义大”吗？受中山人作中山谜启发，我倡议谜人应就地取材，把本地享誉的景观、风土人情、特产等，以灯谜的形式成批推出，发扬光大之。此举不仅能促进本地经济发展，亦能提高灯谜之影响及地位。此意如何？

(己卷 58·2004 年 8 月 3 日)

※谜苑拾萃※　披襟以当之曰：快哉(《诗品》句一)　　好风相从　(选自《摩莲谜语》)

以羊易之

2003 年 9 月，宁夏成功地举办了银川国际谜会，我有幸莅会任评委，专门以“宁夏题材”作了些谜。银川文化界有个名人叫“牛达生”，是历史学家，我为其名谋得面句“以羊易之”。《孟子·梁惠王上》：有人牵牛欲宰之祭钟，齐宣王见到后说：放了它吧，我不忍心看它那哆嗦样；宣王让“以羊易之”——换只羊祭钟；牛得以生存了。齐宣王“仁”于牛，羊就该死？提倡“环保”了，“保护动物、保护植物”等谜材颇走俏。人，尤其是“弱势群体”的那群人，也许不“珍稀”吧，倒是挺羡慕“珍稀动、植物”的。“人之初，性本善”，我认同这两句经。在以前，提起上学、就医、购物，谁会把它们和“屠宰场”往一块联系呢？(己卷 59·2004 年 8 月 3 日)

※灵犀一典※　以羊易之(字一)　　牲[牛生]　(张志有　作)

伯桃义举存典籍

《后汉书·申屠刚传》引《列士传》：春秋时，左伯桃与羊角哀挚交，相偕投楚王；途值雨雪交迫，干粮不足活两人，伯桃将衣、食俱与羊，促其投楚以求仕进，自己饿死树洞中。后，羊角哀改葬伯桃，自杀以殉友。香港刘雁云先生据前典拟成题句，作《左传》《史记》二古籍之谜面。析此谜，既运典，又见白描之长。伯桃义举，世传为美谈，是为“左传”；“存典籍”三字，又描“史记”剀切。孩童之情与交，最见真与挚。“羊左、范张”在“三言”书中的铺陈，更显作者劝人向善的苦心。近、现代还有“羊左”式的榜样吗？至于如今“人际、集团、国家”之间的“双赢”，只在口头上才有吧？实际上，有“偷着乐”的，也有阿 Q 式的自慰。

(己卷 60·2004 年8月 5 日)

※灵犀一典※　交联死友(字一)　　差　(民国·张起南　作)

拔 钉 钱

唐·冯贽《云仙杂记·拔钉钱》:赵在礼官宋州,苛政殃民,民不堪其苦;赵调离,百姓贺曰:“眼中拔却钉矣。”我借“拔钉钱”作面,用调尾格,拟蒙学书《千字文》为底,何故呢?原来,百姓那话传入赵之耳中后,他雷霆大发,上表求唐明宗容他继守宋州,昏庸的唐明宗竟同意了。赵遂变本加厉报复宋州百姓,下令每户多缴一千文钱,名曰“拔钉钱”。入谜,此三“字”即成“千文(钱的文)字(凭据)”。电信业有竞争了,通信费用骤降。中国电信昔时那昂贵的初装费作何解释?难道新建的电信企业没有那份建设费,或在赔本揽客?显然不是。官家独营的企业,质次费高,邮政登极,却年年喊亏损。国企盈余能入国库倒也罢了,只怕它又成了赵在礼流的“××钱”。 (己卷 61·2004 年 8 月 5 日)

※谜苑拾萃※ 僧舍(《千家诗》句一) 隔断红尘三十里 (民国·黄志澄 作)

犁锄在手皆兵器

“兔子急了还咬人”,被咬者说“兔子咬人”是“恐怖行为”。犁、锄显然不是兵器,当农人拿起犁锄当兵器时,他们已是忍无可忍了。题句出自清·张维屏诗《三元里》。据《三元里人民抗英斗争史料》载:1841 年,英军侵犯广州,在三元里抢掠,激起民愤,三元里附近 103 乡农民,高举“平英团”大旗,“妇女齐心亦健儿,犁锄在手皆兵器”,给入侵者以沉重打击。刘雁云先生撷题句作谜面,措以军史名词“田家会战斗”为底。底材原指抗日时期,八路军在山西兴县田家会地面粉碎日寇侵略的战斗。入谜时,“田家”别释为“农人”。“农人”怎“会”战斗?诚是被训练有素的宿意入侵者逼“会”的。“会”,往往是被逼出来的,不唯战斗。 (己卷 62·2004 年 8 月 6 日)

※谜苑拾萃※ 袒去了偏衫(常用词一) 解释 (民国·徐家骏 作)

对不住糟糠妻

“对不住糟糠妻,且赔个小心来”(成语一),底:负荆请罪。这谜已不悉为何人所作了,挺好的。谜面大约出于戏剧道白吧,我借其前句作福建民间舞蹈“公背婆”的面句;“背”不作动词“背负”用,而作“背叛”释。“痴心女子负心汉”、“公背婆”并非传统,历史上有个“光辉”范例。据《后汉书·宋弘传》载:刘秀寡姊湖阳公主看上了宋弘,刘秀以“贵易交,富易妻”作“理论基础”,劝宋弘易妻,宋弘答曰:“贫贱之知不可忘,糟糠之妻不下堂。”后称与己共过患难的妻子为“糟糠之妻”;妻被夫遗弃曰“下堂”。攀龙附凤唯恐不及者视宋弘勇拒龙凤下攀事若何?宋弘乃廉吏,但最“光辉”的却是“糟糠之妻不下堂”;“附凤”以求“幸福”者,今人胜古人。 (己卷 63·2004 年 8 月 6 日)

※灵犀一典※ 糟糠之妻不下堂(古文篇名一) 《陋室铭》 (范胜雄 作)

公卿有党排宗泽,帷幄无人用岳飞

题句出陆游《夜读范至能〈揽辔录〉……感其事作绝句》诗。宋高宗朝,宗泽等抗金将领被投降派排斥,后宗泽忧愤而死。抗金名将岳飞,连打胜仗,收复失地多处,在偃城大败金兵,却被高宗、秦桧等连下十二道金牌召回临安,以“莫须有”之“罪”杀害。题句拢括前典,见南宋统治者让“亲者痛,仇者快”的无耻行径。晋江李清川君慧心所及,以题文“仇者快”事例“反击”为花卉名“金合欢”。“合”字最见机杼。电视要看“闹剧”,瞎胡闹,唯求轻松。莫看“正剧”,分明是腐败分子在签订丧利辱国的合同,阔绰的桌上却总摆着两面小红旗;分明是黑恶势力,却总能得逞;分明是好人,却处处受气。看“正剧”,“闹心”。 (己卷 64·2004 年 8 月 8 日)

※触典旁通※ 莫须有(聊目三) 《秦桧》《织成》《冤狱》 (清·管叔壬 作)

返魂香

汉代东方朔《海外十洲记》载：汉武帝时，月氏国贡返魂香三枚，大如燕卵。燃此香，病者闻之即起，死未三日者，熏之即活。返魂香之说，我不信，但以之作谜面，猜作《复活》、《在人间》两部文学名著，还称意。“人间难觅返魂香（洪昇《长生殿·冥追》）”，诚然。“返魂香”般的灵丹妙药，只是美好的记述，还只能是美好的希冀和追求。希冀和追求，永远需要，永远正确；否则，人还活个什么劲？别说世无“返魂香”，即使有，它握在道德沦丧者手里，还能活佛似的“济公”吗？若容道德沦丧者借“返魂香”长生不老，世界还不群魔乱舞？真正的“返魂香”，不仅是医者心，还应是人类皆具良知！

（己卷 65·2004 年 8 月 8 日）

※灵犀一典※　三千年返魂香（《四书》句一）　百世之下，闻者莫不兴起　（清《文虎》谜选）

走的人多了，也便成了路

“其实地上本没有的路，走的人多了，也便成了路。”这是鲁迅的名言。刘雁云先生取其前二句作谜面，措置同音词汇二为谜底：行程、形成。此谜底的两词，词性不同，词义不同，但读音完全相同（xíng chéng），读者细嚼之，味必隽永。灯谜有不少“谐音格”，如“白头”、“粉底”等。读到一些“谐音”谜，根本不“谐音”，还有专以方言“谐音”者，大有以方言代替普通话之势；好像用了地方音，那地方就荣耀似的。“谐音”拿不准时，查查字典呀，别偷懒！鲁迅上面那句名言，深蕴哲理，因成名言。“名言”不等于“名人之言”。有的人出名了，总想让别人把自己随便说的话当成“名言”，甚至要提高到理论、学说的高度。“语录”泛滥，适成“闲话大全”。

（己卷 66·2004 年 8 月 10 日）

※谜苑拾萃※　吾辄下一筹，尔来吾筹已满十间屋（科技新词一）　数码时代　（莫志刚　作）

笔　干

《隋书·郑译传》载：皇上命内史令李德林作诏书，“高颎戏谓译曰：‘笔干。’译答曰：‘出为方岳，杖策言归，不得一钱，何以润笔？’上大笑。”是后，“润笔物”指酬谢别人写作文字、书、画的财物，今之“稿酬”与之相类。薛涛《四友赞》：“磨润色先生（指‘砚’）之腹，濡藏锋都尉（指‘笔’）之头。”笔、墨、纸、砚这“四友”，关系密切着呢；修饰文字，使增文采曰“润色”，不“润”怎能“出色”？“笔干”典既明，我用之作谜面，着猜当代名人，“毛润之”之名，当一呼而出。毛笔须润，金笔须润，是笔都得润；电脑写作，也得“润脑”，“脑枯”了，怎么写？唯灯谜无“润”或“少润”，“润”都到“谜抄公”兜里了！

（己卷 67·2004 年 8 月 10 日）

※灵犀一典※　润笔（中国工程院院士名一）　毛用泽　（张志有　作）

汉文帝衣不曳地，露台惜百金之产

小时候，读过《朱子家训》；我不敢说它里面的“训导”都对，但绝大部分均是“与人为善”、很有教益的，如劝人节俭的“恒念（经常应想到）物力维艰”。泰国林仲杰先生为前句觅设的谜面即题文，它是根据《汉书·文帝纪》结撰的。汉文帝宠幸之慎夫人“衣不曳地，帷帐无文绣，以示敦朴”。又，文帝欲筑露台，因所耗昂贵而惜之。此谜“恒”乃谜眼字，它踏实为汉文帝之名；一字别义，全谜出色。如今倡导“高消费”，在某些方面，是不合适甚至是极其错误的。不说蕴藏有限的“矿物”吧，即使沙、石、土、水，难道是“取之不尽，用之不竭”的吗？中国人的“竞豪奢”每让美、日逊色，实属极不明智的举动。兰州市号召节约了，这是好的开端，我举双手赞成。

（己卷 68·2004 年 8 月 21 日）

※谜苑拾萃※　父母在，不远游（新称谓一）　留守老人　（时秀珠　作）

监、令由来共车

中书省，古代官署名，总管国家政事。中书令、中书监均是中书省的官名。我为“中书省”谋设的谜面即题文，它出自《世说新语·方正》：晋武帝时，荀勖任中书监，和峤任中书令。和峤温雅正派，常恨荀勖之拍马奉迎。一次坐官车，和峤先上，故不留坐位给荀勖，荀只得另找一辆车上朝。此后，中书监、中书令分别派车。而“监、令由来共车”乃旧例，这岂不是“中书(节)省”车马费吗？兰州市民生活水平居全国下游，可公交车票涨价总“带头”，小民辄有怨言；涨价前还例行“听证”，但参加听证会者率多坐官车的要员，那“听证会”还有必要开吗？诸如此类的“听证”，非止一端。粮、肉价在飞涨，没走“听证”那“过场”。

（己卷 69·2004 年 9 月 3 日）

※谜苑拾萃※　星临万户动，月傍九霄多(字二)　　房　肤　(徐象愚　作)

令正原来是瓦窑

《诗经》有“女子善怀”句，如果用“双钩格”将其字序从 1、2、3、4 改成 3、4、1、2，则底材呈“善怀女子”；民国灯谜巨擘张起南按“善怀女子”立意，为其谋谜面曰：令正原来是瓦窑。《诗·小雅·斯年》：“乃生女子，载弄之瓦。”瓦，本指纺锤；古时，女孩例多熟悉它，以便胜任女工；后则以生女孩曰“弄瓦”。面句出自旧笔记小说记载：邹光大者，连生女孩，且设宴庆贺；某年，又得千金，友人作诗戏之：“去年相邀为弄瓦，今年弄瓦又相招。作诗上复邹光大，令正原来是瓦窑。”嘲人“弄瓦”者，必多“弄璋”。“弄璋”者，悠着点，别气恼了邹光大，偏不把闺女嫁给你家的“秃和尚”，让他们悲悲凄凄地咏唱“光棍好苦”吧！

（己卷 70·2004 年 9 月 3 日）

※灵犀一典※　今年弄瓦又相邀(《四书》句一·虾须)　　为同姓　(清·江峰青　作)

捉　刀　人

我以题句缀面，猜底拟三国人名：曹真，释作：(捉刀人)曹操是真。《世说新语·容止》载有“捉刀人”典：魏王曹操将会见匈奴使者，自以形陋不足雄远国，令崔琰冒充他，他捉刀立床头。事后，曹问外使：“魏王如何？”匈奴使者答：“魏王雅望非常，然床头捉刀人，此乃英雄也。”后来，称代人作文为“捉刀”。“真人不露相，露相非真人”，阐释着曹操“捉刀”典。“凡人不可貌相”，言不谬也。种田的刘备掩不去“枭雄”气度，捉刀的阿瞒“瞒”不住“英雄”本色。1987 年 4 月，“中华杯”电视猜谜竞赛后回兰，由于手提包档次低，出站时引起盘查。我从不张扬，亦不自傲；相貌平平，衣着普通，不期人“高看”，那就该让“狗眼看人低”？

（己卷 71·2004 年 9 月 3 日）

※灵犀一典※　然床头捉刀人，此乃英雄也(常言一·卷帘)　　实不相瞒　(文木　作)

万里归人泪如霰

象声词“汪汪”，像狗叫声；晋江伍耿怀先生为“汪汪”谋面曰“万里归人泪如霰”。“汪汪”又状泪多貌；那么，此谜未用典吗？非也。底第二字作“流泪”貌，第一“汪”字，却“落实到人”。元军攻占南宋国都临安，俘恭帝及后妃、官吏等百余人，迁元大都，宫人王清惠及琴师汪元量亦在其内。后来，汪元量得为放归，宫人为其饯行，王清惠赋以《送水云归吴》七绝，谜面即诗中句，“万里归人”指汪元量。南宋偏都于临安，何曾有“临(时之)安”？灯谜亦命途多舛，少贵人垂怜。我曾慨叹会刊《中华谜苑》得能在偏、穷之绥德绽放，不几年，它无端地悄无声息了。“偏安”，实是出于无奈。“偏”就足以说明问题了。将就着“偏”，未必能“安”。

（己卷 72·2004 年 9 月 6 日）

※谜苑拾萃※　匈奴未灭(骊珠)　　作家 莫言　(文木　作)

燕然未勒归无计

题句出宋·范仲淹《渔家傲·秋思》词。《后汉书·窦宪传》:东汉永元元年六月,车骑将军窦宪击匈奴北单于于稽落山,获大胜;宪等登燕然山"刻石勒功,纪汉威德"。燕然山即今蒙古人民共和国之杭爱山。我借题句作面,觅底以曲艺名词:得胜头回。既然"燕然未勒",何可"班师"?反之,得胜了,才能回头。此谜借"反扣"之曲,我感惬意。好个"得胜头回"的大无畏精神,面对强敌,勇往直前,直至胜利。"勒铭"太吸引人了,帝王们尤其喜欢"封禅、勒铭"这些彰扬自己功劳的活动,大小"头头"能不争着仿效之?头头再小,也是那巴掌大的地方的"封疆大吏"呀!听说要扩大"私有制"了,这不用动员,早已据为私有了。

(己卷 73·2004 年 10 月 14 日)

※灵犀一典※ 燕然勒石(书名一) 《时宪书》(清·郑永禧 作)

江流石不转

南京史东山先生借题句作面,底作河南古地名:陈留。陈通阵。陈留"陈"矣,现已并入开封县。题句出杜甫诗《八阵图》。八阵汉时已有,是为天、地、风、云、龙、虎、鸟、蛇八种阵势。诸葛亮之"八阵"凡四处,杜诗所咏当是最著之夔州一处。"江流石不转"之谓,见刘禹锡《嘉话录》:夔州西市,有诸葛八阵图,聚石分布……虽经大水波冲,及水落,"万物皆失故态,诸葛小石之堆,标聚行列依然。如是者近六百年,迨今不动。""江流石不转,遗恨失吞吴","石不转"之八阵,铭志着刘备"失计"于"吞吴"吗?那么,让"孙吴联盟"割据到现在吗?别摆上几堆石头当古迹吧,它是"割据"的劣根!

(己卷 74·2004 年 10 月 14 日)

※灵犀一典※ 江流石不转(军事术语一) 滩头阵地 (佚名 作)

久客思归,只有东平之树

老舍先生有部反特题材话剧,名《西望长安》,它是据真人真事编写的。我为《西望长安》找的谜面即题文,其出北周庾信《周使持节大将军广化郡开国公丘乃敦崇传》,事见《汉书·东平思王宇》:刘宇封在东平,很想回到京城长安去;他死后,坟上的松柏都向着西方。还记得韩凭的"相思树"典故吗,他"相思"为恋人,刘宇"相思"为恋"地"。"梁园(在开封)虽好,非久留之地",句中透出离去意。为何要离去?其一,梁园好是好,可那是别人的地方,赖在那儿干吗?其二,"是非之地莫久留"。何谓"是非之地"?权柄中心、经济枢纽也。权、利的诱惑是极其顽强的,躲它远远的;毕竟清心寡欲不为引诱者鲜见。

(己卷 75·2004 年 10 月 15 日)

※谜苑拾萃※ 孔雀东南飞(字一) 孙 (江更生 作)

见人开仓亦不走

战国时,有个人被称作公子无忌,他是魏国贵族,一名魏无忌,即信陵君。我国把十二生肖与十二地支相配作对应,子配鼠。据此,公子无忌可谬解成"公家的老鼠肆无忌惮";本着此义,陈楠先生为"公子无忌"配的谜面是"见人开仓亦不走"。唐·曹邺《官仓鼠》一诗颇著名,题句前是诗的首句"官仓老鼠大如斗"。"大如斗"之鼠,猫奈它何?何况,如今的猫,"养尊处优",百般受宠,谁还不辞辛劳或冒着生命危险去逮"大如斗"的鼠?官仓如此,集体仓亦不例外,大概只有一个人的私仓,才容不得鼠害吧。"公子无忌"大有犯罪嫌疑人向公安叫板的味道:拿出证据来!官仓鼠肥己的手法并不高明,却能逍遥法外,有谁和它们"生态平衡"吧?

(己卷 76·2004 年 9 月 14 日)

※谜苑拾萃※ 纱帽底下罩婵娟(电视剧名一·下楼) 《男才女貌》 (张志有 作)

一日九迁

“提速”一词因火车而“火”了起来。为“提速”配谜面，先想到“火箭干部”，又不想让年轻人重温“文革”那段尴尬的历史，遂用“一日九迁”作其面，其出汉·焦延寿《易林》卷三《履·节》：“汉车千秋一日九迁其官。”——车千秋一天被皇上数次提职，“火箭”之速，亦难望其项背了。“一日九迁”断然离不开“一言九鼎”。一天之内，“功绩”能有多大增长，竟然“一日九迁”，那只能是金口玉言的皇上的一句话；“一日九迁”的“一句话”和信口雌黄、朝令夕改差不到哪儿去。朝令夕改不是绝对不好，如果“令”是错误的，那么，改得越快越好。如果错误的“令”，直要等历史来验证、改正，那该多痛心啊。

（己卷77·2004年10月18日）

※灵犀一典※　立拜千秋为大鸿胪（探骊）　　车名 捷达　（张志有　作）

嫁狗随狗，嫁鸡随鸡

对俗语“嫁鸡随鸡，嫁狗随狗”已很熟悉了，仍不明其出处。刘成禺《洪宪纪事诗本事簿注》载：1915年，北京名优竞艺，各有捧者；著名才子易实甫对广德楼的鲜灵芝尤相推崇。一日，鲜灵芝演《小放牛》，其夫倚鬼门望，小丑指灵芝曰“她真是装龙像龙，装凤像凤”。实甫跃起联语曰：“我愿她嫁狗随狗，嫁鸡随鸡。”我想，该故事仍非此俗语原始出处。台湾李秉汾先生撷题句为面，措成语“行同禽兽”作底。“随”以跟随义扣“行”字；鸡狗，禽兽也。嫁之随之，毋乃忒任意乎？还是慎重选择在理。但挑之又挑，选之又选地寻求“完美”，怕是要走向反面的。两个“完美”的人，生活在一起，就必定有“完美”的家庭吗？磕磕碰碰也是生活的一部分。

（己卷78·2004年9月14日）

※谜苑拾萃※　糟糠之妻不下堂，贫贱之交不可忘（古人名二）　　谢尚　宋义　（《灯谜约选》）

闻有三山未知处

唐·许浑《学仙二首》第二首有句曰“闻有三山未知处”，我用之作谜面，选人体解剖学名词“迷走神经”为底；底材别义作：闻有神经过的地方，但不知怎么走——迷走。“三山、三神山”的记述，古籍中多有。《史记·秦始皇本纪》里，说得“有鼻子有眼”的；“齐人徐市（福）等上书，言海中有三神山，名曰蓬莱、方丈、瀛洲，仙人居之。……于是遣徐市发童男女数千人，入海求仙人。”神仙当然找不到。诗词中的“三山”，多得难以数计，但谁都没见过？人云亦云可悲。文艺作品，包括灯谜，都有高境界的“传神”，但“传神”作品，毕竟少。现实中却太多“传神”，尤其是在广告中。现实中的“传神”，都是为了骗钱。

（己卷79·2004年10月21日）

※谜苑拾萃※　茶神（宋文句一）　　羽化而登仙　（清·何绮　作）

自家有病自家知

“久病成良医”；“良”字不敢当，“成医”尚合情理。清朝王有光《吴下谚联》卷二登一联曰：“自家有病自家知；当世做人当世观。”合肥吴仁泰老师撷上联（即题句）缀面，拟底乃《红楼梦》人物：胡庸医。底材本指“胡姓庸医”，谜家令其以“何用医生”之解迎合面句；“庸”作“用”义。药店的“非处方药”卖得火，何故？“自家有病自家知”者多了。所谓“自家知”，其实知之甚少；但凡看得起病，谁会拿自己的健康、生命开玩笑，随便买些“非处方药”呢？“开放前”报载：发达国家看一次感冒，得花中国人一个月的工资；那阵几十元工资要养活几口人的；现在，随便一小恙，还不得上百元？在看病花费方面，中国已“领先”于西方了！

（己卷80·2004年10月21日）

※谜苑拾萃※　蓬门今始为君开（曲目一）　　《入破第一》　（《厚庵度词》载）

方寸乱

医学术语有：心律不齐，我为其拟谜面：方寸乱。乱，律不齐；方寸，本指一寸见方，言其小。方寸代指“心”，缘《三国志·蜀书·诸葛亮传》：“(诸葛)亮与徐庶并从(先主)为曹公所追破，获庶母。庶辞先主而指其心曰：‘今已失老母，方寸乱矣，无益于事，请从此别。’”读过“三国”的人都理解，“徐庶进曹营，一言不发”这句歇后语的原委。曹操以卑鄙手段逼迫徐庶进了曹营；但人在心不在，于是，“终身不为设一谋”。“心之官则思”，“心如止水”(可猜“平方寸”)的情况是罕见的。大千世界，形形色色，心要不“花”也难。昔称盛世为“道不拾遗，夜不闭户”，如今防盗门、防护栏的铁笼子里，也不安全，都是“心”给闹的。

(己卷 81·2004 年 10 月 22 日)

※灵犀一典※　方寸乱矣，请从此辞(《四书》句一)　　回也其庶乎　(清·金丽源　作)

贵人头上不曾饶

唐·杜牧《送隐者一绝》诗中两句，易解而饶味，其曰：“公道世间惟白发，贵人头上不曾饶。”台湾来楚庚先生借“贵人头上不曾饶”句作《水浒》人物“毛太公”之谜面；底材别解作：毛发很公道。“少白头”是病态，别拿来狡辩。一般而言“公道世间惟白发”是常理。穷者缺吃缺穿，度日如年，能不“早生华发”？未必。贵人“饭来张口，衣来伸手”，就不“鬓先秋”？不尽然。愁是白发源。穷人多愁，贵人少愁乎？穷人无条件“保养”，生着法“保养”的贵人，头可不白乎？世无绝对公道。世有承受“不公道”者，就有制造“不公道”者；前者别气恼，阿 Q 一下：毛太公。

(己卷 82·2004 年 9 月 17 日)

※灵犀一典※　公道世间惟白发(古官名二·卷帘)　　运同　都头　(吴仁泰　作)

月旦诸子

子，指人，古代指著书立说、代表一个流派的人。我以“月旦诸子”作谜面，拟底乃词汇：人品。谜面出唐·陈子昂诗《春台引》。《后汉书·许劭传》：“劭与(许)靖俱有高名，好共核论乡党人物，每月辄更其品题，故汝南俗有‘月旦评’焉。”后以“月旦评”或“月旦”，作品评人物的典故。品评就品评呗，偏叫“月旦”，何故“跩文”刁难人？对，我以后不用“月旦”一词。不过，许劭、许靖“俱有高名”，得其“月旦”的人，面子须是很光彩的。“批评”大约不能称“月旦”吧。“纵有月旦评，未能天下知”(陆龟蒙诗句)，别想借“月旦”扬名吧。

(己卷 83·2004 年 10 月 22 日)

※谜苑拾萃※　大胆改组(礼貌用语一)　　明天见　(陈雷　作)

还应胜得碧纱笼

《湘山续录》录：宋人孙仅新宠一女名添苏，寄诗与好友魏野，魏野和诗云“见说添苏亚苏小，随轩应是佩珊珊”。苏小，南齐名妓，才貌双全。添苏得诗喜甚，请写家书诗炫耀于壁。后魏野过汴京，造添苏宅，他貌不惊人，添苏待之冷淡，却得意地介绍壁上诗，魏野索笔补诗曰：“谁人把我狂诗句，写向添苏闺房中？闲暇若将红袖拂，还应胜得碧纱笼。”比其为名妓而洋洋得意者，二、三流妓也。势利眼的“粉头”，唯以貌取人，能不冷面高士？吴仁泰先生以题句缀面，借“探骊法”措底材为“美人、红拂”。我料魏野，是决不会以“美人红(袖)拂”诗为荣的。美人之貌，可借人造；人之美德，再高之科技也造不出来。

(己卷 84·2004 年 9 月 16 日)

※触典旁通※　也应胜似碧纱笼(《四书》句一)　　有越窕　(韩光奎　作)

不胜则自死

清季扬州郑板桥，以画、文学著名。其《比蛇》诗的序文颇应绍介："粤中有蛇，好与人比较短长，胜则啮人，不胜则自死；然比面令人见，不暗比也；山行见者，以伞具上冲，蛇不胜而死。"蛇亦"光明正大"，人却狡猾，"以伞具上冲"，冒充高个儿，蛇死则冤。我借"不胜则自死"作谜面，拟底以称谓：老丈人。老，死之婉转说法；丈人，丈量人也。全谜别解作：老死于丈量别人。"不比不知道，一比吓一跳。"何必要寻"吓一跳"的烦恼，不去比如何？比蛇死于比，有无"嗜比"的人，死于比，应该有，起码是间接地死于比。"攀比"之风，日盛一日，尤其是在婚、丧事务上；虚荣害人，甚至会害死人。

（己卷 85·2004 年 9 月 13 日）

※灵犀一典※　不胜则自死（四字常言一）　短命而亡　（张志有　作）

本来无一物，何处惹尘埃

广西梧州已故谜家林富杰为《西游记》人物"悟空、悟净"谋设的谜面即题文；读此作，"悟"得"空、净"之理不难，还想让读者了解点佛家故事。《景德传灯录》卷五载：唐时，禅宗五祖弘忍在黄梅传教，欲选衣钵继承者，命徒弟各出偈；神秀主张渐悟，偈语曰："自是菩提树，心如明镜台；时时勤拂拭，勿使惹尘埃。"惠能偈云："菩提本无树，明镜亦非台；本来无一物（空），何处惹尘埃（净）？"后来，弘忍密传衣钵予惠能，史称"南顿北渐"。"悟"得"空、净"已极不容易，何谈"顿悟"？我支持"渐悟"说，只怕是"渐悟"也很困难。君不见，愈是具有"权、富"者，愈孜孜追求更大的"权、富"。

（己卷 86·2004 年 9 月 17 日）

※灵犀一典※　本来无一物，何处惹尘埃（电视剧名一）　《空镜子》（郭景天　作）

尺纸从头彻尾空

明人所撰《崖下放言》载一《白纸诗》云：士子郭晖远羁京师，寄妻信误封白纸；妻得信，回寄一绝云："碧纱窗下启缄封，尺纸从头彻尾空。应是仙郎怀别恨，忆人全在不言中。"思念弥深，纸短情长，莫若"尽在不言中"。题句勾起我的谜思，为之措两底。一作新词语"打白条"；二拟为唐代文学家：白行简。一些地方乡里人把寄信叫"打信"，由此，见打白条之底甚切；白行简作底，亦饶别趣。"打白条"这词语还"新"吗？但愿它已彻底绝迹，让某些部门拖欠工资的耻辱成为历史。此消彼涨，拖欠公务员工资不多闻了，拖欠以至赖掉民工工资的现象却层出不穷。唉，底层凡夫总多难肠事！

（己卷 87·2004 年 10 月 29 日）

※谜苑拾萃※　曹娥救父（聊目三）　《孝女》《负尸》《于江》（民国·顾震福　作）

英名盖世三岔口，杰作惊天十字坡

题文佳联是赞京剧艺术家的，熟知京剧大师的人，不难看出此联夸谁；若以此联为谜面，令猜文学名词，亦不难抢答"夸张"。此谜是合肥吴仁泰大师作的。此联之作者，一说系戏剧家田汉撰；另云乃著名书画家、鉴赏家，亦善词擅联的吴湖帆先生拟。《三岔口》、《十字坡》均武生戏，是"江南活武松"盖叫天先生最饮誉的剧目。联中不但嵌入二剧目，还嵌入盖老艺名中"盖、天"二字；英、杰亦非泛泛褒词，盖老本名张英杰、号燕南。"夸张"，该彻底明白了吧？京剧何能迅速享誉？清皇室抬爱故也。四大声腔之一的"秦腔"，历史悠久，爱之者众，却何以地位不高、流传不广？因为爱它的、捧它的人地位卑下。

（己卷 88·2004 年 9 月 17 日）

※谜苑拾萃※　无盐专宠齐宫（五言唐诗句一）　承恩不在貌　（清·袁薇生　作）

且寻土洞深藏

骂阿、拍者"哈巴狗",甚切。明·冯梦龙《古今谭概》载:南宋太师韩侂胄,在吴山筑成南园,颇似农家,惜鸡犬之声不闻;侂胄转到另一处,欣闻鸡犬声,探察之,系临安知府赵师,故模拟作声;太师悦,赵遂得宠。开禧二年,南宋兵败,韩侂胄当了替罪羊,被斩首向金谢罪。一太学生写诗嘲赵师曰:"侍郎自号东墙(师之号),曾学犬吠村庄。今日不须摇尾,且寻土洞深藏。"题句作面,我拟离合字"人犬伏":人作犬潜伏。主子倒了,向谁摇尾乞怜,觅洞藏身吧。宠物中,数狗多。"狗不嫌家贫"乃其美德;但狗善于体察主人性情,讨好主人当是其"受宠"的主因。握有用人大权者须当心,越是向你摇尾者,却越缺少"不嫌家贫"的德性。

(己卷89·2004年9月13日)

※谜苑拾萃※ 观众(小品名一) 《张三其人》 (张志有 作)

街前街后尽琼瑶

称滑稽、通俗的诗为"打油诗",其出唐人张打油。试看张打油《雪》诗:"江山一笼统,井上黑窟窿。黄狗身上白,白狗身上肿。"明·李开先《一笑散》载:县衙壁有诗"六角飘飘降九霄,街前街后尽琼瑶。有朝一日天晴了,使扫帚的使扫帚,使锹的使锹。"县令怒,令查作者,师爷禀"作这类诗的一定是张打油"。唐人张打油吗?可唐代无师爷。诗的前两句尚雅,后边便"打油"了。晋江伍耿怀君择题句为谜面,底取书法名词:分行布白。"街前街后"乃"行"字分开;"尽琼瑶",布满白色也。能把诗作得"打油",也是本领,起码能令人忍俊不禁。一些歌词雍荣华贵,堆砌着溢美的辞藻,空洞而肉麻。

(己卷90·2004年10月15日)

※灵犀一典※ 街前街后尽琼瑶(戏剧名词一) 道白 (张志有 作)

再添一女又如何

传说,秀才娘子连生九女,望子心切;孰料十胎临盆,又产女婴,秀才写诗自嘲:"连生九女不为多,再添一女又如何?阎王差我无别事,专替他人养老婆。"诗里透着牢骚、无奈,却也滑稽、可笑。若以"专替他人养老婆"作谜面,我觉得离合字"嫁女家"之底不错,谬义作:生养出嫁女之家。千金,当是对大家女儿的尊称;如今,没那么多讲究,贫民之女称千金何妨?再添一女又如何?我觉着,秀才夫妻对解决如今女少于男的比例失调问题,应是有贡献的,该记功。再添一女又如何?我总从谜的角度去寻思:一女千金,十女万金,用杜甫诗《春望》句"家书抵万金"作谜底吧,底之第二字"书",让"遗珠"格"遗弃"之。

(己卷91·2004年9月13日)

※灵犀一典※ 连生九女不算多(七言唐诗句一) 宁无一个是男儿 (林宝才 作)

这个婆娘不是人

解缙,明洪武进士,博学多才,数任高官,但仕途多舛,死于狱。古籍记解缙诙谐文事颇多。清·钱德苍编撰之《解人颐》载:有人求解缙为其母七十寿题诗,解缙开口道"这个婆娘不是人",人大讶;解接曰"九天降下一仙真",其人悦;不料第三句却是"生儿生孙皆作贼",及第四句"盗摘蟠桃还母恩"吟出,其人转忿为喜。始贬复褒、似骂却赞的"大喘气",给人以深刻印象。题文在骂人,其下句却捧之成"神"。那么,借题句作谜面,用卷帘格令猜《聊斋志异》篇目二的谜(吴仁泰作),其谜底《成仙》《真定女》当从其下句会意去猜;依谜格,猜底呈"女/定/真仙成",贴合"九天降下一仙真"。率直的文人莫恋官场,曲意逢迎难受得要命。

(己卷92·2004年9月18日)

※灵犀一典※ 偷来蟠桃献母亲(四声字三) 宵小孝 (武骝 作)

二声鼓，一声锣；一声鼓，一声锣

幼时，玩过“官打捉贼”的游戏：四块纸，分写官、打、捉、贼，制成“阄”，四人分抓，抓到什么字，就任什么职。题文是我为“官打捉贼”琢磨到的谜面。欲通此谜，须明典故。叶子奇《草木子》：元朝至正年间，以金（锣）鼓音节迎送廉访使；解送强盗，亦以金鼓音，但节奏不同。一读书人嘲执法机构枉法，作七绝云：“解贼一金并一鼓，迎官两鼓一声锣。金鼓看来都一样，官人与贼不争多（差不多）。”题文前两句是“（迎）官（时）打”，后两句是“捉（送）贼（时）”打的。洗耳恭听吧，别混淆了，迎官、送贼，只差一鼓之声。法官朋友语我：贪官和贼不少人犯罪的起因相同：心里不平衡。（己卷 93·2004 年 9 月 13 日）

※谜苑拾萃※ 双宿双飞（礼貌语二） 对不起 对不住 （余真 作）

想到一百年后，无少长俱是古人

“黄粱梦”典故，源自唐人沈既济《枕中记》。说是唐时，卢生自叹穷困，道者吕翁于邯郸邸赠之枕；卢生就枕，于寐中娶妻、登科、拜官、封爵，享尽富贵荣华；及醒，主人蒸黄粱尚未熟。明代汤显祖编剧《邯郸梦》穿凿乎？今邯郸却有吕翁祠。祠有联曰：“睡至二三更时，凡功名都成幻境；想到一百年后，无少长俱是古人。”实话，活至百年，不作古者极少；所以，台湾来楚庚以题文缀面上，以明人王守仁《瘗旅文》句“性命不可期”作底；期，作百年释。我谜曰：掐准秒表（歌名），《把握每个瞬间》；又猜歌词曰“把握生命的每一分钟”。生命何须百年期，充实在造福公众的成就感里，足矣！

（己卷 94·2004 年 9 月 22 日）

※触典旁通※ 一枕黄粱再现（电视剧名一） 《魂归梦之谷》 （张哲源 作）

我为人不值一文

清康熙进士张伯行，仕至礼部尚书；其性刚直，外出巡行期间，谢绝各地官员一切馈赠，在江南一带口碑极佳；康熙赞他“操守天下第一清官”；其“却赠文”值得录示：“一丝一粒，我之名节；一厘一毫，民之脂膏。宽一分，民受赐不止一分；取一文，我为人不值一文。……”我借前文末句作谜面，猜一名扬全国的少年英雄名：张高谦；底之别释呈：张伯行高尚之谦辞。“宽一分，民受赐不止一分”，何故？不受层层盘剥也。“取一文，我为人不值一文”，以此言质诸“父母官”，你们谁敢断言“不取一文”？民脂民膏，不知被“灰、黑”去了多少，挥霍掉了多少，赌输了多少，流向外国了多少？

（己卷 95·2004 年 9 月 21 日）

※灵犀一典※ 取一文，我为人不值一文（明末人名一） 钱谦益 （张志有 作）

总不如白银为妙

文名不错，画名尤著的扬州八怪之一的郑板桥，率真，小官也当不下去了，穷困一生，临老了以卖画作生计。率真文士，羞于讨价还价，听从一和尚建议，以《板桥润格（稿酬标准）》明示：“大幅六两，中幅四两……扇子斗方五钱。凡送礼物食物，总不如白银为妙……”合肥吴仁泰谜师为题文择以四个韵目“送、文、尤、佳”作谜底；文，钱也。“大腕”们的“润格”吓人，行情看涨，还讲究“税后”；至于“送文尤佳”，那还用说？商家到处在“买几赠几”，还有把原价不菲的精品，标明 1 元、0 元的；别操闲心，人家是不会亏本的。购物“满×元返×元”的，这是“送文尤佳”了吧？傻瓜才信！ （己卷96·2004年9月18日）

※谜苑拾萃※ 刀下留人（口语一） 讲卫生 （张志有 作）

才子头上巾

谢天谢地，儿女早过了学龄，否则，可怎么供他们上学呀！？目睹“办证”的疯狂和难以铲锄，当知“文凭腐败”多么怵目惊心了。教育上的问题，岂止媒体曝光的屈指数起，若认真地查，比比皆是。教育腐败，历史悠久。冯梦龙《古今谭概·童生府试》载：湖州考秀才，多以贿赂通关节，一士子，用妻首饰行贿，得入学宫，中秀才；长兴吴生作小令讥之：“……佳人头上金，才子头上巾。金与巾，世上有几人？”送“头上金”，得“头上巾”。“才子头上巾”启我谜思，觅得欧阳修《秋声赋》句“于行为金”作其底；别义作：说你可以（行）为秀才，为（送了）金。儿女过了学龄，孙子辈逃不过挨宰！

（己卷 97·2004 年 9 月 22 日）

※谜苑拾萃※　目睹铜柱忆伏波（俗语一）　　见马克思　（台湾·范胜雄　作）

他家自接周吴郑，敝姓曾连顾孟平

清朝梁绍壬《两般秋雨庵随笔》载：潮州黄霁青，工诗，性滑稽。同年某投札，误“黄”作“王”，他作诗嘲之：“江夏琅邪未结盟，廿头三画最分明。他家自接周吴郑，敝姓曾连顾孟平……”江夏、琅邪分别是王、黄二姓郡望最著地，诗首句讥“王、黄不分”；二句以笔画嘲之，廿头黄、三画王是黄、王二姓惯称；三句以《百家姓》第四句“周吴郑王”，指明王姓；四句由《百家姓》第廿四句“顾孟平黄”点出黄姓。陈楠谜友慧心悟出诗之三、四句作面，底作“璜”子，自然称妙。近日，兰州小学生上街纠正错字。童真——儿童认真。《清明上河图》等电视剧字幕上的错别字，那叫个多；拍电视的，你有小学水平吗？

（己卷 98·2004 年 9 月 23 日）

※灵犀一典※　他家自接周吴郑（《书经》句一）　　百姓王人　（祁友蒙　作）

眉目分明在里头

某一地方的人悭吝过甚，其一些做法常入谈资，每成笑料，有心人若辑之，实当代《笑林》也。明·冯梦龙乃彼时有心人，其《广笑府》录《咏簿粥》曰：“半镬清汤米一瓯，未曾到口使人愁。试将箸插东西倒，才把匙挑左右流。捧出厨中风起浪，掇来帘下月如钩。佳人不用青铜镜，眉目分明在里头。”穷得叮当响，喝此薄粥算“揭得开锅”，也就罢了，偏是殷实人家以此待客，他还能有友朋吗？佳人对粥照影，眉清目秀；我为“眉目分明在里头”配以三国人号“水镜先生”作底，不亦宜乎？公企员工，多不富裕，村集购菜，别掂斤播两，孜孜争较了，农药、化肥、薄膜价常涨，“农二弟”也难。“穷不帮穷谁照应”？

（己卷 99·2004 年 9 月 22 日）

※谜苑拾萃※　削足适履（口语一）　　穿小鞋　（辛毓秀　作）

一饭三吐哺

西周武王之弟，因采邑在周，世称“周公”；曾佐武王、成王成就王业，声誉极高。曹操《短歌行》诗末赞曰“周公吐哺，天下归心”。“吐哺”典见《史记·鲁周公世家》周公语：“然我一沐三捉发，一饭三吐哺，起以待士，犹恐失天下之贤人。”每每洗头、吃饭都要停下来接待求见的士人，确为天下操碎了心。姜文清友借题句为面，底作食品：即食面。即食，正在进食；面字最见谜家别解功力，作会面释，照应典材中“起以待士”。“周公吐哺，天下归心”，周公的“捉”、“吐”，让我懂得什么叫兢兢业业。好多企业不景气，领导却个个神气。别说“捉”、“吐”了，他们每天能正经工作两个小时，都算“敬业”，他们的员工能“归心”才见鬼呢。

（己卷 100·2004 年 11 月 13 日）

※灵犀一典※　周公吐哺（历史名词一）　　勤王　（张志有　作）

官帑民财一扫空

旧时,把无厌贪敛叫“刮地皮”。明·冯梦龙《广笑府·贪墨》:一仕贪甚,离任时,仓库为之空;时人刺之《德政谣》道:“来时萧索去时丰,官帑民财一扫空。只有江山移不去,临行写入图画中。”“去时丰,一扫空”,配以明朝文学家名“归有光”作底,仅就谜而言,还算确切。“刮地皮”听得少了,类似的行为却见得多了。“江山”这不动产“移不去”,但有没有“倒卖”的呢?房地产的“过热”,难得没有“猫腻”。前些年,“下海(南)”“开发房地产”的很多人铩羽而归,那是“政策”卡住了“猫腻”;但下手早的,“归有光”——荣归故里了,这儿老总、那儿董事,非“委员”即“代表”。“时务”的“时”字,极其重要。

(己卷 101·2004 年 9 月 25 日)

※谜苑拾萃※ 中药两剂,膏药两张(口语一) 服服帖帖 (刘子荫 作)

依样画胡芦

兰成扣友用题句作面,配谜底以学科名:机械制图。俗语“照着胡芦画瓢”与“依样画胡芦”义近。宋·魏泰《东轩笔录》:“太祖笑曰:‘颇闻翰林草制,皆检前人旧本,改换词语,此乃俗所谓依样画胡芦耳……’”太祖说的“依样画胡芦”,是笑抄人文章的“誊文公”之属;入谜乃谓“不知变通地画图”。其实,机械制图是严肃的学科,“规矩”颇多,多不容“变通”。此谜在讥“机械制图”吗?借“讥”送人以怡悦矣。不能笼统地讥笑“依样画胡芦”;某些方面,需要的正是“依样画胡芦”,例如政策、法规等。君不见,一些政策、法规,在“钱、色”的引诱、冲击下,已“灵活”得面目全非了。

(己卷 102·2004 年 10 月 3 日)

※灵犀一典※ 照葫芦画瓢(数学名词一) 因式分解 (周问萍 作)

典却春衫办早厨

元代一吏吕思诚,字仲实,清廉之声有闻;其未入仕时,生活更拮据;早餐无米为炊,脱下布衫让妻速去典当以买米,并有诗曰:“典却春衫办早厨,山妻何必更踌躇。瓶中有醋堪烧菜,囊中无钱莫买鱼……”事非杜撰,见《钱唐逸闻轶事》。我借前诗首句作谜面,觅白居易诗《卖炭翁》中句“身上衣服口中食”为底;“身上衣服”后之顿读,直像“典衣买米”的过程。吕思诚仕前清贫,当官仍清贫,他“不敢妄为些子事,只因曾读几行书”——“书中自有黄金屋”,在他没得到体现。穷地方不乏苦读成才者,“成才”后的成就不多闻,印象最深的,见于“顺口溜”说他们的变化:一年土,二年洋,三年不认爹和娘。

(己卷 103·2004 年 9 月 26 日)

※灵犀一典※ 不敢妄为些子事,只因曾读几行书(宋人一·调首) 包文正 (张志有 作)

汉宫不锁陈皇后,谁肯千金买赋来

“贮之黄金屋”的汉武帝皇后陈阿娇失宠了,被冷落在长门宫,“秋闷悲思。闻司马相如天下工为文,奉黄金百斤……”相如为其写《长门赋》,“以悟主上,陈皇后复得亲幸”。(据《文选·司马长卿〈长门赋序〉》)题句咏前事,出唐·黄滔诗中。设无阿娇一度失宠,会以“千金买赋”吗?哈尔滨姜文清谜家慧心凝注,乃以社会现象“文以人贵”(谜底)对题句(亦谜面)作别样的亦是中恳的总结。初中时,我作文中的诗作,老师竟有批语:可向《少年文艺》投稿。显然,那阵不是“文以人贵”;如今,哪里不是“文以人贵”?兰州的几种报纸,大篇广告留下不足三分之一的版面,你想占“豆腐块”都极难,据说,那是编辑们的“互留地”。

(己卷 104·2004 年 11 月 13 日)

※灵犀一典※ 长门献赋(《古文观止》篇目一) 《陈情表》 (清·张起南 作)

枝叶未堪攀折取,黄鹂飞上力难禁

咸阳“社火”名堂多,有“柳木腿(高跷)”、芯子等等……又有名曰“大头和尚戏柳翠”者:戴大头套扮和尚与少女柳翠追逐嬉戏;此亦有典,其出冯梦龙《喻世明言》中《月明和尚度柳翠》篇。我为“大头和尚戏柳翠”谋面以题文。《留青日扎》:少女柳含春,祈于关王庙,一小沙弥悦之,乃以柳氏姓氏作咒语诵之神前:“江南柳,嫩绿未成荫。枝叶未堪攀折取,黄鹂飞上力难禁。留取待春深。”女闻而怒,讼于官……但故事末,二人却缔姻缘。“戒色”的和尚也生爱美之心,其戏“嫩绿,江南柳”,雅得深沉。佛门之戒多,还讲究“自持”。当官亦多戒规,也要“自持”;不能“自持”别当官;终不成像宦官,强迫其戒,给阉了?

(己卷 105·2004 年 9 月 29 日)

※谜苑拾萃※ 你索款款轻轻(词牌一) 《惜黄花慢》 (清·夏之时 作)

上蔡苍鹰何足道

题句出李白《行路难》诗之第二首,诗以伍员等忠臣的悲惨结局,说明“功成不退皆殒身”。李斯,上蔡人,从平民直做到宰相,始皇死后,因赵高谗言而被杀。被捕时对其中子说:“吾欲与若复牵黄犬俱出上蔡东门逐狡兔,岂可得乎!”(《史记·李斯列传》)泰国已故著名谜家卢一雄先生,借题句为谜面,措医学名词“歇斯底里”作底。斯,踏实为李斯;既然不能在梓里驾鹰逐兔了,“歇底里”乃见。行路难的“行路”不是狭义的。自呱呱坠地,“人生”长路即始。即使没有战争、瘟疫,人生之路也不会平坦;没有生死悠关的大“坎”,总还会有磕磕绊绊。你可以不上学,也逃不掉“考验”。渡过磕绊、经受考验愈多,你愈成功、愈幸福。

(己卷 106·2004 年 10 月 8 日)

※灵犀一典※ 复牵黄犬逐狡兔,岂可得乎(《诗经》句一·卷帘) 无射于人斯 (周问萍 作)

穿对朝靴,安排你在轿儿里

《词品》载:曹西士步行赴试,他作《红窗迥》慰劳“一日厮赶上五六十里”的双足,词略曰:“扶持我去,博得官儿,恁时赏你。穿对朝靴,安排你在轿儿里。更选对宫样鞋儿,夜间伴你。”词甚滑稽,倘得官职,功归双脚,不知“脑袋瓜”可服气?读此妙词,岂可无谜,我为题句择以称谓“高足”作底;曹西士把他的足看得“高”,安排得也“高贵”。我又用词末之“更选对宫样鞋儿,夜间伴你”作面,底亦称谓:脚夫;何妨将曹西士的脚视作闺秀,为其觅夫?高足、脚夫之类称谓嫌陈旧了,咱奔古稀的人了,对一些“前卫”的词毕竟陌生。可是,一些“前卫”词儿,时髦在哪儿呢?难道“时髦”在它的“泊来、糟踏语法”?

(己卷 107·2004 年 9 月 29 日)

※谜苑拾萃※ 取之于民,用之于民(常言一) 从群众中来,到群众中去 (韦荣先 作)

谁将一女轻天下

唐·吕温诗《刘郎浦口号》:“吴蜀成婚此水浔,明珠步障幄黄金。谁将一女轻天下,欲换刘郎鼎峙心?”刘郎浦,传为刘备迎娶孙权妹之地,在今湖北石首县。《三国志》载,孙、刘联姻的政治用心,周瑜直言之:“宜徙(刘)备置吴,盛为筑宫室,多其美女玩好,以娱其耳目。”按《三国演义》述写,若非诸葛亮用计,刘备已堕周瑜术中,“不要江山要美人”了。结果,孙吴“赔了夫人又折兵”,还是“江山重”。萧萧雨先生摘以题句缀面,令猜成语:权宜之计。以一女磨灭刘备鼎峙心之计,权以为宜而行之。越是权门,婚姻越追求“门当户对”;世世代代这样“门当户对”下去,世界将会是什么样呢?看不到不堪设想的那一天了,幸运。

(己卷 108·2004 年 10 月 12 日)

※灵犀一典※ 欲换刘郎鼎峙心(京剧名一) 《孙策招亲》 (吴礼龙 作)

腹中孕两子

“段子”应属新词吧，我极少接触，对其“定义”自是陌生；它是笑话吧？收集之，是否可代替古代的“笑话集”？但结集时，千万别像“网上”那么“自由”。无“度”的“自由”，只会让善良人“难受”。古代一“段子”，趣而不“荤”：文武两状元与一孕妇同舟共济，水路枯寂，相约吟咏解闷；一人夸笔尖、砚圆，中个文状元；一人吹箭尖、弓圆，中个武状元。两人的傲慢劲，惹得孕妇生了气，吟道：“我的脚儿尖，我的肚儿圆。腹中孕两子，文武两状元。”元，状元之简称。我借“腹中孕两子”作面，引发下句意旨，着猜一个电影导演名，俩字，首字四笔，你猜中了吗？ （己卷 109·2004 年 10 月 4 日）

※灵犀一典※ 我的肚儿圆（中药名二） 大腹皮 附子 （张志有 作）

众女嫉余之蛾眉兮，谣诼谓余以善淫

屈平（公元前约 353—295），字原；中华诗坛第一颗巨星，楚国贵族；其治国主张不被统治者采纳，屡为佞臣谗毁，数遭流放，怀满腔哀怨、忧愤，自投汨罗江而死。屈原《离骚》诗篇，堪称划时代意义的巨著，其思想性、艺术性穿越时空，影响世界至今。题句出自《离骚》，直译曰：群小嫉妒我的美貌，谣言毁谤我淫荡；当然，这是喻义。清末灯谜大师张起南借题文作谜面，底用《前出师表》句：猥自枉屈。猥，用“淫”义；“自枉屈”则认定“冤枉了屈原”。原之“屈”多矣，否则，何至“自投汨罗”？屈原走了，“哀民生之多艰”，谁更“哀”之。“虽九死其犹未悔”，屈原没这么做。 （己卷 110·2004 年 10 月 23 日）

※谜苑拾萃※ 鸡犬过霜桥，一路梅花竹叶（《四书》句一） 兽蹄鸟迹之道 （《益闻录谜抄》）

五官中郎已将去

宋·王楙《野客丛书·龚张对上无隐》：兒宽代廷尉张汤写的奏折，皇上称意，问：“前奏非俗吏所及，谁为之者？汤以宽对，不掠人之美以自耀。”掠人之美，夺取它人功劳、声誉之谓也。有掠取别人美人者，其出《世说新语·惑溺》：袁熙妻甄氏美色；曹操攻下邺城后，令疾召甄，手下人说：“五官中郎已将去。”操曰：“今年破贼，正为奴（指甄氏）。”一个已为人妻的美妇，曹操与子曹丕争掠之，丕“先下手为强”。我借“五官中郎已将去”作谜面，措底作成语：掠人之美。功劳、声誉，人“掠”之者多矣！情斗、情杀、殉情等“掠人”事，已成媚俗报刊的热卖点，假冒之以掠“声誉”者，屡见不鲜也！

（己卷 111·2004 年 10 月 7 日）

※谜苑拾萃※ b（甬剧名一） 《半把剪刀》 （王能父 作）

到处逢人说项斯

香港有部电影，名曰《老表，你好》，潮州郑百川先生为其择面“到处逢人说项斯”，此句出唐·杨敬之诗《赠项斯》。《全唐诗》收敬之诗仅二首，《赠项斯》极得传颂，衍成“说项”一典；何妨说，诗因典而流传？再穷其因，宋·计有功《唐诗纪事·项斯》功不可没：项斯“始，未为闻人。……谒杨敬之，杨苦爱之，赠诗云云。未几，诗达长安，明年擢上第”。诗之外，项斯无可称道者，若无杨敬之《赠项斯》，后世将不知其人。兹录杨诗：“几度见诗诗总好，及观标格过于诗。平生不解藏人善，到处逢人说项斯。”敬之会夸人，先赞“诗总好”，复道“标格过于诗”，项斯想不闻名都难。但愿杨敬之不是对谁都“老表，你好”。

（己卷 112·2004 年 10 月 24 日）

※灵犀一典※ 平生不解藏人善（外国首都名一） 布达佩斯 （余毅 作）

不明求衣

“不明求衣”是《汉书·邹阳传》里邹阳赞汉文帝的话。晋·臣瓒注曰:文帝(扣“王”)“以天下多难,故乃寒心战栗,未明而起”。天未亮就起身穿衣视朝,汉文勤于朝政之又一美谈也。宫廷大内,禁卫森严;帝王出巡,层层保护;所到之处,粉饰妥贴,帝王何以得知“天下多难”?又何以“寒心战栗”?皇上是人,也知惜弱怜贫,爱民如子,也想把天下治成“大平盛世”,但他览、批的奏折属实吗?只怕是饿殍遍地时,皇上会问,他们为什么不吃肉?看来,汉文帝还行,“文景之治”,他占那个“文”字。我借“不明求衣”为谜面,猜一位乒乓球世界冠军名字,你猜着了吗?忘了,励,用奋勉义。

(己卷 113·2004 年 10 月 25 日)

※谜苑拾萃※ 平生不解藏人善(宋人名一) 章(彰)斯才 (台湾·林恒升 作)

伏维大王

《台湾谜学》第十八期响铃斋介绍一谜,面即题文,底乃影星:尊龙。今作“学舌”,以饷广众。伏维(惟),俯伏思想,作下对上的示敬之词。中华民族以龙为图腾,号称“龙的传人”;龙之神异、伟大,皇帝掠其美,专以喻己;王比帝终逊一等,比之“龙”,差强人意;但若把“大王”别解作“大于王”,用扣“龙”,可也。题面典故出《笑林》:一秀才死,参见阎王,王忽排屁,秀才为辞曰:“伏维大王,高耸尊臀,洪宣宝屁。依稀丝竹之音,仿佛麝兰之气。”阎王悦,奖寿十年。延寿期满,秀才复见阎王,王问:何人?鬼卒答“便是那做屁文章的秀才”。臭屁文章不打紧,只要是“赞美”尊者,也会变成“麝兰之气”,也会增寿、添财、升官。

(己卷 114·2004 年 10 月 26 日)

※灵犀一典※ 依稀丝竹之音,仿佛麝兰之气(口语二·调首) 臭美 屁话 (杨炎木 作)

不必负局仙

“不必负局仙”出唐·李群玉《古镜》诗中,我用之作谜面,猜什么呢?暂且不表。面句之典见旧题汉·刘向《列仙传》卷下《负局先生》:负局(背着磨镜工具箱)先生,口音似燕代间人;常为人磨镜,付一钱即可;又常问人疾病,与紫丸药以治,历数十年,活人以万计,不取一钱。后来,负局仙说:“吾欲还蓬莱山,为汝曹下神水。”乃见崖头白色水从石间流下,服之,多疾愈。后人为立祠十余处。今之药价出奇得高,医生也“看不起”;有病了:扛;很多企业的“医保”,仍然是“镜中花,水中月”;怨言都说烦了。盼吧,盼“医保”能兑现,全当盼“负局仙”的“白水、紫丸药”。古镜“不必负局仙”来“磨镜”,谜底,举重宿将:陈镜开。

(己卷 115·2004 年 10 月 26 日)

※谜苑拾萃※ 以眼还眼(文学名词一) 回目 (夏晨钟 作)

六州谁铸错

司马光编《资治通鉴·唐昭宣帝天祐三年》:田承嗣罗募五千人为牙军,专横拔扈;罗绍威恶之,请朱全忠尽杀牙军;此举却无异逐狼而纳虎,遂为全忠凌制,蓄积耗空。绍威悔叹:“合六州四十三县铁,不能为此错也。”错,错刀也。典用“误”义。铸错、铸成大错典出此。“六州谁铸错”,句出黄遵宪诗《香港感怀十首》之十,郑百川先生借作谜面,着猜“时人”。面在问,底须答其人,可答姓、名或号;铸,动词,“做”的方式,扣一字;底:罗干。人谁无过?要之,莫自负,常思己过;知有过,莫诿过,要改过;小过诿人,不思改,必酿成错;又诿人,饰己非,错上加错,铸成大错。方向、路线般的“大错”,是要误几代人的。

(己卷 116·2004 年 10 月 30 日)

※灵犀一典※ 合六州四十三县铁不能铸也(古文句一) 以错为之说 (《味腴草堂谜语》)

非君,此桥不立也

预制梁,建筑构件名;预先按标准制成,供设计者按标准选用。我为预制梁选面即题文。“非君,此桥不立”,反击义呈:因某君,得成此桥;桥,梁也。“某君”出《晋书·杜预传》:度支尚书杜预创议建立富平津河桥,众议以为不可;杜预力排众议,“造舟为梁”;桥成,皇上率百官临视,举觞对预说:“非君,此桥不立也。”“造舟为梁”是否杜预首创,不打紧。要之,在洛阳附近孟(富平)津造桥,见杜预造福社稷,方便众民,功在千秋的敬业奉献精神。兰州是全国唯一大河穿城而过的省会城市,桥之方便,兰州人体会尤深。人心的沟通需要“桥”,高层与底层的沟通尤需“桥”;有“心桥”才会有各种物质的桥。

(己卷 117·2004 年 10 月 31 日)

※谜苑拾萃※ 障碍赛跑(《送孟东野序》句一) 其趋也或梗之 (台湾·朱家熹 作)

鲤鱼幻化戏张珍

“精装牡丹”乃香烟品牌冠以规格之词汇;慧心相通,兰州张启学、宁波张礼鹤两先生分别为之拟面:礼鹤面句曰“碧波潭鲤鱼变小姐”,启学先生措面如题。题面出典源于明代传奇《鱼篮记》,但两位张先生所据,当是曾火过一阵的剧目《追鱼》;此剧各剧种均有演出,并拍成同名电影。张珍与金府小姐牡丹本有婚约,后张家遭祸贫窘,往投金府;金父嫌贫而生悔婚意,置张珍园中陋室苦读。园中碧波潭鲤鱼精变作牡丹小姐,向张珍倾诉爱慕之情;虽属好事多舛,然终成眷属。精怪恋穷儒,仙女爱贫农,张珍、董永“有幸”。精、神们无生计之虑,原可追求真爱,“穷汉”们却是要糊口的,还是“现实”点,别去攀高枝。

(己卷 118·2004 年 11 月 1 日)

※谜苑拾萃※ 孟起虽勇,未若君之绝伦也(棋赛用语一) 超时判负 (张贵炎 作)

磨灭怀中刺

走投无路这成语,并非“典故”衍化而成,我为它谋谜面曰“磨灭怀中刺”,谜面却有“来头”;读之,当有助对“走投无路”的理解。《后汉书·文苑传下·祢衡传》:祢衡“怀刺(相当于‘名片’)”,以投谒名流谋求功名,但“无所之适,至于刺字磨灭”——磨得字迹难辨了。唐·郑锡“揭短”,把祢衡事写入《襄阳乐》诗中,句曰“磨灭怀中刺,曾将示孔融”。孔融倒是把祢衡到处推荐来着,可像排球似的,被推来推去,先曹操,次刘表,最后死在黄祖手上。名片比“刺”小巧,不占地方即可怀揣很多。但名片“滥”了,数量多得“滥”了,上面的信息被吹得“滥”了;连“文凭”都“滥”了,揣上它照样走投无路。

(己卷 119·2004 年 11 月 6 日)

※灵犀一典※ 磨灭怀中刺(成语一) 不可名状 (张志有 作)

要留清白在人间

明诗给我印象最深,体现“诗言志”之旨最突出的诗是《石灰吟》,诗曰:“千锤万击出深山(开采石灰石),烈火焚烧若等闲(烧石灰)。粉身碎骨全不怕,要留清白在人间。”诗的作者于谦(1398—1457),字廷益,号节庵,钱塘人。他关心民众疾苦,勤于国事,反抗侵略见诸其诗,亦且身体力行;他最终被统治者借故杀害,但是,正像他所咏的石灰,虽“粉身碎骨”,却“要留青白在人间”,杀害他的人只配遗臭万年。对“要留清白在人间”的坚贞节操,常熟谜家韦梁臣另构机杼,还其喻意为写实,用“卷帘格”化中药“炉甘石”为“石甘炉”,以抒为民众献身之志。人民永志奉献者;贪婪的攫取者和他的皮囊一样,终将腐朽。

(己卷 120·2004 年 11 月 11 日)

※灵犀一典※ 要留清白在人间(西药名一) 维生素 (李平 作)

庾公兴不浅

庾公，指庾亮。《世说新语·容止》：殷浩、王胡之等南楼理咏赏月，闻屐声响甚，度为庾公，果是；诸人欲避之，庾公曰："诸君少住，老子于此处兴复不浅！""庾公爱月"，传为佳话。杜甫《八哀诗》"庾公兴不浅"用此典。古人，尤其是文化人，赏月"兴复不浅"者多矣，赏月的诗词亦成"准永恒"主题。我接触的人多属"基层、劳动者"，对赏月雅事的典故知之寥寥。这没关系，嗅觉灵敏的商家会把"中秋"的题材深入挖掘，利用其中的一切商机。超市的"月饼区"早就撤了，我用于月饼的消费数为零。儿女送的两盒月饼，我一口未尝，全让老伴"忍受"了。题文作面，我拟离合字作底：赏尚月。

（已卷 121·2004 年 11 月 11 日）

※灵犀一典※ 老子于此兴复不浅（《四书》句一） 庾公之所至 （清·金丽源 作）

东门召平何事忙

我为电影名《东陵大盗》拟的谜面是：召平之封，窃以为尊矣。题文乃李珍兄所撰，借"玉璜格"作"聊目二"：《狐谐》《张诚》的谜面；经谜格"改造(全用半边)"，底材以"瓜皆长成"与面句贴切。《史记·萧相国世家》：召平是秦东陵侯，秦破，"贫，种瓜于长安城东，瓜美，故世俗谓之'东陵瓜'。"李珍兄之谜在问召平"何事忙"？"瓜皆长成"了，当然忙，得靠它养家糊口呢。秦之东陵侯，随秦亡而败落，沦为布衣、东郊瓜农。我谜说的"尊矣"不复在。还好，召平放下了"侯爷"架子，"瓜美"，创出了"东陵瓜"这名牌。"凤凰落架不如鸡"。落架了，还把自己当凤凰，徒惹人笑，可悲。把自己当成小雀吧，勤奋觅食，悠哉乐哉。

（已卷 122·2004 年 11 月 12 日）

※谜苑拾萃※ 寿比南山（体育用语一） 身体保持平衡 （香港·刘雁云 作）

不是奸人即妇人

《礼记·檀弓上》："哭有二道(两种原因)，有(因)爱而哭之，有(因)畏(害怕)而哭之。"我为"哭有二道"句谋设谜面如题，其出唐·罗隐诗《泪》，出典在《孔丛子·儒服》。战国时鲁人孔穿，字子高，是孔丘后代。门徒问子高："凡泣者一无取乎？"子高曰："有二焉，大奸之人，以泣自信(博取别人信任)；妇人懦夫，以泣著爱(以流泪表示爱)。"奸人、妇懦亦"哭有二道"。初，尚疑奸人、妇懦之"哭有二道"与《礼记》句是"当头典"，读《礼记》，知非是，谜未犯忌，方释然。笑亦有"多道"。据说，曹雪芹在《红楼梦》一情节里，淋漓尽致地写了数十种笑。哭当然也不止"二道"。连"哭、笑"都大有文章可做时，人得多么地精神集中、该多累呀！

（已卷 123·2004 年 12 月 12 日）

※触典旁通※ 泣路歧（《礼记》句一） 哭有二道 （《绝妙集》谜选）

自朝至今，才完得五百余画

一富翁不识字，多受戏弄，遂为子延师。师教之执笔写仿。一字，画一横；二字，画两横；三横，训曰三字。其子"大悟"，告父曰："儿已都晓字义，何烦师为？"先生被辞。不久，父令子写帖请万姓友宴饮。儿子忙活了半天而未成，父责之，其子忿曰："奈何偏姓万？自朝至今，才完得五百余画。"这故事出冯梦龙《广笑府·儒箴》。我小学时，读过这故事的白话改编本，富翁子后来用母亲的木梳，蘸墨画道道了。尽管用了木梳，那"一"要画万道，也"费(时、工)"以"制作"。吉其厚友为教育新词"一费制"谋谜面如题。扣底毕肖，趣且神。合多费为一费容易，但那"一费"常大得吓人。厂里公布救济名单，受救济的一项理由是：孩子上学。

（已卷 124·2004 年 11 月 15 日）

※谜苑拾萃※ 欲以妾为殉，岂治命哉（《四书》句一） 疾之已甚，乱也 （清·南注生 作）

平阳拊背

我的谜作:平阳拊背(电影一)《勿忘我》。没看懂吧,甭急,明悉典故原委,谜即不迷。《史记·外戚世家》:汉武帝宴于平阳公主家;观看歌舞时,看上了歌女卫子夫。那天,由子夫侍武帝更衣,帝幸之;因此,赏平阳千金;公主"知趣",亲送子夫入宫,临别,平阳拊(子夫)背曰"即贵,无相忘"。后来,卫子夫成了皇后。已经贵为金枝玉叶的公主,还"巴结"未来的皇后,嘱其"勿忘我",她还想往哪儿"贵"?欲壑难填,"人心不足蛇吞象",欲无止境。孟子有语"祸福无不自己求之者",从欲到求的过程,就是从福臻祸的过程。老子有名言"祸兮福之所倚,福兮祸之所伏",大贵者,可别把前面的话,当成贫践者的嫉妒或咒语。

(已卷 125·2004 年 11 月 16 日)

※灵犀一典※ 平阳拊背嘱子夫(《诗经》句一) 有怀于卫 (张志有 作)

五胡乱华谁为首

"五胡乱华谁为首"这问题,清人孟继坤拟以泊诨作答:豹子头。中华民族是一个多民族的大家庭,历史上有过多次争夺最高权力的混乱,诸"乱"不提,偏叫"五胡乱华",仍显得对少数民族的歧视,叫"五胡十六国"较妥贴。西晋末,各民族纷纷起义,匈奴、鲜卑、羯、氐、羌等五族的上层分子,先后建立过五凉(前、后、南、西、北)、前赵、后赵、前秦、后秦、西秦、四燕(前、后、南、北)、夏、成汉等十六国。五胡十六国之首建者,乃前赵之刘渊,他是刘豹的儿子:豹子、头。世界大同的理想当然好,却总似镜中花水面月。超级大国越来越霸道,弱国越来越受气,何言大同。我总想,不论种族肤色,都是人么,怎么人的世界也像弱肉强食的"动物世界"?

(已卷 126·2004 年 11 月 24 日)

※谜苑拾萃※ 时时勤拂拭,勿使惹尘埃(纺织品一) 灰卡其布 (白超谦 作)

铭心对欹器

题句出唐·权德舆《郊居岁暮因书所怀》诗中,我用之作谜面,措底以成语:戒骄戒躁。《荀子·宥坐》:孔子于鲁桓公庙见欹器,问"此为何器"?守庙者答:这是宥坐之器。欹,倾斜。欹器即宥坐器,饮酒时置座右,提醒人(饮酒)不要过量或不及。不仅饮酒时用,唐·杨倞注曰"言人君可置于坐右以为戒也"。我谓欹器,物之"座右铭"者。此器以注水作警示作用,器空则斜,水满则倾倒,唯水不多不少时,器则正。孔丘观欹器喟叹曰"恶有满而不覆者哉"!有"佩韦、佩弦"随身做"戒"者,与欹器作用同,都是先祖聪明的发明。办公桌上插国旗、党旗了,它的作用亦在警示吧?公仆们,常想着,你们是否愧对于它们?

(已卷 127·2004 年 12 月 1 日)

※灵犀一典※ 宥坐之器(古籍名二) 《水经注》《论衡》 (刘旭 作)

卧碑不守

卧碑,明、清时为生员规定的禁令条款;明洪武十五年礼部颁学校禁例十二条,刻石置于学宫明伦堂之侧;清顺治九年又另立条款八项,是为"新卧碑"。卧碑不守,乃言生员(秀才)不遵学规;清·蓬道人借题文作《礼记》句"诸生荡"之谜面。"阴阳争,诸生荡"是说:阴阳二气相争之时,万物开始萌动。谜家视"诸生荡"作:各种生员放荡不羁。如今,"卧碑"形诸纸上了。小学、中学、大学诸生,一如纷杂的大千世界,有些学得异常刻苦,有些放荡得"拔萃"。"吸烟"应在不禁之列吧?同居、生育大概也该"解禁"了吧?卧碑之类当然不应废除,一些学子,大约也不把它当回事。德是做人的根本准则,高尚的人应有不见诸物质的"碑"!

(已卷 128·2004 年 12 月 2 日)

※灵犀一典※ 遵守卧碑(《孟子·梁惠王上》句一) 谨庠序之数 (清·章祖泰 作)

秦君乃按兵辍不敢攻之

《吕氏春秋·开春论·期贤》:段干木住在魏境,“魏文侯过段干木之闾(里巷)而轼之(轼,车箱前横木;古人乘车立轼后,扶轼则示敬意)”,仆人问:“君何为轼?”魏文侯曰:“段干木盖贤者也,吾安敢不轼?”文侯礼贤,魏国百姓为之高兴。后来,秦欲攻魏,闻魏国“礼贤”,司马唐谏秦君“不可加兵”,“秦君以为然,乃按兵辍不敢攻之”。我截取题文作成语“礼贤下士”的谜面。礼贤下士本义是:尊重有才德的人。“礼干木”原是表示礼贤下士的典故,我此谜无别解乎?非。面文是因“礼贤”的结果;面文之旨在“下士”——撤下兵士息戎。强秦最终统一了六国。今之“霸国”从不“礼贤下士”,其欲称霸世界乎?

(己卷 129·2004 年 12 月 3 日)

※谜苑拾萃※ 不贪钱、权这东西(字一) 栈 (赵锡章 作)

莫与儿孙作马牛

金城李珍先生取题句作谜面,用“虾须格”措成语“好自为之”作谜底”。“虾须格”规定:谜底首字应如虾须般左右分成二字,连同是后底材,与谜面切义;此谜依格呈“子女自为之”。《东游记》故事:铁拐李未成仙时,家贫极;妻分娩无油点灯,乃挖墙偷油;先以葫芦入洞探,人刀断之,自此出逃。多年后成仙返里,儿已中状元;忆往事,感慨系之以诗:“二十年前去偷油,钢刀斩断葫芦头。儿孙自有儿孙福,莫与儿孙作马牛。”心系儿孙,劳作为儿孙,大概是中华民族传统美德之一吧。成仙的铁拐李能有诗中感悟,非凡人故也。碌碌凡夫仍继续着“为儿孙作马牛”的辉煌。真像《常回家看看》唱的那样多好。

(己卷 130·2004 年 12 月 4 日)

※灵犀一典※ 莫与儿孙作马牛(外国小说名一) 《安图的后代》 (赵辉 作)

三世不遇,故老于郎署

我的一条谜,面用题文,底拟为成语:驷不及舌。底语喻义:说话宜慎,一旦出口,驷马亦追之不及;其出《论语·颜渊》。此文要说的是面句典实。唐·李善注引《汉武故事》:西汉颜某。苍眉皓发,官职却卑微;汉武帝奇而问之,答曰:“臣文帝时为郎,文帝好文而臣好武;至景帝好美而臣貌丑;陛下即位好少而臣已老,是以三世不遇,故老于郎署。”武帝感其言,提拔他当了会稽都尉。三任皇帝,用人有三种爱好(不亦‘三种说法’乎),颜某没赶上那“三种说法”——“不及舌”。“驷”从何来?颜某名“驷”也。“一朝天子一朝臣”,若遇上朝令夕改,一会儿一个主意,“火箭”也“不及舌”;偏是陋气、坏毛病改起来极困难,传染得却贼快。

(己卷 131·2004 年 12 月 9 日)

※谜苑拾萃※ 旧版桃坞木刻(市招一) 远年花雕 (高伯瑜 作)

鹬蚌相持

已故福建林智宏先生为保险名词“受益人”选面:鹬蚌相持。面句典出《战国策·燕策二》:“蚌方出曝(晒太阳),而鹬啄其肉,蚌合而拑其喙(鸟嘴)。”鹬蚌在相持中,还不忘争辩,“渔者得而并擒之”。冯梦龙在《喻世明言》卷十中,首先把上一寓言总结为“鹬蚌相持,渔人得利”。付出不菲的保险费,在特定条件下,偶尔会成“受益人”,理所应当。世态万千,“相持”多见矣,谁是“受益人”?家电在竞争,让你感受到了降价的实惠;你所从事的行业,也在激烈竞争,你是否也承受着损失?如果广大人民是“受益人”,那么,让竞争来得更广泛、更激烈些吧;但愿不是少数人借竞争坐收渔利。

(己卷 132·2004 年 12 月 14 日)

※谜苑拾萃※ 夜半欲寻停车处(口语一) 一时想不开 (买立新 作)

伯 赵 鸣

我有一谜，底是"夏至、冬至"两个节气，谜面三字：伯赵鸣。谜底两"至"字，入谜成两义，前作来到，后作停止。《左传·昭公十七年》：昭公问：少皞氏用鸟名作官名，何故？郯子答：我高祖少皞即位时，凤鸟至，所以从鸟开始记事，设置各部门长官也用鸟来命名；凤鸟氏，就是历正；玄鸟氏，掌管春分、秋分；伯赵氏，是掌管夏至、冬至的……读前述，谜尚不能解，请看晋·杜预为前文作的注："伯赵，伯劳(鸟)也。以夏至鸣，冬至止。"伯赵鸟鸣叫在夏至、冬至这时间段里。布谷鸟叫人播种，还有一种鸟似催开镰，声若："旋黄旋割。"猫发情了也叫，难听，其曰"叫春"。当官要为民做事(不是做主！)，否则，广大百姓会问：什么鸟官？

(己卷 133·2004 年 12 月 15 日)

※谜苑拾萃※ 挂角卧槽选一着(电影名一) 《将军的抉择》 (韦荣先 作)

水手遇救锁消息

"家丑不可外扬"，此语恶；但"好事不出门，坏事传千里"。"水手遇救"是好事，却"封锁消息"，应了"好事不出门"。为啥"锁消息"？仍是怕"坏事传千里"。1987 年 12 月 1 日《报刊文摘》：中国远洋轮德堡号，于 1986 年 6 月 16 日葬身印度洋；水手张周山、郭德胜水中拼搏 24 天后获救；有关部门却故意封锁此消息。李珍先生拟题文作谜面，谜底取电视剧名《密斯脱沈》。"脱沈"作"脱沉"释；译音"密斯脱"在谜家"指令"下，大放异彩。前消息受"封锁"，不仅仅是新闻单位的悲哀。我国生产事故、矿难频发，一次比一次骇人，被"封锁"了消息定当不少。"报喜不报忧"盛行之时，报的"喜"也是要大打折扣的。

(己卷 134·2004 年 12 月 16 日)

※谜苑拾萃※ 皇后(《四书》句一) 匹夫而有天下者 (清·蔡持 作)

使竖子成名

借题"发挥"成谜面，我配以电视剧名《英雄时代》为谜底。此电视剧彰扬的是无愧于时代的真英雄；如果我那谜面，有损"英雄形象"的话，请勿"上纲"；我是不支持委灯谜以庄严的使命的。《三国志·阮籍传》注引《魏氏春秋》："(阮籍)尝登广武，观楚汉战处，乃叹曰：'时无英才，使竖子成名乎？'""阮籍猖狂"，成就帝业的刘邦被他视作"竖子"——古时蔑称"年轻仆人"。该知道我为啥先"打预防针"了吧？宥于面句，谜底的"英雄"被说成"矬子里面拔大个儿"。不说"辩证"看人吧，病态狂阮籍的话全当"狗嘴里吐不出象牙"。"时势造英雄"吗？能顺应"时势"，可为"英才"，方能脱颖而出。至于"英雄"，那是要造"时势"的。

(己卷 135·2004 年 12 月 17 日)

※触典旁通※ 时无英雄，遂使竖子成名(成语一) 势利小人 (黄西军 作)

活着尽忠，死了尽孝

这是当代典故。许世友，我军著名将军，河南新县人；十余岁离家，母亲以祖传手镯、七个鸡蛋予之。1985 年 10 月，许病逝于南京。临终前遗言"活着尽忠，死了尽孝"，要求保留遗体，葬于老母坟旁以"尽孝"。许将军一生戎马征战，功昭千秋，那是为国"尽忠"。据说，中共中央批准了许世友的申请，他得以长眠大别山之峻岭中，侍母左右。薛斌君借题文作电影演员名许还山的谜面。许代指许世友，"还"葬于"山"了。世有"忠孝不能两全"之说，此说之出发点是"为私(己)"；设若人人都竭诚"尽忠"，何虑老母膝下无人"尽孝"？"我为人人，人人为我"，好像是某个外国人说的，这话曾遭"批判"，似在逐渐为人淡忘。

(己卷 136·2004 年 12 月 23 日)

※谜苑拾萃※ 伯瑜泣杖(作家笔名一) 知堂老人 (仲天荐 作)

三入凤凰池

中书省，古代官署名。行中书省，因一“行”字而成官制用语。唐宋时，官阶高而任低职者称“行”。我为“行中书省”选面句如题，其出李白诗《窜夜郎于乌江留别宗十六璟》。入谜，行字别义作：行走，回应面上“入”字。凤凰池本为禁苑中池沼。魏、晋以来，中书省设于禁苑，遂称中书省为凤凰池；唐，凤凰池曾称作“凤阁”，简称“凤池”，多用作咏宰相的典故。故里咸阳乃古都，城中有凤凰台；幼时，那台俨然是值得自豪的景观，现破败不堪了；那可是弄玉乘凤仙去的凤台啊。西部有文化、有古都、有文明、有宝藏；为什么历史越发展，西部的辉煌越远去？我在想，该不是西部的自然环境越来越恶劣了吧？那么，更多人为因素？

（己卷 137·2004 年 12 月 24 日）

※谜苑拾萃※　露重飞难进（中药名一）　　蝉退　（泰国·王澍甘　作）

飞入寻常百姓家

“朱雀桥边野草花，乌衣巷口夕阳斜。旧时王谢堂前燕，飞入寻常百姓家。”前录乃唐·刘禹锡《乌衣巷》诗。刘子萌前辈择题句作泊人“燕顺、时迁”的谜面。底材连缀见机杼，面句择选妙传神。追成句作面，有人视为“时髦”，读其谜，却见板滞无神。成句作面非不好，让嗜用者用滥矣。“富在深山有远亲”，人有势利者；禽鸟不势利，想晋代王导、谢安显赫时的乌衣巷，燕儿绝非慕名而傚伴；乌衣巷已作寻常人家了，燕儿依旧在彼檐间呢喃。朝代有更替，人世亦无常。燕祖宗道：王、谢家不好，吃你“表舅”们的（燕）窝；燕孙儿说：农家自种谷粒啄着香。钢筋水泥垒成的方盒里，可有燕们巢居之处？哪家在放《百鸟朝凤》的老唱片。

（己卷 138·2004 年 12 月 25 日）

※谜苑拾萃※　一针见血（花卉名一）　　刺红　（泰国·蓝半愁　作）

愿假东壁辉

跳水得誉“梦之队”，教练功伟，尤须提到的是已退休的徐益明。我为其英名谋面“愿假东壁辉”，其出李白诗《陈情赠友人》。汉·刘向《列女传·齐女徐吾》：齐东海徐吾，与邻妇李吾等轮流出烛夜纺。徐多次没出烛，李吾嫌之。徐吾辩曰：“妾以贫，烛不属之故，起常先，息常后，洒扫陈席以待来者……夫一室之中，益（增加）一人烛不为暗，损一人烛不为明。何爱东壁之余光，不使贫妾得蒙见爱之恩？”徐吾之“借光”诚是“沾光”，但赶走徐吾能“烛为之明”？国企不景气，有人想尝试私有化。国企何故多亏损？虽“国名”实则已被“把头”营私之故也。某地风光美，能人圈之名下；营造之、维护之、严守之，居奇牟利；人不去观光了，能人亏了。

（己卷 139·2004 年 12 月 25 日）

※谜苑拾萃※　踏罡步斗（天文名词一）　　行星　（王静庵　作）

白娘娘盗灵芝

题句作面，集四部电影名成一串美珠为谜底：《蛇》、《精变》、《红颜劫》、《昆仑山上一棵草》；这是上海苏才果先生的传世佳作。集底谜之佳，在于底材结构须巧为变化；前谜以“蛇精/变红颜/劫昆仑山上一棵草”传出妙绪。白蛇传故事源自民间传说，据之编成戏曲、曲艺节目久传（演）不替，明有传奇《雷锋塔》、小说《白娘子永镇雷锋塔》，清有弹词《义妖传》等。千年修炼成精的白蛇（白娘子、白素贞）与许仙结合，法海和尚“卫道”，端午节使白蛇现真形，吓死许仙；白娘子上昆仑盗灵芝草救夫，这折戏名叫《盗仙草》。白蛇诚精怪，但她祸害谁来着？法海倒“卫道”，民恶其面目狰狞；只怕其狰狞面目之后，犹复包藏着祸心。

（己卷 140·2004 年 12 月 26 日）

※谜苑拾萃※　宝玉低眉聆父训（历史术语一）　　垂帘听政　（孙经存　作）

三径就荒

“三径就荒，松菊犹存”，句出陶潜《归去来辞》。“三径”句还另有说道，其见东汉·赵歧《三辅决录·逃名》：西汉蒋诩，字元卿；舍中辟三径，唯与知交羊仲、求仲过从；其知己逃名不出，径遂荒。哈尔滨姜文清先生，我知己之一也，他以题文作面，拟小品《老路没了路》作底。小品里的“老路”，路子宽，惜乎皆左道旁门之“野路”，设社会风气肃正，“老路”该寿终正寝了。“其实世上本没有路，走的人多了，也便成了路。”（鲁迅语）蒋诩的“三径”是“专线”，“荒、不荒”无关紧要。该尊敬那些披荆斩棘，为人民探路、闯路、开路的人。什么是路？路不仅是脚走的、车行的、机飞的道，更宝贵的是指引最广大人民通向幸福的途径。（己卷 141·2004 年 11月 21 日）

※灵犀一典※　三径（《诗经》句一）　惟此仲行　（夏之时　作）

纵弗能死，其又奚言？

《左传·庄公十四年》，即公元前680年，楚文王灭息国，杀息侯，霸占其妫姓夫人，生堵敖和成王；息妫从未说过话，楚文王问之，妫答：“吾一妇人而事二夫，纵弗能死，其又奚言？”我从中择以题文作口语“二话不说”的谜面。二话不说，本指痛快地“满口答应”，入谜，“二”别指为事二夫。息妫是耻于“事二夫”的。“纵弗能死”，见其欲死不得，被迫“事二夫”，其“不言”，何尝不是为息国之亡而举哀？“二”，大写作“贰”，就名次论，也是“亚军”，但这词受蔑视，如“贰臣”。兼仕两朝的官再大，亦只“贰臣”，入史，只配“另册”。不敢为事实说话、为真理陈言的人，做官也只配列“贰臣”之流；他们也累，得时时处处迎合“主意”，看主子脸色。（己卷 142·2004 年 12 月 26日）

※灵犀一典※　纵弗能死，其又奚言（成语二）　一息尚存　存而不论　（周问萍　作）

鱼见之而深入

《庄子·齐物论》：“毛嫱，丽姬，人之所美也；鱼见之而深入，鸟见之而高飞，麋鹿见之而决骤……”鱼，鸟，走兽见“美人”，因“美不胜”而“收”乎？非，不以为“美”也。是以，“鱼”见“丽姬”，反向水下深入。洞察前文主旨，郑百川先生为题文配底乃俗语“美不美，故乡水”；别解底材作：美（女）不（以为）美，故乡（通“向”字）水下潜去。“美不美，故乡水”，“故乡情结”故也。苏、杭诚美，13亿人总不能都涌向那“人间天堂”吧？别说都在那儿长住，即使蜂涌到那儿旅游，也会造成灾难。镇北堡成了“西部影视城”，不是由于它物华天宝。西部荒野，生于兹者恋你：美不美，故乡水！（己卷 143·2004 年10 月 6 日）

※灵犀一典※　鱼见之而深入，鸟见之而高飞（花卉名一）　虞美人　（周问萍　作）

乌纱掷去不为官，囊橐萧萧两袖寒

甫度花甲的郑板桥，因请赈事违忤上司意旨，被罢潍县县令；行前作《予告归里，画竹别潍县绅士民》诗云：“乌纱掷去不为官，囊橐萧萧两袖寒；写取一枝清瘦竹，秋风江上作渔竿。”《清代学者像传》载：板桥任潍县令十二年，政声佳，其仁治令狱中数度无囚；“去官日，百姓痛哭遮留，家家画像以祀”。板桥般地“罢官”，能不胜似衣锦荣归？“囊橐萧萧两袖寒”，何其清贫？因此，我感到吴仁泰先生以题句作电视剧《还是这样干净》构谜，不但贴切，亦见谜家崇、颂清廉的高风。太正直的人是难以胜任官职的；不唯当官，有时甚至连当平头百姓，也为世所不容；这是世界很可悲的一面。

（己卷 144·2004 年 10 月 2 日）

※灵犀一典※　囊橐萧萧两袖寒（股市术语二）　除权　空手　（吉其厚　作）

题其旁曰:混元皇帝三十七代孙李璋继至

北宋·沈括《梦溪笔谈》卷二十三载:故宰相远亲题壁曰:“大丞相再从侄某尝游。”士人李璋喜讥谑,“题其旁曰:‘混元皇帝三十七代孙李璋继至。’”我从中择题句作成语“凿壁借光”之谜面。如果说前宰相再从侄的题字是“沾光、借光”的话,李璋的题字则纯系“偷光”了:偷来的光彩;其“偷光”在讥前者“借光”。凿,用其穿凿附会义;凿壁,谓题壁以附会。我为俗语“七大姑,八大姨”措谜面以:父母姐姐多,拢共十五个;管它几个大姑、几个大姨,总数十五。咱“小家子气”,气无“家谱”;若有,也查出个可资“借光”的祖宗炫耀一下。还好,官大谱也大,穷的“六亲”一概不认,咱何必自讨没趣;亲不亲,不论“血缘”看行动。

(已卷 145·2004 年 12 月 23 日)

※谜苑拾萃※ 润(五唐句一) 扣门无犬吠 (泰国·谢云声 作)

跪乳之恩,反哺之孝

羊鸦仁,南朝梁人,其人品不宜品评,但亦非等闲凡夫。民国谜人亢榕门为羊鸦仁之名谋谜面如题。“反哺之孝”言乌鸦反哺老母之孝行,可参见本文已卷 104。跪乳、反哺常连用,以喻孝道。《公羊传·庄公廿四年》:“……羔(羊)取其执之不鸣,杀之不号,乳必跪而受之,类死义知礼者也。”汉·蔡邕《为陈留太守上孝子状》:“乌以反哺,托体太阳;羔以跪乳,为赞国卿。禽鸟之微,犹以孝宠。”乌反哺不易见;羊羔吃奶时是跪着的,何妨让童稚们去“见识”一下?此“见识”是至为重要的。很多传统美德、良好做法,在人际已“鲜见”了,那么就到禽畜等动物中去“见识”吧,人向低级动物学,不算丢份子。

(已卷 146·2004 年 12 月 30 日)

※灵犀一典※ 鼠知拱,羊知跪(《四书》句一) 子未学礼乎 (清·企杜 作)

茅焦解衣谏秦王

汉·刘向《说苑》载:始皇母与嫪毐淫乱,生二子(应是嬴政的异父弟);事败露后,始皇车裂嫪毐、囊扑二弟以死,迁母萯阳宫,下令曰:“敢以太后事谏者,戮而杀之。”齐人茅焦冒死而进,凛然陈列始皇四大过错,其中一条是“迁母萯阳宫,有不孝之行”;谏毕,解衣就质。但始皇赦了茅焦,立为仲父,爵之上卿。借典,漳州洪寿仁先生措以题文作谜面,底乃中药三:使君子、知母、当归。底材断读作:使君、子知母当归,照应面句。骂秦始皇“暴君”,是有点冤。暴君能容忍四大过、罪的指责?真碰上暴君,一万个茅焦,也得送命。一部写皇帝的电视剧片尾唱着“百姓的事儿牵着走”,真那样,才是“民主”。

(已卷 147·2005 年 2 月 27 日)

※谜苑拾萃※ 范增频以玦示之(武术术语一·卷帘) 刺杀项目 (陆甸坤 作)

澡豆其如予何

宋朝拗相王安石果“拗”。《梦溪笔谈》卷九载:安石病喘,人赠其疗效显著的紫团山人参,拗相固不受,曰“平生无紫团参,亦活到今日”;他脸又黧黑,学生送之“澡豆”,又曰:“天生黑于予,澡豆其如予何!”陕西人肤色偏于黑,“黑是黑,是本色”的话流行,几成自辩的谚语。澡豆、胰子,更时髦的洗面奶能改变“本色”乎?我因以题文作谜面,猜底乃外国地名:墨尔本(黑是本色)。前些年,斥化妆为“臭美”,视之为“资产阶级作风”。如今,美容普遍了,整容、“人造美女”也来势迅猛。改变一下肤色、容貌、形体,无须大惊小怪,何况只是“色形”的变异。“本色”,那可不只是“外表、形体”,要之,其指人的道德、品质;千万别把“假、恶、丑”“变”成“香饽饽”吧。 (已卷 148·2004 年 12 月 29 日)

※谜苑拾萃※ 弃城而图存者,不可一二数(俗语句一) 守活寡 (你的样子 作)

价贱如泥土

见题文，首先想到“伤农”，中国是农业大国故也。但眼下并非这样，生活必须品价格暴涨（多涉农），农民收入起色却不大；钱都“涨”到哪儿去了？中间环节的商贾？或许是吧。宋朝的黄州，猪肉价低。谪居此地的苏轼作《猪肉颂》，文字浅显，颇生活化，介绍猪肉烧制法；中有句曰：“黄州好猪肉，价贱如泥土。贵者不肯吃，贫者不鲜（懂）煮……”据说，此即“东坡肉”来由。台湾响铃斋择题文作谜面，底作“肉食者鄙”，其出《左传·庄公十年》，《古文观止》择其中一段命名曰《曹刿论战》。“肉、食者”并不鄙；“价贱如泥土”吗？泥土价不菲，虽说“寸土寸金”有点过甚其辞。“四川长虹”亏损了，电视机价贱如铁。

（己卷 149·2004 年 12 月 30 日）

※灵犀一典※　东坡《猪肉颂》（唐人名一）　苏味道　（张志有　作）

幸有梅郎识姓名

“记得前朝享太平，布衣尊贵动公卿。如今沦落长安市，幸有梅郎识姓名。”前诗题在《雪中送炭图》画上，画是齐白石馈赠梅兰芳的。据蔡定国、钟泽骐《梨园轶事》载：朋友邀齐白石做客，与宴者皆社会名流，唯白石衣着朴素；梅兰芳大师来了，名流们争先趋前，梅大师却四下环顾，寻找被冷落在一边的齐白石，并恭敬施礼，叫了声“老师”。诗中“幸有梅郎识姓名”指此。齐白石在宴中有人铭记着，我以文化名人“齐燕铭”为题文配底。燕、宴通。谜坛是嗜谜者以谜结交的圈子，许多人心仪着却未见过面；一旦有幸见了面，其亲热劲就掩盖了他们之间的贫、富，尊、卑。你是富豪，衣冠楚楚，风流倜傥，拿不出像样的谜作，却是谜坛的贫者。

（己卷 150·2005 年 2 月 2 日）

※谜苑拾萃※　前前后后打秋千（字一）　豆　（陈雨门　作）

遽而藏诸隍中，覆之以蕉

《红楼梦》第三十七回，探春自命诗号“蕉下客”，黛玉起哄，要牵了她炖肉吃。盖“蕉下客”者，鹿也，典出《列子·周穆王》：郑人樵采遇鹿，猎之，恐人掠美，“遽而藏诸隍中，覆之以蕉”；后取鹿，迷不知处，以为覆鹿事系梦境，边走边自语；路旁人听得明白，取鹿去。汕头吴川先生择题文作谜面，以“获鹿、云梦”二地名置底，确也相宜。获鹿，县名，属河北省，今撤县制。“逐鹿中原”典，由《史记·淮阴侯列传》文衍生。鹿用喻中国；逐鹿，喻群雄争国鼎。郑人到手的美味丢失了，谁让他把现实当成了梦？中国是中华民族共同生活的家园，我人应珍惜她，美化她，保卫她；决非梦境，豺狼实实在在地垂涎她，其侵略本性从未稍减。

（己卷 151·2005 年 2 月 28 日）

※灵犀一典※　郑人得鹿（五言古诗句一）　翻疑梦里见　（选自《评注灯虎辨类》）

疾走不休，绝力而死

毫无根据的事，口语叫“没影的事”，我为其谋面如题。用题句还可猜鲁迅著作《影的告别》。题面之典，颇有蕴涵。南朝梁·刘孝标注《庄子》云：有人害怕身影，欲疾走以摆脱之而不能，“疾走不休，绝力而死。不知处阴以休影，处静以息迹，愚亦甚矣！”为摆脱身影而疾走，终致累死者确愚，诚属没（通“殁”）于影的事；也可以说是因影的事永诀人世（告别）。“知处阴以休影”者就聪颖？影又害你什么事了，直恁地与之过不去，或者像“知处阴以休影”的“聪明”人那样，找“阴暗”的角落去“休影”？俗谚曰“身正不怕影斜”，这里的“影”在“心里”，心里有“阴影”。“地球人都知道”，心里有阴影的人，比以往多多了！

（己卷 152·2005 年 2 月 2 日）

※谜苑拾萃※　曹操抹书赚韩遂（成语一）　字里行间　（张启学　作）

陷吾君于聚麀

题句出唐·骆宾王《为徐敬业讨武曌檄》。兽之雌者叫麀。“吾君”，指唐高宗李治。聚麀，在骆文则指太宗、高宗共聚一麀，明言之：淫乱。民国人陈冕亚借题文缀面，猜底拟以《诗经·大雅·文王有声》句：武王烝哉。此句原义在誉武王嘉行，入谜却别义作：武、王淫通；武踏实作武则天，王指为高宗李治。《辞海》释“烝”之第六义：以下淫上，与母辈通奸。武曌有李治之母的名分，然王（李治）“烝”之。后来，李隆基效法乃祖，与其子李瑁“聚麀”。被名分上的儿子“烝”，武、杨原不该受责备；反观一言九鼎的皇上，是否太不检点了？“发乎情，止乎礼义”者，方为人，弃六宫粉黛而“烝”母，不得不骂他：兽性大发。

（己卷 153·2005 年 2 月 28 日）

※谜苑拾萃※ 夜深千帐灯（文件名一） 营业执照 （马啸天 作）

本能饮酒，但以荒思废业，故戒之耳

南朝宋·裴松之注《三国志·魏志·邴原传》时引《邴原别传》：邴原本能饮酒，年轻时外出游学，怕荒废学业，八九年间，酒不向口；邴原学成告别师友时，友以米、肉饯行，邴原说了题文那些话，且开了酒戒，竟“终日不醉”。嗜酒误事，甚至误国，更多因酒亡命者。元旦将至，酒的促销，就竞争的门道而言，玩到了极致。利，让酿酒业发达得不可收拾了。最聪明的点子是把酒和保健挂钩，这“钻石点子”若出在秦、汉时期，还用得着兴师动众去寻觅长生不老药吗？我以题文缀面，谋底以剧目《春香闹学》。嗜酒的邴原因“春（酒）香闹（影响）学”而戒之。当代“酒神”不怕以酒误事，大概都是事业已大有成者吧？

（己卷 154·2005 年 2 月 2 日）

※灵犀一典※ 但以荒思废业，故戒之耳（问候语一） 春节好 （张志有 作）

郑拔刀自誓，单于恐而止

成语“众怒难犯”，源出《左传·襄公十年》，民初金子乾为其谋面以题文，其见《后汉书》卷六十六郑兴传附其子郑众传：汉明帝永平八年，郑众出使匈奴，虏欲令拜，众不为屈，单于禁闭之，“不与水火，欲胁服众。众拔刀自誓，单于恐而止”，郑众得以返汉。后来，皇上从匈奴来使口中得知：“众意气壮勇，虽苏武不过。”死且不怕，就没什么可怕的了。谜里的“众”，只郑众一人，其“怒”不可犯，因正义在他的一边。“广众之怒难犯”吗？当然，因其广，代表广众利益、心声，更不可犯。但“广众之怒”常被侵“犯”，何故？“犯”之者有“高招儿”：利诱之、离间之、分化之，“众怒”被瓦解了，少数人再“怒”，“没好果子吃”。于此可见，“私”比“死”更可怕。

（己卷 155·2005 年 3 月 1 日）

※谜苑拾萃※ 言无二价（《封建论》句一） 告之以直而不改 （张志有 作）

纩 息 定

“诗家之总汇，诗道之筌蹄”，此乃赞司空图《诗品》语也。司空图对诗歌作细致分类阐释、传神描摹及美学观点的抒发，极为后世推崇。其第十三品《精神》中有“生气远出”句，我为其谋面以“纩息定”。《礼记·丧大礼》：“疾病……属纩以俟绝气。”纩，新丝绵，极轻，遇气则动；古时用纩置病危者口鼻上，以验还有无呼吸，“纩息定”，谓人已气绝身死。谜别解“生气远出”为：生命气息已远出了。小民多看“小报”，“小报”多登市井小消息，其中自杀报导天天有。《史记·范睢蔡泽列传》有语“生而辱不如死而荣”。底层小民也许不堪“生而辱”吧，但“死而荣”何尝有他们的份儿？

（己卷156·2005年 2 月 3 日）

※灵犀一典※ 纩息定（成语一） 死气沉沉 （张志有 作）

楂何敢比

论年龄，庄容川先生应是我的祖辈；我自知谜艺难望其项背，未敢与之交往。题句为面，猜底作《三字经》"能让梨"句之佳构，即出庄老笔下。此谜简捷，然无广博知识作基础，斯面斯底，难结谜缘。《南史·张邵传附张敷》：敷，小名楂，性整贵，风韵甚高，名价日重。宋文帝戏敷曰："楂何如梨？"敷答："梨是百果之宗，楂何敢比也？"文帝问语，暗含不恭；张敷答言，卑、亢适体。何以有此问答呢？因敷之父邵，小名"梨"故也。孔融之外，让梨再传佳话。"弟不可以先兄"，子岂可先父？这难道不是我人的美德之一？"谦，德之柄也"（《易经·系辞下》）。沽名钓誉者夥矣，甚至有为名利而欺师灭祖的，则不知谦逊为何物了。

（己卷 157·2005 年 3 月 2 日）

※触类旁通※　弟不可以先兄（电影名一）　《拔哥的故事》（钱燕林　作）

深宫闭锁犹疑惑，更取丹砂试辟宫

晋·张华《博物志》卷四《戏术》记：以朱砂养蜥蜴，捣烂后，著女体，终年不灭迹，唯有房事则灭；宫中多用，故号守宫，俗曰辟宫。杜牧《宫辞二首》其一中句"深宫闭锁犹疑惑，更取丹砂试辟宫"即用此典；我以前引诗句置面，拟猜质管术语二：可靠性、不可靠性。闭锁的"后宫佳丽三千人"，"性能稳定"否？宫中有"性能测试"的妙招。可怜的宫女、嫔妃们，还有人的尊严吗？辟宫测试的是女人的"贞节"。皇帝或最高统治者，尤盼有如辟宫般的妙招，可准确测知臣民对他的"忠实性"。叫喊"无限忠于"最响亮者的篡权，毕竟伤透了人心。可"忠实性"到达盲目的程度，却是国家、人民的最大悲哀，会造成极大的灾害。

（己卷 158·2005 年 2 月 4 日）

※灵犀一典※　偷试守宫砂（鸟别名二）　女臂　窃丹　（清·周殿修　作）

太子曰"齐大，非吾耦也"

《左传·桓公六年》：齐侯想把文姜嫁给郑太子忽，"太子忽辞。人问其故，曰：'……齐大，非吾耦也。'"太子忽顾虑：齐国强大，郑国小而弱，婚姻不是门当户对。台湾许涌泉先生据《左传》文裁组成题句，作歌名《说声对不起》的谜面。一"曰"字，点明"说声"；"对不起"三字的别义，包容多多："对"可指"缔缘结对"，"不起"二字是说"不可能"，抑是蕴义太子忽不希冀攀附大国、让婚姻染上政治色彩？"得我比目何辞死，愿作鸳鸯不羡仙。"（卢照邻《长安古意》）权门闺秀偏爱贫家少年的事，不是没先例，它让多情善感者为之涕泗交流，让戏曲咏唱不替。仔细想，两情缱绻，难道还须掺杂别的什么吗？

（己卷 159·2005 年 3 月 2 日）

※灵犀一典※　齐大，非吾耦也（《诗经》句一）　是绝是忽　（薛宜兴　作）

夫　人　城

城，古代只有城墙一义；不像现在，可作城市、都市解。我以"夫人城"作谜面，谜底取建筑名词：女墙（或垣）。谜易悟解，但"夫人城"的典故，不仅该说，还应传颂。《晋书·朱序传》：苻丕围攻朱序固守之襄阳，甚危；朱序母助子抗敌，谓西北角当先受敝，遂领百余婢并城中女子于其角斜筑城二十余丈。贼攻西北角，果溃。襄阳人谓此城为"夫人城"。夫人城——女墙，像"娘子军"、木兰从军一样，都是对女性的旌表，均闪耀着女性才、智、勇的辉煌。雄伟的万里长城，其伟大处不仅表现在其筑建之艰，更彰示着中华民族热爱和平的本性。防，不说明软弱可欺。让众志成为无形的城，那将无坚可摧，固若金汤！

（己卷 160·2005 年 2 月 11 日）

※谜苑拾萃※　虫沙猿鹤（常言句一）　先小人，后君子　（侯增　作）

报至落霞一联，乃矍然曰：此天才也

前贤良会起书名：拍案惊奇，离“叫绝”只差一步。题文是为王勃《滕王阁序》“拍案称奇”的，清人徐培萱撷之为谜面，其底乃“四书”句“闻文/王作”。谜底以平淡拢瑰奇，又是别样韵味。《唐摭言》卷五：少年王勃赴阎伯屿宴，席间不逊座中大贤，欣然为滕王阁落成作序；他顷刻草就，竟无圈点，满座大惊。初，阎公尚自矜持，文不及半，至“落霞与孤鹜齐飞，秋水共长天一色”一联，阎公矍然而起曰：“此真天才，当垂不朽矣！”《滕王阁序》“当垂不朽”，实不过誉；今人有望其项背者乎？我眼拙，不之识。诚知文速朽，连当包装纸的份儿也不配（环保问题），还想唠叨不息者，冀说说真话而已也。世不乏虚饰的华章，真诚的话却太少听到。

（己卷 161·2005 年 3 月 3 日）

※谜苑拾萃※ 洞房昨夜停红烛（口语一） 有点难为情 （台南·范胜雄 作）

蓼虫避葵堇

“蓼虫避葵堇，习苦不言非”，是六朝宋鲍照诗《放歌行》首二句。蓼，水草名，味辛辣；蓼虫，食蓼虫也。葵、堇，两种味美爽口的蔬菜。蓼虫躲开味美之葵、堇不食，偏嗜苦蓼，我为题句选以成语“茹苦含辛”作谜底，不亦宜乎？虫、禽、畜当有它们异于人类的习性。那蓼虫，人以为苦辣不堪的蓼草，它却甘之若饴，“习苦不言非”。人，不当以己心度他人心。性格梗直如我者，是这么想的，也是这样做的，有人偷着说：傻冒。傻就傻呗。有一著作名叫《琢磨事与琢磨人》。琢磨事的人，有可能真真确确在某项事业上有成，琢磨人的人却能“大成”；琢磨事的人也“劳心”，却“制于人”，“制人”者却是琢磨人的人。

（己卷 162·2005 年 2 月 14 日）

※灵犀一典※ 蓼虫避葵堇（成语一） 甘苦与共 （张志有 作）

鸠占鹊巢

“栖栖一代中”出自唐玄宗《经鲁祭孔子而叹之》诗中，意谓：（孔子）忙忙碌碌于春秋时代。泰国已故谜家卢一雄为斯句谋面：鸠占鹊巢。面典出《诗经·召南·鹊巢》：“维鹊有巢，维鸠居之。”斑鸠拙，不会筑巢，每占鹊巢居之。大匠结构，机心常奇。底材二“栖”字，前作动词栖息，后用为名词栖憩之所；“代”字又化名为动，用“取代”义。贫者尤“贫”于言。言甫出口，嫉妒富人、红眼病等帽子就扣将过来，只得住嘴。贫者常“栖栖一代中”或“一代又一代”，这是“劳力者制于人”的又一形式，这是“鹊”“恒兀兀以穷年”地在为人筑巢。甘肃绝大多数上市公司亏了，都让外（来）资给兼并了，循规蹈矩者还将如是。

（己卷 163·2005 年 3 月 3 日）

※谜苑拾萃※ 道行（电影演员名二） 程之 陈述 （菲律滨·王礼贤 作）

因兹千亩业

司马迁在《史记·货殖列传》里，例数了多种生产之宜：“陆地牧马二百蹄，……陈、夏千亩漆；齐、鲁千亩桑麻；渭川千亩竹”，并说“此其人皆与千户侯等”。太史公更多的例举，让……隐去了；太史公当还有未尽的例举。诸多的“千亩”可与“千户侯”等，令人生疑；设无“千户侯”，哪能有“千亩”？唐·鲍溶《云溪竹园翁》诗句“因兹千亩业”，我配以股票名“竹林众生”作其谜底。在我印象中，渭川（关中）有竹，却无大片的竹林，兴许汉代有吧。那时，关中是全国政治中心，想必生态环境也好；作为政治中心，万户侯不新鲜，千户侯当更多。我在想：良好的生态环境，是否也跟着政治中心做着候鸟般的迁徙？

（己卷 164·2005 年 2 月 16 日）

※灵犀一典※ 千亩竹（字一） 簃 （张志有 作）

冲冠一怒为红颜

沉湎女色导致亡国，史不乏例；于是，加“祸水”之名于女子。不检讨肇祸之源的人，太可悲。清·吴伟业《圆圆曲》以“冲冠一怒为红颜”一语点明：堂堂须眉吴三桂引清兵入关，打败李自成，收复北京，原只为夺回爱妾陈圆圆。台湾谜家来楚庚，择诸葛武侯《前出师表》句“将军向宠”作题文之谜底，又一次把吴三桂钉上历史的耻辱柱。称誉男子曰“大丈夫”，将相、帝王是“大丈夫”中佼佼者吧？加“祸水”名于女子者，怕正是那些人。佛门多戒，皈依时，主持问“能自持否”？不能自持，当和尚都不够格，何奢言“大丈夫”。花花世界不止鸳鸯蝴蝶，诱惑多矣，最不能自持者，不齿于为人在世。

（己卷 165·2005 年 3 月 5 日）

※灵犀一典※ 冲冠一怒为红颜(数学名词三) 等圆 圆心 正切 (吴楚鸿 作)

塑一个我

妇女善诗词者，多以“伤情”之作闻名。元书画名家赵孟頫欲纳妾，以词试夫人管道昇；精诗、词、书、画的“管夫人”答夫以词：“尔侬我侬，忒杀情多。情多处热似火。把一块泥，捻一个尔，塑一个我。……我与尔生同一个衾，死同一个椁。”此事见《尧山堂外纪》；据载，孟頫读妻词，罢却纳妾念。我借“塑一个我”为谜面，着猜电视剧名《作女》；塑，“作”之方式也；女，指“我”，即管道昇。《作女》里有两个女主角，他们的“作 zuò”，是“创制”呢，还是“假装”？但愿她们是在不断寻求更新、更美的生活吧。个人的“作”，只关系到个人，“权贵”们的“作”，可就关联到众多人的祸、福、生、死了。一次次地“作”、“交学费”，那是“作孽”呀！

（己卷 166·2005 年 2 月 18 日）

※谜苑拾萃※ 群众把关(单位名称一) 进出口公司 (韦荣先 作)

为颜常山舌

据《资治通鉴》唐至德元年：安禄山称帝，时颜杲卿为常山太守，城防未及备，遂为贼破被俘。杲卿瞋目骂禄山道：“我世为唐臣，恨不斩汝！”禄山缚之天津桥柱，犹骂贼，贼断其舌，语虽含糊，然骂犹不绝，直至死。杲卿从弟颜真卿，善正草书，笔力遒婉，诚书法巨擘，后亦死于反贼。颜氏一门忠烈，死于刀锯者三十余人。明·文天祥，据杲卿事撰为“为颜常山舌”入《正气歌》。章镳谜友借题文作面，拟底以成语：赞不绝口。面对反贼，骂不绝口，见其忠、烈。你是媒体、代表吗？当做人民喉舌。喉舌须具“忠”——爱民的赤子心，还须察且勇，察明民所需，勇做民喉舌。喉舌不仅仅是用来享受美味的。

（己卷 167·2005 年 3 月 11 日）

※谜苑拾萃※ 前有大梅林，饶子(新词语一) 虚拟现实 (张志有 作)

悚然而听之，曰，异哉

“欧阳子方夜读书，闻有声自西南来者，悚然而听之，曰，异哉……”选自欧阳修文《秋声赋》。我从中择以题文作谜面，猜底拟作家电冠商标：奇声音响。严格地说，此谜不是用典谜；附会地看，算“语典”谜吧，毕竟《秋声赋》名声甚广，嗜文者不可不读。二十余年前关于“北派”谜的争论，似可作结论：北派谜确乎存在，其理论体系当是其“八体三十八法”；其代表人物也可例数一些。但北派谜的缺点，也是明显的，其最大缺点是缺乏“神韵”、显得“做作”。我可以用“奇、声音、响”的许多同义词替代，拟成多条谜，其形式亦可呈七言、叶韵律，但这“可求”的“硬作”，有题文作面时的“神韵”吗？

（己卷 168·2005 年 2 月 20 日）

※灵犀一典※ 此何声也，汝出视之(《诗经》句一) 令闻令望 (清·韩光奎 作)

如鱼目而微有声

泰国卢一雄先生撷题句作谜面，谋《聊斋志异》篇名四个，缀成一串骊珠，底乃：陆判、头滚、喷水、珠儿。面句择自《茶经·煎水》，系煮水时水初沸状态之描摹。我国北方地区把水初沸叫“头滚”。底材顿读作：陆/判头滚/喷水珠儿。血淋淋的“头滚”镜头，化作水“如鱼目而微有声”的初沸形状。谜底“陆”字，自何方飞来？盖《茶经》系被后人誉为“茶圣”的唐人陆羽所著也。灯谜亦源于生活。一雄先生应是从煮“功夫茶”的操作中，察悟到“陆判”之惟妙惟肖的。注目谜坛，一些人“迷”得太深，深到在一些太偏僻的谜材和太“专业”的谜法上自我陶醉。回来吧，回到生活中常见的谜材上来，回到正确的“谜路”上来！

(己卷 169·2005 年 3 月 7 日)

※灵犀一典※　蟹眼已过鱼眼生(体操术语二)　　小翻　后滚翻　(闻春桂　作)

出见蛙怒，乃为之式

《韩非子·内储说上·七状》：句践准备伐吴，为了鼓励战士重气轻生，“出见蛙怒，乃为之式”。式，在车上以手按轼，这是那阵表示尊敬的动作。国王此举有效，“明年之请以头献王者，岁十余人”。为题句找什么作谜底呢？鼓舞士气吗？少别解那“味”。或用《前出师表》“恢宏志士之气”那句？以成语“余勇可贾”作谜底吧：“余勇”，别义作“我的士兵”；“贾”，做生意，谜里作“收买”释。一举手之劳——把手扶在车轼上，就可买动士卒，心甘情愿地为自己献身，句践绝对是个善用心术的人。范蠡更了解句践，功成后隐退。你见过蛙怒吗？肚皮鼓得圆圆的，本就大的眼睛，一发显得怒态吓人；但见到人或听到声，就扑通扑通纷纷潜入水中去了。

(己卷 170·2005 年 2 月 21 日)

※谜苑拾萃※　六王毕，四海一(机构一)　　全国政协　(郑百川　作)

二十八行三百字，“之”字最多无一似

“酒豪”造就过“文豪”。如“李白斗酒诗百篇”；又如，由“曲水滥觞”，王羲之挥毫行书《兰亭集序》，文、书双冠世。《兰亭集序》真迹计 28 行、324 字，序中有“之”字 20 个，其结构、笔法异采纷呈；无怪北宋书画名家米芾赋诗赞曰：“二十八行三百字，之字最多无一似。”前句衬托后句，突现其旨“米(芾)言之(字)”。此中妙谛，山东王麟先生以谜志之；借题文为面，底作“谜”字，拆作：米、言、之。书法讲究重(chóng)字不重(chóng)体，一篇书作中若同字同体，则见写者技穷，必贻人笑柄。假日的兰州隍庙多卖字、画者，高产的、大同小异的字、画，绝对都是真迹，可它珍贵吗？也许有稍知文墨的暴发户会购买，但绝不是收藏，而是作壁上“炫”。

(己卷 171·2005 年 3 月 8 日)

※谜苑拾萃※　书被催成墨未浓(成语一)　　轻描淡写　(泰国·黄景云　作)

耕者皆让畔

怀念有“社会主义劳动竞赛”的年代。那阵，赛是赛，还讲究“一帮一，一对红”、“传、帮、带”什么的。现今，受利益、利润的驱使，争得头破血流；循规蹈矩争不过别人时，绞尽脑汁地施以歪门邪道，为富不仁现象，触目皆是。《史记·周本纪》载：周文王以仁义化民；虞、芮两地讼事不决，“乃入周。入界，耕者皆让畔(邻地互让田埂)”。虞、芮之人知耻息讼，返回己地。“诸侯闻之，曰：‘西伯盖受命之君。’”撷题句为谜面，我选影视演员名“田成仁”作谜底，别释作：田家(耕者)成仁(皆让畔)。让畔、再传帮带邻人、邻村、邻县致富，那该多好啊！别让我的设想成为幻想哟！归来吧，“一帮一，一对红”。

(己卷 172·2005 年 2 月 23 日)

※灵犀一典※　让畔而耕(古人名一)　　田谦　(清·夏之时　作)

含情更着绵

"……蓄意多添线,含情更着绵。今生已过也,愿结来生缘。"前《袍中诗》载于孟棨《本事诗》:帝令做衣,颁赠远戍军兵。一宫人夹诗衣中,情见乎诗,"绵"是物亦寓情。据载:唐明皇得边报,赐宫女嫁给得"诗袍"的战士,曰"我与结今生缘"。天水许海奎君选诗中抒爱最切的题句为谜面,作谚语"千里姻缘一线牵"之底。那"线"是丝绵,是情丝,又成为"红线"。唐玄宗"后宫佳丽三千人"守着空房,何妨"大方、慷慨"一回,做君王成人之美?那宫女、战士亦属"不幸中之万幸"。万分之一的"幸",机率还是很大很大的,遍布全国的彩票投注,无缝不钻的幸运抽奖,处处泛滥着的短信抽奖……为"亿幸"的希冀去忙活吧。

(己卷 173·2005 年 3 月 13 日)

※谜苑拾萃※ 爱心给大牛,携手出闺门(电视剧名一) 《牵挂》 (张志有 作)

归遗细君

细君,上古时特称诸侯妻,后来,成为妻的通称。内人,旧时对人谦称己妻。题句故事见《汉书·东方朔传》:汉武帝赐内官肉,分肉的主管官员迟迟不至,东方朔擅割肉去;帝令朔自责,朔先检讨了自己的无礼,又辩曰:"割之不多,又何廉也;归遗细君,又何仁也。"朔之诙谐,逗得帝笑,"复赐酒一石,肉百斤"。"归遗"物,肉也;细君,内人。我借题句缀面,猜底作离合字:肉内人,不亦宜乎?"仁者爱人";朔之"仁",惜乎范围太小。"得了便宜还卖乖",谁让人家东方朔有滑稽、机敏的天分?话说回来,那东方朔,只拿了自己应得的一份,并不为过。世界的美好,在于"仁"的阳光普照,人人得而"沐"之。

(己卷 174·2005 年 3 月 19 日)

※灵犀一典※ 归遗细君(《孟子》句一) 以妻则食之 (清·章祖泰 作)

孙膑至急解锦囊

孙宾、庞涓同师鬼谷。官、禄所诱,涓学未成而辞师事魏。以宾忠厚,鬼谷传以孙子兵法十三篇。后宾亦事魏。见宾才远胜于己,涓设局构陷宾,使遭膑刑(剔去膝盖骨)而残,名亦改为膑。涓诱膑为抄孙子兵法,拟写完后致之死;人以之告膑,膑忆老师曾授锦囊,嘱云"到至急时开阅",启囊见"诈疯魔"三字。前述见《东周列国志》,汤政良先生据以拟成题文,作电影《最后的疯狂》之谜面。死到临头,"最后"也。幸有"善人"帮,孙膑诈疯,得以逃出魏国,躲过死亡,方得显名天下。"人之初,性本善"。"童真、童心未泯、童趣"、"真善美",俱显现在孩童时代。年长了,增"长"着庞涓般心地。"真善美"和"假恶丑"是永不和谐的。

(己卷 175·2005 年 3 月 12 日)

※灵犀一典※ 百官未至,割肉以归(《诗经》句一) 东方自出 (清·匡树棠 作)

三荆同株

题句作面,我措底以美、中电视剧名《兄弟连》《在一起》。典故明悉,谜则不惑。《艺文类聚》卷八十九引《孝子传》:"古有兄弟,忽欲分异,出门见三荆同株,接叶连阴,叹曰:'木犹欣聚,况我而殊哉?'还为雍和。"儿时就听过以筷为喻的"团不为折"的故事。筷,那是"进出总成双"的同胞兄弟,自应"同声相应,同气相求"(《周易·乾·文言》)。恶人也懂这个道理,由是,他们沆瀣一气,结成罪恶团伙,危害社会,为害世界。欺侮弱国,霸主总想拉上几个"黑道兄弟",朝鲜战争如是;近期,与朝鲜同命运者亦不"鲜"见。知自己"抱团"就知"分裂"别人,以便他们分而治之。我国的《反分裂国家法》,让"恶霸"大为恼火。

(己卷 176·2005 年 3 月 19 日)

※谜苑拾萃※ 农夫相与忭于野(作家名二) 田间 苗得雨 (陈镇权 作)

寿王无奈别杨妃

《长恨歌》把李隆基与杨玉环的爱情升华得缠绵悱恻，其实，李隆基是夺儿媳为己妃的。小字玉环的杨氏，原是隆基子寿王李瑁之妃(《新唐书·后妃传》)。杨玉环怎么又叫杨太真呢？原来，从寿王妃到玄宗妃，玉环中间当过一段道士，号太真；这个“过渡”法，当是李隆基的障眼妙术。题文作面，顾焕清君措以称谓“主要得分手”缀底。“无奈别”的“得分手”背后，是“主要”；圣主要个把人算啥，整个国家且由他折腾呢。过去，把某些人叫“封建把头”。民主喊了快一百年了，社会早已不“封建”，但各地都有且仍滋生着“把头”；“国有、集体所有”，若“把头”想要，略施小计就“私有”了。

(己卷 177·2005 年 3 月 20 日)

※灵犀一典※　唐明皇纳寿王妃杨氏(《左传》句一)　　吾子何爱于一环　(清·张玉森　作)

旋闻齐垒啼乌声

我为词牌《破阵乐》找的谜面即题句，其出唐·贺朝《从军行》诗作。不明典故，亦可窥知“破阵”之端倪。《左传·襄公十八年》：齐、晋战，师旷对晋侯说：“鸟乌之声乐，齐师其遁？”晋·杜预注：“鸟乌得空营，故乐也。”读杜注，察情度理，直如曹刿所见的“辙乱旗靡”，亦似毛泽东词咏“报道敌军宵遁”。鸟乌才不管齐败或晋胜，得有“破阵”遗弃之物，乐得果腹。萨达姆政权倒台，似乎很遥远了，但彼国仍是最不安全的地区。“鸟乌”们在那“破阵”里“欢乐”着，那里肯定有他们朝思暮想希望得到的东西，最不济也有“得胜乐”，也有“占有欲”，也表示自己“强大”——看谁以后敢不听话！

(己卷 178·2005 年 3 月 21 日)

※触典旁通※　竖子不足与谋(三国人名冠谓号)　　小霸王　孙策　(袁春晖　作)

其精神托于箕尾

题句出《幼学琼林·天文》，前句是“傅说死”。《庄子·大宗师》载：商高宗夜梦得圣人，名傅说(yuè)，遍寻国内，在从事版筑的奴隶中找到，用为相。傅说死后，成为“乘东维，骑箕尾”的星宿。箕、尾，都是二十八宿里的星。广东吴楚鸿先生为柳宗元《捕蛇者说》句“故为之说”，谋得谜面即题句。说，踏实为傅说名。伟人成“星”，历史久远。大腕般的“名星”，故然有“台上一分钟，台下十年功”苦练得来的艺术家，也有“得来全不费功夫”，纯是被“捧”红的。某歌星的歌，被选入学生的参考课目了。只一句“上进”的话，即入“爱国”题材；可见，想让“星、腕”们说句上进、爱国的话，都是不容易的。

(己卷 179·2005 年 3 月 22 日)

※谜苑拾萃※　回头下望人寰处(哲学名词一·上楼)　　世界观　(台湾·朱家熹　作)

忝列岁星臣

股票“东方明珠”，是以上海电视高塔名为名的。我为东方明珠谋谜面：忝列岁星臣，其出李白诗《赠崔司户文昆季》。忝，辱没，常用作谦词。旧题汉·郭宪《东方朔传》：朔生前对同僚说，只有太王公知悉自己。朔死后，武帝问颇识星历的太王公：“诸星皆在否？”公答：“诸星俱在，独不见岁星十八年，今复见耳。”汉武帝仰天叹曰：“东方朔生在朕旁十八年，而不知是岁星(明珠)哉！”后以岁星代指东方朔。

东方朔官位不显，以滑稽著名，却上应岁星。据说，每个人都对应天上的一颗星。星被“炒”得炽热了，才成“明星”。名星们，别不高兴，你的价值被“估”得太高、太高了，你们可别飘飘然；你能“身后是非悬日月(陈恭尹句)”吗？

(己卷 180·2005 年 3 月 23 日)

※谜苑拾萃※　为郎憔悴却羞郎(《西厢记》句一)　　相思回避　(清·姚劲秋　作)

智斩安德海

宦官中的"明星",当推李莲英了,他是被慈禧太后"宠"红的。另有宦官安德海,亦因慈禧对其宠幸有加,遂矫旨出京;途中,他敲诈地方,鱼肉百姓;后被山东巡抚丁宝祯缉捕,杀于济南。《清朝野史大观》、《安德海之异闻》等书中,虽记题文之事甚详,但比之评弹的渲染,却嫌平淡。苏州俞涌友借题文作面,谜底措以电影名《杀机背后》,当是多受评弹影响,因而更显得"智斩"的"机",仍须"背(着西太)后"。"乱臣贼子,人人得而诛之";诛却难,何故?"打狗还得看主人"啊!秦腔里每有赃官念白"国法王法,他妈的头发",这样的"高干",再配上慈禧那样的"老佛爷",其属下想当好官还是不容易的。

(己卷 181·2005 年 3 月 23 日)

※谜苑拾萃※ 一水护城将绿绕(电影演员名一) 郭碧川 (田式 作)

当为外氏成此宅相

令,一义命令,又有美好义。望,门族、郡望;令望,指有美的威仪,使人景仰。市里有了起名公司,那里堆满了溢美的字眼。明朝人有叫魏令望者,我为其名择题文作面句。宅相,指墓地的"风水"。《晋书·魏舒传》:魏舒幼孤,养在宁氏外家;看风水的说宁宅"当出贵甥",魏舒曰:"当为外氏成此宅相。"我让魏令望别义作:魏舒要让门望显赫。后来,魏舒官至司徒,为"相宅"者长了脸。兰州某县一村,多出算命"高人";前些年,兰州街上蹲的算命人,多出自那个"算命村"。"相宅"者都能"舍己为人","风水宝地"全留给了他人。"算命村"历史悠久,传承不替,还要继续往下传吗?"起名公司"若是不"发",谁还能"发"?

(己卷 182·2005 年 3 月 23 日)

※谜苑拾萃※ 中天月色好谁看(电影演员名一) 辜朗辉 (周问萍 作)

收二川,排八阵,六出七擒……

用从一到十那十个数字,拢尽一个人一生的功绩,那该有多高明的概括能力啊!《古今对联欣赏》载一联是这样的:收二川,排八阵,六出七擒,五丈原前点四十九盏明灯,一心只为酬三顾。三国故事脍炙人口,读者自能明悉,前联说的是蜀汉丞相诸葛亮。唐山王振坤先生据联语为面,谜底乃二位宋代文学家名:陈亮、计有功。陈,作陈述、列举均可解;计,非计谋,乃计(功)数;计功,亦计劳。"六出"意在恢复中原,但无功而返,见人力不能回天(天子昏庸),又,"天"不延亮寿一纪(十二年)。中药讲究"君臣佐使"。贤相诸葛亮能力强吧,但操劳得心力交瘁,撒手西归。点什么四十九盏明灯"禳星"呢,徒为昏君卖命耳。

(己卷 183·2005 年 3 月 24 日)

※谜苑拾萃※ 可怜天下父母心(北京地名一) 怀仁堂 (张志有 作)

大丈夫当雄飞

《后汉书·赵典传附赵温》载:"温字子柔,初为京兆郡丞,叹曰:'大丈夫当雄飞,安能雌伏!'遂弃官去。遭岁大饥,散家粮以赈穷饿,所活万余人。"后来,赵温当了大官,时处汉末乱世。我择题句作抗日英雄名"赵尚志"的谜面;尚志,崇尚志向之谓。赵温"尚志",当上了大官,但没啥大作为;也不能全怪赵温,他是汉献帝的臣下,献帝又受"挟"于曹操。赵尚志,辽宁朝阳人,曾任东北抗日联军第三军军长;1942 年 2 月 12 日在鹤岗梧桐河与敌战斗中殉国。刘炎《迩言》中有语"君子志于泽天下,小人志于荣其身"。饥荒年,赵温舍粮活万人,可谓仁;盼他是帝王,得能"泽天下"。惜乎,世多"志于荣其身"的小人。

(己卷 184·2005 年 3 月 24 日)

※谜苑拾萃※ 白露身不露(电影名二) 《知音》《潜影》 (许斯爱 作)

春风举国裁宫锦

但愿广告语“用料上乘”不是吹的。长春董书祥先生为“用料上乘”选以题文作谜面，其出唐·李商隐《隋宫》一诗中“春风举国裁宫锦，半作障泥半作帆”句。《资治通鉴》载：杨广为了舒舒服服游江都，耗民财力，开运河十数年始成；举国筹集的宫锦，只做马鞯(障泥)、船帆之用。宫锦料子名贵，只配作“上乘(乘船、乘马)”之用吗？“上”如此穷奢极欲，劳民伤财，隋朝能不灭亡吗？最近一次去上海，是1994年初参加“东方谜王赛”。那时，上海已是美轮美奂的国际大都市了。中国很多城市都想争取成为“国际大都市”，真怀疑他们的市长都想当隋炀帝。兰州越美我当然越高兴，但是，她的美如果多数市民无能力享受时，那叫“臭美”！

（己卷185·2005年3月24日）

※谜苑拾萃※ 兔(电影名一) 《龙兄虎弟》 (香港·白福臻 作)

遂推南之威而远之

人有七情六欲，情、欲须有度。把电视剧《让爱作主》别解成“绝情爱，当好国主”，我为其选谜面如题句。《战国策·魏策二》：“晋文公得美女南之威，三日不听朝，遂推南之威而远之，曰：‘后世必有以色亡其国者。’”晋文公确高见。晋文公重耳之“高见”，与其亲身经历有关：重耳逃亡国外十九年；至齐，齐桓公妻以宗女。重耳恋齐女，无返国心；齐女与重耳随臣密谋，灌之醉，迫其出行。历尽周折，重耳返国后执政九年，称霸诸侯。是齐女“推”重耳而远之，教育了重耳，始有“推南之威”后事。称霸诸侯，那可是经天纬地的事业，重耳伟大；设无齐女“绝情全义”，重耳还不是寄人篱下、作床第间快活的纨绔公子？

（己卷186·2005年3月25日）

※谜苑拾萃※ 十年生死两茫茫，不思量，自难忘(词牌二) 《忆故人》《情久长》(杨斌生 作)

坑灰未冷山东乱

题句出唐·章碣诗《焚书坑》。李斯奏议，秦始皇采纳，施行了史无前例的文化大浩劫：焚书。焚书旨在“愚民”，以利其统治。孰料焚书坑尚热，崤山以东广大地区就“出事了”。六安赵辉谜友以鲁迅著作篇名《鲁迅启事》为题句作谜的佐证：山之东被谜人踏实为山东省，简称鲁；迅，迅疾也；启事非文告，作“开始了事端”命义。“启事”始于陈胜、吴广，未历几年，终在“楚、汉相争”中，秦亡。中华民族的“自豪点”之一是文化，历史上却有两次文化浩劫。如今，拿文化作卖点随处可见，未见者，怕只有禁作广告的香烟了。拿文化当“幌子”，这是新形势下的“愚民”。“民不可使知之”固蠢，那么，让他们沉湎于“玩、乐”吧，别让他们有空闲去想事！

（己卷187·2005年3月24日）

※灵犀一典※ 坑灰未冷山东乱(《红楼梦》人名三) 文化 秦邦业 终了 (章品 作)

融与二子何、佶，纵声雅道

《唐才子传·包融》卷二载：“融，延陵人。……工为诗。二子何、佶，纵声雅道。”我从前文中裁组如题句，作广告词“实行三包”的谜面。包融传文又曰：“成业者获名不朽，兼父子、兄弟间尤难。”你谓“三包”，“行”也不行？客观地说：实在行，“纵声雅道”，那是“很行”的。“实行三包”喊得不凶了：一来，“三包”是服务业起码的承诺，何用饶舌；二来，“三包”似乎没给消费者什么实惠。君不见，厂家、商家的服务承诺，一个比一个让人心动，可那都是他们单方面制订的，消费者要想从中得到“实惠”，难上加难；媒体把那些独家规定叫“霸王条款”。往外掏钱可要小心哟，钱掏出去了，你就得听命了！

（己卷188·2005年3月25日）

※谜苑拾萃※ 多少工夫织得成(聊目一) 《王大》 (清·徐行素 作)

九九数完魔灭尽

《黄帝八十一难经》乃中医古籍，略称作《八十一难经》、《难经》，传为战国秦越人撰。书名中“难”，作疑难释，音 nán。读过《西游记》者当知，题文乃书中回目名。九九数之凶险，多系妖魔所为，计成八十一难(nàn)；妖魔悉锄，灾难尽历，取经人始得真经，终成正果。已故谜坛巨擘柯国臻先生，让题文和《八十一难经》巧结谜缘。入谜门易，精谜艺难。甫涉谜坛，往往不知天高地厚，似乎无论什么底材，擒之不在话下；及审其谜之面，却见语焉不通，生拼硬凑，全不知浑成、传神是怎么回事；又有眼热于高手面多成句，他的成句比之更多，但底、面每每貌合神不合。你感到“作谜难”了吗？感到了，你就“入道”了。　　　（己卷 189·2005 年 3 月 25 日）

※灵犀一典※　九九数完魔灭尽(口语一)　　精打光　(张志有　作)

美疢不如恶石

《左传·襄公廿三年》：鲁大夫臧孙纥曰：“季孙之爱我，疾疢也。孟孙之恶我，药石也。美疢不如恶石。”我令“孟孙之恶我”作面，着猜成语：良药苦口；又用“美疢不如恶石”缀面，取疾病俗名“爱滋病”为底。“良药苦口利于病，忠言逆耳利于行”，此语诚“爱滋病”现成注脚也。《韩非子·外储说左上》：“夫良药苦于口，而智者劝而饮之，知其入而已己病也。”孟孙人皆恶(wù)之，由是，世多季孙。一度有提倡“评功摆好”之举，诚欲消灭劝人饮“药石”的“智者”也。“药石之言”很难听到了；善“美言”，成为处世“第一重要”之技能。股市在大刹着“泡沫经济”的辉煌，“美言”仍在扮靓缤纷的迷幻世界。

（己卷 190·2005 年 3 月 27 日）

※谜苑拾萃※　何青一块紫一块(时髦语二)　　挎我　打的　(陆顺祥　作)

恐被圈圈圈到老

金循华、万玉兰合编之《诗林笑录》载：清绍兴童二树长于画梅，求之者踵继。一权贵索画，童欲拒而不能，遂以打油诗题画上予之：“左圈右圈圈不了，不知圈了有多少；而今跳出圈圈外，恐被圈圈圈到老。”圈，画梅之基本笔法也。童二树也许跳出了某种“圈圈”，但一生画梅这“圈圈”，恐怕是逃脱不掉了。莫志刚君从诗中择题句作谜面，猜《常回家看看》二句：“一辈子不容易，就图个团团圆圆。”底材别义奇崛：这辈子改变不了了，就画圈圈吧；“图”字作动词用：作画；团圆，别释作画圈。“团圆”是中华民族十分看重的亲人聚会，无论过年、中秋、重阳都讲究团圆。“圈圈”让“团圆”变味了，笼罩在不和谐的“权、利”氛围中，不时还散发出火药味甚至血腥气。　　　（己卷 191·2005 年 3 月 28 日）

※谜苑拾萃※　卖炭得钱何所营(物理名词一)　　饱和温度　(李华　作)

时苗留犊

我用题句缀面，着猜《红楼梦》人名：牛清。犊，显示牛迹；清，缘于典故。南朝宋·裴松之注《三国志·魏书·常林传》引《魏略》载：时苗字德胄，钜鹿人，少清白。出为寿春令，顶着奢靡风，乘牛车赴任。居官岁余，牛生一犊；离任时，坚留犊；群吏劝带犊去，苗不听从，由此闻名天下，入《清介传》。因留“犊”，显示清廉之雅声，洵“牛清”也。贫不卖书留儿读——知识分子，这是一种“留”；“爹爹给我无价宝”——德尔惠，这又是一种“留”；“为官一任，造福一方”，公仆们正经该这样“留”。“留”是高境界。今多“取”者，不该取的也取；以“取”而不留痕为荣。人总是要消亡的，只有“留”的越多、受众越广的人，才越不易消亡。　　　（己卷 192·2005 年 3 月 29 日）

※灵犀一典※　苗竟留犊而去(唐诗句一)　　时清独不还　(清·韦宗泗　作)

识时务者为俊杰

把“佳能相机”这词汇订谜目作：商品冠商标，山东青年谜人辞明为其谋面如题。俊杰，“佳能人”也；识时务，能相准机遇并抓住它。裴松之注《三国志》时，引晋·习凿齿《襄阳记》中，司马德操言：“儒生俗士，岂识时务？识时务者，在乎俊杰。此间自有伏龙、凤雏。”伏龙诸葛亮虽“鞠躬尽力”，终未能“北定中原”，致“死而后已”之憾。此“不识时务”乎？非也，“时务”服从于“信念”——汉为“正统”。总不能帮着“霸主”去征服弱国吧？胜利了，那是“识时务”？“相机”与“投机”义近，“投机”者总作伥于“不义”；“能相机”者，始称“佳”，尤“佳”在倾心真理、投身正义。 （己卷 193·2005 年 3 月 29 日）

※谜苑拾萃※ 血色罗裙翻酒污（词牌一） 《醉红妆》 （泰国·李书光 作）

求人不如求己

宋·张端义《贵耳集》：南宋孝宗游西湖天竺寺，见观音像手持数珠，奇问之：“何用？”僧净辉对曰：“念观世音菩萨。”问：“自念则甚？”对曰：“求人不如求己。”宋孝宗明白净辉和尚的劝喻——让我用谜底作答吧：好自为之。好，这里读 hào，爱好。街上有僧、尼化缘的；僧、尼总比俗人和观世音亲近些吧，也堕入风尘。仍不乏求佛、拜观世音菩萨的，真糊涂得可以。“世人都晓神仙好”吗？不尽然。如今，有些“官”，神仙也心羡；此“官”无须大，却是一方“土地”；“修”成此“土地”，大小工作全由下属干，有“油水”，下边贡出大头作“奉献”。观世音“好（hào）自为之”，当今“土地”“好（hǎo）自为之”。凡有“地块”，都少不了这种“土地”。 （己卷 194·2005 年 3 月 30 日）

※谜苑拾萃※ 鱼书欲寄何由达（越剧名一） 《绿衣人传》 （屠心观 作）

时人竞效折巾一角

“泊人”，《水浒》里 108 位将领的名字，其乃传统谜材。已故庄容川谜家为“泊人”戴宗、郭盛选面即题文。《汉书·郭太传》：郭太（或作泰）字林宗，喜游历。“尝于梁、陈间行，遇雨，巾一角垫（下折）……”时人争仿效之，故折头巾一角，称“林宗巾”。谜底“戴/宗郭盛”别义作：戴（头巾）宗法（仿效）郭太而盛行。宋寿阳公主偶成之“梅花妆”确美；“泪痕妆”美乎？今有模特儿化妆，比净角“勾脸”不逊，加上把头发焗得五颜六色，诚“魔怪舞翩跹”矣，若时人“争仿效之”而盛行，不知这是世界的进步还是退步？商、贾学《孙子兵法》，争出奇而求胜。要旅游，就找不假“雕饰”的自然景观吧；此景观，当地兴许就有，缺的是“发现”。 （己卷 195·2005 年 3 月 30 日）

※灵犀一典※ 时人乃故巾折一角（《书经》句一） 有若泰颠 （黎国廉 作）

征黄看即及

题句出自唐·李汉儒诗《和绵中于中丞登越王楼作》，是说于中丞很快就会被召入朝中重用；我借其句作面，拟猜戏剧术语：起霸，起用“霸”这个人。《汉书·黄霸传》：宣帝朝，颍川太守黄霸，理郡八年，外宽内明，治为天下第一。宣帝下诏称扬其郡“田者让畔，道不拾遗，养视鳏寡，赡助贫穷”；不久，封黄霸关内侯，征为太子太傅，迁御史大夫，秩二千石。后来，“征黄”作征调贤明太守入朝高就之典。“征黄”须是很荣耀的，官职当在六品以上吧？如今，哪怕当村官，都“征黄”似的，“程式化动作”比武将的“起霸”还威风，“县官不如现管”么。乡僻多有“土皇上”，“实惠”多了去了。

（己卷 196·2005 年3 月 30 日）

※谜苑拾萃※ 河内凶（《西厢记》句一） 越教人不快活 （泰国·黄煜煌 作）

奈河桥上等三年

《辞源》奈河:宗教、迷信所传地狱中的河名。歌剧电影《刘三姐》的唱词尚详:"连就连,我俩结交订百年。哪个九十七岁死,奈河桥上等三年。"期,百年;97+3=100;等,相约守候;约,合同。择题句作谜面,吉其厚友让你猜五字的经济用语,97 不足百,加上三年,"期满"矣。"寡妇搧坟"——坟干可改嫁。何以奚落妇女如此?论"守身",男子更不"争气"。别计较"再嫁、再娶"了,却得视"唯一爱"为情爱的至德。爱是两心无限的牵挂,爱是两人永恒的依约,不是有"坠入情网"一说吗?"情网"看不见,摸不着;看得见、摸得着的,有"永恒"的吗?

(己卷 197·2005 年 3 月 31 日)

※灵犀一典※ 奈河桥上等三年(歌手连歌名) 阿牛《约定》 (叶春荣 作)

侧 席

上思、进贤两地名(属广西、江西)连缀,是借典作谜的好材料,年初为作两谜。其一面曰:武丁夜梦得相材;另一面用:侧席。《后汉书·章帝纪》载:"诏曰:'朕思迟直士,侧席异闻。'"唐·李贤注:"侧席谓不正坐,所以待贤良也。"皇上的龙座,啥时候"侧"过?但汉章帝"侧席待贤"。章帝刘炟应是不错的皇上,可惜在位只十三年,匆匆西去。小官有时比办事员还累。如今的官场,想必也有"仪礼"方面的规矩;对正经场面上的"仪礼",咱一概不懂,但有"僭越",恕"不知者不为罪"。偶有场合,或"名分"高,或"虎齿"长,成了席上尊,我倒十分地不习惯、不自然。别计较"交椅、镜头"的尊卑了,多做些令人肃然起敬的事吧!

(己卷 198·2005 年 3 月 31 日)

※谜苑拾萃※ 醉不成欢惨将别(骊珠) 春秋人 要离 (熊立鹏 作)

渴睡汉今日中状元矣

明代有蒙正发者,其人不足名状;只因民国人刘剑侯用其名作谜,才得以名附谜籍;谜面即题句。宋·欧阳修《文忠集》卷一百二十八《诗话》:"客有誉吕(蒙正)曰:'吕君工于诗,宜少加礼。'胡(旦)问诗之警句。客举一篇,其卒(末)章云:'挑尽寒灯梦不成。'胡笑曰:'乃是一渴睡汉也。'"后来,吕首中甲科,因寄声于胡,曰:"渴睡汉已中状元矣!"胡旦大惭。渴睡汉,嗜睡如渴者,后成吕蒙正诨号。"蒙正发"入谜,讨"蒙正"二字之"巧",扬"发"字之神;"发迹"都欠妥,洵属"发达"。此前,对吕蒙正知之甚少,写他的戏《赶斋》、《教学》,都是"穷书生"扮像;实则,蒙正官至宰辅,位列国公;嘲蒙正的胡旦该"大惭"。咱虽无知却不"嘲笑"人,无须"惭"。

(己卷 199·2005 年 3 月 31 日)

※灵犀一典※ 渴睡汉金榜题名(宋代人名一) 吕本中 (姜文清 作)

龙阳泣前鱼

概括某改革措施的词有"抓大放小",我为其谋设谜面:龙阳泣前鱼。典见《战国策·魏策四》:魏王与龙阳君同船钓鱼。龙阳君得十余鱼而泣下,王问鱼流泪原因,龙阳君答:臣始得鱼,甚喜;后得鱼大,臣想放掉先前的小鱼。抓大鱼放小鱼,理所当然;龙阳君之悲泣,是联想到自己有朝一日也会像小鱼一样,被魏王弃用,拿现在的话讲:私心作怪。有对新干部"扶上马,送一程"的,也有尊崇"有权不用,过期作废"的;于是,"59 岁现象"造成的损失大矣,损失全由民众负担。培养干部不易,培养卓越、清廉的干部殊难;好的干部,就让他多干些年头吧,别"一刀切",行不?"泣前鱼"也有道理,"后鱼"若一拨不如一拨,那可咋办?

(己卷 200·2005 年 4 月 1 日)

※谜苑拾萃※ 本府(欧阳修文句一) 太守自谓也 (吴显彬 作)

庚卷

谜意画：羊续悬鱼（明代人名）　　官廉　（方炳良 作）

插　图：刘旭　作

犹颂两岐歌

题句出司空曙《送夔州班使君》诗。《后汉书·张堪传》:张堪任渔阳太守时,捕击奸猾,赏罚必信,吏民皆乐为用;曾率千骑击来犯匈奴,大破之;又开田八千余顷,劝民耕种,以致殷富。百姓歌曰:“桑无附枝,麦穗两岐。张君为政,乐不可支。”两岐,一枝分岔成两穗。后因用“两岐歌”作为称美州郡长官善政的典故。民歌,某地土著民众“原生态”歌咏也,贵其“发于心”,语俗而诚挚,敢恨敢爱。史籍每见有颂有骂的“民谣”;骂者,如骂董卓的“千里草,何青青;十日卜,不得生”,颂者,如前“两岐歌”。愿今之公仆,虽难让百姓“乐不可支”,也别像董卓般被咒“不得生”。我以题文作谜面,底乃战斗英雄名:麦贤得;底材别义作:麦秀两岐因贤政得到。(庚卷1·2005年4月2日)

※灵犀一典※ 张公为政,乐不可支(四字文牍语一) 殊堪嘉许 (姜文清 作)

自以女尚司马长卿晚

杜甫《哀王孙》诗中有“王孙善保千金躯”句。王孙,指皇室子弟;千金躯,意谓王孙们身体“贵重”。清代曾任台湾巡抚的广西人唐景崧,于诗、谜均擅长;他撷题文作“王孙善保千金躯”句之谜面,“千金”转义作“女儿”,女儿与其父有故事。《史记·司马相如列传》:作客卓王孙家,司马相如“琴挑”,引卓王孙寡女文君私奔;贫甚,二人临邛当垆卖酒;后,相如入朝为官了,卓王孙喟叹“自以得使女尚(匹配)司马长卿晚,而厚分与其女财”。谜令“王孙”化作文君父名:卓王孙。“王孙”怎样保“千金躯”呢?“厚分与其女财”。此“善保”乎?还是在相如贵为中郎将之后,毋乃“锦上添花”乎?今之“贵胄”在婚姻上多追求门当户对,其“厚分与财”怕是也要看对象的。(庚卷2·2005年4月3日)

※谜苑拾萃※ 躲进小楼成一统(新词一) 反藏独 (郑明义 作)

析骸以爨

题句出《左传·宣公十五年》,是宋国华元向楚国“诉苦”:“敝邑易子(交换儿子)而食,析(拆)骸(骨)以爨(音 cuàn,烧火做饭)。”尽管惨到那种程度,宋国宁可亡国,也不接受城下之盟。后,楚国退兵三十里,两国媾和了。“析骸以爨”的前题是“易子而食”,因此,吉其厚谜家拿题文作面,猜底作济南名吃:把子肉。肉,作动词,用其“吃”义,此义不多见。谜底还可解作:把(儿)子当肉,仍喻“吃”。将名食美味别解成“吃儿子肉”,惨忍吧?但这只是文字游戏。现实的“惨忍”比“把子肉”逊色不多。著名的“××火腿”,不少是用剧毒农药久浸过的;食物包括著名快餐××鸡,都有苏丹红成分。奸宄是“吃人不吐骨头”的,连“析骸以爨”的机会都不留给你!(庚卷3·2005年4月5日)

※谜苑拾萃※ 乐羊食之(济南名吃一) 把子肉 (张志有 作)

唯酒是务,焉知其余

我借题文作谜面,着猜一项职务。晋·刘伶旷放嗜酒,并作《酒德颂》:“有大人先生,以天地为一期,万期为须臾……幕天席地,纵意所如……唯酒是务,焉知其余。”“大人先生”,实乃刘伶托名也。嗜酒者“颂”酒德,嗜烟者,可有“烟德颂”?卖淫肯定是非法的,但管它的机构似乎常处“瞄准”状:睁一只眼,闭一只眼,甚至有借“抓嫖增收”的,其心里也在念“××颂”吧?我想“唯酒是务”的“大人先生”也不易;“万期”在他只是“须臾”,他“居无室庐”,终日牛饮,谁为他“埋单”?我的担心看来多余,毕竟晋有刘伶,就那样活着,还名列“竹林七贤”行列。而如今却有虽未专设却有专务的“陪酒员”,让我为此谜谜底为之正名吧:专职干(喝酒)事!(庚卷4·2005年4月3日)

※谜苑拾萃※ 一盏红灯照碧海(奥运冠军名二) 火亮 于洋 (王寅丑 作)

使李将军，遇高皇帝，万户侯何足道哉

看了电视剧《汉武大帝》，对李广生平了解更多了，兹拿出台湾高产谜家来楚庚的一条“李广谜”说说。题文是其面，底乃《百家姓》句“广禄阙东”。题句出自宋·刘克庄词《沁园春·梦孚若》下阕，斯句又本《史记·李将军列传》里汉文帝语：“惜乎，子（李广）不遇时，如令子当高皇帝（指刘邦）时，万户侯岂足道哉！”广禄，李广万户侯爵禄；阙（通“缺”）东——缺好的主子（东）。三月初，获悉自己入选“文虎奖”，感慨有三：一喜，喜痴迷于谜数十年，在猜谜、作谜、谜文三项上均不后人，能得到肯定；二愧，愧自己逊于一些已故方家，掠其美；三憾，憾珠中总掺鱼目。“广禄阙东”，得“高皇帝”赏识，鱼目可胜明珠。

（庚卷5·2005年4月3日）

※谜苑拾萃※　一夜好风吹，新花一万枝（彩票用语一）　　即刮即开　（朱建铭　作）

千载犹称女校书

薛涛，唐长安女子，字洪度，后来流落蜀中，入乐籍。校书，校勘书籍的官职，汉代刘向就做过此职，旧时，又有雅称妓女为校书的；看来，薛涛的身份兼此两义。诚歌妓，薛涛实以歌唱、诗文受人推重；她又创制彩色小笺，书写己诗酬献名流，此笺以“薛涛笺”雅号传世。题句出自清人刘映奎题成都望江楼枇杷门巷联语。薛涛虽非正式只短暂地担任过校书郎一职，其文才之声名“女校书”，适成薛涛专指，虽千载依旧。由是，赵首成先生借题句缀面，撷歌名《涛声依旧》作底之谜，韵味悠长。今无“乐籍”了，却不乏歌者在部分受众中红得发紫，收入过亿；对他们而言，“校书”是奢望，称其“歌伎”，他们配。

（庚卷6·2005年7月8日）

※灵犀一典※　桃花笺制是谁家（《四书》句一）　　当在薛也　（清·洪炳文　作）

天子龙沉景阳井

“天子龙沉景阳井，谁歌玉树后庭花”，句出李白诗《金陵歌送别范宣》。《陈书·后主本纪》载：隋军韩擒虎兵渡采石，攻入建康南掖门；后主陈叔宝闻兵至，与张丽华、孔嫔妃投景阳殿后枯井中藏匿，入夜，被隋军抓获，后来死于洛阳。又一个不问政事、只知侈靡淫乐的皇上，“玩完”了陈朝。我借题句作面，底拟作词汇：阵亡，原指死在战场上。陈亡，沉湎酒色致（南朝）陈亡。陈，古同阵字。不是英明的汉字咒诅了“陈”亡。《三国志》中语：“国之兴也，视民如赤子；其亡也，以民为草芥。”心中只有也只为少数人效劳的人，别让他当官；能顺从最大多数民意的人，才可以考虑让他当官。得不到最大多数民众满意的官，趁早让他下台。

（庚卷7·2005年4月4日）

※灵犀一典※　景阳宫井君先入（《左传》句一）　　孔张在后　（民国·李钟美　作）

对曰“高筑墙，广积粮，缓称王”

《明史·朱升传》：朱升，字允升，休宁人。元末，农民群起反元，他隐居石门，学界称之为“枫林先生”。龙凤三年（1357），朱元璋攻下徽州，由邓愈荐，朱元璋召朱升问以时务，升对曰“高筑墙，广积粮，缓称王”之策。当时，群雄争国鼎，朱升之“对策”不失为恰当的雄图大计；所以，六安赵首成先生择以题文作央视栏目《朱轶说计》的谜面；轶，（能力、才干）超过一般的。朱升“说计”之旨是防。筑墙为防，积粮在防，缓称王是更关键的防，防树敌过多也。朱升“说计”之后十年，朱元璋称帝。毛泽东曾套用朱升语说过“不称霸”；最想称霸的国家，最不信那话。二战时，让亚洲人民饱受灾难的那个国家早就压抑不住“称霸”的狼心了。

（庚卷8·2005年12月9日）

※谜苑拾萃※　重重叠叠上瑶台（电影用语一）　　影片片花　（刘茂业　作）

义往日之喜，乃为亲屈也

市招“供应堂吃”，意作：送饮食、菜肴到人家中。堂，一义是尊称别人的母亲，如令堂；依此“堂”义，我为“供应堂吃”拟谜面如题。其据《后汉书》卷六十九序：“庐江毛义，家贫，以孝行称；张奉闻名访之，值府檄征毛义作官，义捧檄有喜色，张奉因此鄙视毛义。及毛义母死，义去官守孝；后举贤良，公车屡征，毛义皆辞不就。张奉始悟“往日之喜，乃为亲屈也。”此谜解悟了吧？毛义去当官，只为“供应堂吃”。“扬名于后世，以显父母，此孝之大者”，见《史记·太史公自序》。毛义听太史公的话，以“扬名”尽孝；他捧檄之喜，实实在在以俸禄供养母亲。张奉对当官的毛义“贱之”，看来，“官”给人印象好的不多，都是“图厚禄、为扬名”导致的。干部们，只要你真心为民办事，“名自扬”！ （庚卷9·2005年4月5日）

※灵犀一典※ 捧檄而喜，张奉薄之（《三字经》句二） 不知义，孝于亲 （佚名 作）

接垣分竹径

马啸天老师曾多次对我称道他的一条谜作，题文是其面，底乃《西厢记》二句：一个这壁，一个那壁。他说，面句是在刘子荫老师家里墙壁上看到的楹联句；此联句实出唐·张说《答李伯渔桐竹》诗。“一个这壁，一个那壁”为底的谜作，见过数条，也可“作”出多条，但能有“天造地设”般的妙绪吗？垣、壁以会意“扣合”；“竹”固可“分”成两个“个”字，但“这壁、那壁”与“垣”的“绵情”，又能“分”得开吗？何况，竹无论从词义、画理上讲，原可称“个”。国画讲究“神似”。物件榫接追求“可钉可铆”地严丝合缝。灯谜之扣合固需“可钉可铆”般“不抛荒、不踏空”的追求。其“实”，却正经会伤“神”，“貌合神离”是之谓乎？ （庚卷10·2005年4月9日）

※谜苑拾萃※ 可是他什么也没穿啊（年号连称谓） 道光皇帝 （邱宁 作）

驴肩每带药囊行

读一谜，面出宋诗，感我至深。诗乃陆游《山村经行因施药五首》其一：“驴肩每带药囊行，村巷欢欣夹道迎。共说向来曾活我，生儿多以陆为名。”香港张伯人先生，有“柏庐壶隐”一号；以号度之，其于医道必获“共说向来曾活我”之赞。伯人先生亦精谜道，他收题文作《论语·里仁》句“游必有方”的谜面；令“出游”之“游”踏实为陆游其人，方位之“方”变作济世“药方”。伯人先生“医、谜”两道皆“济人”。上街时“游必有方”：游必有散发野广告者，又率多“药方”。药价昂，医院宰，唯大街上的“神医”殷勤、主动，还真是“村巷欢欣夹道迎”；那般的“游必有方”，让人还有活路吗？ （庚卷11·2005年8月6日）

※灵犀一典※ 村巷欢欣夹道迎（电视剧名一） 《神医喜来乐》 （张志有 作）

文武之道也

张，指拉紧弓弦；弛：指放松弓弦。“一张一弛，文武之道也。”前句出自《礼记·杂记下》，原指治理国家应宽、严互补，交替使用；后来，则多重“实用”性：工作、生活宜劳逸结合。2005年1月6日零时甫过，北京诞生了一个男性公民；据有关部门测算，他应是我国第13亿个公民；这位有特殊意义的公民叫张亦弛。在看到此新闻时，我当即以“文武之道也”作我们张氏家族这位“幸运儿”名字的谜面。我国的计划生育政策有效控制了人口的过快增长，功莫大焉。计划生育好。有些国家须鼓励生育了——彼国人不愿生育。相比之下，中国人该自豪，他们宁茹辛苦，却无私地奉献于民族。

（庚卷12·2005年4月6日）

※灵犀一典※ 文武之道也（三国人名一） 张松 （张志有 作）

吾庐独破受冻死亦足

题句出杜甫诗《茅屋为秋风所破歌》。得朋友帮制，诗人辛辛苦苦在成都浣花溪畔搭建的茅屋，在风雨交加下，破了，他却心系“安得广厦千万间，大庇天下寒士俱欢颜”，自己“受冻死亦足”。黄穆灿谜友从题文感受到一种精神，用两个“离合字”作题面的谜底，阐释那种精神：舒舍予 他人也；底材断读呈：舒舍/予他人也。老杜那年代有“广厦千万间”吗？没有。“舒舍”还只能是设想；“舒/舍予他人”更无从谈起。如今，确有“广厦千万间”了，空闲的还不少；而且还在继续“开发”着，尤其是“开发”着房价。广大民众盼着多些“舒/舍予他人”的人，但见到的仍是广大民众用辛勤汗水“舒舍/予他人”。

（庚卷 13·2005 年 8 月 6 日）

※谜苑拾萃※ 黄面霜须细瘦身（政治用语一） 虚君实相 （白超谦 作）

高密县为玄特立一乡

左权县、尚志县，县名均以抗日英雄名字命名。乡，故乡、梓里。题文中的“玄”，名儒也。《后汉书·郑玄传》：郑玄乃东汉著名经学家，游学后返高密乡里；孔融敬服郑玄，指令“高密县为玄特立一乡”。我取题句作谜面，底乃人名：郑君里。郑君，作尊称；里，故乡、梓里。郑君里(1911—1969)，早年参加左翼戏剧、电影活动；抗日战争期间主演过多部进步电影；新中国成立前后导演过多部电影，如《一江春水向东流》、《林则徐》、《聂耳》、《枯木逢春》等。“名到没世称才好”（袁枚语），今人却多求“实际”，死后听不到赞颂，有嘛用？但愿在喘气时，让颂歌如雷贯耳。“唱颂歌”者最“精明”，不用“跑、送”，“颂”得更多“实际”，名、利双收。

（庚卷 14·2005 年 4 月 7 日）

※谜苑拾萃※ 一心擢用外戚，吕后定有异心（字一） 憾 （傅华球 作）

陛下草书第二，而正书第三

不仅以善隶书闻名，南朝齐王僧虔人品好，政声佳，卒谥简穆。据《南史·王昙首传附王僧虔》载：齐高帝萧道成与僧虔赛书，写毕问：“我书何如卿？”僧虔答：“臣正书第一，草书第二；陛下草书第二，而正书第三。臣无第三，陛下无第一。” 直言，拙诚可敬。有溢美唯恐不及者，僧虔却每出帝一头。齐高帝登基时，屠戮甚多，但还算是有志帝王，他说：“使我治天下十年，当令黄金与土同价。”惜其在位只四载而驾崩。“学成文武艺，货与帝王家”（无名氏《张协状元》）。帝王贵在识人、任人的雄才大略上，何求与人竞一技之短长？清末张郁庭撷题文作《书经》句“若有一个臣”的谜面。“个”字似梗涩，使“一”字少了数序的“味”。

（庚卷 15·2005 年 4 月 9 日）

※谜苑拾萃※ 过雨看松色（文天祥七言诗句一） 天下苍生应有望 （方龙铭 作）

淄水至，则汝残矣

题句见诸《战国策·齐策三》：“有土偶人与桃梗（桃木偶）相与语。”桃梗诋毁土偶：你西岸之土，人们把你捏成人样，“至岁八月，降雨下，淄水至，则汝残矣”。后面，土偶也奚落了桃梗。济南吉其厚谜家让电影《上甘岭》中歌词“让那河流改变了模样”作谜底。谜人慧黠，让“土偶”变成“改造对象”。“让那河流改变了模样”，抒发着改造大自然的豪情。豪情引发的“壮举”，必须有科研作基础，充分论证其可行性后而施行；否则，“壮举”可能造成大破坏。围湖造田了，却得“退田还湖”。报载：圆明园湖底铺塑防渗被兰州一位教授“叫停”了；又有说，工程仍在施工。提出“铺塑防渗”者，能容忍他的“纪念碑”半途而废吗？让违反科学、破坏生态的“纪念碑”见鬼去吧！

（庚卷 16·2005 年 4 月 6 日）

※灵犀一典※ 淄水至，则辱残矣（物流术语一） 本土物流 （赵首成 作）

是吾俸禄之余，故以为汝粮耳

李白《与韩荆州书》中有“或以清白见赏”句，我径以题文作其谜面，料定必有“别解”雅韵。裴松之在注《三国志·魏书·胡质传》时，引《晋阳秋》：胡威往觐当荆州刺史的父亲胡质；家贫，无车马童仆，威自驱车行。临辞归，“质赐绢一匹，为道路粮。威跪曰：‘大人清白，不审于何得此绢？’质曰：‘是吾俸禄之余，故以为汝粮耳。’” 胡质答话，确是“或以清白见赏”，胡质问语隐示着：非清白不受。父子清慎，传为佳话，后来，俱享封侯。法制在健全着，但挡不住贪官墨吏的快速增长、“享贪福”者的两倍以上的增长。“享贪福”者中，有“问绢”的人吗？他们兴许在以“贪资”为本钱，创造着新的辉煌呢！

（庚卷 17·2005 年 4 月 8 日）

※谜苑拾萃※ 山翁唯喜习池酒（反探骊） 《简单爱》 流行曲 （庄云 作）

庞涓惑于减灶计

摸不清底细，兰州俗话叫“摸不着锅子”。烟袋锅子杆过长，前头的“锅”就摸不着，点烟须劳驾别人乎？兰州谜友邓明为“摸不着锅子”拟谜面如题。题句中的“惑于”、“灶”，已露“摸不着、锅（子）”的迹象，典故的引用，令此谜突显其文化涵包，诱人“解惑”。前典在小说、戏剧中的铺张均据《史记·孙子吴起列传》：魏庞涓攻韩，齐袭魏以救韩，孙膑以减灶计诱涓：原十万灶，次日、第三日递减至五万、三万。庞涓尾随齐师，见灶日减，谓齐兵逃亡过半。此役，庞涓死于马陵道。 “锅子”是摸准了，惜乎那是故以诱人的假象。数月前，兰州开始了“经济普查”。查比不查好，但好不到哪儿去。头儿们比孙膑还“奸”，有“厚黑学”了，“粉饰学”前景极佳；这“点子”免费赠送。 （庚卷 18·2005 年 4 月 9 日）

※灵犀一典※ 料涓必取马陵道（古代数学著作名一） 《孙子算经》 （张志有 作）

大呼于市曰“官今大赦”

“嗡嗡叫”、“招待出牢人”，分见于毛泽东两篇词作，我为其谋面如题，其出《晋书·苻坚载记》：前秦主苻坚与近臣密议后，“坚亲为赦文”；有大苍蝇集之笔端，驱而复至。俄而街上哄传“官今大赦”。坚令严查泄密之原因，“咸言有一小人衣黑衣，大呼于市曰：‘官今大赦。’须臾不见。坚叹曰：‘其向苍蝇乎？’”我附会前典，令谜底达意：苍蝇叫声招呼，等出牢人吧！前谜甚切典实，然乏别解韵味。我复以“坚亲为赦文”缀面，令杜甫《丹青引》句“将军下笔开生面”作底，“开生（存之一）面”，别解得惬意。我不说谎，却拿谜助人圆谎：苍蝇泄密。美国中央情报局的情报，帮助美国人灭了一个国家；其出兵的理由，至今仍“莫须有”，为其提供情报的怕不会是苍蝇吧？ （庚卷 19·2005 年元 4 月 8 日）

※灵犀一典※ 大呼于市曰：“官今大赦”（《诗经》句一） 苍蝇之声 （周问萍 作）

则吾必在汶上矣

司马迁在《史记·仲尼弟子列传》里，肯定了闵损的“孝”和“不仕大夫，不食污君之禄”。《论语·雍也》载：季孙派闵损（字子骞）当费邑的县长，闵损说：设法替我辞掉吧，若再来找我，“则吾必在汶上矣”（我定要逃到汶水以北的齐国）。前述之“逃仕”，当是司马迁认定闵损“不仕大夫”的依据。赵首成先生择题句作谜面，谜底取用保险名词：推定全损——推辞（出仕），定能保全我闵损（的名节）。当官有时候是有损名节的；“不食污君之禄”甚是。历史上不乏高士，不是给官就当的，所谓“良臣择主而仕”。诸葛亮也“愚”，愚在肝脑涂地地去扶“扶不起的阿斗”。李世民有语：“用一君子，则君子皆至；用一小人，则小人竞进。”君子是不屑加入“竞进”者的行列的。 （庚卷 20·2005 年 12 月 28 日）

※灵犀一典※ 则吾必在汶上矣（《易经》句一） 损以远害 （清·曙城 作）

录毕，走送之，不敢稍逾约

书店里的书，更丰富，愈精美，价綦高。“知识就是力量”，“知识”却总被金钱打败。若非每年为书店搞谜事，有两百元购书券，我的书籍的增量将日趋减少。兰州市市级以下的图书馆消失了，配合着“贵族地位”的书价。题文为谜面，底作金融术语“到期还本”的谜，作者是吴仁泰先生。底之“本”变“本钱”为“书本”。此谜揭示宋濂爱读书的佳话，在《送东阳马生序》一文中，宋濂自述：嗜学，家贫，无从有书以读，每借于藏书之家，并笔录之，严冬亦不辍，“录毕，走送之（还本），不敢稍逾约（到期）”。“书中自有黄金屋吗”？倒是“书店就是黄金屋”更确切。书店声讨“一折书”的销售者，说他们“乱行规”；但“一折书”民众欢迎。

（庚卷 21·2005 年 8 月 5 日）

※别具匠心※　神女生涯原是梦（期货术语一）　过夜交易　（郑百川　作）

今学士之文，其能为王丹之缣者几何哉

《叔苴子·外编二》载：王丹吊友人丧，大侠陈遵也去了，礼物丰盛，露出得意之色。王丹谦恭地把一匹细绢放在几上曰：“此丹自出机杼也。”“遵大惭而退。……今学士之文，其能为王丹之缣者几何哉？”题文在说王丹亲手织的“缣”吗？不，旨在晓喻“今学士之文”不似“丹自出机杼”也；那么，用题文作谜面，不是可“反击”出《诗经·巷伯》句“劳人草草”作谜底吗？——劳动别人草拟（文辞）。念了点书，别自以为有什么了不起吧，“百无一用是书生”这话，从某方面看，有其道理；“刘项不读书”般当上帝、王的，不止刘、项两例。腹学、技能卓越者，只是在“打工者”三字前面赢得“高级”二字，灵光的脑袋瓜却能“劳人草草”，劳人……

（庚卷 22·2005 年 4 月 17 日）

※谜苑拾萃※　先父遗篇，彪炳千秋（北京奥运冠军二）　考文垂　史载赫　（周跃建　作）

而今而后，庶几无愧

我文中彰扬文天祥气节的谜已有展示，底是县名二：文山、毕节（可参见本文甲卷 168），今再介绍一谜，俾民族英雄文“文山毕节”前的一段历史光照今世。《宋史·文天祥传》载：天祥（号文山）被俘，关押在元大都三年，任威逼利诱而不降，后被杀于柴市口；临刑殊从容，南向拜而死。妻收其尸，见衣带中有赞曰：“孔曰成仁，孟曰取义，惟其义尽，所以仁至。……而今而后，庶几无愧。”撷题文作面，民国谜人韩光奎措底亦县名二：文山、毕节。倘能昭彰先贤的高风亮节，我将不厌其烦。气节，可贵而难能，尤当珍惜、昭彰，它比我人的四大发明更显珍贵。唯有精神能不朽，而任何物质都不能免于毁亡。贪婪的攫取者，醒悟吧，何贪恶名并促速朽！

（庚卷 23·2005 年 6 月 7 日）

※灵犀一典※　而今而后，庶几无愧（常用词二）　文字　不朽　（张志有　作）

取君上驷与彼中驷，取君中驷与彼下驷

我以题文作面，猜为建材：马赛克；此谜若说“用典”的话，当属“语典”。湖州莫志刚先生亦以题文缀面，拟底以两个体育名词：田赛、马术；此则洵属“事典”谜，因其典落实到了人：田忌。《史记·孙子吴起列传》载：齐田忌与诸公子赌赛马，孙膑见其马不堪匹敌，为其支招儿曰：“今以君之下驷与彼上驷，取君上驷与彼中驷，取君中驷与彼下驷。”赛马结果：田忌一负两胜，赢得千金。田忌不是在赛马，实际上赛的是孙膑教他的“术”。真拿田忌的马和人家上上、中中、下下作对比，恐怕无一胜绩。《狼图腾》一书，开“狼学”、“学狼”之先河。“私利”为主旨的“术”在发扬光大；马之“优”，属物之“质优”，它玩不过“术”。

（庚卷 24·2005 年 6 月 11 日）

※灵犀一典※　取君上驷，与彼中驷（甘肃编演剧目一）　《赛马前后》　（张志有　作）

先吾著鞭耳

《晋书·刘琨传》载:刘琨与亲旧书曰:"吾枕戈待旦,志枭逆虏,常恐祖生先吾著鞭耳。"东晋刘琨与祖逖是好友,年轻时一起练武,传有佳话,后皆成为名将。刘琨之"恐"有道理,祖逖先于刘琨杀敌建功,受到重用。我择题句作面,着猜我国古代科学家英名:祖冲之;谜令祖逖扬鞭策马、勇敢杀敌(冲之)的形象历历在目。刘琨,字越石,文武双全,后来官至大将军、司空,封侯;刘琨虽忠心于晋室,但仍遭谗被害。过去,新干部要经过实习、锻炼等,那确实是培养干部的好措施;我以为还应增加一项措施:"考验"——派其到艰苦、危险的岗位经受更严格的检验。历代的奸佞,其仕途无乃太顺畅乎?

(庚卷 25·2005 年 6 月 1 日)

※灵犀一典※　祖生先我著鞭(三国人一)　　孙逖　(清·孟继坤　作)

君许之,果得一婢

南北朝时流行一故事,后演变成在除夕或元旦祝来年诸事顺遂的习俗。旧题五代后唐·冯贽《云仙杂记·如愿》载:一商人过清湖,每向湖中投礼物;后遇清湖君,问其所需,"商曰:'但乞如愿。'君许之,果得一婢。如愿即其名也。"后来,岁正旦,如愿晚起,商人挞之,如愿走入粪池中不见。今人于正旦,以细绳系绵入投粪扫中,习称"乞如愿"。此故事多见。既悉故事,则吉其厚先生借题文作面,着猜成语"如愿以偿"之谜,迎刃而解矣。得到如愿的商人,后成巨富。每天许愿吧,愿中巨奖,愿抱金娃娃,愿……,但别忘了,商人还辄向清湖君送礼呢,没付出怎能有回报?富了,不仁了,打跑了"如愿",那就啥事不干,年年"乞如愿"吧!

(庚卷 26·2005 年 6 月 1 日)

※灵犀一典※　湖君何由为报(成语一)　　如愿以偿　(吉其厚　作)

何可一日无此君

我在谜坛悬射,以"胸环靶"名之;每靶十题,全中则为中十环。曾以题句缀面,着猜唐诗人连作品名,谜底:王维《竹里馆》;此题应系此靶靶心,余题难度皆小。晋·裴启《语林》:"王子猷(徽之)尝暂寄人空宅住,使令种竹。或问:'暂住何烦尔?'啸咏良久,直指竹曰:'何可一日无此君?'"读前文,君其思之,王(维)系情于竹,馆里能须臾无竹乎?此乃徽之竹癖佳话。文人雅士有"寄情"一说。有寄情于书、画的,有寄情于山水的,有寄情于古玩收集的……寄情,须具物质条件,心系温饱者,无从有那般闲情逸致。少年时锄地,"寄情"于一畦的尽头,得有小憩,怡然自得。有人"寄情"于题字、剪彩,题完此处奔彼处,比艺人赶场还忙。

(庚卷 27·2005 年 6 月 1 日)

※灵犀一典※　何可一日无此君(中药名二)　　使君子　当归身　(张志有　作)

我固疑是老奴

以题句作《西厢记》第一折中"心坎上温存"句之谜面的谜作,被评为"20 世纪百佳谜作"之一,作者乃清人唐景崧。《世说新语·假谲》:温峤从姑刘氏嘱温峤为其女物色佳婿;温峤新丧妇,有自婚意,他佯指他人推荐自己,巧作图谋,娶了表妹;其表妹早就猜出温峤之诡心,交拜礼后笑曰:"我固疑是老奴,果如所卜。"题面语何妨释作:我心(坎)上早装着(存)你温峤了。温峤与表妹年龄相差虽大,但知根知底,倒确是心心相印地百年好合了;她也没违反封建礼教的条条,正经当了"高干夫人"。别张扬那"高干夫人"吧,数千载难逢之特例;但总有人把特例当普遍,尤其见诸电视剧里:玉食、豪宅、锦衣,用极少的外企白领的生活,讽刺大量的平凡的中国人

(庚卷 28·2005 年 8 月 1 日)

※谜苑拾萃※　便面天题字,歌头御赐名(地名三)　　承德　基隆　恩施　(郑天伦　作)

强弩之末，不能穿鲁缟

“强弩之末(极)，力(矢)不能入(穿)鲁缟。”文出《汉书·孔安国传》，《史记·孔安国传》与其不同处，在括弧内标出。青岛文木先生择题句缀面，着猜两位篮球国手：张劲松、莫克。弩之(劲)，仗拉开弩(张)获得，其末(松)，不能穿薄绸也(莫能克)。不妨创作一条歇后语：强弩之末——没劲。弩、弩之力，是物质的，而“没劲”一语中的“劲”，却更多精神的概念。对“物质不灭”，哲学家、物理学家也未必能将其道理说得令人口服心服，不能穿鲁缟的“强弩之末”却是实在的。让我深切感受得到的一些精神，尤其是“邪恶、罪恶”的精神，却顽固得异乎寻常，如侵略。东条英机等十四名甲级战犯，比某些人的祖宗更祖宗。

(庚卷 29·2005 年 6 月 8 日)

※谜苑拾萃※ 立石颂秦德，谁能为此谋(探骊) 美政要 赖斯 (沈玉泉 作)

诚不如两忘

《庄子·大宗师》曰：“与其誉尧而非桀也，不如两忘而化其道。”庄子是让人对尧、桀的是、非与善、恶“两忘”。题句出韩愈诗《读皇甫湜公安园池诗书其后二首》其一，韩愈是以庄子的观点规劝皇甫湜的。权从“大宗师”的哲言，我用《三字经》句“别善恶”阐释“两忘”之旨：别提(尧)善、(桀)恶吧。中国人的“仁、恕”之道，看来是源远流长，庄子的教诲颇深入人心；夏末有名的暴君桀的“恶”都给“忘”却，还有什么“恶”不能宽恕呢？但，姑息从来只会养奸，恶人从不因善者的宽恕而敛其恶迹，却变本加厉。亚洲那个杀人越货的强盗，你免去了它的侵略战争的赔偿，它又何曾报你以德？一个狼性不改的国家，正图谋“入常”；它“入常”是对“正义”的“否决”！

(庚卷 30·2005 年 6 月 6 日)

※谜苑拾萃※ 改革开放三十载(字一) 口 (敖耀寰 作)

毅乃卜日就礼

“柳毅传书”故事上邮票了，还发行有小本票。该故事见唐·李朝威传奇《柳毅传》，故事发生地是我去过不下七次的甘肃陇西；陇西闹市现有“龙女牧羊”雕塑。故事略曰：洞庭龙君之女，遭夫家虐待，幸遇书生柳毅传书信至洞庭湖龙君，龙女获救，幸脱苦海；龙女知恩图报，要嫁给柳毅，毅却顾虑多端；好事多磨，最终应了婚事，“毅乃卜日就礼(择吉举行婚礼)”。清末人刘剑侯为题面句择底乃“为御龙氏”，其出《左传·昭公二十九年》。御龙乃复姓，谜人割裂之，御，取男女交合义。皇帝女儿不愁嫁。龙女尊为公主、神仙者流，却志在报恩，非俗贫书生不嫁，为女子择婚树一榜样。如今，太讲究“实际”了，榜样的“光辉”，会让凡人俗目趋而避之。

(庚卷 31·2005 年 8 月 1 日)

※谜苑拾萃※ 却恨恼人桃杏、不同时(京剧名二) 《气英布》《无双传》 (高桑季 作)

赤条条，来去无牵挂

张哲源先生撷题句作谜面，猜底取佛教名词：真身舍利。题面出清·丘圆剧作《虎囊弹·山门》一折中《寄生草》曲词。舍利，又叫舍利子，即佛骨。“佛既谢世，香木焚尸，灵骨分碎，大小如粒，击之不碎，焚亦不焦……胡言谓之舍利。”(《魏书·释老志》)“真身舍利”更神圣，系指佛祖释迦牟尼真身骨烬之真传。武大被毒死，骨殖是黑的。鲁智深在杭州坐化，其骨殖也不配称“舍利”。凡夫俗子，累以亿计，皮囊、骨灰除累赘后人外，无利可言。信佛吧，真能修得“赤条条，来去无牵挂”多好。可惜，“赤条条”来到世界上，却恨不得金缕玉衣装裹且为其后人赚得无尽资财者却多，他们肯“真身舍利”？法门寺的“舍利”真也好，假也罢，门票却得掏“真金白银”。阿弥陀佛！

(庚卷 32·2005 年 8 月 7 日)

※灵犀一典※ 舍利(聊目二) 《死僧》《尸变》(日本) (杨超然 作)

今吾每饭，意未尝不在巨鹿也

成语“见贤思齐”初见于《论语·里仁》，我觅得题文作其谜面；此谜洵属运典之作。《史记·张释之冯唐列传》：汉文帝闻说贤将李齐战于巨鹿的情景，耿耿于怀道：“今吾每饭，意未尝不在巨鹿也。”文帝见将之贤者，每饭思之；谜以巨鹿代指李齐。能让汉文帝每饭思念，李齐确也荣光，但其名在《中国人名大辞典》中未见。见贤才、贤德思与比齐好，现代口号“学先进，赶先进”与之相类。“超先进”似更雄壮，惜乎只在口头上。现实中，见贤才而思齐者少，比例更大些；见贤德而思齐者少，其比例还呈下降趋势，这是可悲的现实。高考了，先于它已有卖考题答案的。考卷的保管、押运可是比押送现金更缜密呀！但愿卖的答案是假的，更愿它生意萧条以至无人问津。　　（庚卷33·2005年6月7日）

※谜苑拾萃※　家家扶得醉人归（烹饪用语一）　食品回软　（方炳良　作）

画个圈儿替

“圈儿信”有名、有趣，其见清·梁绍壬《两般秋雨庵随笔》卷二：有妓寄信给相好的，通篇无字，唯各种圈，单的、双的、套的、连的；好事者题词信上云：“相思欲寄从何寄，画个圈儿替……整圈儿是团圆，破圈儿是别离……还有那说不尽的相思，把一路圈儿圈到底。”作“圈儿信”者应是文盲，以“圈儿”代文字表感情。陶士正先生借题文作面，措底乃语文名词：难字表——难用文字表抒也。“原版圈儿信”作谜，应叫“符号谜”，猜底不外“圈、环”的；亏得有好事文人“翻译”的“圈儿信”，才让谜坛有此雅而有趣的作谜素材。我也借之作过几则。信笔用“破圈儿是别离”作面，猜一机械原理名词吧：分度圆。画个圈儿替（古机构名）中书省，这是武骝所作。　　（庚卷34·2005年8月7日）

※灵犀一典※　把一路圈儿圈到底（杂志名一）　《图书与情报》　（吴融杭　作）

振　衣

《楚辞·渔父》：“屈原曰：‘吾闻之，新沐者必弹冠，新浴者必振衣。’”作者还说屈原“宁赴湘流，葬于江鱼之腹中，安能以皓皓之白，而蒙世俗之尘埃乎？”振衣，抖掉衣服上的灰尘。明悉了前面的释意，我借题句为面，猜为成语“望尘莫及”之谜可解也。注重个人卫生，哪怕是“洁癖”，都是可以理解的好习惯。把“洁癖”用于“处世”可乎？似不妥。渔父曰“不凝滞于物（要变通）”，“与世推移（随世风之变而变）”，那是教人同流合污，当然是错误的，人当不取。但纷繁的大千世界，不是为极少的“洁癖”者而专有的，洁癖者不能超凡脱俗，远离尘世；不投身尘世，何能影响尘世，进而改造尘世？

（庚卷35·2005年6月17日）

※谜苑拾萃※　振衣（医嘱语一）　服时摇动　（张志有　作）

得霜鹰俊捷，被冻蝇顽钝

唐·张鷟《朝野佥载》卷四：唐武后朝，苏味道与王方庆同是凤阁侍郎，张元一品评二人甚形象，称苏为“九月得霜鹰”，称王为“十月被冻蝇”。“时维鹰扬”，九月秋霜时，鹰方劲捷；十月蝇，顽钝中苟延性命矣。同朝同官职，“摸（模）棱手”苏味道如“鹰扬”；相比之下，王方庆也太惨了点。民初韩光奎用《左传》人名对题句简评曰：王（方庆）孙（通“逊”）苏（味道）。武则天应是挺会用人的人，可“冻蝇”、“摸棱手”同居要位。千余年过去了。唐代的是是非非，谁又能通过“时间隧道”回顾得清清楚楚明明白白？回顾几十年前的“运动”，动作过大，动荡了、动乱了。谁能把数以亿计理智的人播弄于掌上呢？靠“威信”吗？怎么可能呢。　　（庚卷36·2005年8月1日）

※谜苑拾萃※　酒为色之媒（词牌二）　《品令》《花心动》　（闫永胜　作）

大雹倏止崇田畔

拟题句为面，以《诗经·小雅·北山》句“溥(通“普”字)天之下，莫非王土”作底之谜，作者武骝。《龙文鞭影》“止雹王崇”条，应是据《魏书·孝感传》所载拟成。北朝魏人王崇当过小官，名垂青史却因其大孝：母、父相继过世，崇哀毁骨立。时故里风雹肆虐，畜禽暴死，草木尽摧；但风雹至崇田畔立止，禾麦无损；越崇田，风雹仍旧。当地人称因王崇孝行感天乃尔。“莫非王土”别解作：没为害(非)王崇家土地。自然界的偶然现象，附会为王崇“孝感动天”也好，总算善而有报，从而鼓励人心向善。又说了，难道除王崇之外，别的人家都是“恶人”，该遭到“天报应”，当然不是。所以，“天”是分不清善、恶的。

(庚卷 37·2005 年 8 月 29 日)

※灵犀一典※ 止雹王崇(鄂、新地名各一)　　孝感　于田　(张志有　作)

陈　惊　坐

我以“陈惊坐”置面，着猜俗语“一看吓一跳”。陈，说也；“说话”怎么让人“一看吓”得从座位上跳起来呢？下面“分解”。《汉书·游侠传》载：西汉杜陵人陈遵，字孟公，以功封嘉威侯，名极盛；他所到处，人争前迎。当时列侯中，“有与遵同姓字者，每至人门曰‘陈孟公’，坐中莫不震动。既至而非(何尝‘非’也，人家地道是陈孟公)，因号其人为‘陈惊坐’。”何故“坐中震动”？见面后，惊其非“投辖留客”的杜陵人陈遵，可不得“一看吓一跳”。何谓“大跌眼镜”？看到的，大非原预料的好的事物之谓也。计划、规划、宏图，还是实际一些好，不能好高骛远、好大喜功，给人以奢侈的“期望值”，这样，才不致让人“大跌眼镜”。

(庚卷 38·2005 年 8 月 13 日)

※灵犀一典※ 陈惊坐(《四书》人名一)　　孟公绰　(民初·金元善　作)

放下屠刀，立地成佛

宋·释普济《五灯会元·东山觉禅师》和明·彭大翼《山堂肆考》徵集卷一分别提到“飏下屠刀，立地成佛”和“放下屠刀，立便成佛”。上述佛家劝人改恶从善的话，劝人该有千年以上了吧，看来收效不大。作恶的人悔改了的有，但没有好人变坏了的数量多。防、管、教坏人的人在逐年增多，有作用吗，别是还起着反作用？劝人向善的愿望不应泯灭，举措仍须大力加强。吉其厚先生作一谜，旨在“劝人向善”；题文作面，底乃宋词人名带字：刘过，改之。刘：杀人。过，过失吗？显然不妥，当作罪过解。杀人者放下屠刀，立便成佛，就如出典处所说，在涅槃(死)后，也太过容易和“理想化”，但毕竟愿望是好的，比一些诲淫诲盗的影视剧好过亿万倍！

(庚卷39·2005年8月7日)

※灵犀一典※ 放下屠刀，立地成佛(词汇二)　　杀戒　出神　(张志有　作)

钝　如　槌

人的性格木讷，显得迟钝笨拙，如果不是智商低甚或“脑子有问题”者，就属“老实人”了，人称“老实疙瘩”，陕西人揶揄之：“三棍子打不出个屁来！”我为“老实疙瘩”谋以谜面：钝如槌。《晋书·祖纳传》载：祖纳对梅陶和钟雅说：你们南方人“利如锥”；我是北方人，“钝如槌”。我这钝槌，可以敲断你们的利锥。祖语不无道理。总的看，南方人机敏，北方人拙钝；过于机敏的“利”，不“易折”乎？“钝如槌”也就认了，我还“处世钝如槌”(李商隐诗句)，这就注定了在这处处角逐功名利禄的世界上，成为活得“窝囊”的那一部分人。愿世之能人，到高层去争名竞利吧，给“老实疙瘩”留下一隅生存空间。

(庚卷 40·2005 年 8 月 13 日)

※触典旁通※ 处世钝如槌(外国文学名著二)　　《在人间》《白痴》　(张志有　作)

迨如常入直，遂潜于里门

武则天篡唐称帝，国号周，骆宾王以“伪临朝武氏者”句写之入《为徐敬业讨武曌檄》。当代已故谜家庄容川撷题文作“伪临朝武氏者”句之谜面，其出唐·皇甫枚《三水小牍·飞烟传》：武公业之爱妾步飞烟与邻居青年赵象私通，每当公业值班时，二人即相聚于后园。飞烟待女奴刻薄，女奴揭发之；武公业谋之：“迨夜，如常入直，遂潜于里门”，捉了个正着。谜人是这样“翻译”题句的：假装（伪）临朝（当值）武氏者——（公业）其人。一个女奴坏了步、赵的好事。谁让你步飞烟待下人苛刻呢？人本平等，你不平等待人，又怎会料到在某个细微末节上，人亦不平等待你呢？我总在描绘“理想世界”，只是不愿世界离“理想”越来越远。（庚卷41·2005年8月1日）

※谜苑拾萃※ 未见圣上泪双流（演员名一） 汪洋 （新加坡 黄玉兰 作）

五经腹笥自纷纶

东汉边韶，字孝先，以文章口辩之才佳而知名，学生数百；昼假寐，学生私嘲之曰：“边孝先，腹便便。懒读书，但欲眠。”边潜闻即对：“边为姓，孝为字。腹便便，五经笥。但欲眠，思经事。寐与周公通梦，静与孔子同意。师而可嘲，出何典记？”嘲者大惭。见《汉书·文苑传上·边韶》。涉及知识、学问的两个新词曰：边缘学科、知识载体。六安赵首成先生为前两条新词谋以清·查慎行《题同年詹允绳小照》中诗句作谜面。纷纶，壮腹笥之广博龙杂貌也。边韶腹便便，满装五经学识也。生活水平提高，腹便便者增多了，知识的增长是否与“腹便便”成正比？学以致用，最终得用在为广大人民生活质量的提高上。“一语不能践，万卷徒空虚”（林鸿《饮酒》）。（庚卷42·2005年8月19日）

※灵犀一典※ 孝先腹笥（《论语》句一） 便便言 （清·章祖泰 作）

尸 谏

明·王世贞《鸣凤记·写本》：“古人自以不能进贤、退不肖，既死犹以尸谏。”“古人尸谏”当指史鱼。《韩诗外传》卷七：春秋时，卫国史鱼死前对儿子说，我“生不能进贤退不肖”，死后莫要在正堂治丧，只该停尸在房里，此即“尸谏”。史鱼说的贤才是蘧伯玉，不肖指弥子瑕。国君接受了“尸谏”，逐弥纳蘧。尸谏（刊名一）底：《故事大王》。此谜乃已作。事，做事，从事。各行各业，各职其事；各级政府，各主其事。封建王朝，官员们都是给皇上办事的，讲究“忠君”；中央一级当“谏议”的官，干的是指出皇上不足、规劝其过失的“事”，这事最难办。史鱼“贼”，临死了，来了个“尸谏”，落得个好名声。历史上更多“谏”而死的官，知必死而进“谏”的人，更令人钦敬。（庚卷43·2005年8月13日）

※灵犀一典※ 尸谏（五字口语一） 把话说死了 （张志有 作）

其嬉戏乃设俎豆，揖让进退

刘向《列女传·母仪·邹孟轲母》载：为了找个好的居住环境，利于儿子健康成长，“孟母三迁”；第三次迁到学宫旁，儿子“其嬉戏乃设俎豆，揖让进退。孟母曰：‘真可以居吾子矣。’”俎、豆，均为祭祀时供奉食品的礼器。“揖让进退”是儒家不可不学的礼节。环境好，孟子终成大儒、“亚圣”。湖州莫志刚先生择题句作教育术语“开学典礼”的谜面。面句令底材别释作：开始学习典范的儒家礼仪。典礼越来越隆重、盛大了。楼盘开售、村企开工也像三峡工程奠基似的，搞剪彩。开学典礼倒是简化了，学费却“盛大”得连小康人家都承担不起。教育质量提高了吗？最“提高”的是对中小学生的摧残程度！

（庚卷44·2005年8月14日）

※谜苑拾萃※ 望不到二圣来，痛哀哉（中医术语一） 下焦主出 （胡根宇 作）

婿郑镒连升四级

“泰山”何时成为岳父的代称呢？唐代。唐·段成式《酉阳杂俎·语资》载：唐玄宗祭泰山，依例，位三公者可升一级，此事由张说主持。郑镒是小官，无资格晋升，但却升了四级；玄宗查问此事，有人答曰：这是泰山的力量。原来，镒的岳父是张说。拟题句作谜面，我令以离合字答底：仗丈人。泰山之代称妻父，又一说法：泰山有丈人峰。“仗丈人”得好处，不好听，还会留下话柄，也太“小儿科”。如今的狗苟蝇营多了去，何尝让你找出“家营企业”的“荐儿”来？但就某“官宦人家”调查，肯定都“荣”，也不一定非得以“翁婿”关系“共荣”，“是我的人”，“不是我的人”界线明确；“我的人”有时亲过亲儿子、亲老子。

（庚卷 45·2005 年 8 月 14 日）

※谜苑拾萃※ 人体彩绘（《聊斋志异》篇目一） 《画皮》 （周耀坤 作）

卧榻之侧，岂容他人鼾睡

题句有名，隐约在《聊斋志异·婴宁》里还看过“我不惯与生人睡”的话。前两处语，似说日常生活，实则微言大义：清君侧。宋太祖赵匡胤要灭南唐，李煜异想天开地派徐铉使宋，乞求苟活，铉啰嗦了半天，赵匡胤斥曰：“不须多言，江南亦何罪？但天下一家，卧榻之侧，岂容他人鼾睡耶！”见宋·岳珂《桯史·徐铉入聘》。钱燕林先生撷题文作面，以“宋清、李云”二泊人名为谜底。题句可不就是大宋清除李唐小朝廷的话（云）！李煜幼稚得可以。他若能宵衣旰食、励精图治的话，何至偏安到江南一隅，何以能让赵匡胤成了气候？既不能让自己的子民活得舒心、有盼头，竟厚着脸苟且乞活。庆幸吧，赵匡胤算是客气的。

（庚卷 46·2005 年 8 月 4 日）

※灵犀一典※ 卧榻之侧，岂容他人鼾睡（《易经》句一） 非所困而困焉 （选自古谜）

薏苡兴谤

陆滋源先生谜作：薏苡兴谤（京剧名）《马前泼水》。谜底的“泼水”，不指“覆水难收”之喻婚姻不可挽回，而是指给人泼脏水、谤毁其名誉；被“泼脏水”者是马援。草本植物薏苡，子粒名苡仁，可食，并作药用。马援征交阯时，见薏苡粒硕大，遂带籽种一车回北方。马援死后，人以马援带回明珠和犀角谮之。此见《后汉书·马援传》。给人“泼脏水”行诋毁者，皆系小人。马援征南功树铜柱荣归之际，群小缄口；马援死，谮书始进。真敢当着马援面，指责其掠回珍珠者，虽失之“眼拙”，却非“小人”，甚至可以说是铮友、直臣。理直的人推崇“君子动口不动手”，小人有时也“动口不动手”，只是他“动口”，常背着人。

（庚卷 47·2005 年 8 月 12 日）

※别具匠心※ 交趾平，铜柱立（成语一） 马到成功 （泰国·林仲杰 作）

只得邮亭一夜眠

应该承认这是进步：离婚率高了，婚姻“质量”高了；随之，金婚、银婚、铜婚等等的“对数”在递减：何必凑合着过呢？当然了，“一夜情”、“露水夫妻”等婚外情也在突增。我为“露水夫妻”一词谋面如题。释文莹《玉壶清话》等载：宋初，翰林学士陶谷出使南唐，说其归降，韩熙载接待之；熙载窥知陶谷非正人君子。遂遣歌妓秦弱兰诈为驿卒女侍之，谷与通，并以《风光好》词赠之：“好姻缘，恶姻缘，只得邮亭一夜眠，别神仙。……”后来，劝降事竟未启齿。陶、秦做了一夜“露水夫妻”于驿亭。陶谷“别神仙，待得鸾胶续断弦”，“质量”看来不错，上命却置诸脑后。邮亭没了，鳞次栉比的“吧”取代之，成全着“权贵”们的小事，坏了无数大事。

（庚卷 48·2005 年 8 月 14 日）

※灵犀一典※ 只得邮亭一夜眠（《左传·文公十二》句一） 秦不能久 （清末·张起南 作）

州亦难添，诗亦难改

赵首成先生撷题文作谜面，谜底取常言：四十而不惑。不明典故，谜难“不惑”。宋·尤袤《全唐诗话》卷六：唐诗僧贯休，俗姓姜，字德隐。钱镠自称吴越国王，贯休以诗谒之，诗中有句赞镠“一剑霜寒十四州”，这是说镠以军功得官，辖十四州地。钱镠令休改“十四州”为“四十州”，乃可相见。贯休拒绝之：“州亦难添，诗亦难改。”面之典限底材别义作：贯休不为诱惑而改四十州。贯休未受“诱惑”，“全节”了？可他何曾“不受尘埃半点侵”？皈依佛门了，还心系凡尘，以诗投吴越王钱镠，追求什么呢？心如止水，淡然处世，不在于作“隐士”或“入佛门”。心骛利禄，即使披上隐士外衣或释者袈裟，也难免狗苟蝇营。少林寺只有一座，少林武术学校却多了去了。（庚卷 49·2005 年 9 月 2 日）

※灵犀一典※ 州亦难添，诗亦难改（佛教术语二） 合十 四天下 （任焕长 作）

张公吃酒李公醉

武则天当权时，李氏唐朝只有皇族的虚名；武氏所倚重者乃张易之、张宗昌，民间歌谣传“张公吃酒李公醉”，暗喻着李氏之虚名将回归实际。此见唐代张鷟《朝野佥载》卷一。张公只有“代人”吃酒的名；现实中的“X公”可就要代人受过抑或“顶罪”了。我以题句之民谚作谜面，着猜剧目《春香传》。酒（春）之香将从“张公”名下，“传”到李公嘴里。房地产开发快“热昏”了，热而近昏者，必有暴利驱使。迅速暴利首选行业：开发房地产；当前目标：旧城改造。旧城居民穷者多，无财力承受“改造”，要让他们“入彀”，就得“官商结合”；有些地方政府当了房地产商的“伥鬼”，冠冕堂皇地帮着欺压百姓，分取民脂民膏。（庚卷 50·2005 年 8 月 14 日）

※谜苑拾萃※ 臣侍汤药，未尝废离（五代名人一） 李存孝 （李培镇 作）

吾今日压倒老生矣

明·宋濂《秦士录》介绍一“秦士”，其名邓弼，力綦大，十人难举之石鼓，他能持而行。一日，酒楼遇萧、冯两书生，强其与己共饮，彼不从，出刀胁之，言曰：“弼亦粗知书……四库书从君问，即不能答，当血是刃。”两生摘七经数十义扣之，弼历举传疏，不遗一言。复询三千年史，倾如吐珠；弼索酒披发跳叫曰：“吾今日压倒老生矣。”以题文作谜面，令猜当代闻人邓颖超，释为邓之聪颖超人明矣；作此谜者，泰国卢一雄先生也。茫茫人海中，邓弼为秦人长了脸，仅此而已。力能伏斗牛，腹藏书万卷，没机遇治国平天下吧，当个“活字典”，任人咨询，亦可稍献绵薄；却不能，只得借着酒劲，强行在两个老儒跟前显摆。能人太多，你“能”，当发挥到实处，别“臭显摆”。（庚卷 51·2005 年 8 月 4 日）

※触典旁通※ 吾今日压倒老生矣（成语一） 后来居上 （张志有 作）

富贵必从勤学得，男儿须读五车书

题句出杜甫诗《柏学士茅屋》，青岛闻春桂君用其作面，撷陆游诗题《成都大阅》作底，为缔谜缘。“大阅”本指“阅兵”，谜家令其“阅书”；地名成都在“成”字后读断，谓“成功”皆（都）由博览群书（大阅）。《庄子·天下》：“惠施多方，其书五车。”“车”这计量单位太宽泛，也就没准头了；看来，若读了书不会用，书读得再多也没用。再说了，“富贵”是“从勤学得”到的吗？今天的“富贵”者，有几成是从“勤学得”来的呢？“实践是检验真理的唯一标准”，用“标准、检验”“成/都（由）大阅”，是站不住的。“厚黑”是一门什么学问呢？被趋之若鹜，直如“成都大阅”？“富贵必从勤学得，男儿须读五车书”有用吗？学“厚黑”足矣。（庚卷 52·2005 年 8 月）

※谜苑拾萃※ 以心相许欢情在（字一） 兑 （吴添生 作）

青蚨飞去复飞来

记得古谜有以题句作面，猜底乃中药“旋覆花”的。愚以为，此谜宜加“回文格”，即底材顺读、复倒读使与面义吻合更切。青蚨，虫名。晋·干宝《搜神记》载：“形似蝉而稍大……以母（指青蚨母）血涂钱八十一文，以子血涂钱八十一文，每市物，或先用母钱，或先用子钱，皆复飞归，轮转无已。”后来，称钱亦曰：青蚨。此谜谜底之“旋覆花”，花，取花钱义；旋，用其返回义。底义可呈：返回了又花，花出去了复返回。还有清人用同面，底取《左传》句“遂为母子如初”。今有“能人”，享受着“旋复花、花复旋”的潇洒，更多民众则仍旧“量入为出”，“一个钱恨不得掰成两半花”；还有的人看似潇洒，靠“贷款”过日子，是被银行缚住的“打工者”。

（庚卷 53·2005 年 9 月 9 日）

※灵犀一典※ 或先用母钱，或先用子钱，皆复飞归（财务术语一） 资金周转 （志有 作）

引自《闻奇录·画工》

我拟题句成谜面，猜作摄影名词：写真集，借以介绍一个故事。《太平广记》卷二百八十六引《闻奇录·画工》：唐进士赵颜，得一幅美人画，画工对他说：画上美人名真真，连呼之，累百天即应；再以百家彩灰酒喂之，能活。赵颜虔诚地依画工嘱为之，真真活了，当了赵颜的妻子，生一子。人告真真乃妖，予剑杀之，真真入画了，画里也多了一个孩子。电影《画中人》与此故事近似。权当“画中人”故事是真的吧。你赵颜虔诚地活之、爱之、朝夕相伴的妻子，她是处心积虑地害你的妖孽吗？你不顾事实却相信他人毫无根据的话，那么，“妖”究竟是谁？“人妖颠倒是非淆，对敌慈悲对友刁”，世界上偏有这等人，这般地让世界不平淡？

（庚卷 54·2005 年 8 月 15 日）

※谜苑拾萃※ 君行逾十年，孤妾常独栖（反探骊） 公分 长度单位 （李培镇 作）

疑惑樽中弩

没想到，一些为人熟知的成语典故，在我的文中漏予介绍。题句出杜甫诗中，采用的是“杯弓蛇影”典故。《晋书·乐广传》：乐广宴客，壁上弓影照一客杯中，似蛇。饮后，此客因疑蛇而病。后来，乐广再请病客坐原位饮酒，点明杯中蛇影之由来，客病去。以题句缀面，多人措以金融名词“蛇形浮动”为谜底，我亦其中一人。此故事尚有其他版本。“疑惑樽中弩”事亦可疑，此事虽有出自乐广、杜宣两说，我疑并未稍释，但其作为含隐喻意的故事，尚多教益。“疑心生暗鬼”，“心病还得心药医”，食五谷所生百病，应比“心病”好治多了。为人坦诚，循规蹈矩，“心底无私天地宽”，“心病”则远遁；反之，总在担惊受怕，虽“神医”何用？

（庚卷 55·2005 年 8 月 12 日）

※灵犀一典※ 思惟良久，顾见悬弩，必是也（京剧名二） 《白蛇传》《铁弓缘》 （田守文 作）

放龟人得白龟救

一故事叫“毛宝放龟”。其实，故事主角是毛宝部下一士卒，传说却入《晋书·毛宝传》：晋代豫州刺史毛宝部一军人，买一小白龟，养大后放生江中。后，战事发生，毛宝部溃逃堕（沉）入江；唯放龟军人得大龟托起，送到彼岸（既济），没被淹死。前简述中圆括弧内，有我拟题句作谜面的谜底，唐人：沈（通“沉”）既济。“人之初，性本善”，我苟同此语。历代都有恶人，但于今为多，这验证着《三字经》开篇那两句话。起码，过去还有劝人向善的说教，有处心积虑编的似“毛宝放龟”般“善有善报”的故事，还有“仁、义、礼、信”的谆谆教诲。如今呢？教人把“孙子兵法”用于人际、商务；还有多本“厚黑”论著，何谓“厚黑”？不会是脸皮须厚，心要黑吧？

（庚卷 56·2005 年 8 月 15 日）

※谜苑拾萃※ 被掌嘴后哑无言（医疗术语一） 打封闭 （孙耀 作）

截肉未尝不方

“知子莫若母”,又“知母莫若子”,方见这母子俩亲情至深。但“知母莫若子”,毕竟鲜见,一汉人乃鲜能一见中的一位。《后汉书·独行传·陆续》载:陆续因事系狱,其母自吴地赶至京城洛阳探视,未得见;母做食由狱吏传进。续见食泣:“母来不得相见。”狱吏奇其何以知母至,续答:“母尝截肉,未尝不方,断葱以寸为度,是以知之。”前事细微小节也,庄容川先生留心及之,措题文作中药“续/断知母”之谜面;断,据截肉、切葱度知也。有学校做过调查,学生甚少知道其父母的生日。某大学布置,让学生在假期为父母洗一次脚。对父母而言,何尝要求子女记着自己的生日、给自己洗脚,子女的一切,就是他们的所有!

(庚卷57·2005年8月4日)

※谜苑拾萃※ 后不见来者,独怆然而泣下(明代人名一) 戚继光 (吴贤芳 作)

还带曾消纵理纹

《醒世恒言》第十八卷“演义”了一个故事,题句即出卷首诗中,晋江伍耿怀君借作谜面,措底以成语:度德量力。入谜,度落实到人:裴度。裴度微时,家贫如洗,遇相士相其貌曰:“足下媵蛇纵理纹入口……必致饿死沟渠。”某日游香山寺,裴度捡到一条宝带,虽贫不私带,站原地直等到还带原主。过了几天,又遇前相士,惊其阴德纹大见,谓其必做过好事,预言度“定当位极人臣,寿登耄耋……裴度的后来,果如相士预言。真能“善有善报,恶有恶报”该多好。度德量力,阿妨解作:裴度人格准则(德量)的魅力?死刑的威慑,不能让犯罪稍减,那么,理想境界的实现,得靠人、众人、多数人真善美的人格魅力!

(庚卷58·2005年8月10日)

※谜苑拾萃※ 门前迟行迹(成语一) 不足之处 (谢礼让 作)

杵臼之交

东汉时,儒生公沙穆外出游学,因缺旅资,佣工到经学家吴祐府,为舂米。吴祐与谈,惊其谈吐不俗,结为朋友。舂米最重要的工具是杵和臼,后遂称吴、公沙之友情为“杵臼交”、“杵臼之交”。见《后汉书·吴祐传》。杵、臼和米有分不开的因缘,由是,我用宋代名画家之名作题句之谜底,“米友仁”不亦宜乎?一贵一贫的“杵臼之交”,在“贵易交”一语的左右下,会发生何种演变呢?原已尊贵的吴祐一方大概不会有什么问题吧,看来,公沙穆要经受考验了。历史改变了很多很多,但愿改变带来的是进步,而不是相反。羊左交,杵臼交,范张鸡黍交,留下的是让人心羡的回忆,现实中的人际交往却更多势利的元素和色彩。

(庚卷59·2005年8月16日)

※谜苑拾萃※ 囊橐萧萧两袖寒(网球运动员名一) 郑洁 (邓德源 作)

作茧自缚

蚕吐丝作茧,把自己缠包在了里面。哲人观察生活,总结出成语作茧自缚;虽无寓言那样深邃的隐喻,却阐述了朴素的事理。白居易诗句有“蚕茧自缠萦”;宋·释道原《景德传灯录·十四科头》载:“声闻执法坐神,如蚕吐丝自缚。”答应完成某事很痛快甚有把握会说“包在我身上”,黄穆灿先生为此口语谋设谜面:作茧自缚。此成语常喻:做事希望于己有利,结果反而吃亏受累;还比喻自己束缚自己。前两喻均诋毁着蚕的无私奉献精神。奉献就难免有舍去,有牺牲,事先考虑“双赢”,那不叫“无私奉献”。“包在我身上”听起来雄壮,但愿不是毫无把握的“牛皮”。对经常承诺“包在我身上”的人,可别轻信。

(庚卷60·2005年8月17日)

※谜苑拾萃※ 嫦娥应悔偷灵药(计费用语一) 上月清单 (飘零叶 作)

笼鹅而归

笼鹅而归(古籍二):《书经》、《易》。此谜乃拙作;谜底别解义作:书写经卷,换得——“易”得什么呢?由谜面上知“笼鹅”。东晋大书法家王羲之很爱鹅。见山阴一道士群鹅,欲购;道士说,你替我写一部《道德经》(一说是《黄庭经》),送鹅给你。羲之很快写完经卷,“笼鹅而归”。见《晋书·王羲之传》。李白诗《王右军》中,“书罢笼鹅去,何曾别主人?”用此典,直奔主题:一手交经卷,一手笼鹅归,一句客套话都没有,名士潇洒若此。灯谜这小巧的文艺品种,讲究小巧玲珑;有时,“主角”被省却到文字背后;此谜的“主角”,由面材应声而出。前几年的“仿词谜”淡出了,其弊端是显而易见的;若未及时刹车,还不开到小小说的方阵里去?

(庚卷 61·2005 年 8 月 18 日)

※谜苑拾萃※ 唯使君与操耳(春晚演唱组合名一) 英伦组合 (王子安 作)

曰乾德四年铸,臣下无一喻者

“宰相必用读书人,舍窦可象谁当鼎轴”,句出《幼学故事琼林·文臣》。何高抬窦可象如斯?从《宋史》悉:宋太祖朝,一宫人有镜,铭文曰“乾德四年铸”,臣下无一喻者,唯窦仪(字可象)有识具,曰:“此宫人必蜀女也,蜀王有乾德年号。”太祖叹曰:“宰相必用读书人。”题面两句话隐喻义作:不知明镜之底里;再将前解简化成五唐一句,非“不知明镜里”莫属(李白《秋浦歌·十二》)。为面、底联姻者,乃清末民初弘扬“北派”居功至伟的前辈谜家张郁庭。博闻强识固好,若只因识得一面镜的底里,就配作宰辅,无乃荒唐乎?如是,高俅凭一脚好球当上太尉,也就不算出格了。若窦仪是“瞎猫碰上只死耗子”呢?现实中,末技而“长”者毕竟存在。

(庚卷 62·2005 年 8 月 10 日)

※灵犀一典※ 宰相必用读书人(二字词汇二) 识鉴 成长 (张志有 作)

蚂蚁啃骨头

题句说的是当代“典故”。在我国机械制造业(应该还有其他行业)起步阶段,没有大型设备,加工大的零件(“骨头”),是由一群小设备围着巨大零件加工的,如钻、镗、磨等等,那群小设备就如“蚂蚁”。这反映我国工人阶级智慧、创造力,这么形象生动的“蚂蚁啃骨头”,“啃”出了今天制造业的辉煌。梁德林君为题句配一市招作谜底:大众小吃;底材读如:大/众小吃。此作应属“新典故”谜中之翘楚者。韩愈《调张籍》句曰“蚍蜉撼大树,可笑不自量”,短期、从表象看,是那样的;从本质上看,其言谬也。“蚂蚁啃骨头”关键在人控制,若听任蚂蚁随便“啃”,那叫破坏。“千丈之堤,以蝼蚁之穴溃”,诚不谬也。

(庚卷 63·2005 年 8 月 19 日)

※触典旁通※ 好像蚂蚁啃骨头(词汇一) 蚕食 (张志有 作)

我留安豹隐

“我留安豹隐,君去学鹏抟”是骆宾王诗《秋日送侯四得弹字》中句,我择前一句作谜面,着猜韩愈《原道》句:害至而为之备。骆氏安于隐居是假,否则,后来怎么加入了反武曌的行列,不知所终?汉·刘向《列女传·贤明传·陶答子妻》载:南山玄豹爱惜皮毛,逢雾雨则潜伏不出。陶答子妻以玄豹雾隐作喻,旨在劝夫藏身远害。范蠡助越灭吴之后,作“豹隐”了,隐在自己国家的风景胜地。有的人一生不曾辉煌过,始终布衣疏食,甘于平淡的生活。有的人皈依佛门,追求无欲的境界。世界上偏就有一些人让“藏身远害”者遭受惨害。别天真地做“豹隐”吧,60 年前持东洋刀“远害”人者,仍在磨刀霍霍。

(庚卷 64·2005 年 8 月 26 日)

※灵犀一典※ 不听玄豹雾隐之言(《四书》句一) 于答是也 (清·金丽源 作)

变作那望夫山

望夫山、望夫石之典多见,《舆地志》、《水经注》有载。在南朝,宋·刘义庆《幽明录》记如:"武昌阳新县北山,……传云:昔有贞妇,其夫从役,远赴国难,妇携弱子饯送此山,立望而死,形化为石。"思妇望夫,多传佳话,"山"、"石"之外,还传有"望夫台"、"望夫云"等。自然地貌,千姿百态,无奇不有,当然会有如妇人伫立成祈盼形态者,遂衍化成一个个美好的传说。兰州安宁区一山沟,地貌诡异,人为美名曰"天斧沙宫",已成为兰州可资炫耀的旅游景观。潮州郑百川先生据典选以题文作谜面,以生物学名词"活化石"为谜底。石林景瑰奇,云海态诡异,凭你意飞神驰地去联想吧。"医保"兑现不了,一定有"石、云"形态,酷肖"望医石"!

(庚卷 65·2005 年 8 月 19 日)

※谜苑拾萃※ 杯行到手莫留残(港产电影名一) 《至尊无赖》 (文木 作)

妾主岂可与同坐哉

唐·李瀚《蒙求》,拟四字句罗列典故甚多,"袁盎却坐"乃其一。其记:汉文帝游上林苑,与皇后、慎夫人同席,中郎将袁盎引慎夫人入别席,慎夫人与皇上俱怒。袁盎讲道理曰:"臣闻尊卑有序则上下和。……慎夫人乃妾,妾主岂可与同坐哉!"感此,慎夫人赠盎五十金示谢。前见《史记·袁盎列传》。我以题句置谜面,猜底取新词语:拨乱反正。尊卑应有序,嫡庶当有别,妃子入皇上席,属"乱"。袁盎也太"卫道"了,那可是在游玩场合,又不是在"办公"时呀?仔细想,还是我幼稚,对官场规矩的"知识"太贫乏。前几天,兰州来了个"大人物",他所能见到的人、听到的话,都是事先周密安排好的。警察满街,不是防行刺,在防普通民众与"大人物"靠近!

(庚卷 66·2005 年 8 月 26 日)

※谜苑拾萃※ 曲水流觞(《诗经·伐檀》句一) 置之河之干兮 (秦晓春 作)

画饼充饥

题面那成语不是出自寓言,无深刻的哲理,然形象生动,其喻义晓畅易懂。《三国志·魏书·卢毓传》载:"选举莫取有名,名如画地作饼,不可啖(吃,音 dàn)也。"前语到宋·李清照《打马赋》中始定型为"画饼充饥,亦寓踔腾之志"。"说梅止渴"确有一时之效,画饼能止饥肠辘辘吗?实不能,安慰而已。清《龙山社谜》中一谜以题句作面,底句取自《西厢记》:要看个十分饱。毕竟是文字游戏,不唯充饥,且令"十分饱"——看看而已。陕西人也幽默,形容吝啬者:给人比划个饼都嫌大。"选举莫取名",有名无实者是"画地作饼";他们的"名"是夸夸其谈博得的"虚名",让他干实事,事事无成;让他们"画地作饼",也是不能的;他们的饼,用嘴"忽悠",不厌其大!

(庚卷 67·2005 年 8 月 12 日)

※灵犀一典※ 画饼充饥(《四书》句一) 未尝饱也 (清·慵庵散客 作)

子牙问其详细:"武王怎不见出阵来"

题文出自神话小说《封神演义》第四十九回。其时,子牙(名尚)率众欲破商纣方之"红沙阵";燃灯进言,须"福人"破恶阵,遂有武王(名发)破阵之行;不料陷入阵内,乃有题文之语。六安赵首成谜家,择以题文作谜面,措置之谜底甚"前卫",是为:时尚盘发。不悉小说情节,仅凭面句所示之"充要条件",此"谜阵"亦不难破;盖因此作之面句选择,甚见作者匠心,字义关合、语吻蕴机均恰到好处;而一谜中踏实故事里两位"主人公"大名之作,在浩浩谜海中,我所见者屈指可数。岂止发型时尚,衣、食、住、行、玩都有时尚。贫、富差别表现为"时尚"与否。时尚是富者的专利,富者引导着时尚的潮流;广大的民众则保留着上世纪的"光荣传统",或捡拾着富者遗弃了的"时尚"。

(庚卷 68·2005 年 12 月 28 日)

※触典旁通※ 姜尚初娶(动物名带量) 马一匹 (张志有 作)

掣　肘

对词的喻义以“写实”，是灯谜手法之一。“掣肘”多作喻义，我以之为谜面，着猜道德建设术语：手拉手。《吕氏春秋·具备》载：春秋时，鲁国宓子贱到澶父做官，他担心国君信谗，使自己政令难以施行，上任前要求鲁君派其亲信同往。任上，他让那两个亲信书写公文，却故“掣肘(拉胳膊)”，让他们写不成。亲信将此事信告鲁君，国君明白宓子贱的喻意：毋掣我肘。“手拉手”是联谊互助共求进步的活动，掣肘属阻碍社会进步的消极行为。从谜的角度看，面、底要求“反差”大。从社会进步的角度要求，掣肘须绝迹，“手拉手”应发扬。你是“头”吗？你能集思广益、博采众长吗？或者你是“能人”，是否处处牵制着属下，把他们当成“提线木偶”？

(庚卷 69·2005 年 8 月 22 日)

※谜苑拾萃※　导游(成语一)　　引人入胜　(张志有　作)

裴楷俊朗有识具，正此是其识具

《世说新语·巧艺·九》载：顾恺之画裴楷像，在颊上添三毛。问故，顾曰：“裴楷俊朗有识具，正此是其识具。看画者寻之，定觉益三毛如有神明，殊胜未安时。”“正此是其识具”指“三毛”；“俊朗”、“神明”见气度之“派神”。莫志刚先生以兰州上市股票名“三毛派神”作题文之谜底，谜匠之“神”堪比“画匠”之“神”。兰州“三毛厂”远不如“一毛厂”名气大，但“一毛”破产了，原厂址变成了房地产商的摇钱树。“三毛厂”大概得有“包装大师”的精心“加工”吧，“派神”了。熟知股票上市“猫腻”者告诉我：一支股票上市，最少也得千万元用于“打点”。“派神”的颊上不知添了多少根毛，但也和中国的多数上市公司步伐一致：不出三年准亏损！

(庚卷 70·2005 年 9 月 5 日)

※谜苑拾萃※　颊上添毫(字一)　　面　(周问萍　作)

其令闻，敕吏常给焉

闵贡，字仲叔，东汉太原人，世称节士。晋·皇甫谧《高士传》载：闵贡贫居安邑，吃不起肉，只能每日买猪肝一片，屠者恶之。“其令闻，敕吏常给焉。”闵贡悉此情，叹曰：“闵仲叔岂以口腹累安邑邪？”迁往沛地，后以寿终。我择题句为面，措底以动词：进贡——供给闵贡也。得查查闵贡“档案”，看他“高”在何处了。果系大学问家，课徒收银，于己于人皆有益。学以致用，闵贡只学不用，学以自娱，学而只图赝得“高”名，实不可取。今人“实际”得多，哪怕只是“半瓶子醋”，也要摇得咣当山响，也要将其酸味发挥到极致，拉大旗召生徒于门下，“熏陶”他们一番。一员工，技校文化程度，多日不见，办起了“速算”培训班。

(庚卷 71·2005 年 8 月 23 日)

※灵犀一典※　闵仲叔岂以口腹累县邑邪(河北县名一)　　迁安　(张志有　作)

曲有误，周郎顾

故事出自《三国志·吴志·周瑜传》。吴将周瑜，读者当自《三国演义》中知悉，他是英俊的吴国都督，只是心眼小了点，病、气而夭。其实，周瑜多才，少时即精通音乐，指挥千军万马后，“音乐细胞”不减，乐曲的谬误，会关顾之，给予纠正；时人编歌谣曰“曲有误，周郎顾”。择题句作谜面，找来《礼记》句“瑜不掩瑕”作谜底的人，是民初谜家张郁庭。瑜的光彩不能掩去玉上的疵点，别义成：周瑜不掩饰乐曲之瑕疵(谬误)。面句中，“曲”是主角，入谜后，“曲”不见了。灯谜这玩意儿，往往把“主角”都“玩”丢了，却还让猜者愉悦在“偷换概念”的高明上。不悉周瑜在演奏、歌唱上的技艺如何，想必“眼高”还不至于“手低”吧。

(庚卷 72·2005 年 8 月 17 日)

※灵犀一典※　周郎顾曲(《礼记》句一)　　瑜不掩瑕　(清·企社《龙山社虎》)

臣期期不奉诏

汉周昌,敢直言,曾说汉高帝"陛下即桀纣之主也","上笑之,然尤惮周昌"。周昌有口吃的毛病,成语"期期艾艾"含两典,分别出自周昌、邓艾。《史记·张丞相列传》附《周昌传》:高祖想和周昌谈废太子事,昌又急又气地说:"臣口不能言,然臣期期知其不可。陛下虽欲废太子,臣期期不奉诏。"周问萍先生择以题文缀面,着猜四个"聊目",是为《周生》《保住》《刘姓》《王子安》。当然,保住太子地位,尚有其他重要因素。"期期"的"结嗝子"(秦人称口吃者)直言敢谏,甚至把皇上比作"桀纣",由其无私之无畏。今之巧舌如簧者,其"舌簧"都用在了粉饰言词上了。"大跃进"那样的不理智行为,仅见一人作"万言书",悲莫大焉。 (庚卷73·2005年8月19日)

※灵犀一典※　期期艾艾(《三字经》句一)　三百载　(清·杨冠臣　作)

芳杜厚颜,薜荔蒙耻

南齐·孔稚珪《北山移文》曰:"岂可使芳杜厚颜,薜荔蒙(一作"无")耻。"南齐周颙,自鸣清高,隐居北山不仕;其隐居旨在待价而贾,换取高位。孔稚珪以题文讥刺周颙之行径让"芳杜得厚着脸皮,薜荔得不顾羞耻"。薜、荔与女萝皆植物;芳、杜均香草。四种草之"厚颜、蒙耻",适见"草"之"含羞"。故我借题句作"含羞草"的谜面。薜萝又指隐士服装,亦见孔稚珪以之讥诮周颙隐北山是"假惺惺"。"吊胃口"一语隐喻颇深。周颙、谢安等人之"隐",实"吊胃口"耳;征而不赴,愈显其"高"。社会毕竟进步了,别说"隐"了,"钻营"唯恐不力,"跑、送",一个赛过一个地勤;他们深知:不投入哪来回报,不播种哪有收获?拿周颙和这些人比,就显得"小巫见大巫了"。 (庚卷74·2005年8月23日)

※触典旁通※　薜荔蒙耻(《湖海游龙》人物一)　花见羞　(张志有　作)

三害除而父老称之

《世说新语·自新》载:西晋周处,少时凶横,乡里患之;义兴人把周处和水中蛟、山中邅迹虎合称"三横"。周处决心悔过自新,并上山杀虎,下水斩蛟。清人何绮据典拟以题句作谜面,选《诗经》句"是以有誉处兮"作谜底。"称之",见义兴父老对周处的称誉;"是以有"三字叙述着"誉处"的缘由:"三害除"。这故事流传为"除三害"或"周处除三害"。周处故里的"乡风"多么淳朴,令人心羡呀,仅一恶人、一蛟、一虎,还"除"了,世外桃源不过如此。时代的"进步",赶不上公害"进步"的步伐;就算"黄"、"赌"古已有之,"毒"、"网"两害难道不是"创新"?而前述"四害"在"科技"的武装下,又"前进"得多么顽强和"普及"啊! (庚卷75·2005年8月20日)

※灵犀一典※　除虎斩蛟谁能及(成语一)　独到之处　(陈光作　作)

超宗殊有凤毛,恐灵运复出

《南史·谢灵运传附》及《南齐书》中载述:谢超宗曾为人作诔文,孝武帝萧颐读后"大嗟赏,曰:'超宗殊有凤毛,恐灵运复出!'"谢超宗之父谢凤,死得早,其祖谢灵运乃我国山水诗始祖。萧颐所谓"凤毛",喻其先人风范也。题文之语用作谜面,武骝谜友把孝武帝语概括成一句常言作谜底:感到谢氏"凤毛"不尽,源远流长。面出史书,其"原汁"在谜家笔下化育成别样韵味。用《刘三姐》中一句歌词代替感谢不尽,应是:多谢了。谢又有花败凋落之意。"谢不尽"还是"多谢了"?没有"谢",何以有"感谢不尽"?"江山代有才人出,各领风骚数百年"。坐几百年江山的朝代有,也"领风骚",如唐诗、宋词等。当代人,你的后人会结论你在某一领域"领风骚"吗? (庚卷76·2005年8月28日)

※触典旁通※　老大意转拙(影视演员名一)　于小慧　(陈延助　作)

捷书惟是报孙歆

《晋书·杜预传》载：杜预于太康元年正月，率兵伐吴，吴都督孙歆震恐；杜预部将周旨虏歆而还。“王浚先列上得孙歆头，预后生送歆，洛中以为大笑。”李商隐将王浚谎报军功事写入《隋师东》诗中，句曰“捷书惟是报孙歆”。事实是：杜预献俘；王浚贪功：“是我先投首”——我以《西厢记》句拟其谎言作谜底。非你死即我活的战场上，有谎报军功的，升平的建设时期，谎报成绩的就当普遍了。否则，GDP增长惊人，怎么国企的亏损面大得吓人？股市面临“崩盘”？股市这“国民经济的晴雨表”唯独在中国“雨晴”颠倒吗？不唯王浚谎投首，谎报“斩首”数的事，代不乏例。和平时代的军人，你们的“功绩”是靠什么考核的呢？经得起实战的检验吗？

（庚卷 77·2005 年 8 月 24 日）

※灵犀一典※　捷书惟是报孙歆(成语一·上楼格)　　先斩后奏　(张志有　作)

韩　寿　香

《晋书·贾充传》载：贾充的属官韩寿，姿容姣好，贾充的女儿看上了；两家侍婢从中牵线，二人私下结合了。一天，贾充闻到韩寿身上有异香；此香系西域进贡，武帝曾赐给贾充及陈骞，他人绝无，遂疑女与寿通，经拷问侍婢得到确认。“家丑不可外扬”，贾充嫁女予寿。此典传为“韩寿偷香”，因“偷情”而“著”香也。民初薛宜兴谜家借题句作谜面，底句取自古诗：南风之薰兮。薰，今通“熏”，熏染；南风，贾充长女名；南风不可能“熏”及韩寿，“熏”者是贾充小女贾午。此谜有误熏染，多指经长期接触受到坏的影响；熏陶则与熏染相反。“韩寿香”是物质的熏，其在表；而精神的“熏”，对人应是至关重要的。当今影视的“熏”，是“陶”，抑是“染”呢？照我看，“陶”未占上风。

（庚卷 78·2005 年 8 月 21 日）

※灵犀一典※　韩寿香(电视剧名一)　　《風流女窃》　(赵首成　作)

悬　　车

“七十阳道极，耳目不聪明，跂踦之属，是以退去避贤者，所以长廉耻也。悬车示不用也；致仕者，致其事于君。”此文见东汉·班固《白虎通·致仕》。古人七十告老辞官，以“悬车”表示；后以“悬车之年”代指七十岁。我以“悬车”置面，拟猜杜甫诗句“官应老病休”尚宜，惜乎“别解”未远。人的平均寿命比“古代”提高了很多，可现在六十岁“悬车”。这就难怪如今的闲人太多了。人的健康水平亦提高很多，那么，“官应老病休”中那个“病”字，亦多“不实”。不实就不实吧，总不能个个都病死在任上，才叫“实”？“悬车”如今无实义。小吏退休，无车可悬；高官离休，车不但不悬，只怕是比在任上时更忙了，那是挣下的“待遇”。

（庚卷 79·2005 年 8 月 24 日）

※触典旁通※　悬车(四字常言一)　　告老还乡　(张志有　作)

羊续悬鱼

方炳良先生以题句作谜面，猜底乃明人名：官廉；此作质朴简明。没去查官廉的底细，其名声大小、政绩如何？但因其名之利，他却能在谜册上占据几行地盘。与官廉这名关系不大，羊续悬鱼一直是我想写的题材。《后汉书·羊续传》载：权豪家尚奢丽，续恶之，常敝衣薄食，车马寒酸。羊续任南阳太守时，下属送生鱼给他，他悬之于庭院；又送之，“续乃出前悬者以杜其意”。“羊续悬鱼”传为清廉佳话。哪个朝代最腐败？清朝名声臭，蒋家王朝超过之；否则，美国人无论怎么“扶”，都难免它兵败如山倒。史事未亲历，当今之墨、滥却花样纷繁，令人怵目惊心。例如：有位贪官别出心裁地以赃款搞慈善事业，不掏腰包分文而博美名，这怕是史无前例的“创举”吧？

（庚卷 80·2005 年 8 月 28 日）

※灵犀一典※　悬鱼梁间(《书经》句一)　　腥闻在上　(清·可亭　作)

此臧秽之宝，诚不敢拜

古有馈赠不受，传为佳话者。《后汉书·钟离意传》载：汉明帝下诏，将籍没的珍宝颁赐群臣。尚书钟离意得珠玑，悉以委地而不拜受，帝问故，对曰："臣闻孔子忍渴于盗泉之水，曾参回车于胜母之间，恶其名也。此臧秽之宝，诚不敢拜。"珍宝经籍没就成了"臧秽之宝"吗？但钟离意硬是"不拜受"。我择以题句作两个人体针灸穴位"意舍、上廉"的谜面。意舍：钟离意舍弃也；上廉，崇尚廉洁也。前典列举的三位古人（孔子、曾参、钟离意）的"廉"、"孝"做法，如今显得故作姿态般"做作"了，尤其是有关"廉"的做法。珍宝、货币都是要流通的，你能说哪些"臧秽"，甚至沾满了鲜血吗？曝光的贪官已多，更多的没曝光者仍在趾高气扬着。民脂民膏有几成不"臧秽"呢？（庚卷 81·2005 年 8 月 25 日）

※灵犀一典※　此臧秽之宝，诚不敢拜（司法名词一）　没收非法所得　（张志有　作）

羊昙陨涕向西州

谢安甚器重羊昙。谢安病重返京时，曾路经西州。谢安死，"知己"去矣，羊昙伤心至极，停止奏乐一年，誓不再走西州路。一次酒醉，他不觉到了西州门，及悟，以马鞭敲门，咏曹植诗句"生存华屋处，零落归山丘"，痛哭而去。清朝又一村居士借题句作谜面，底取《诗经》句"永矢（通"誓"）弗过（西州路）"。前典见《晋书·谢安传》。死是不可改变的必然，人死了，以有实效的方式表示对死者的怀念、纪念必不可少。今人有因人之死而"永誓"什么的吗？丧事办得越来越排场了，却愈来愈少悲伤，更像是演给活人看的戏。别过于责备孝子们吧，趋势使然；再说了，纷繁的世事，件件桩桩，哪个又不是在演戏？（庚卷 82·2005 年 8 月 30 日）

※灵犀一典※　羊昙陨涕向西州（成语一）　触景伤情　（张志有　作）

管中窥豹，时见一斑

《世说新语·方正》载：王子敬小时候见人樗蒱（似掷色子），"时有胜负，因曰：'南风不竞。'门生辈轻其小儿，乃曰：'此郎亦管中窥豹，时见一斑。'"通过竹管之孔看豹，只怕是连一斑也看不全或根本看不到的，面句在喻：眼光狭小，所见极其有限。我借题句作面，拟底乃物理学语：小孔成像。像、象、相，义多通。其实，一"斑"之像，放大了看，亦可窥见豹之皮肤组织。显微镜下的金属组织叫"金相"。社会地位最低的人叫群众。过去，他们自称"小民"、"草民"。小民目光短浅，不能高瞻远瞩于大事，只注目低档的衣、食、住、行；但"高层"能"高下在心"于底层衣、食、住、行的日益提高而不是降低吗？现在，各级政府年年都喊"为民办实事"，但衣、食、住、行这"大实事"，却抓不上去！

（庚卷 83·2005 年 8 月 29 日）

※灵犀一典※　管中窥豹，时见一斑（物理术语一）　小孔成像　（张志有　作）

惜秦皇汉武……只识弯弓射大雕

题句很长，删节号代替了以下文字："略输文采；唐宗宋祖，稍逊风骚。一代天骄，成吉思汗"，题句出毛泽东词《沁园春·雪》。伟人的境界，俗人难捉摸，写"雪"呢，却评述了历史上五个颇有建树的帝王的欠缺；这让武騳谜友有了谜的遐思，乃以"七唐"句"尽日君王看不足"作底，印证题面。"尽日"别释作"生命尽头"。盖棺定论，不到"尽日"，"君王不足"是"看"不到的。请注意"看"字，目之所及曰"看"，目之所及不去付诸言表，等于"看"不到。大千世界太微妙了。世有盲人，更多近视，但即使是人皆两眼 1.5 的视力，却"看"不清微妙的大千世界。"欲盖"者神通太广大了；世人的"看"，还得受"心"的审查以决定取、舍。世界奇妙，但却"莫明"。（庚卷 84·2005 年 8 月 28 日）

※灵犀一典※　只识弯弓射大雕（新称谓一）　小皇帝　（张志有　作）

千里之外，犹对面语耳

题句出唐高祖之口，载于《旧唐书·房玄龄传》：房玄龄十八岁中进士，后遇秦王李世民，随之征战攻伐，任记室之职；每次写军书表奏，文字简约，叙理明晰，从不打草稿；高祖曾对侍臣夸房玄龄："此人深识机宜，足堪委任。每为我儿（指李世民）陈事，必会人心，千里之外，犹对面语耳。"我曾借题句缀面，着猜地名"电白"；其实，"可视电白"更切。2005年，又为浏阳一作品《遥远的晤谈》措以题句作谜面。"遥远的晤谈"已成为现实了，是科技进步促成的。社会在嬗变着，不好说它是进步抑是退步。年轻人"接受新事物"快，与中年人、老龄族产生了"代沟"；竞争之剧烈，又让人和人的心更难以沟通，有时，面对面都无"心语"交流，何来"遥远的晤谈"？（庚卷85·2005年8月30日）

※灵犀一典※　千里之外，犹对面语耳（电信名词一）　可视电话　（张志有　作）

语　儿　亭

《左传·昭公二十九年》句"喜有施舍"，本义是：高兴时施舍钱物给人；把此句"卷帘"成"舍施有喜"，民初人徐枕亚为谋谜面：语儿亭。《汉唐地理书钞》辑《吴地记》载：勾践令范蠡接西施以献吴王夫差，西施在途中即和范蠡私通，路生一子。儿一岁，已能言，遂将息止经年之亭名以"语儿"。亭，那阵停留食宿之舍，即后之驿站。语儿亭难脱附会之嫌，因越国本有乡名御儿。西施早就"献身"范蠡，两人情好逾年；夫差迎亲的"大喜"晚矣，起码在一年前"施（已）有喜（身孕）"。不能单纯说夫差贪色误国，亡国必定有更重要的原因，但西施何尝不是重要的"政治砝码"，就连纯洁的身子，也不让夫差得到。当今的"要员"们，你们比夫差地位更尊贵吗？我看，你们是经常被人"涮"的。

（庚卷86·2005年9月4日）

※灵犀一典※　语儿亭（《孟子·离娄下》句一）　西子蒙不洁　（清·章祖泰　作）

乐羊语功，文侯示之谤书一箧

"心之官则思"。思，俗语"琢磨"。不"琢磨"的人是没有的，有的人"琢磨事"，有的人"琢磨人"。《战国策·秦策二》载：魏文侯令乐羊攻中山国，三年后克之。班师后乐羊"语功，文侯示之谤书一箧"。乐羊在前方卖命打仗，后方官吏优哉游哉，还生着法儿诽谤乐羊，以致"谤书一箧"。看过满箱谤书，乐羊直后怕，他对魏文侯说："（攻克中山）此非臣之功，主君之力也。"领导、最高领导之英明最重要；反之，各级官吏和民众的卖力、卖命，均成为徒劳。想起了抗战时的一句民谣：前方吃紧，后方紧吃。但愿"紧吃"者酒足饭饱、精力充沛后，不是琢磨着整"前方"的人。英明领导扣下了"谤书一箧"，无离间之辞（道）了，用什么作谜底呢？电影名：《无间道》。（庚卷87·2005年8月28日）

※触典旁通※　谨依宰辅之计（光学器材一）　照相机　（吴楚鸿　作）

皎皎者易污

《后汉书·黄琼传》载：东汉黄琼推病不仕，在朝做官的李固写信劝他，信中有"峣峣者易缺，皎皎者易污"句。皎，洁白。李固此言颇有名，在劝人如何处世。杭州著名女谜家丛川，择题句为面，底乃常言：不利因素。面、底辉映，向人晓喻："污"损之"不利"，因"皎皎"之"白素"也。黄琼听了李固的劝，出仕了，官做得还很大，亦颇有建树。世多浊流，能远遁以"独清"吗？不能。由是，"出污泥而不染"最可贵。固有坚决不"同流合污"者，那就不"处世"吗？也不成。不"处世"，何能知"污染"之状况，觅途径以治之？《尸子·君治》中"扬清激浊，荡去滓秽"说得好，希望有尸子那样"铁肩担道义"的人，也应该有那样的人。

（庚卷88·2005年8月31日）

※灵犀一典※　皎皎者易污（围棋术语一）　白形受损　（佚名　作）

卖缒王媪成命妇

《古今小说》卷五故事：唐人马周，精通书史，广有谋略；家贫如洗，年过三十仍打光棍；又不甘在达奚手下当小官、忍屈辱，弃职至京，寄居在卖蒸饼的寡妇王媪家。王媪对马周极尽关怀，又辗转荐其给中郎将常何办事。唐太宗诏高官章奏、直言得失；大字不识的常何，由马周代笔上奏。览奏，太宗度常何不能为“此等见识议论”，常何乃实奏之；太宗召见马周，委以要职；三年后，马周便当上吏部尚书。马周感激王媪，与之结百年；王媪以照顾马周得到“命妇”名号。前“照顾周到”四字乃我措谜底。“命妇”是荣誉，是名分，与她对国家、对人民有无贡献无关。“傍大款”者，人间的福都享得到，但比起“命妇”，就差得远了；名声、地位差，上不了台面。“台面”是很重要的。（庚卷89·2005年9月1日）

※触典旁通※ 借结茅庐作近邻（外国名人一） 比尔·盖茨 （文木 作）

盈盈一水间，脉脉不得语

汉代《古诗十九首》中，有“迢迢牵牛星，皎皎河汉女。……盈盈一水间，脉脉不得语”一首，抒写着牛郎织女夫妻河汉隔阻可望而不可及的相思情愫。武骝先生择以题句缀面，猜一时事：汪辜会谈。一汪“清且浅”的河汉，它竟“辜负”了两岸的相会、晤谈。诗中，“汪、辜”着夫妻相爱；时事中，“汪、辜”着兄弟团聚。汪、辜是陆、台政界各一人的姓氏。“汪辜会谈”透出过一丝“统一”的光线。辜氏走了，汪氏退隐了，让“统一”的曙光继续暗淡吗？岛上还时不时传出“分裂”的恶声，难道“割据称霸”就那么上瘾？甘愿冒着“分裂民族、国家”的罪名于不顾？欧州在“共体”，“平”、“和”是人心所向。就算历史上有过恩恩怨怨，也别让政客们借它来为“私欲”作挡箭牌。

（庚卷90·2005年8月29日）

※触典旁通※ 一分钱掰成两半花（股市用语一） 持币过节 （胡文明 作）

非得一人于井中也

《吕氏春秋·察传》载：宋国丁姓人家家里没井，远出汲水需占用一个人力。家里打了井，语人曰：“吾穿井得一人。”此语一传再传，传成丁氏穿井得一人，并传到了国君耳里，国君派人来问，丁家回说：“得一人之使，非得一人于井中也。”电视里有过“传话”游戏，各队都力求“传真”，可到最后没有不传得走了样的。一层层的汇报、报表，掺杂着人的主观意愿，都强烈地追求“成绩”，一层层地“报”上去，也没有不走样的，甚至会“质变”的，坏事“质变”可成好事。听汇报、看报表，可得眼明心亮，有时甚至得“提高警惕”！我择题句为谜面，拟用成语“不遗余力”作谜底；底材别解作：不，是遗（剩）余一人力。

（庚卷91·2005年9月6日）

※灵犀一典※ 非得一人于井中也（成语一） 穿凿附会 （张志有 作）

秋花不比春花落，说与诗人仔细吟

题句作面，赵首成先生拟谜底以电视剧名《风流戏王》。冯梦龙《警世通言·王安石三难苏学士》：王安石咏菊“西风昨夜过园林，吹落黄花满地金”；苏轼读此诗，以为菊只有枯萎枝头，瓣从不落地，遂续诗句有问难意：“秋花不比春花落，说与诗人仔细吟。”对苏轼续句，王安石未予置理。后来，苏轼官谪黄州，亲见菊瓣飘落，始知自己浅薄。另载：问难安石咏菊落的是欧阳修。其实，谜家是别解“风流”为花瓣“因风而流落”的；不明察这点，反来“戏王”，实自找难堪也。王安石答欧阳修曰“欧九不学之过也”。学，不仅是从书本中学，“处处留心皆学问”。少见多怪，责人宜慎。兰州交大一教师对圆明园池底铺塑提出质疑，听说停止铺塑了，那质疑该有多大的责任心和勇气啊！

（庚卷92·2005年9月7日）

※灵犀一典※ 说与诗人仔细吟（《诗品》句一·卷帘） 落花无言 （清·可亭 作）

而冯妇死弗悟

东瓯人把“火”说成“虎”;居住又多为草房,火灾多,国人苦之。晋国冯妇善搏虎,其邑无虎。人归告东瓯君,君礼聘冯妇,待之为上宾。昱日,人告曰市有虎(应是“火”),冯妇奋臂出,不见虎,唯火势盛;众人拥冯妇趋火,妇被烧死,“而冯妇死弗悟”。此见刘基《郁离子》。“死”的直接造孽者是火;“弗悟”,见冯妇死的“无(莫)名”。“无名孽火”是我为题文拟选的谜底,其乃常言。再作冯妇不可能了,冯妇死于口音的“火”、“虎”不分。“开放前沿”那地方的方言吃香了;尤其是在商界,会一口“鸟语”也能蒙事。广告禁止用方言,但屡禁不止。普通话一直在推广,但推而不广。大陆货偏要用洋文或繁体字,也是为了让消费者受害于“无名孽火”。

(庚卷 93·2005 年 9 月 6 日)

※触典旁通※ 天下英雄尽入我彀中矣(照相机品牌二)　佳能　通用　(许建南　作)

生　公　石

1994 年初的“东方谜王赛”,笔试题有以“弄璋”缀面,令猜成语“生公说法”者;此题无一人猜中,因生公说法一语罕见故。《莲社高贤传·竺道生传》:晋竺道生“聚石为徒,讲《涅槃经》……群石皆为点头”。后以“顽石点头”形容道理讲得透彻,使人诚服。清季薛宜兴借题句作谜面,谜底乃剧目《佛门点元》;元,头也。真有那么好的经吗?能让顽石“皆点头”?常听到下面的话:“经是好的,让歪嘴和尚给念歪了。”看来,生公的五官应是绝对得端正的。循循善诱要用,还得反复、不断地讲,硬往耳朵里灌,我就不信经过这般“年年讲,月月讲,天天讲”,老百姓会不接受“好经”?否则,就是“歪嘴和尚”太多。

(庚卷 94·2005 年 9 月 11 日)

※触典旁通※ 孟尝君青史留名(京剧名一)　《文书记》　(马凤友　作)

吾畏其颠吾巢

鹊巢枝端,虎从树丛中跳出,鹊聚而噪之。鸲鹆(八哥)闻之,亦集而噪。鹎鶋(寒鸦)见而问之:“虎是地上走的动物,能把你怎么样,乱叫为何?”鹊曰:“是啸而生风,吾畏其颠吾巢。”又问八哥,八哥无言以对。此寓言出刘基《郁离子》。刘基认为:八哥住以山洞,“集而噪”没道理。空中的巢穴“患”来风而颠覆,确有道理。那么,我以“空穴来风”这成语作题句的谜底吧,是否还有别样韵致?八哥的“集而噪”毫无道理吗?不尽然。同类的巢倾坏,不该同病相怜吗?人有集而噪——发牢骚的,命运让他们“共鸣”。农民“噪”,如果其他人可以离开“农”的话,那么,跟着农民“噪”就是“瞎起哄”。

(庚卷 95·2005 年 9 月 6 日)

※触典旁通※ 擒贼先擒王(外国地名二)　择捉　首尔　(戎慧莲　作)

崇曰“不足恨,今还卿”

前边说到过石崇与王恺“斗富”事,意犹未尽,今再提一桩。《世说新语·汰侈》载:王恺以武帝所赐高二尺余的珊瑚树示崇,崇碎之;恺以为是崇妒忌己宝,声色甚厉。崇曰:“不足恨,今还卿。”命左右悉取珊瑚树,有三尺、四尺…光彩溢目者六七枚。美国施延欣先生择题文为谜面,借“卷帘格”以宋人“王安石”大名作底;荆公大名被“卷”成“石安王”了。安,尽显石崇安定王恺悔恨之心态。2005 年,国家发布了限制月饼过度包装的标准。《兰州晚报》披露,一部门查悉:三十多元一斤的月饼,经包装后要卖一千余元。难道只有月饼过度包装吗?非也,过度包装触目皆是。过度包装“装饰”着 GDP。不提倡务实、节俭精神,今后不知还得制订多少个标准,颁多少个法规。

(庚卷 96·2005 年 9 月 11 日)

※触典旁通※ 崇曰“不足恨,今还卿”(汉代人名一)　石显　(张志有　作)

华　　胥

华胥梦是出自《列子·黄帝》里的神话：黄帝午睡，梦见自己在“华胥氏之国”游玩。华胥距黄帝住地极远，步行、车、船均不能到，游，只能是“神游”了。央视有栏目“梦想中国”，把它断读成：梦想中(的)/国，我为其选面即文题：华胥。有个歌名叫《好人好梦》。梦其实是公平的，它不分“好人坏人”；恶人也能享用好梦，恶梦也会欺凌好人。“为人不做亏心事，半夜敲门心不惊”，是“不做亏心事”者的自我安慰，好人好梦也只是一种希冀。把法律研究透了的巧取豪夺者，让好人和法律“干急没法办”，你能说人家是坏人吗？轻松暴富的能人，是让你拿他没法办的巧取豪夺者，他们多“居心不良”，但这不构成犯罪。但愿心地良善的人，多些好梦吧。　　（庚卷 97·2005 年 9 月 8 日）

※谜苑拾萃※　听到点名心发慌(电信用语一)　　被叫一毛　(徐锦忠　作)

飞蝗赴海

《艺文类聚·灾异部·蝗》引自《东观汉记》一传说：马稜任广陵太守时，郡中连年蝗害，谷价腾升；稜奏请罢盐官，济贫弱，轻赋税，“蝗虫飞入海，化为鱼虾”。清人夏之时为《易经》句“为良马”谋面以“飞蝗赴海”。谜人顺从民意，把“蝗虫飞入海，化为鱼虾”的“化害为利”附会成：为有行良政的马稜。各地矿难愈发愈频，死人数每创纪录，我早就悟出了其缘故：为墨吏。这绝不是附会，现已为事实屡屡证明了。中央最近下文，明令禁止官吏参股矿山，个中秘密揭晓了。蝗赴死以利民，滥官污吏却草菅人命，拿生命为自己换钱财，滥官原比蛇蝎狠毒万倍。自然灾害现在仍不能完全避免，遭灾了仍需赈灾，污滥官吏连赈灾财物都敢贪污，他们是灾难之源！　　（庚卷 98·2005 年 9 月 11 日）

※谜苑拾萃※　慈父见背(学科一)　　考古　(张礼鹤　作)

养弟子以万锺

题面出自《孟子·公孙丑下》。政治主张不为所用，孟子欲离齐，齐王挽留之，允以“养弟子以万锺”——给万钟粟，以养弟子。锺，古容积单位，合大斛四斗。孟子得禄可谓广矣，我以京剧演员名“孟广禄”配作题面文句之谜底，颇感惬意。多么令人心羡的教育家啊，齐王馈其禄，全用作弟子的“教育经费”了——虽然是齐王给的。国家给教师的工资该不低了吧？但欲壑难填，仍在想着各种“生财之道”；不得已，国家规定了“一费制”；但“制”得了谁？“乱收费”仍是“热门话题”。昔日，考大学是一道“关”，如今，中考这“关”比考大学更难过。昨天，称了孙子的书包，三十一斤半。我的退休工资全搭上，养不起一个初中生！“教育”这面镜子，也映照着其他行业的“丑态”。　　（庚卷 99·2005 年 9 月 16 日）

※灵犀一典※　养弟子以万锺(《左传》句一)　　老师费财　(清·凤篁啸引　作)

其妻知其闭户撒灰之意

题面语口吻是从妻子方面说的，“其”字，指丈夫，俗称“汉子”；“闭户撒灰”是“汉防己(中药名)”的措施。此谜作者是清代杨冠臣。不悉典故，谜亦可解，但此谜却有典。《旧唐书·李益传》载：青年李益痴而多猜忌，为防妻妾不贞之行，采用了关闭门户且撒灰之举。别太责怪李益吧，李益的“防范”措施仅仅是对妇女的轻视吗？非。数千年根深蒂固的封建礼教，也桎梏着男子的思维；男子若戴上“绿帽子”，此男子承受的压力会比“红杏出墙”的女子小吗？“妻贤夫祸少”有道理，“夫贤妻祸少”何尝无道理？私，人性之大恶也。夫妻间，亦忌“私”。由于“私”字作怪，何曾少了情夫、情妇，嫖娼、偷人养汉等乌七八糟的东西？　　（庚卷 100·2005 年 9 月 12 日）

※灵犀一典※　撒灰扃户 (杜甫诗篇目一)　　《李监宅》 (李良柱　作)

姹女求阳，元神护道

题面取自《西游记》第八十二回回目；连同下一回，讲述了唐僧师徒取经路上“八十一难”之一：陷空山无底洞的白毛老鼠精化作少女(姹)，“求阳”——强求唐僧满足女性的生理要求，做其夫君。于常人，此事或许是“好”事，但对唐三藏这虔诚的高僧，确属“大难”。还好，李靖收伏了义女老鼠精，“唐三藏固住元阳，出离了烟花苦套”。有个电视剧叫《爱情魔戒》，把它“卷帘”，则成“戒魔情爱”；题文及其蕴涵之“旨”，不是恰切的“戒精怪(魔)情爱”吗？男女仍未平等。女子“失身”被视为奇耻大辱，男子却无“失身”之说。自重些吧，男子汉大丈夫，把你的“元阳”，亦视作为人根本的“名、节”，珍惜它；轻易地抛却它，何尝不是“失身”？

(庚卷101·2005年9月16日)

※谜苑拾萃※　天下英雄，入吾彀中(新称谓一)　　上网高手　(田智海　作)

千里之堤，溃于蚁穴

《韩非子·喻老》曰：“千丈之堤，以蝼蚁之穴溃；百尺之室，以突隙之烟焚。”文题之成语，当衍生自此文；比喻小处不注意，就会酿成大祸或造成严重损失。堤溃，则泛滥之灾生。潮州郑百川谜长借题文作谜面，以一项国际活动“泛非大会”作谜底，其别解义作：泛(滥)非(不止是)大(了才)会(造成)。蚁穴可溃堤的理儿易明，查堤、护堤、固堤，也不失为“防泛”的措施。可是，古代的鲧却是用上述方法“治水”，但劳而无功被处死的。禹治水用“疏导”之法，大功告成，当了领袖。人民就是可“载舟、覆舟”的水，“围、堵”他们，诚不妥，也无效；对人民采取“愚”的方法，也只能“愚”之于暂时，而不能“愚”之长久！

(庚卷102·2005年10月5日)

※谜苑拾萃※　常将有日思无日(宋诗人名一)　　饶节　(冯忠良　作)

婉儿评诗

《全唐诗话·卷一》记一则诗坛佳话：唐中宗于正月晦日幸昆明池赋诗，群臣应制。帐殿前搭彩楼，上官婉儿领命坐楼上主其事，百官楼下听裁。“须臾，纸落如飞，各认其名而怀之。既退，惟沈、宋二诗不下”，稍顷，沈诗落下，宋诗夺魁。婉儿评诗，“沈乃伏，不敢复争”。清季谜人姚福奎以“婉儿评诗”缀面，措置古人名：宋胜之(前汉人)，沈亚之(唐人)为谜底；宋之问胜之，沈佺期亚之(第二)。诗话中附会：婉儿之母梦见“巨人畀大秤曰：‘持此秤量天下’，遂有孕”。婉儿“争气”，应了母梦。婉儿评诗语，千余年来未见有诗家它议。今之各种评佳，却是很难让人心悦诚服了；一些被评者，少不了玩“猫腻”；主评者也难得“心不古”。谜界亦多选佳，但很难“选”出佳制。

(庚卷103·2005年10月3日)

※谜苑拾萃※　侯门一入深似海(敬称一)　　贵家长　(邱中尧　作)

分湖便是子陵滩

题句见柳亚子《七律·感事呈毛主席》。分湖在柳亚子家乡吴江；子陵滩是东汉严光(字子陵)隐居垂钓处，在浙江富阳境内。柳亚子先生是著名的民主人士、诗人。从题句可窥知，柳亚子先生有把分湖当做子陵滩归隐之意。题句作谜面，郑德南先生谋以电影艺术家“严寄洲”大名作谜底。初读此谜，甚为激赏；仔细分析，不对了，诗句是柳亚子抒写欲效严光归隐的，谜欠切。所以，我另谋底以晋人名：柳隐。柳亚子是国民党元老，他的许多言行不满独裁、倾向进步，遭国民党“开除”。“开除”不是绝对的贬义，柳亚子先生遭“开除”，何尝不是他的荣光？独裁一败涂地，逃到一隅苟安；柳亚子先生终未归隐于分湖，在人民政协里担任了要职。一个时期，说人“脱离政治”；笑话，“政治”谁又能脱离得了呢？

(庚卷104·2005年10月5日)

※谜苑拾萃※　合唱(央视栏目二)　　《大家》《同一首歌》　(郭乃朋　作)

叹凤嗟身否,伤麟泣道穷

题文乃唐玄宗李隆基《经鲁祭孔子而叹之》诗之颈联,前句述孔子未睹圣人之叹;“子曰:凤鸟不至,河不出图,吾已矣夫!”(《论语·子罕》)题文次句背景是:鲁哀公十四年春,“西狩获麟。孔子反袂拭面,涕下沾袍曰:‘吾道穷矣!’”孔丘所编《春秋》,亦因此绝笔。凤凰、麒麟皆古人认为“圣人出”的祥瑞之兆;凤不出,麟为猎,孔圣人何(胡)能心安,是以“叹嗟、伤泣”。泰国卢一雄先生为题句所选谜底,已出现于前文中,它是个首都名称。凤仍昭示着祥瑞,麒麟绝矣。世界似乎并未因此失去什么,仍在进步着,尤其是生活方面。圣人的境界看来高不可攀;更求“实际”的现代人,没了无端的“叹嗟、伤泣”;已懂事的年轻人(大学生)最会潇洒!　(庚卷105·2005年10月7日)

※谜苑拾萃※　不落的太阳(农业用语一)　长日照　(陈雪芳　作)

吕不韦献赵姬

林同军先生拟题句作谜面,猜底是计生名词:生育政策;底材别释作:生育嬴政的计策。那“计策”源自《史记·吕不韦列传》:战国末,秦太子子楚在赵国做人质;阳翟巨商吕不韦把子楚当“奇货”囤积以大用;不韦娶邯郸姬,姬怀孕后,不韦把她献给子楚,姬隐瞒了怀孕事,生子政。后来,子楚成了秦庄襄公,他死后,嬴政成王,后为秦始皇,而实际上,他是吕不韦的亲子。好大的“奇货”,好诡谲的“生育政/策”,直是瞒天过海,运大国于掌上。咱无商人的“天赋、素质”,不愿从商,但却不敢“轻”商,“无商不活”么;没有“商”,中国大概还滞留在“票证统治”的樊笼里,持票购物还得排长蛇阵。但也得提防,国运可别让名商巨贾“运于掌上”,这决非危言耸听!　(庚卷106·2005年10月7日)

※灵犀一典※　吕不韦为秦皇假父(《诗经》句一·卷帘)　帝生子立商　(张起南　作)

吾道已南

早些年说得滚瓜烂熟的一句话“××主义是放之四海而皆准的普遍真理”,这话很少听说了;谁再说,是会被人嗤笑的。“实践是检验真理的唯一标准”。那句“普遍真理”没经得起实践的检验。《宋史·道学·杨时传》载:“(杨时)调官不赴,以师礼见(程)颢于颍昌,相得甚欢。其归也,颢目送之曰:‘吾道南矣。’”末句是说:杨时走后,我的道(指程氏理学)已迁到南方去了。管他的“道已南”或“东、西、北”地远去,总之是跟着(与)杨时俱行进着。与时俱进,我为谋谜面即题句。我不敢相信有什么“理”是能“永恒”的了,“理”得为“政治”服务。我感遗憾,不少人笃信:“实际”是检验真理的不二标准。

(庚卷107·2005年10月6日)

※灵犀一典※　吾道已南(时人名一)　程思远　(张志有　作)

三娘教子

“子不学,断机杼”是《三字经》里的句子,说的是孟轲母割断织机上的布,鼓励儿子勤奋于学,不能像断匹般半途而废。题面是剧目,很多剧种均有演出。秦腔《三娘教子》有唱句曰:“王春娥坐机房,自思自叹……”王春娥即明代薛氏“三娘”,剧情与“孟母断机”如出一辙;孟轲母即王春娥人物原型乎?因有人以题句作谜面,着猜一机械名称:气割机——一气之下,割断机(上未成之布匹)。“为山九仞,功亏一篑”(《尚书·旅獒》)的下场,也没有“断机”那样惨。“断机”那样“惨”的“质子力学”方式效果如何呢?怕也只能举出“亚圣”孟轲等几个成功的旧例。甘肃有著名的贫困县,此县又有突出的“高考”成绩;那贫困县怕是不会有古老的织机留作“教子工具”吧?　(庚卷108·2005年10月10日)

※触典旁通※　昔孟母,择邻处(相声名一)　《子教娘三》　(林凯胜　作)

汉宣故剑之诏,托词也

题文作面,清人唐仲申以《书经》句“人惟求旧,器非求旧”为底而成谜;析之,应是能给人以启示的。《汉书·外戚传·孝宣许皇后传》载:汉宣帝登基前,娶许平君,即位后,平君为婕妤;有公卿议立霍光女为皇后;宣帝下诏求“微时故剑”,大臣们以此度知帝意后,复议立平君为皇后。此后,“故剑”成为旧妻的代称。“人惟求旧,器非求旧”、“维新”是《书经》里贤者迟任的话。谜面虽以史为据,但谜作者措以“托词也”,戳穿了汉宣求“故剑”的幌子,亦见照应底材“器非求旧”的机心。皇上妻妾无数,还有想要什么就能得到什么的无上权力,他能不忘发妻该是多么不容易啊。你的权力愈大,你的言行就应愈加检点,做不到这一点,就“弃权”吧,别赖在台上祸害百姓,求您了。

(庚卷 109·2005 年 10 月 18 日)

※谜苑拾萃※ 犹言厌兵(六字口语一) 打心里不愿意 (李伟雄 作)

百尺竿头须进步

我用题句作谜面,拟猜新词语:上不封顶;别解义作:上到百尺竿头,很高了,但“顶”未封——还可继续上。学习、工作都应追求题句那种可贵的精神,那可贵的精神的光大,世界才会更美好。宋·释道原《景德传灯录》卷十:长沙招贤法师,佛学修养甚高,听其讲经的僧、俗,挤满了殿堂;他以诗作偈曰:“百尺竿头不动人,十方世界是全身。”岂止“放眼世界”,不断奋力向上,十方世界亦可包容胸中。佛家的“胸怀世界”与凡人自是不同,讲究“大腹能容”,旨在“包容、宽容”,提倡“无欲”。世界上,有些人强了,“欲”也就大得可怕,他们恨不得把世界拥入怀中,吞进腹内,为己所用,慢慢“消化”。

(庚卷 110·2005 年 10 月 7 日)

※谜苑拾萃※ 百尺竿头不动人(四字常言一) 胸怀世界 (张志有 作)

挟天子以令诸侯

题句见诸葛亮《隆中对》。在《三国志·蜀书·诸葛亮传》里作:“今操已拥百万之众,挟天子而令诸侯。”此述当亦据《隆中对》,是说,曹操已势倾天下,挟持天子以自己的意旨左右诸侯。方炳良先生以郭沫若诗句“今操专政权”作谜底,对题面以别样“阐释”;动词“操”谬指为曹操了。当代,“操专政权”的那人是谁呢?那个“独裁者”已死;他“该死”,但不是被“咒”死的。天子、帝王很少了,有,也不主政;政权都归别的机构,名正言顺地,用不着“挟天子以令诸侯”。各国的权力机构不尽相同,但“操专政权”的肯定是“政治家”,这与“政治家”是否在“权力机构”里任职无关。有“影子为阁”一说,广大百姓看到的是热闹的“驴皮灯影子”。

(庚卷 111·2005 年 8 月 18 日)

※灵犀一典※ 挟天子以令诸侯(TV栏目名一·卷帘) 《话说主持人》 (叶欢聚 作)

妻怒其废学

“孟母断机”,《三娘教子》亦“断机”,历史上还有个妻子励夫的“断机”。《后汉书·列女传·乐羊子妻》载:周朝乐羊子求学远出,一载即归,妻跪问故,乐羊子答:“久行怀思,无它异也。”妻割断织缣说道:“……累寸不已,方成丈匹。……若中道而归,何异断斯织乎?”感妻言,羊子复还学业,七年不返。羊子妻尚有它事垂为懿范。清人冬芳据典拟题句作面,猜底乃《书经·夏书·五子之歌》句“内作色荒”,底句别义作:妻子(内)作色因夫荒废学业。孟母、薛氏三娘之“断机”为子;子幼,尚不懂半途而废的道理。乐羊子成年了,“懂事”晚吗?问题不在“懂事”与否,在于世多诱惑,尤多“玩”的诱惑:玩牌、玩×人……网络游戏已进步到“毒”的高度!

(庚卷 112·2005 年 10 月 22 日)

※谜苑拾萃※ 犹得备晨炊(探骊) 早点 火烧 (方炳良 作)

良竹也,取以为笛

东汉蔡邕“雅闻”多。南朝梁·刘孝标注引晋·伏滔《长笛赋叙》:“邕避难江南,宿于柯亭之馆,以竹为椽,邕仰眄之,曰:‘良竹也。’取以为笛,音声独绝。”我择题句作面,用电影名《知音》为谜底。乍看,此谜似少“别解”;细思之,多用其喻意的“知音”,难道是“知竹可为良笛之音”?电影《知音》,演绎的是蔡锷与名妓小凤仙的情感故事。知音,多喻心心相印、毫无隔阂的友情。知音之情是掺杂不得任何名誉、地位、金钱、财产等附加条件的;一丝一毫的掺杂,都不能凝结成“知音”。蔡邕“知”物之音,易矣,物无思想;人际交往中不但“千古知音最难觅”,且岁月、世态会让它有无尽的变数。你有“挚友”、“知音”吗?多给予他,别希图回报。

(庚卷 113·2005 年 10 月 29 日)

※谜苑拾萃※ 称义帝(《爱的奉献》词句一) 这是心的呼唤 (王麟 作)

侉离分裂力谁任

时至四月,“台独分子”的日子大概不好过;因为,台湾亲民党、国民党主席相继访问大陆,祖国统一暖风频吹。题句出清·黄遵宪《赠梁任父同年》诗中,其前句曰:“寸寸河山寸寸金。”2005 年 5 月 11 日,清华大学赠亲民党主席宋楚瑜先生书法作品的内容即前述黄遵宪诗。心怀国家统一大业,以谜作鉴,吉其厚先生撷题句作《孟子·梁惠王上》句“孰能一之”的谜面。一,作统一释意;离,歪斜貌。全句呈设问态。“孰能一之”?问题摆在全体炎黄子孙的面前。促进中华统一,功建万方,彪炳史册;为“统一”设障碍甚至公开叫嚣“台独”者,他倒问问,十数亿中国人答应吗?执意搞“台独”是自取其辱、步向灭亡!

(庚卷 114·2005 年 10 月 30 日)

※谜苑拾萃※ 月儿弯弯照九州(针灸穴位二) 中都 光明 (冯忠良 作)

春风中坐了一个月

北宋程颢、程颐兄弟俩,以“理学”享誉,人称“二程”;他们师承周敦颐。《二程全书·外书十二》:朱光庭见程颢于汝地,回来后对人说:“光庭在春风中坐了一个月。”成语“如坐春风”源此,意喻老师善于教化。朱光庭的话又有所本:管仲曾以春风风人比喻及时给人以教育或帮助,此见《说苑·贵德》。清人花金绶撷题文作《诗经·周颂·有瞽》句“在周之庭”的谜面。光庭实际上是“在程之庭”,但谜人数典溯祖,让光庭“追”到师祖周敦颐名下。春风风人、如坐春风、春风化雨般地受教诲,多么温馨呀!但远去了。“条条道路通罗马”吗?也许吧。我极目唯见,在小学、中学、大学、谋职这条窄径上忍大辱、负奇重的少年、青年!

(庚卷 115·2005 年 10 月 31 日)

※谜苑拾萃※ 渴饮雪,饥餐毡,牧羊北海边(古文学术语一) 苏辛词 (邓德源 作)

珠玉在侧,觉我形秽

诗、词、文的名句,特殊意义的文句,如果用其作谜面而又不涉及其作者,我认为这应是“语典”谜的定义。我对“事典”谜的定义如下:语出有据,又有人物(真人或故事人物)和他的事成为惹人的视点,用上述素材作出的谜。题句出《世说新语·容止》:王济见外甥卫玠“俊爽有風姿,……叹曰:‘珠玉在侧,觉我形秽。’”借题句作谜面,用“燕尾”格把底材末字分成左右结构的二字,我觅影视演员名“孙(通“逊”)俪(人丽)”为谜底。王济说的“俊爽有风姿、珠玉”,不知是否包括外形以外的其他方面,而那些“其他方面”对高级动物的人,才是更重要、最根本的。人,尤其是最大众的凡人,别理睬什么“珠玉在侧”吧,更无须“自惭形秽”。

(庚卷 116·2005 年 11 月 5 日)

※谜苑拾萃※ 珠玉在侧,觉我形秽(口语二) 对照 不好看 (张志有 作)

霈泽斯降，膏润无遗

兰州水家，的属名门；水家人的名字，都很讲究，很见文化内涵；央视记者、主持人水均益即其一；其名入谜亦屡见不鲜。广州黄树基先生为水均益大名谋面如题，是柳宗元《代韦中丞贺元和大赦表》一文中句。霈泽，非寻常雨露，它每被喻作“皇恩”，大地、亿万斯民谁能离开它的膏泽润渥呢？大自然本来是和谐的，雨露（水）无遗地（均）泽被万物（益）；但专权者偏要掠大自然之誉，把雨露变成“皇家霈泽”，让亿万斯民对“皇恩”顶礼膜拜。发明家有“专利”，见发明者的钻研苦心。大人先生的“专利”，是“皇家霈泽”般的“拿来主义”。谜人没颂“霈泽斯降”的“皇恩”，让雨水无私地润泽大地。不“和谐”，往往是由于大人先生的“专权”。 （庚卷 117·2005 年 11 月 12 日）

※谜苑拾萃※ 班子不过硬（生理学名词一） 软组织 （王维雪 作）

郡狱有重囚十余，冬至日，悉遣还家

《南史·王昙首传·附王志》：南朝宋·王志，字次道，清谨有恩惠；郡人张倪、吴庆争田经年不决，志到官，二人感王志德政，相携请罪息讼，所争地遂成闲田。王志传所载题文，清人盟鸥居士借之作谜面，措底为《书经》句“王启监”，别解底材作：王志开启监狱，放囚犯回家过冬至节，节后重囚十余人按期返狱，只一人因妻孕而稍延误。王志是皇亲国戚，有条件施行“仁政”而纵囚，这是发生在南朝的实事；搁今天，这可能吗？重囚，至少是“无期”吧，却自愿把牢底坐穿，在今天，可有一例？牢里关着不少“二进宫、n 进宫”者，他们天生是“犯罪骨头”？抑是“性本恶”？犯罪率不见减少，是全社会该认真思考的大问题了。 （庚卷 118·2005 年 11 月 12 日）

※触典旁通※ 重囚十余，……悉遣还家（陕西名胜一） 大散关 （张志有 作）

巴祗与客坐暗中

东汉巴祗，字敬祖，《后汉书》引自《初学记》卷二十五之载文，记其一桩小事：“巴祗为扬州刺史，与客坐暗中，不然官烛。”此事虽无深邃的蕴涵，却引发我的笔触，拟题句作面，猜底作当代作家名：光未然。不点燃公家之烛，此至微末节也，可它竟成为称誉州郡长官克己奉公的典故；我还拿此细微末节作谜，是不是“拿鸡毛当令箭”呢？看来，难逃此责备。“不然官烛”，何不燃私烛，竟至“与客坐暗中”？看来，巴祗是崇尚节俭也，至于“克己奉公”云云，不无“拔高”之嫌。就说“崇俭”吧，它属细微末节吗？非也，于细微处见精神。崇俭，它何尝不是大该提倡的精神？今天，它常被冷落或遭嘲讽，何尝不是中华民族美德在一个方面的倒退？ （庚卷 119·2005 年 11 月 14 日）

※谜苑拾萃※ 海晏河清，吟诗射虎（国名连要员） 泰国 颂猜 （谢瑶中 作）

无尺寸之肤不爱焉

灯谜例以“别解在底”为正宗，我不支持“谜面别解”这一旁枝。理由简单：灯谜功用在猜射，别解在谜面，若又不予注明，让猜众循着哪条思路去猜度？灯谜“迷”人——让人着迷；还“迷”人——使人迷惑；但“迷”，得循规蹈矩。题句为面，猜为成语“脉脉含情”一谜，别解在面，作者是泰国卢山夫。介绍此谜，不表明我支持“别解在面”这种成谜方法，借以阐释典故耳。面句出《孟子·告子上》，意思是：（人对自己身体）没有哪一尺一寸肌肤不爱护。“尺寸之肤”指身体的至微细部。谜人偏要把“尺寸”别解成中医术语；请看《辞源》释“寸关尺”：“中医诊脉部位名。在腕部桡动脉处，中医叫寸口，分为寸、关、尺三部。”即使精通中医，楞让你从题面猜一成语，你能“脉脉含情”？ （庚卷 120·2005 年 11 月 15 日）

※谜苑拾萃※ 唯有功名忘不了（探骊） 器官一 心 （林清富 作）

诸兄哂之，谓为“书痴”

《旧唐书·窦威传》记载：“窦威，字文蔚……威家世勋贵，诸昆弟并尚武艺，而威耽玩文史，介然自守。诸兄哂之，谓为‘书痴’。”窦威家的哥儿们，崇尚武艺，讥笑酷爱文史的窦威是“书呆子”。清·盟鸥居士择题文作面，拿《孟子·滕文公下》里句“威武不能屈”作谜底，谜用“脱靴格”，把底句末字“屈”字，“脱”而弃之。诚然，“(窦)威/武不能”，但人家长于文史，唐初的国家制度裁定，即出其机杼；只怕是他那舞枪弄刀的昆弟，在国家大制辖约之下，也得规规矩矩，不敢越雷池半步。诸葛亮会武艺吗？梁山军师“无用”吗？但他们略施小技，会让“万人敌”的将军死而莫明。书痴、书呆子的该“哂”处，在于他们只知长知识，而不会用知识。今之教育，该告别“满堂灌”了吧？（庚卷121·2005年11月15日）

※谜苑拾萃※　大人占之，维熊维罴（词牌一）　《卜算子》（陈昌年　作）

衡石量书

《史记·秦始皇本纪》载：秦统一天下后，一帮儒生认为秦始皇刚愎自用，专横拔扈；儒生中的侯生、卢生尤其大胆，常私议嬴政的功过是非，连“衡石量书”他们都斥之为非。衡石（音dàn，古以百二十斤为一石）量书，指以“石”计算公文的数量；每天批阅一定“石”数的公文，完不成不休息。那么，嬴政该是多么地辛勤于国家大事啊！我为题句配以“勤政”这词汇作谜底；政，落实到嬴政。嬴政批阅文牍，数以“石”计，却被儒生们诬为“专权”，这不是颠倒是非吗？若“衡石量书”是“专权”的话，那么“勤政”该是什么样呢？是整天开会、赶饭局、忙剪彩，一应实事悉归秘书代劳吗？那样的话，自诩“公仆”者，该“衡饭量功、衡(剪)彩量绩”了！（庚卷122·2005年11月15日）

※谜苑拾萃※　堤柳如初笼晚晴（北京奥运冠军名一）　杜婧（吴楚鸿　作）

时号黄骢少年

《幼学故事琼林·武职》有句曰：“黄骢少年，登先陷阵。”此句有注曰“时号黄骢少年”，赵首成先生以此句作面，借“卷帘格”之助，使底句之常言“勇敢果断”呈“断果敢勇”之别义，缩扣面语。甫读此作，如雾里看花，待明悉典故，方见作者之卓然慧心。题面似轻描淡写，但其文字后面的含义，当能使猜众度知(断)“黄骢少年”之“敢勇”；而“时号黄骢少年”者，实指常骑黄骢马，每率先冲入敌阵的北周人裴果也。裴果，字戎昭，官至骠骑大将军，封冠军县公，卒谥质。不怕死的勇者多矣，现今尤多见闻于影视作品中的“黑社会”；这些人眼中的“大哥”比皇上更崇高。勇，易也；要之，为谁而勇，为“什么”而勇？真正“明智”的勇者，惜其不多！（庚卷123·2005年11月16日）

※谜苑拾萃※　最憎明镜里，黑白半头时（外国名著一）　《恶之花》（吴楚鸿　作）

伯道兴嗟

清·蔼园主人拟题句作谜面，猜底乃《书经》目《微子之命》。微，国名，属子爵一级。此谜并不精彩，我选此题，旨在介绍典故。《晋书·良吏传》载邓攸数事，俱堪传颂。邓攸，字伯道。他任吴郡太守时，刑政清明，因病去职时，百姓力挽之，只得于夜里出发；民歌曰“邓侯留不住”。又，石勒兴乱，邓攸挑亲子及弟之子绥逃难，途中多遇凶险，度不能两全，弃舍亲子；但朝弃而暮归，攸乃系子于树而去，侄儿得以幸存。后，攸妻不复孕，卒以无嗣。时人义而哀之曰：“天道无知，使伯道无儿。”谜若以此句作面，雅致委婉；奈蔼园未见及此，徒劳神思地故为“兴嗟”。无嗣的邓攸，美名传扬广远；恶吏满堂的子孙，怕是羞于认其祖的。不妨遍查秦氏家谱，我料其先人不会出现“秦桧”二字。

（庚卷124·2005年11月16日）

※灵犀一典※　时人哀之曰：天道无知，使伯道无儿（明人名一）　戚继光（汪德亨　作）

凡敏字她皆念作密

《辞源》释“讳”第三义：指对君王、尊长辈的名字避开不直称。如今，极少“讳”名，“讳”却仍有用。高层领导视察兰州而戒严，交通严重堵塞，我已碰上数次了。为了领导人的安全吗？不是，那么，在“讳”什么吧？百姓与高层领导接触难，百姓的话，要传到他们耳朵里，更难。下边领导很忙，忙于煞费苦心地把“讳”字之义发扬光大。题句作谜面，我令猜作家名。题面见于《红楼梦》第二回：贾雨村的女弟子林黛玉说(语)到母亲名“敏”字时，均以“密”音代之；父母，高堂也。你能听到下层的心里话吗？你能听到也爱听那些话时，你就有条件成为百姓拥戴的好领导；但难，有人层层地筑建“讳”的高墙。

(庚卷 125·2005 年 11 月 21 日)

※谜苑拾萃※　年年未息灵胥怒(同音四调字)　　冤员远怨　(缪建金　作)

挥手从兹去，更那堪凄然相向，苦情重诉

题句出毛泽东 1923 年底所填词《贺新郎》。当斯时，国共合作，毛泽东乃得赴广州参加国民党第一次全国代表大会；词是写给夫人杨开慧的。缘于此，郭少敏君以题句作谜面，拟底为植物二：毛白杨、将离——毛泽东告诉(白)杨开慧，将离开她一段时间。七年后，杨开慧被反动派杀害。将离是永诀吗？我不想查悉这段史实，但毛泽东一生奔波于革命，他与发妻杨开慧耳鬓厮磨能有多少时光呢？革命是用许多人的命去革除祸国殃民的反动统治的命，以求广大民众能较好地活命。提着脑袋干革命有幸活下来的功臣不多了，冒着送命危险贪图享受的人却多了；他们有的暴露出来了，手段高明没暴露出来的却百倍、千倍得多，“革”这些人的“命”，任重道远啊！

(庚卷 126·2005 年 11 月 23 日)

※谜苑拾萃※　刺贪刺虐，入骨三分(外国元首名一)　　扎尔达里　(王进德　作)

将以为暴

《孟子·尽心下》曰：“古之为关也，将以御暴；今之为关，将以为暴。”古设关卡，在抵御残暴；今设关卡，却是谋算着实行残暴。孟子的话，旨在提倡“仁”，具体体现为轻刑罚、薄税赋等“养民”的政策上。清·罗道源裁取题句作谜面，猜底定为《水浒》中梁山好汉杨雄的诨号：病关索。病，本义是赛、超过；入谜后，“病”字别义作“指斥”；原人名关索被割裂并谬解为“关卡勒索”。“今之为关，将以为暴”是现实的，译明白点：今之设关卡，那是为了勒索。公路多了，多不过收费的卡子；路况好了，好不过费用的增速。汽车价格一降再降，但老百姓喊：“(汽车)买得起，养不起。”是的，建路要花钱，花了钱，收点“买路钱”似乎有理，可建路的钱难道不是取之于民的吗？

(庚卷 127·2005 年 11 月 23 日)

※别具匠心※　尺寸俱合(《水浒》诨名一)　　病关索　(清·季逢元　作)

复望蜀

2005 年 9 月 24 日，赴宝鸡参加“陕甘宁谜王邀请赛”，任艺术监审。主办单位之一是宝鸡日报社，谜题部分内容涉及该社。我以“复望蜀”缀面，猜底是“张陇得”——宝鸡日报总编之大名；谜还用了“卷帘格”。《后汉书·岑彭传》：刘秀派岑彭率部攻打隗嚣占据的陇地和蜀地，给隗嚣信中说：“人苦不知足，既平陇，复望蜀。”“望(张)蜀”的前提是“既平(得)陇”。古谚曰：“春秋无义战。”感时忿势，我心里涌出“官场无义争”的下联。在我能听见、看到的“机关”，对之印象好的不多，尔虞我诈，苟狗营蝇，还得经常“站队”，“站错了队”，非但仕途无望，饭碗都难保。记住了传媒上的一句话：用道德标准衡量政治家是幼稚可笑的。这“笑”不苦恼人吗？

(庚卷 128·2005 年 11 月 24 日)

※灵犀一典※　得陇望蜀(中国地域一)　　西双版纳　(李平　作)

道光名讳

前边说过"讳",此文是"讳"之著名一例。题句作面,济南吉其厚先生措底乃成语二:文不加点、心不在焉。清道光皇帝名旻寧(寧今"宁"字),帝王大名,岂容直书而不"讳"?于是,书写时必须写成"旻寍"。此典故见于央视《百家论坛》2005 年 7 月 20 日阎同年讲题《清十二帝疑案》。"旻寍"与"旻寧"比较,岂非"(旻)中文(字)不加(一)点,中之'心'字不在焉"?此谜之诞生,不是端坐终日、绞尽脑汁所能作出的,须仗作者知识的日积月累和处处留心必有所得的学问;此外,就得看谜人特具的"功夫"——灯谜的"悟性"了;无此"悟性"即便大学问家对颇具匠心的灯谜佳构,亦莫名其妙。别随便骂写错、别字,小心冒犯贵人的"专利"。

(庚卷 129·2005 年 11 月 24 日)

※谜苑拾萃※ 没有人能随随便便成功(外国城市一)　　赫尔辛基　(吴熙　作)

明公龙瞳凤目,状貌非常,贵不可言

铁冠道人一见太祖即称贵不可言(北朝人名),谜底:尔朱荣。此谜作者为清人郑永禧。明人张中,考进士不第,流为方士,好戴铁冠,人称铁冠子或铁冠道人。明·陆粲《庚巳编》卷七录:朱元璋驻滁阳,张中诣军门拜见,奉承朱氏当做"命世之主",元璋问其详,答:"明公龙瞳凤目,状貌非常,贵不可言……"析郑永禧谜,面句拟得费劲而不简明,若用题句作面,我以为宜。《新五代史》中有语:"天子宁有种耶?兵强马壮者为之尔。"方士张中奉承已成气候的朱元璋,不知博得荣华富贵否?不过,在朱氏未登大宝时,敢预言他"贵不可言",毕竟还是要一定勇气和冒点风险的。天下太平时,一味闭着眼睛唱赞歌的文人,受益广大而无"风险",其实是很可恶的!

(庚卷 130·2005 年 11 月 24 日)

※谜苑拾萃※ 公龙瞳凤目,状貌非常(古语一)　　吉人自有天相　(张志有　作)

怀中茂陵书

名叫《一封没有寄出的信》的中篇小说,曾在办公室传阅之遍,大约是前苏联作品吧。现在无这样"轰动"的作品了。书出得很多。想出书的人很多,未必为钱,甚至得赔钱;想出书的单位很多,稳赚不赔,何乐而不为呢?我为前述书名谋以谜面:怀中茂陵书;其出唐·崔宗之《赠李十二白》诗中。《史记·司马相如列传》载:皇上派员到司马相如家取其著书,恐以后遗失。使者至,相如已死,家无存书。妻告"时时著书,人又取去,即空居"。使者并非一无所获,他得到相如"遗札书言封禅事"。使臣"怀中茂陵书",当是那《一封没有寄出的信》吧。出版业挣的钱很"繁荣",很有价值的著作,命运仍是"怀中茂陵书"。

(庚卷 131·2005 年 11 月 24 日)

※谜苑拾萃※ 故下封枝雪(桥牌术语三)　　盖叫　梅花　止张　(师卫华　作)

桃　花　扇

《桃花扇》乃清代孔尚任所撰传奇剧作。剧本以侯方域与秦淮名妓李香君的爱情故事为主线,反映了南明必亡之痛,真实地映现南明腐败幕幕景象。剧中李香君坚拒田仰夺婚,触地求死,血溅扇面;杨文聪就血点勾成桃花一枝,剧名因之。香港张伯人先生借"桃花扇"作谜面,用其溅、勾生成所喻的李香君的瑰丽节行,为配歌曲名《血染的风采》作谜底。侯方域不无文才,是南明四公子之一,其节行比之妓女李香君,则不可同日而语了。把《桃花扇》说成"政治戏",并无不妥;作者孔尚任,在清廷曾任高官,但后来被罢官了,这与他的《桃花扇》问世,应是密切相关的。没有单纯的儿女情长,一味地儿女情长,其无"政治"乎?

(庚卷 132·2005 年 11 月 24 日)

※谜苑拾萃※ 我劝天公重抖擞(称谓一)　　空降英雄　(杨立新　作)

陈八可战之说

题句意作:陈述八条可战理由之说。清·郑永禧借此句作《诗经·鲁颂·泮水》句“允文允武”的谜面。可战,作“允武”之义解,“允文”何以生出?宋孝宗朝,金人大犯中原,朝廷产生主和派与主战派的斗争。史浩力主弃地,并亟行之。有人对言“今日有八可战”,此人乃虞允文,见《宋史·虞允文传》。对入侵的豺狼忍让、弃地逃跑,听起来可笑,现实中却屡有发生。前述宋朝如是,近、现代也有。有打着“曲线救国”旗号的,有公然投敌、建立伪政权者;这些人给了入侵者若许大的“甜头”,这些人若许的劣根性,把入侵者的恶劣本性喂养得根深蒂固了,直到现在,其豺狼心未见稍改,其“和平宪法”行将毁弃了;其实,他们的“自卫队”早就踏上它国领土“自卫”了。 (庚卷133·2005年11月25日)

※谜苑拾萃※ “钟声犹未尽”(常用词二) 正当 当然 (吴楚鸿 作)

自是桃李树,何畏不成蹊

题面诗句出李贺《奉和二兄罢使遣马归延州》,它所取典故是赞李广的;因之,我借题句作谜面,以成语“广开言路”作谜底;谜底是用“双钩格”改造成“言路广开”映照谜面的,其别解义作:说(言)路是李广开的。《史记·李将军列传》:李广不善言辞,然死后,知道或不知道他的人,皆为尽哀。司马迁文中引“谚曰:‘桃李不言,下自成蹊。’”唐·司马贞在《史记索引》引述曰:“姚氏云:‘桃李本不能言,但以华实感物,故人不期而往,其下自成蹊径也。以喻(李)广虽不能出辞,能有所感,而忠心信物故也。’”终生不得“封侯”,是否与李广“不能出辞”有关呢?但李广得享“桃李不言,下自成蹊”之誉,胜过高音喇叭不住吹嘘者无算! (庚卷134·2005年11月25日)

※灵犀一典※ 桃李无言(《左传》句一) 广而不宣 (清·王筱舟令 作)

菲食薄衣,请自孤始

衣、食从简陋、粗疏而节俭,请从孤(皇上自称)开始——此即题文释意,其出梁武帝《入屯阅武堂下令》句。梁武帝萧衍灭了齐君东昏侯,开南朝梁之统治,他深知前朝亡国之弊,在于“上慢下暴,淫侈竞奢种种”,于是,在入屯阅武堂后的命令中有题句之语。广州黄树基先生洞察题句意旨之“节俭”,又熟谙谜道的“文字回互”,把“孤始”二字代以“上(皇上,即‘孤’)元(开始)”之文,为措我国传统节日名“上元节”(即夏历正月十五)为谜底。“菲食薄衣”的仍有,弱势群体如是。在我能听到、见到的各级政府中,早就鄙弃“菲食薄衣”而锦衣玉食了;在他们身体力行示范下,高消费蜂起,哪怕是贫穷的村官,也威风八面,人五人六的。 (庚卷135·2005年11月25日)

※触典旁通※ “菲衣薄食,请自孤始”(体操宿将名一) 王维俭 (张志有 作)

马 头 娘

清人章祖泰借题句作谜面,底乃《孟子·尽心上》句“匹妇蚕之”——妇女养蚕缫丝;入谜,句义被扭曲成:女嫁给马,化而为蚕。此谜演绎的故事有所本,其见晋·干宝《搜神记》:太古时,父远征,止有女养一匹牡马守家;女思父,戏马言曰:“尔能为我迎得父归,吾将嫁汝。”闻此言,马疾去驮女父归。后,马拒食,见女出则喜怒奋击;父震怒杀马,晒之皮;女过,马皮裹女去。父寻数日,“得于大树间,女及马皮尽化为蚕,而绩于树上。”此即养蚕户祀“马头娘”神祇的传说。“马头娘”故事是悲壮呢,抑属美好?科学虽发达,“神”仍“走俏”。今天,庙里的香火旺于往昔,焚香上贡者各有所愿。忙碌求温饱者,没那份闲心;享受“先富起来”的优越者,大肆祈佑“好运长久”! (庚卷136·2005年11月26日)

※灵犀一典※ 马头娘(贬称谓一) 匹妇 (张志有 作)

续命丝

我为成语“不绝如缕”配以谜面:续命丝。续命,生命不绝;丝,其形若缕,“白描”得何等贴切。此谜“有典化无典”,而“续命丝”这典故,当简述以饷读者。幼时,每见农历五月初五(俗称端午),以彩色丝线系腕之俗,原本不知其用意;作“续命丝”一谜时,我查明,其载东汉·应劭《风俗通义》:“五月五日续命丝,俗说益人命。”又据《艺文类聚》卷四引:“五月五日以五彩丝系臂者,辟兵及鬼,令人不病瘟,亦因屈原。”陕地民俗,集中华文化之粹,源远流长。元宵、端午、中秋等等,都有广博久远的文化内涵;它们或许有迷信、荒诞的成分,其主流,却在昭示我人善良、美好的冀盼,这是不可移易的文化遗产。

(庚卷 137·2005 年 11 月 27 日)

※触典旁通※ 续命丝(歌词句一)　　生活是一条线　(张志有　作)

九层之台,起于累土

“合抱之木,生于毫末;九层之台,起于累土。”此文出自《老子》。直白、通俗吧,但直白、通俗不影响其丰富的哲理。一铲铲,哪怕一抔抔的累土,可成九层之高台,此“理”被广州谜人黄树基用谜予以阐释:题文是面,谜底乃外国作家:高尔基。高尔基没有显赫的文凭,他初始不知写了多少东西,能发表吗?渐次,有名了,堆积案头的“废品”,也会被“争为先登”了。2004 年,通俗歌坛评出的“十大新人”有庞龙;“新人”不“新”在年龄上。庞龙早就唱响《两只蝴蝶》,白送人,没人要;2004 年,他唱这首歌,入选“十大新人”。庞龙说得好:厚积薄发,他以前写过不少歌:厚积;现在,让“厚积”重见天日,怕也要“争为先登”了。权威们,睁开你良心的“慧眼”吧,别钻钱眼、“势利眼”!

(庚卷 138·2005 年 12 月 1 日)

※触典旁通※ 九层之台,起于累土(外国城市名一)　　赫尔辛基　(张志有　作)

欲凭尔付书,投于我婿

说过“雁足传书”(甲卷 12),今介绍“燕足传书”雅闻,其见五代·王仁裕《开元天宝遗事》下卷:唐人任宗,经商湘地,历久不归;其妻郭绍兰见堂燕翩翩,忽生遐想曰:“尔海东来,必经湘中……欲凭尔付书,投于我婿。”遂作诗系燕足“投递”。燕书“后事”如何?请君读原文去吧,我只关注其中“谜之素”。题文缀面,清·盟鸥居士为措古人名“燕遗倩”作谜底。遗,赠予,付与;倩,婿也。雁足、燕足传书,可信吗?人家说得有鼻子有眼的,不由你不信。即使雁、燕传书,有失落,何去责备那些低级动物呢?“灵长类”居首的人,被高科技武装齐备的邮政,比雁、燕传书可靠不了多少。雁、燕传书之误,还只是偶然之过失,而“邮误”,是否还缘于“孔方兄”诱致的“祸心”呢?　(庚卷 139·2005 年 12 月 1 日)

※灵犀一典※ 欲凭尔付书,投于我婿(《诗经》句一)　　飞鸟遗之音　(张志有　作)

恻怆桓山羽

题句出骆宾王诗《丹阳刺史挽词三首》之二,其中“桓山羽”典见《孔子家语·颜回》:颜回侍孔子侧,闻哭声哀戚,孔子问“知此何所哭乎?”颜回答:“此哭声非但为死者而已,又有生离别者也。”颜回讲了判断根据:桓山鸟生四子,羽翼既成,将分于四海,其母悲鸣而送之。经问哭者,果系“父死家贫,卖子以葬,与之长诀”。此典中人哭与桓山鸟悲鸣之原因,我用一句成语点破,即“生离死别”,面如题。寻常的死,尚悲戚惊四邻,遇不寻常的死,又当如何?矿难不断,“东风”矿又刷新纪录了,死人逾百七十。国营煤矿安全生产状况竟也如此。不用追究,必是官贪心黑,拿工人生命换钱钞、换政绩。不让那些长官生离死别,就还会有更多工人家庭的“哭声哀戚”和“生离死别”!(庚卷 140·2005 年 12 月 2 日)

※触典旁通※ 恻怆桓山羽(词牌一)　　《惜分飞》　(张志有　作)

活剥王昌龄，生吞郭正一

成语生吞活剥，由一史事总结而成。唐·刘肃《大唐新语·谐谑》载："有枣强尉张怀庆，好偷名士文章……人为之谚曰：'活剥王昌龄，生吞郭正一。'"后来，生吞活剥用喻生硬搬用他人言论、文辞。谜人烦"生搬硬套"，喜"活学活用"。黄树基先生借用题句作谜面，以《红楼梦》里两人物"张二、袭人"为谜底；底是用"蕉心格"改造成"张袭二人"印证谜面的，它谳定张怀庆抄袭（王郭）二人作品。"三十年的媳妇熬成婆"。小人物尽管付出极多，可要"熬"成"腕儿"，该多难啊。据说，不知名的演员，不"献身"给导演，就上不了戏；学生有价值的论文，若不让导师署名，也难见天日。"编家"的辉煌，多靠"生吞活剥"，至于灯谜圈里的"编家"，那就更省心。（庚卷 141·2005 年 12 月 2 日）

※谜苑拾萃※　发不染银不思嫁（古贬称谓一）　老匹夫　（苏岩俊　作）

叫雉呼卢

《演繁露》记樗蒲赌戏，又名五木戏：削木成五子，两头尖锐以转跃，中部平分两面：一面镂画黑犊，一面镂画白雉；掷子为戏，五子皆黑曰卢，系最高采，四黑一白为次采。参赌，当然希望掷出全黑的"卢"，故呼叫声震耳。清·盟鸥居士拟题句作《老子》文句"鸡犬之声相闻"的谜面。叫、呼，声也；雉，野鸡；卢，黑猎犬。赌场的卢、雉呼，谜人却"鸡犬之声相闻"，这是文字幻化的技艺、情趣。中国闲人多。有下岗的，有四十出头就退休的。诸多退休者，收入菲薄，旅游呀，高尔夫球呀，健身房呀，对他们来说简直是奢侈的享受。那么，搓麻时"小来来"，尚可接受。（庚卷 142·2005 年 12 月 2 日）

※谜苑拾萃※　孤身寻主下南洋（电视剧名一）　《上海一家人》（骆文贤　作）

诗将丽句号新亭

唐人秦系，字公绪，会稽人。系不爱当官，天宝末避乱剡溪，自称"东海钓客"；后至南安县九日山中，筑屋与晋代巨大松树为邻，注释《老子》，终年不出。虽蛰居山中，张建封仍派人授之校书郎。秦系诗名不让自许为"五言长城"的刘长卿。系死后，南安人怀念他，称其所居山为"高士峰"，还建"丽句亭"以纪念。僧皎然《酬秦山人赠别》诗中有句"诗将丽句号新亭"（《唐才子传·秦系》）。我撷前句作谜面，以《红楼梦》人名"秦显"作底。秦系没想显名，名却显了。社会因有人追名逐利而污浊，犯罪率亦高企。《荀子·儒政》曰："贵名，不可比周争也，不可以夸诞有也，不可以势重胁也（以权势胁迫）。"君其思之，被挖祖坟的人，会是些什么人？（庚卷 143·2005 年 12 月 3 日）

※谜苑拾萃※　一掊净土掩风流（酒店用语一）　小姐埋单　（方炳良　作）

户枢不蠹

流动的水不会腐臭，经常转动的门轴不会被虫蛀，这在《吕氏春秋·尽数》中被称作："流水不腐，户枢不蝼，动也。"唐·马总《意林》引"不蝼"作"不蠹"。绍兴章镰谜友作一谜，察"户枢不蠹"之象，答其因以成语：时来运转。君不觉得谜底被别解得令你忍俊不禁吗？捡到碰死树桩上的兔子，是好"机遇"，但不算"时来运转"。时来运转之际，好事会接踵而至，想躲都难，但这可能吗？"君子藏器于身（有一身本事），待时而动"（《易经·系辞下》）。你无"藏器于身"，"待时"只能是徒劳的等待。归有光曰："天下之事，因循则无一事可为；奋然为之，亦未必难。"你"藏器于身"，却别一味"待时而动"；"奋然为之"，成功的机遇才会有。（庚卷 144·2005 年 12 月 4 日）

※触典旁通※　户枢不蠹（保险业术语一）　动态保险　（张志有　作）

青成蓝，蓝谢青

《北史·李孝伯附孙谧传》：李谧初从师孔璠，越数载，璠得请教于谧了，时人语曰："青成蓝，蓝谢青；师何常，在明经。"题语所本见《荀子·劝学》："青，取之于蓝，而青于蓝。""青、蓝"之喻师生亦缘于此。清人盟鸥居士取用题语作谜面，非泛泛指为师生，它踏实到人：李谧；缘于斯，谜底定为古女名：李师师。两个"师"字，前名词，后动词，抑是前动词，后名词，底材凭君别解了；可释作：李谧从师于师（孔璠），亦可解为：李谧的老师受教于李谧。"师何常"，当然，从前的学生亦可做已师。教出过"博导"，教出过著名学者，教出过元首的教师仍在小学里教；他不以教出过社会名流而自豪，他说：那是人家努力的硕果；但是，"名流"了，该忘记他吗？ （庚卷 145·2005 年 12 月 4 日）

※灵犀一典※ 青出于蓝（学科一·卷帘） 优生学 （刘子荫 作）

下车攀辕而哭之

近见央视播映电视剧《马道悲情》，即为谋谜面如题；转思，觉得加用"卷帘"格变底材呈"情悲道马"更切题面；何以如彼，请看出典。《战国策·楚策四》载：老骥拉盐车登太行，竭其力而不能上，伯乐遇之，"下车攀辕而哭之"——其情在悲山道上的马。而典故本是以良马拉盐车遇伯乐，用喻贤才得遇明主赏识。伯乐是古代能"识马"的第一名人，他年老时又荐另一"识马高手"九方皋给秦穆公。马这畜生的优劣，难道会有许多历史故事引起先哲的关注吗？非也，多以"相马"喻"知人"也。伯乐赏识的良马，怎么能让它干拉盐车的"粗活"呢，"屈才"啊！无怪伯乐要"下车攀辕而哭之"了。你是"千里马"吗，你倒是跑出"日行千里"的成绩来，否则，别怪伯乐"眼拙"。 （庚卷 146·2005 年 12 月 5 日）

※灵犀一典※ 服盐车而上太行（国名一） 危地马拉 （民初·黎国廉）

纸灰飞作白蝴蝶

《陕北民俗》记"烧纸"传说：造纸发明后，盖宣以造纸为生。某年霪雨连绵，原料霉变，纸粗黑，滞销，宣愁急病倒。其妻何氏忽生妙计，半夜，何氏跪灵前嚎啕哭夫，惊来四邻；何氏佯作悔恨，谓积纸无用，将其在灵前焚烧，忽棺材里发出声音，乃盖宣呼夫人启棺；盖宣"活"过来了，并说："多亏夫人送我许多纸钱，地府官亦爱之，得了钱就放我还阳了。"烧纸，是给死者送钱，盖宣的纸能不畅销吗？吉其厚友借题句作谜面，猜底是口语：有钱烧的。题句出明·高翥诗《清明》。为死者烧纸"送钱"，本属造纸者的"阴谋鬼计"；明知其乃"鬼计"，但烧纸者却有增无减。烧的是纸吗？不是，烧的是钱。"有钱烧的"这话原义是：有钱了，瞎显摆。"有钱的"每有被"烧"糊涂的。 （庚卷 147·2005 年 12 月 5 日）

※谜苑拾萃※ 半部论语治天下（宋人名二） 孔道辅 王安国 （陈汉成 作）

刘晏从何官显达

《三字经》载："唐刘晏，方七岁，举神童，作正字。"正字，官名。唐代刘晏，七岁时唐明皇举其为神童，授太子正字。清朝又一村居士据史拟题文作谜面，问以"从何官显达"，措底材以字书名《正字通》妙答之；通，显达也。刘晏自"正字"始，一生历任高职，直至宰辅，尤以理财见长；后遭构陷冤死。《中庸》有语曰"君子诚之多贵"，《颜氏家训》亦言"巧伪不如拙诚"。安史兴乱之际，民凋敝、国库空，幸有刘晏苦心经理，国之经济得以维持，却受杨炎构陷蒙冤屈死。今多考试，公务员亦取之以考；这种可量化的考，实际上是次要的，不能量化的"德"之考察，才是至关重要的。古语曰"女子无才便是德"，男子亦如是；"拙诚"比"巧伪"的"杰才"更可取。 （庚卷 148·2005 年 12 月 6 日）

※触典旁通※ 方七岁，举神童（中共党史人名一） 刘少奇 （张志有 作）

仲淹请复本姓

我措题句作谜面，猜底是现代作家名：朱自清；迷茫吧，容我析释于下。《宋史·范仲淹传》载：仲淹，字希文，吴县人。幼即丧父，母改嫁于朱氏，仲淹改名朱说。后，仲淹中进士，遂还姓复名为范仲淹。传扬千古的名篇《岳阳楼记》，人皆知为范仲淹作，其中脍炙人口的名句“先天下之忧而忧，后天下之乐而乐”，谁也不会认为是朱“说”；而于朱氏而言，又何尝不是“朱姓自令被清除”呢？朱氏家族血统之纯毕竟是重要的，出过皇上么。仲淹恢复本姓，却不想沾任何人的光，有血性，有骨气。沾光不是永恒的；沾光的人有时“招祸”。“文革”时，“红五类”光彩，衍变得“越穷越光荣”；那阵，有“海外关系”者“倒霉”，后来，巴不得攀上“海外关系”。我怀疑有永恒的“理”。（庚卷 149·2005 年 12 月 6 日）

※灵犀一典※ 范仲请复本姓(《孟子》句一)　恐其乱朱也　(清·章祖泰　作)

孟德心多，误杀好人也

“故为国者，得民则治，失之则乱”(《三国志》)。“失民”了，国乱了，有人想以“杀”维持其摇摇欲坠的国基，实行“宁可错杀三千，决不放过一个”的方略。曹操就信奉“宁可我负天下人”，题句是其一例，句出《三国演义》第四回。刺董卓不遂，操与陈宫逃至吕伯奢家；吕氏家人磨刀欲杀猪款待他，他误认为吕要害他，遂“先下手为强”，尽杀吕氏全家八人；搜至厨间，见捆缚的猪，知真相，陈宫道“孟德心多，误杀好人也”！广州黄树基君撷前句作谜面，以司空图《诗品》句“是有真宰”为谜底；谜底别义作：是有真宰猪之事。曹操无辜杀人，不止此一端。曹操是政治家。政治家之“不错”，每表现在“用人”和“杀人”上；用该用之人，杀该杀的人；“疑”而杀人，手腕太“铁血”！（庚卷 150·2005 年 12 月 12 日）

※谜苑拾萃※ 三入空门女为尼(影视演员名一)　闫妮　(徐鋐　作)

鸳鸯绣出从君看，莫把金针度与人

《荆楚岁时记》载：七夕，妇女结彩缕，穿七孔针，或用金银鍮石为针，陈列瓜果于院庭以乞巧；有蟢子结网瓜上，为乞巧有成。此习沿袭甚久，我幼时，见过表姐们乞巧之举。唐·冯翊《桂苑丛谈·史遗》记：郑侃女妥娘，七夕祀织女时，得一金针，从此刺绣技艺大进。题句是《元诗记事》卷三十中，朱熹引用的俗谚，清代查奕性据之为谜面，猜底用《孟子·尽心下》句“刺之无刺也”。绣品琳琅，巧夺天工，价不菲；可任你观赏，但“刺”出其之“技法”(金针)是不外传的；“金针度人”了，绣品就不值钱了。钱的作用不得任其广大无边，否则，它可以扭曲人性，让世界丑陋。别责人“保守”吧，技艺轻易传予人，有时真像“授人以刀柄”。（庚卷 151·205 年 12 月 12 日）

※触典旁通※ 莫把金针度与人(六字口语一)　天机不可泄露　(张志有　作)

今日欢呼孙大圣

1961 年 11 月，毛泽东写了《七律·和郭沫若同志》一诗，其末联曰：“今日欢呼孙大圣，只缘妖雾又重来。”毛诗、郭诗主旨同，都借以反对当时所说的现代修正主义。我撷题句作谜面，引启下句意旨，拟谜底为两个词汇：缘/故、怪现象。斜杠用示谜底新的句读，“故怪现象”道出“妖雾重来”。1961 年有“现代修正主义”，那么，一定有过“古代修正主义”了。“修正”是对奉为经典、圭臬、神圣的某“主义”的偏离吧；偏是在最虔诚地信仰“主义”的时候，却让人民饿肚子，现实偏不争气、不给“主义”添彩。现在，“主义”多在“纸”上了；心里拿定的“主意”，不管它“修正”抑是背离了什么，让最广大人民过上不落后于他国人的日子，主意最“端正”。（庚卷 152·2005 年 12 月 13 日）

※灵犀一典※ 今日欢呼孙大圣(口语一)　别见怪　离别　(张志有　作)

太尉道:"你来节堂有何事务……"

《水浒全传》第八回有语:"太尉道:'你来节堂有何事务?现今手里拿着利刃,如何不是来杀下官?'"林冲是被高俅设套诱入白虎节堂的。赵首成友择前所引句缀面,着猜教育用语:高考冲刺。高俅追究(考)林冲刺杀自己。此谜面句长了点,水浒故事熟悉者又多,是否将题句改如题文,让省略号提示故事的蕴涵?就算长达30字吧,此谜也是艺苑精短的小品,高俅、林冲两人的事件、矛盾冲突,让灯谜作出高度的艺术概括,令人回味。大学限制"扩招"了,不限制不行,有些大学毕业生没人要。高考冲刺还有,但"中考冲刺"更"玩命"。高校校园越来越美、越现代化了,它里面的主角是中国最"前卫"的阶层,他们具备的能力也"前卫"吗?
(庚卷153·2005年12月13日)

※谜苑拾萃※ 千秋万岁名(储蓄用语一)　长期存款　(谢礼让　作)

瘦影自临春水照

《孟子·尽心下》里有"望见冯妇"句,冯妇善搏虎;成语"再作冯妇"说的就是他。清代夏之时为"望见冯妇"句觅面即题文。此谜玄机唯在"冯妇"这人名的旁代;原打虎英雄冯妇,代之为冯某人之夫人(妇)。清人《西湖拾遗》:广陵女冯元元,嫁作冯生妾,讳同姓,故以"小青"字称。大妇不容小青,因别居孤山,心常悒郁,恹恹愁病,作《与影诗》自况,有二句曰"瘦影自临春水照,卿须怜我我怜卿"。后忧郁死,西湖孤山留其墓。古时,就业多靠力,妇女多力不能及,故地位低,少能自立者,因多卖身生涯。今天,各行各业妇女多可胜任,为什么对违法的"卖身生涯"却"睁一眼闭一眼"呢,难道是"适者生存"?别让我终生不明白吧!
(庚卷154·2005年12月14日)

※谜苑拾萃※ 为人不做亏心事(甘肃地名二)　灵台　会宁　(买立新　作)

援　桴

我撷"援桴"一词作谜面,选甘肃民间艺术"武威攻鼓"为底。武威攻鼓是流行于甘肃武威一带展示战阵的鼓舞表演形式。此谜宜加"卷帘"格。"援桴"一词出《左传·成公二年》:晋师追击齐军,张侯为晋帅郤克驾车,他一手控辔,腾出一手援桴(即枹,鼓槌)击鼓,马奔不止,全军随军车勇闯敌阵,齐军大溃。援桴,以"鼓"激励士气攻而向前的威武。昔时,以鼓声作进攻号令,激越的鼓声激励着士兵们进行激烈的搏杀。鼓声助战奏凯的载述多见,梁红玉擂鼓战金山即脍炙人口。其实,士气应靠战士明悉战争的正义性,而不应靠"鼓";鼓声可"鼓"乱人心;心乱了,失去理智,也就"杀红了眼"。法西斯的"武士道精神",是"蛊"出来的。鼓亦蛊。
(庚卷155·2005年12月16日)

※灵犀一典※ 桴鼓助战(《聊斋志异》篇目二)　《红玉》《妾击贼》(民国·张起南)

匈奴未灭

读到一些古人事迹,不由拍案道"真大丈夫也!"《史记·卫将军骠骑列传》载:青年将军霍去病战功卓著,汉武帝为其治第令视,去病对曰:"匈奴未灭,何以家为也。"豪言壮,更贵其身体力行。霍去病在24岁病故;成年后六次出击匈奴,锦绣年华,全在戎马倥偬中。"匈奴未灭,何以家为也。"此句两节,意义关联,分之则抒义不全。青岛文木先生,故置前节四字为谜面,用其启示后节义项,此正是他用"骊珠法"构思佳谜的窍要;他要让猜者答出:作家莫言。"乱世羞富贵(王通《中说·礼乐》)",一战封侯的霍去病,没窝在皇上赐第中尽享富贵荣华,他惦记着西陲同胞的安居乐业。西陲至今贫穷落后,可见霍去病那样的"大丈夫"太少了。
(庚卷156·2005年12月23日)

※灵犀一典※ 匈奴未灭(探骊)　作家　莫言　(张志有　作)

昔臣常私习此赋，敢请它题

《论语·子罕》有一句“吾不试，故艺”，译成白话意为：我不为社会所用，所以才学得一些技艺。一位清人把此句别解成：我不去考我已研习过的考题，并为之谋谜面如题文。那位要用真才实学应考的人叫晏殊。《宋史·晏殊传》载：晏殊曾被荐为神童，皇上召殊与进士千余人同试于廷中，复试时，晏殊拿到的诗赋论题，因曾私下研习过，故说了题文那句话。说起对考试的态度，我能昧着良心说现状比晏殊那阵有进步吗？不能。作弊手法、枪手数量的“进步”，倒是有目共睹的。别说不能“唯文凭”取人吧，那文凭又有几成是真，真文凭又有几成是“不注水”的呢？某机关不承认某团体办校的文凭，但没办到；因为，官们多持那种文凭。（庚卷 157·2005 年 12 月 19 日）

※触典旁通※　昔臣常习此赋（收藏术语一）　做旧　（张志有　作）

有脚阳春

陕北佳县农民李有源，自幼爱念书；他主动到学校帮工，感动了校长，得能旁听。中央红军到达陕北后，新政权让世代穷苦人看到了希望。1942 年正月，有源进县唱秧歌时，喷薄而出的红日，令他心潮汹涌，脱口用《白马调》唱出“东方红，太阳升……”此歌后经陕甘宁边区文艺工作者加工，成为经典颂歌《东方红》。我为《东方红》中一句歌词“照到哪里哪里亮”选以“有脚阳春”作谜面。五代·王仁裕《开元天宝遗事·有脚阳春》：唐朝大臣宋璟，走到哪里，就像春阳长着脚，就照到哪里，人们因称他是“有脚阳春”。太阳有无尽的能量，可泽被万物。即使是绝顶聪明又毫不利己的人，其力、智毕竟有限，再说，他还很容易被“蒙蔽”。（庚卷 158·2005 年 12 月 20 日）

※灵犀一典※　有脚阳春（气象术语一）　长日照　（张志有　作）

柳慎号为“三耳秀才”

传说有长三只眼的，如马王爷、杨戬，可那都是“神”。人有被称“三耳秀才”的，其见明·郎瑛《七修类稿·辨证·三耳》：阴间官晋方得到阳世柳慎代写表奏，为谢柳慎，答允圆其一愿，柳曰“欲聪明也”；晋方取一耳置柳额，额痒，柳慎搔之，出一耳，时号“三耳秀才”。广州黄树基君据典拟成题文作谜面，用“卷帘”格，猜底乃现代作家：闻一多，依谜格呈“多一闻”与面句贴切。不失聪，两耳足矣。对不爱听的话“左耳朵进，右耳朵出”，两耳尚嫌多余，何劳三耳？其实，耳多是有好处的，耳听八方么；各方面的声音，好的、坏的、喜的、恶的，广泛接收，用于自己的决策该多好，但这很不容易；有些声音总在耳边聒噪，聒噪者，总在设法不让你听到该听到的声音。（庚卷 159·2005 年 12 月 20 日）

※谜苑拾萃※　灾后部队先到达（军中戏称一）　火头军　（冯建欣　作）

陛下殊瘦于旧，何不逐去之

宋·晁补之诗《打球图》句“九龄已老韩休死”，是说朝中忠直敢谏的臣子没了；其实，有人早盼着韩休死呢。《新唐书·韩休传》载：唐玄宗“尝猎苑中，或大张乐，稍过者，必视左右曰：‘韩休知否？’”——韩休常“扫”玄宗的“玩兴”，因畏忌之，佞臣乃进谗曰：“自韩休为相，陛下殊瘦于旧，何不逐去之？”我选谜面如题，其所涵包义不是正可用《书经》句“戒之用（韩）休”点示明白吗？读前典，亦见“三耳”无用了吧。韩休、张九龄相继死后，没人“扫”玄宗的“玩兴”了；但十数年后，安禄山反叛了，玄宗下台了。创“开元之治”的玄宗，堪称“圣贤”，但晚节不保。为圣贤，其要在于纳“贤能为之用”，贤策为之取，还在能听得进逆耳的话。（庚卷 160·2005 年 12 月 20 日）

※灵犀一典※　陛下无一日欢，何自戚戚（《书经》句一）　戒之用休　（清·盟鸥居士　作）

正此是其识具

《世说新语·巧艺》:顾恺之为裴楷画像,在脸颊上添了三根毛。人问缘故,顾答:"裴楷俊朗有识具,正此是其识具(三根毛正是裴楷有见识、才能之所在)。"题句说的"识具"是什么呢? 读前文当知"正此是""颊上三毛";由斯,我为题句选台湾作家"三毛"作谜底。此谜显得"直白"乏韵吧? 读谜兴许会有此感觉,此谜悬猜时,你会有那种感觉吗? 作谜时要为猜众着想。用此典的谜我见过,觉其晦涩。《世说新语·巧艺》中,多篇说到顾恺之的人像画。画盲的我,自无资格指责裴楷脸上凭空长出的"三毛";顾大师还说了"益三毛如有神明,殊胜未安时。"画有那么"玄"吗? 画盲观画,大约只有几个字的评论:好,不好;或像,不像;用陕西话说画盲:狗看星星一 càn(通通是)明。

(庚卷 161·2005 年 12 月 21 日)

※谜苑拾萃※ 正此是其识具(晋代人名二) 毛安之 裴秀 (张志有 作)

帝曰:"吾虽瘦,天下肥矣!"

遇典故成语,直接或稍加关联文字即用之作谜面,去"贴切"谜底,此类"用典"谜,难免失在肤浅。好的"用典"谜,宜穷索典故出处文字,选其既切"当事人"又与底文有机呼应,或词义契合者作面;同一典故,其蕴含很耐构谜时"挖掘"。本篇题文,紧接本文前篇。"帝曰"是指唐玄宗说的话,吴仁泰先生借之作谜面,用"调头"格变常言"休得多言"成"得休多言"为谜底。皇上瘦了,天下肥了,亏得有韩休敢于直谏,在皇上耳边喋喋不休(多言)。玄宗瘦了,但愿唯因"得休多言",而不是缘于沉湎酒色。当今,生活水平的提高,莫拿"肥硕"作标准吧;否则,贪官们个个"肥硕",就无从证明他们贪得无厌。有没有减肥专家为"减肥者"保密的? (庚卷 162·2005 年 12 月 22 日)

※谜苑拾萃※ 疆界争端预想中(工厂用语一) 边角料 (张志有 作)

独孤误我

清·风篁啸引《文虎》载一谜,谜面即题句,底乃《孟子·离娄下》句"死伤勇"。面底共七字,蕴藏着一件史事。《隋书·后妃传》载:隋文帝杨坚长子名勇,好学、性宽、行端,唯多内嬖;其元妃失宠暴死,勇母独孤皇后疑及勇,因恶之,并进言文帝废勇太子位,另立次子杨广为太子。文帝病危之际,知杨广行为大不端,恨曰"畜生何足付大事? 独孤诚误我"。杨广还矫诏赐勇死。临死时伤感废勇尚属小事,杨坚是否还悟及隋朝天下会亡在"不足付大事"、荒淫无道的杨广手上呢? 杀兄弑父种种不端的杨广,同时亦显示着其人有"手段、能力"。知人之能力、智力易,知人之品行难,且要长期相处的"亲知";一层层的举荐、选举,未必能得"贤"且"才"者。 (庚卷 163·2005 年 12 月 24 日)

※灵犀一典※ 召我儿(《四书》句一) 君子尚勇乎 (清·张起南 作)

紫 云

有位演员颇具实力,名王庆祥,我为此名谋谜面:紫云。《南史·宋文帝纪》载:景平二年,"江陵城上有紫云,望气者以为帝王之符。"龙、紫色云气,皆帝王祥瑞之兆,不该庆吗? 是年,刘义隆被拥立为宋文帝,开其三十年统治;文帝雅重文儒,躬勤政事,江左称治。至于"紫云、黑龙"云云,信不信由你。小民们也附会"祥瑞"之说,也许是由于他们过上了还不算差的日子吧。昨晚"夜梦不祥",我没有"写在南墙"、希冀"太阳一照,化为吉祥",这四句话是流传在关中的迷信。有些人"贵了",有些人"发"了,还有人"发而贵"或"贵而发";他们"贵"、"发"的诀窍秘不传人,也不可告人;他们也搞"迷信"、烧香什么的,那是给弱势群体"上眼药"。 (庚卷 164·2005 年 12 月 25 日)

※灵犀一典※ 紫云(清人名一) 王兆符 (张志有 作)

本以高难饱

唐·李商隐有首《蝉》诗，首联曰："本以高难饱，徒劳恨费声。"栖在高枝的蝉，吸风饮露，"自鸣清高"，"难饱"必然。以咏蝉起兴，商隐为情著文；生活清贫，虽发过"声"，终归徒劳；一生的"薄宦"如"桃梗"，任人世的"流"，漂来荡去。南京周问萍先生撷题句缀面，拟猜底乃《诗经·郑风序》句"齐女贤而不取"。贤，喻清高之德；由"不取"，所以"难饱"。"齐女"指蝉吗？是的，晋·崔豹《古今注·问答释义》曰："齐王后忿而死，尸变为蝉。"清高早就是贬义词了。清贫、清高就该贫？底层人海里涌动着不少咒骂高贪的歌谣，骂只能解解气，无奈"高贪"何。"污而饱"吗？恨无高位，恨无"靠山"，徒叹奈何。底层凡俗辈，以"本以高难饱"自慰吧！（庚卷 165·2005 年 12 月 25 日）

※触典旁通※ 臣朔饥欲死（李商隐诗句一） 本以高难饱 （张志有 作）

不赐金茎露一杯

贵了、富了，就想长寿，企富贵永享。煎熬求温饱的底层民众，有的以奋斗有得而快慰，但也有人不堪煎熬，以死求解脱；解脱得了吗？题句出李商隐诗《汉宫辞》。诗以汉武帝求仙、妄想长生讽刺唐武宗。汉宫的神明台，建有仙人掌捧杯向天承接云表甘露，名金茎露、承露盘云云。司马相如患消渴，又得武帝器重，但"侍臣最有相如渴"，武帝却"不赐金茎露一杯"。明悉此述，则清人天目山樵借题句作谜面，以古人名"司马消难"为底之谜解矣；消难：消渴疾难愈。媒体广告，多见治糖尿病的，哪个广告都神乎其神，药到病除。可我这糖尿病人不信，因为，病友见增不见减，而"神药"比金茎露还高贵。权威部门公告，十几种降糖药含有毒成分，那么，它治病，还是致命？ （庚卷 166·2005 年 12 月 29 日）

※谜苑拾萃※ 山东分离后，转眼又相逢（字一） 鳗 （孙延华 作）

吾儿素有大志，今果然

题句置面，我以歌唱家名"宋祖英"为谜底。唐代之后，乱了几十年，史称"五代十国"，南、北方先后有过十个政权。赵匡胤以北方后周国殿前都检点等职，率军伐契丹，至陈桥驿兵变、黄袍加身，成了宋朝的开国皇上。其母得报"点检已作天子"，喜曰"吾儿素有大志，今果然"！见《宋史·太祖母昭宪杜太后传》。谜以"素有大志"的称誉，尽显英雄气概；宋祖则指宋朝开国皇帝，如毛主席词"唐宗宋祖"。无名氏《举案齐眉》剧中语曰"好男不吃婚时饭，好女不穿嫁时衣"，此"志向"平庸吗？不，做到那"志向"亦不易。人各有志，不能都有做"伟人"之志，否则，不知会乱成多少代、多少国。从小处立志，一步步立志，又身体力行去完成所立之志，也会积成巨大的"成就"。 （庚卷 167·2005 年 12 月 29 日）

※灵犀一典※ 吾儿素有大志，今果然（古人一） 赵王如意 （清·盟鸥居士 作）

尊姓本来貂不足，大名倒转豕而啼

清·朱克敬《瞑庵杂识》载：苏州同知续立人倚权逞势，惹得人讥，有投联语于其舆曰："尊姓本来貂不足，大名倒转豕而啼。"此事另有版本见徐珂《清稗类钞》。续氏愤，持联以白林则徐，则徐安慰之："得此雅谑，君不朽矣，又何愠焉。" 续氏之"不朽"，诚臭名矣。用联语猜"续立人"之名，其实是条好谜。联语上联用"狗尾续貂"典，隐示"续"姓；下句得出"立人"解如下。《左传·庄公八年》载：齐侯猎于贝丘，见大豕，射之，"豕人立而啼"——野猪像人一样站起啼叫。"人立"经"倒转"，"立人"也；联语下句还藏"秋千"格。拟联而得佳谜，作者怎能料到？得佳谜，须仗作者"灯谜悟性"的"慧眼"发现，绞尽脑汁的"硬作"，未必可得佳构。此谜是吉其厚先生"发现"的。 （庚卷 168·2005 年 12 月 30 日）

※谜苑拾萃※ 黄面霜须细瘦身（政治用语一） 虚君实相 （白超谦 作）

护 花 铃

《孟子·离娄上》有句“为丛驱爵者鹯也”，意思是把爵（鸟）赶到丛林的是鹯（鹞鹰）。清·多罗山樵汇编之《廋辞汇》载一谜，为截句“为丛驱爵者”谋谜面是：护花铃。五代·王仁裕《开元天宝遗事·花上金铃》载：“天宝初，宁王……于后园中纫红丝为绳，密缀金铃，系于花梢之上，每有鸟鹊翔集，则令园吏掣铃索以惊之，盖惜花之故也。”读此谜，知护花金铃功在驱散鸟雀以护花，旨在“环保”，与鹯（鹞鹰）无涉，故被作者“砍”去。以“宁王系金铃”缀面，着猜称谓“护花使者”亦属妥贴；谜底的“护花”，别释作怜香惜玉了。弱势群体中确有该“怜惜”的“香、玉”，惜乎她们甚少得到“怜惜”；而甘愿从事色情服务的“香、玉”，似乎更受“呵护”！ （庚卷169·2005年岁末）

※灵犀一典※ 宁王系金铃（称呼一） 护花使者 （张志有 作）

岂可以漏夺名籍，苟安而已

《后汉书·党锢传·李膺传》载：侍御史景毅送儿子景顾作李膺的门徒，但“未有录牒（未录在册），故不及于谴”。意思是说：李膺以党锢祸遭杀，其门徒故吏均受牵连，景毅例外。“毅乃慨然曰：‘岂可以漏夺名籍，苟安而已！’遂自表免归。”我撷题句作成语“毅然决然”的谜面。毅，踏实到景毅；然，示语义转折；决然，见于“自表免归”的与当权者决裂。党锢案历来有闻，这兴许还是最高统治者维持其统治的一种方法。记得一位伟人说过：党内无派，千奇百怪。当权者的“警惕性”有时高得离奇，以致非得从自己同志中“挖出”与自己离心离德者，时不时地“整”一通；自己的统治是稳固了，社会却“稳固”得步履艰难。乌纱帽也会诱人堕落。 （庚卷170·2005年岁末）

※谜苑拾萃※ 行观向子赋（奥运铜牌得主一·调尾） 张文秀 （叶春景 作）

汤母葬子汉武叹

用典谜，以引用出典处原文作面称善；间有据典自拟者，拟文应示典明晰，与底材回互、密切为上乘。不久前，读方龙铭先生一谜，面即题句，底乃《史记》人物二：高堂生、张相如。《汉书·张汤传》载：张汤，西汉重臣，数度出相。遭陷自杀后，家无遗产，昆弟等欲厚葬汤，其母曰：“被恶言而死，何厚葬为！”于是，载以牛车，有棺而无椁。汉武帝闻之曰：“非此母不生此子！”此谜面系自拟，七字赅尽典旨，“汉武叹”三字拢括了作者想而不能用（防露面）的汉武七字语，谜底中“相如”亦与之回应。汉武之臣，冤死的不少，汉武帝其实是刽子手；死了再找新的，这未尝不是吐故纳新的一种方式，虽残酷了点。能人可莫太逞能！ （庚卷171·2005年，明日岁华新）

※谜苑拾萃※ 如果你正享受幸福，请你离开我（作家名一） 舒舍予 （代述祥 作）

解梦中语为“词女之夫”

买了本《事物异名别名词典》，以为对制谜有大帮助，不然；那些异名、别名只能用于“借代”，而这是谜法末技。木名有赵李，乃不结果的李树的别名，见《尔雅·释木·休》郭璞注语。清·盟鸥居士为两个花木名“赵李、合昏”拟面以题句。元·伊世珍《琅嬛记》载：父为赵明诚择妇；明诚午寝诵诗，醒来后只记起“言与司合，安上已脱，芝芙草拔”三句；以告父，父以解谜法悟得“词女之夫”四字。后明诚娶李清照为妻，亘古女词人中，清照第一莫能外。赵李合昏（古“婚”），“合”字尤妙。赵李合当婚配，组成史有佳话的美满家庭，但与“词女之夫”那离奇传说毫不相干。美满的婚姻重要处在于男女双方的营造、维护。利己主义者从不为别人着想，因之，不可能有美好的婚姻甚至其他！ （庚卷172·2005年除夕）

※谜苑拾萃※ 勉从虎穴暂栖身（春秋人名二） 先且居 曹班 （朱旭铭 作）

雌声吐款要

我用“南派法”作过一谜：娘娘腔（体育项目一），底为男子柔道。娘娘腔，沪、江、浙一带语，男子说话而女人味之谓也。近读韩愈《病中赠张十八》，又择诗句“雌声吐款要”作“男子柔道”面句。《晋书·桓温传》载：东晋桓温自以雄姿风气，可与宣帝、刘琨比。出征得刘琨之妓，妓见温而泣，问故，妓谓桓温面部差可比琨，又道：“形甚似，恨短；声甚似，恨雌。”说桓温大将军说话“娘娘腔”，桓温数日不乐。不少学科讲究“匹配”，如大马拉小车，不匹配。男子汉就该“高喉咙大嗓子”，“娘娘腔”与之不匹配。诸葛亮让司马懿穿女装，旨在羞辱之，谁料司马氏“大度”，诸葛氏反受其害。“雌儿”不无辱人之意。长相、说话，小节也；要之，大丈夫的行为，别让巾帼们所不齿。

（庚卷 173·2006 年元旦）

※谜苑拾萃※ 无有一城无甲兵（甘肃地域一·卷帘格） 武都市 （张贤耀 作）

襟韵洒落，如晴云秋月

肤浅如我，只闻文与可画竹之名，却不知其名曰同，且腹学渊博，能诗文、工书画。文与可他自号笑笑先生，人称之“文湖州”，实则，他未到湖州任上即卒。司马光、苏轼很敬重文与可，《宋史·文苑传》载有文彦博称赞文与可语曰：“与可襟韵洒落，如晴云秋月，尘埃不到。”“襟韵”、“秋月”云云，只是吴仁泰先生借作语言学名词“文言文”的谜面。此谜举重若轻，显别样“襟韵”。文与可以擅画墨竹而扬名，是有缘由的：他不以一技之长矜持，持缣素上门求画者踵继，能不声名广远？艺术家多矣，“人民艺术家”之名，当代的老舍当之无愧，唐代的白居易也沾得上边。人民热爱的艺术家不是以其“收入”衡量的，但愿收入愈高的艺人，不是离人民愈远。

（庚卷 174·2005 年 8 月 4 日）

※谜苑拾萃※ 千年老二空悲叹（古文篇目一） 《伤仲永》 （黄瑞生 作）

汉高心动于柏人

清人曙城拟题句作谜面，谜底乃《论语·泰伯》中句“危邦不入”——将乱的国家，不进入到那里。以“有危险，刘邦不住而去”别解底句，谜作者“心动”于《史记·张耳陈馀列传》：汉八年，高祖刘邦过赵国，赵相贯高等欲在柏人（地名）加害刘邦。邦“心动，问曰：‘县名为何？’曰：‘柏人。’‘柏人者，迫于人也！’不宿而去。”调侃语有“第六感觉”。心动感“迫人”，刘邦其第六感觉乎？“明者远见于未萌，而智者避危于无形”（司马相如语）。刘邦诚明智者。棋语有“高将多危”，把它解释成“地位高了多危险”，应无不妥。位高者“操心”也多，哪怕是附会而生的“迫人”。位高者若能为治下的民众多操心、多办好事，那么，自身的安全却比自己操心时，会更加安全。

（庚卷 175·2006 年元旦）

※谜苑拾萃※ 大德之人，比得其寿（英雄模范人物一） 陈嘉庚 （杜敏 作）

蘧瑗始知非

唐·武元衡《西亭题壁寄中书李相公》诗中有“蘧瑗始知非”句。《淮南子·原道训》曰：“故蘧伯玉年五十，而有四十九年非。”这是说：蘧瑗（春秋时卫国大夫，字伯玉）年五十知四十九年所行之非。后用作有所觉悟的典故，并称五十岁为“知非之年”。《礼·曲礼》曰：“五十（岁）曰艾，服官政。”知悉前述两典，则我用题句作谜面，扣底以当代诗人“艾明之”之谜解矣：五十（艾）以后明白了。蘧伯玉，大贤也，但五十岁了，才有点觉悟。古人寿命短，很多人怕是一辈子都不明事理，就糊里糊涂地死了。现代人聪明了，懂事早了吗？不尽然。二十几岁就当教师了，给别人“晓之以理”，但自己未必明白事理。人生在世的意义是“大理”，只怕是很多人五十岁以后也弄不明白那“大理”。

（庚卷 176·2006 年元月 3 日）

※灵犀一典※ 行年年五十而知四十九年非（《四书》句一） 自怨自艾 （民初·缪及贤 作）

赠粟囷应指

泰国卢一雄先生以“指囷相赠”为面，猜底措以两个科技名词：周期、纳米。愚以为改以题文作面更妥贴，其出杜甫诗《水宿遣兴奉呈群公》，句意在望友人济以粟米；谜底中“周”字，指为周瑜。《三国志·吴书·鲁肃传》载：周瑜任居巢长，带数百人到鲁肃家“求资粮”；时鲁肃有米两囷，指一囷予周瑜；二人遂相亲结。“指囷”传为鲁肃的一段佳话。“将数百人、求资粮”，咋看都像逼索。不像寄食于漂母的韩信，周瑜之举颇似“吃大户”。看来，大英雄亦须“能屈”之时，以冀它日“能伸”之际。劳动者的颂歌淡出，一月有余了。我看，劳动者更属英雄，他们始终“屈”于不丰的收入而无怨，他们的手不息地劳作，从不“索取、讨要”。　(庚卷 177·2005 年 6 月 6 日)

※谜苑拾萃※　村头宅前军民情(感动中国人物一)　宋鱼水　(李志平　作)

买奴得翁

《周易·家人》彖辞有句“家人有严君焉”。其义是：一家人有严正的君长(指父母)。“为老不尊，教坏儿孙”，严正的家长对儿孙的影响是至关重要的，不容稍有忽视。民初人叶尔龄为“家人有严君焉”配以谜面：买奴得翁。这是三国魏人庞俭的雅闻，从《三国志》里未能查悉，只得从《中国人名大辞典》中择其事略：庞俭少失父母，后凿井得钱千余万，在买得一老苍头做仆时，意外地发现此人乃其生父，因传有“买奴得翁”，翁—生父—严君。朱柏庐《治家格言》里说：“重资财，薄父母，不成人子。”“不成人子”是对“重资财，薄父母”者的谴责吗？谴责实无用。现实中，父母无资财，不乏被“薄”者；“不成人子”者还“不屑”为你的儿子辈呢。　(庚卷 178·2006 年 1 月 3 日)

※谜苑拾萃※　一贯正确(五字口语一)　从来没有过　(章春民　作)

比蟹未成筐

题句出韦庄《和郑拾遗秋日感事一百韵》诗中，其用典见《礼记·檀弓下》：“蚕则绩而蟹有匡。”唐人孔颖达疏：“蟹背壳似匡(同‘筐’)。”再释之：蟹处壳中，如盛在筐里。后来，以“蟹有筐”比喻人有居室。是活蟹，必有筐。题文只是“比”，蟹无筐比如屋无顶盖；那么，我用题文作面句，猜市政建设新词“烂尾楼”，是否还算贴切而又“形象”？“烂尾楼”，所有未收尾的建筑工程的泛指也。我居止在兰州西面偏北的郊隅，再过几年，这里将是新的市政中心，繁荣可期。目下，烂尾楼奠定着繁荣的端倪；“跑马圈地”抢着发财的先机；至于祖居于此的农民，法制观念似乎更淡，他们简易的砖房密密地拔地而起，市人戏称之为“炮楼”。勃勃生机，必有此繁荣前的“阵乱”吗？　(庚卷 179·2006 年元月 6 日)

※谜苑拾萃※　媚眼频频送，惹人春心动(体育事件一)　球迷骚乱　(欧春宝　作)

古谓之三才

“才”亦作“材”。《周易·系辞下》曰：“有天道焉，有人道焉，兼三材而两之。”古指“天、地、人”为“三才”，缘于上。《周易·说卦》里，对“三才”还有叙述。旧时，相士说人面部有三才，是为额角、准头(鼻子)、地角(两颊骨下端)。谜人对“天、地、人”这“三才”用得不少，但若不明悉其出处，就难免用之失当。有一谜，介绍这“三才”，它是韩振华作的：古谓之三才 (刊物名)《老人天地》。“老”扣“古”字，“人、天、地”谓之“三才”。“才”、“材”二字之义原该相通。“天、地”对人而言是“材”——资源，无所谓“才能”；而“人”是“材料”，但“人”还需具备且日益提高其“才能”。“饭桶”，无“才”但消耗“材”的那类人之谓也。　(庚卷 180·2006 年 1 月 13 日)

※灵犀一典※　集三才为一体(狗年春晚歌名一)　《天地人和》　(张志有　作)

烧栈道示无东意

民初谜人黎国廉以题句作谜面，谜底作数学名词：绝对项；别释作：毁绝对付项羽的通道，并表明此意向。蜀道自古难。自陕入蜀靠栈道：在悬崖绝壁上凿孔支架木桩、铺木板而成的窄道。秦末，群雄纷起争鼎；项羽势雄，入关中后自立为西楚霸王，封刘邦为汉王，居蜀；项羽还派兵监视刘邦，务使入蜀，汉王"去辄烧栈道……亦示项羽无东意"（《史记·高祖本纪》）。"在人矮檐下，不得不低头"，乖乖地躲到偏僻的蜀地，还烧绝"唯一"回到关中的栈道，刘邦无乃太"听话"了吧？入蜀，栈道"唯一"吗？金牛道又作何用？后来，刘邦"暗渡陈仓"，打回到关中。影视界常听到"戏过了"一词，刘邦也演得"戏过了"。社会上常演戏，对表演得"戏过了"者不提防，最终得演《霸王别姬》。　（庚卷 181·2006 年 1 月 13 日）

※谜苑拾萃※　二老乡里度光阴（钢琴家名一）　郎朗　（方见生　作）

耶稣啊，须防犹大加害

基督教典籍《新约全书》载：耶稣，约生活在公元一世纪初期，是上帝的儿子，为救赎人类而降世，被信奉为救世主；后被犹太教当权者仇视，钉死在十字架上。又《圣经》福音书载：犹大是耶稣十二门徒之一，后以三十块银币出卖乃师，带路拘捕之。犹大遂被西方人目为叛徒。题文是我据基督教故事所拟，用为电影名《主犯在你身边》的谜面。谜底"主"字后作顿读，突现教徒们对耶稣的亲敬称呼。谜面语吻，顾底贴切，赵首成谜家评曰："作者心思之细微，手法之绵密，皆如水银泻地。"叛徒犹大的行径，在竞争愈演愈烈的世态下，有增无减，甚至以别样名分，罩上华丽的光环。真诚不能主宰社会，是最大的悲哀。　（庚卷 182·2006 年 1 月 15 日）

※谜苑拾萃※　留得叶梢一抹红（字一）　朱　（叶春荣　作）

锁　麟　囊

京剧《锁麟囊》取材于《夜雨秋灯录·闺侠》，以京剧四大名旦之一的程砚秋先生演出而传誉。剧情略曰：富女薛湘灵出嫁，薛家以内装珠宝的绣品锁麟囊为妆奁。贫女赵守贞同日出嫁。雨阻，两家同息春秋亭。贫富差别如天壤，守贞凄然悲泣；湘灵闻之，赠以麟囊，两人并未见面。著名谜家吴仁泰老师，以故事浓缩的"锁麟囊"三字作谜面，取东汉、三国人"薛惠、赵氏"为谜底。谜虽朴直，故事却"戏剧性强"：六年后，薛、赵两家富贫颠倒；薛到赵家佣工，从锁麟囊得以相认，二人结为姐妹；在赵氏帮助下，薛氏一家团聚。"自古圣贤尽贫贱"，这是鲍照代表一些人聊以自慰的话，一些人不得意时常说。诚实的劳动者贫贱，能戴顶"圣贤"帽自慰也好呀！　（庚卷 183·2006 年 1 月 16 日）

※谜苑拾萃※　雨脚如麻未断绝（长篇小说名一）　《天下大势》　（陈晓映　作）

豆蔻梢头二月初

豆蔻，多年生草本植物，亦名草果，分肉豆蔻、红豆蔻等种。题句中之豆蔻当指生长在南方的红豆蔻，其花蕾形成时，卷于嫩叶里，叶渐展，花渐放，故有"含胎花"之称。题句出杜牧诗《赠别二首·其一》，诗赠何人呢？藏于故宫的杜牧手迹《张好好诗并序》揭示：张好好年十三，以善歌舞入乐籍；杜牧曾在宣城、洛阳见过好好。"娉娉袅袅十三馀，豆蔻梢头二月初"，杜牧诗才诚不虚，是他第一个把十三岁少女比作红豆蔻花的，"豆蔻年华"始成花季少女的美称。民初张郁庭借题缀面，谜底乃《大学》句"如好好色"，好好踏实成人名。"文革"中说过"最最最"，如果说美，怕是会连缀更多的"美"字的。诗才尤昭著于"比喻"的生动，杜牧尤昭著于"赢得青楼薄倖名"。　（庚卷 184·2006 年 1 月 17 日）

※谜苑拾萃※　白发生头未得归（俗称谓一）　老外行　（蔡秋湖　作）

巧越嵇心，妙臻羊体

借题句作谜面，我措置两个剧种为谜底：柳琴、高甲；高甲别解义是：高超，甲等。《南史·柳元景传附柳恽》载：柳恽，有志行、好学，善尺牍之外，更有一技惊人：“初，宋时有嵇元荣、羊盖者，并善琴……恽从之学。恽特穷其妙。”萧子良置酒后园，太傅谢安以鸣琴付恽，“恽弹为雅弄。子良曰：‘卿巧越嵇心，妙臻羊体……岂止当今称奇，亦可追踪古烈。’”读者其思之：柳(恽)琴(艺)，堪称高甲吧？人有天赋，信然。非独琴，于棋艺，柳恽亦精；又善医，留有著述。人生有限，人世多能，一人能兼之乎？不能。故，人当发展自身特长，学而能精，方能奉献社会于自己的最大功能。可惜，教育不能发挥最大效能，无“个性化”教育，令人的生命被白白“浪费”了很大一部分。（庚卷185·2006年1月18日）

※灵犀一典※ 巧越嵇心，妙臻羊体(《西厢记》句一) 柳丝长 (清·张起南 作)

千村薜荔人遗矢

1958年7月1日，毛泽东主席写了《七律二首·送瘟神》，他是从报上阅知“余江县消灭了血吸虫。浮想联翩……欣然命笔”的。往昔，血吸虫病疫区惨不忍睹，“千村薜荔(两种野草)人遗矢(病人病便)，万户萧疏鬼唱歌(江西余江，二十余村庄毁绝，万余亩良田废成荒野)”。领袖为“消灭了血吸虫”，“夜不能寐”，见其把人民的冷暖安危时刻系心。汕头邱振宗谜家为题句找出原因，用农业术语作答：病虫害。变病、虫两者对植物的为害为：病因在于(血吸)虫对人的危害。病因在“虫”害吗？为什么不能消灭那“虫”？可见致病关键还得从“人”身上去找。医学高度发达了，但没能去救很多本不会死的人；很大比例的人，看不起病。“医改”的路还很长，离成功还很远！（庚卷186·2006年1月18日）

※谜苑拾萃※ 岁月不待人(毛泽东词句一) 光阴迫 (张志有 作)

高祖为陈涉置守冢，至今血食

《史记·陈涉世家》载：“高祖(刘邦)为陈涉置守冢三十家砀(安置三十户人家在砀山看守坟茔)，至今血食(享祭)。”陈涉揭竿起义，曾拥兵数万，被推为张楚国王，动摇了秦王朝的统治；鉴于此，刘邦称帝后，不忘涉功，给予其王、诸侯一级“待遇”(见题文)。司马迁在其《史记》里，亦给予“世家”入史的级别，仅次于帝者的“本纪”。民初谜家黎国廉，给予陈涉什么“历史地位”呢？他用《孟子·滕文公下》中句“齐之世家也”谳定，此谜令齐国之“齐”，义变为“等同于”之义。“胜者王侯败者寇”，陈涉的亡灵享受了王侯级别的待遇；他如果还活着，会怎么样呢？大约会在某地“流亡”吧——如果他不归顺的话。生活中也有失败者，别让他们活得太惨。（庚卷187·2006年1月17日）

※谜苑拾萃※ 四边无警不控弦(《水浒》人名三) 周通 武松 乐和 (吴乐荣 作)

左仗下黑色小儿，瞻视异常

《资治通鉴·隋炀帝大业九年》载：隋李密“少有才略，志气雄远，轻财好士，为左亲侍”。隋炀帝杨广看过李密后，对宇文述说：“向者左仗下黑色小儿，瞻视异常，勿令宿卫！”左侍卫是隋军里“侍卫”皇上的，杨广见李密“瞻视异常”，不让他担当“宿卫”之职。杨广亦“慧眼”，知李密“是个人物”。此李密后来参加瓦岗反隋义军，旋成头领，大大动摇了隋朝统治。杨广看出李密是有作为(行)的。故我为题句觅以五代人名“杨行密”作谜底。行，表肯定，如“可行”、“人还行”。一个时期，中国人极度“革命”，似乎别的国家都“不行”，非“反动”，即“修正”。那阵，真是“不以己悲”。（庚卷188·2006年1月18日）

※谜苑拾萃※ 清水出芙蓉(电视剧名一) 《青花》 (于庆顺 作)

亭亭净植，可远观而不可亵玩焉

浙江湖州有处景观，宋时已名闻遐迩，据周密《癸辛杂识》记其为“新兴郡王园”，此园历经兴替，易主易名，在赵孟頫手上方定名“莲花庄”，亦称“孟頫别业”。现园多为今修，却大胜于往昔。陆天伦君为“莲花庄”谋面如题。庄名莲花，联想到北宋周敦颐《爱莲说》一文，从中觅面易，但度情觅句把“庄”字从“庄园”别解成“端庄”，却非一蹴而就；净、观，见花之“庄”，要之，“不可亵玩焉”。“亭亭”喻美，宜细咀嚼、品味，形容少女不是也用“亭亭玉立”吗？爱美之心，人皆有之，美给人心灵以怡悦。对美，“可远观不可亵玩焉”；私心却导致亵玩、占有。私欲，犯罪之路始于斯。　（庚卷 189·2006 年 1 月 20 日）

※触典旁通※　可远观不可亵玩焉（京剧艺术家名一）　杜近芳　（张志有　作）

周公恐惧流言日

《礼记·月令》有文：“仲夏之月……旦危中。”旦，早晨；危，二十八宿之一。前句是说：仲夏时的清晨，旦星居天之中央。清人盟鸥居士为“旦危中”句选谜面如题，其出白居易诗《放言五首》之三；时白氏贬江州司马，“感慨系之”有斯作。姬旦，周文王第四子，封邑在周，因称“周公”；他佐武王伐商，建西周，后辅年幼的成王，代摄政事，但管叔、蔡叔仍以流言蜚语中伤周公，是谓“旦危中”——周公（旦）担心（危）为中伤。“夜行者自信不为盗，不能使狗无吠”（《国策》），由管、蔡之“吠”，周公曾弃政，国情危急时，被迎回；后，周公还政成王。贤，不足以治国，还得有“铁腕”，护“贤政”之施行，否则，“吠”声也是不安定因素。　（庚卷 190·2006 年 1 月 22 日）

※谜苑拾萃※　今秦王欲吞天下（外事用语一）　六国政要　（郑晖　作）

莫是藁砧归

题文出唐·权德舆《玉台体十二首·其十一》中。藁，稻草；砧，砧板。古时斩刑，藁作席，伏砧上，行刑用𫓧——大斧；𫓧、夫音同，故古时多以“藁砧”隐指“丈夫”。题句拟为闺妇口吻设问，我用剧目代答，《望夫云》甚宜。云，本作名词，入谜，用其“话语”义。《望夫云》一剧，亦系民间传说，痴妇望夫不至，久而化为“望夫状云形”。诗多抒情，谐音乃抒情常用手法之一。“何当大刀头”，大刀头上有“环”，又以“环”谐“还”音；这“望归”之“还”，隐意又多一重。信息时代了，沟通极其方便，但那只指沟通的手段。方便的手段并不意味着人与人更易、更多沟通。“代沟”不限于“代”，隔阂常为利害所左右。电话常接不通，不一定是电信器材的故障。　（庚卷 191·2006 年 1 月 22 日）

※灵犀一典※　莫是藁砧归（数学名词一）　内切圆　（张亚谟　作）

洞在清溪何处边

晋人陶潜，号渊明，其文《桃花源记》，堪誉传世佳作。文中云：“林尽水源，便得一山，山有小口（洞），……从口入。”陶氏进入与世隔绝的“世外桃源”，是后，再无人进入过那宝地；诚然，那胜境原本只是陶氏“设计”的“理想境界”。唐书法家、诗人张旭，作有《桃花溪》七绝，题句即出其中。应是读过《桃花源记》，亦冀望找到可以逃避俗世的“世外桃源”，张旭以诗“问渔船”，但见“桃花尽日随流水”，仍不悉“洞在清溪何处边”。揣摸诗的意境，原天水、现定居南京的谜家陶炎烈，以清季人名“张问陶”作题面句的谜底。湖南桃源，自诩有陶渊明描写的“桃花源”般仙境；附会也罢，神州美景原多，“缺少的只是发现”。发现也是“创见”：第一个发现。　（庚卷 192·2006 年 1 月 24 日）

※谜苑拾萃※　眼睛一睁一闭一辈子就过去了（电影名一）　《生死时速》　（郑俊生　作）

真长佯愚以固辞，子敬灸足以求免

“攀高枝”缔结的婚姻，不美满的居多；“尚帝女”——娶公主为妻，婚姻不美满不说，死于非命者不少。《南史·王诞传附王藻》载：王藻娶宋文帝第六女临川公主为妻，终死狱中；其传中记有江敩“当尚孝武帝女”，作“让婚”长篇文，文中极陈“尚主”之弊，例举有“王敦慑气，桓温敛威，真长（刘惔）佯愚以求免，子敬（王献之）灸足以违祸。……”清人章祖泰编纂之《四子彀音》载一谜，作者拟题句为谜面，底乃《孟子·公孙丑下》句“莫能相尚”——莫要相娶于公主（尚）。题面稍异传文，使“拒婚”义更明悉了。女强人、女大款比“公主”之“贵”不能比，其婚配也难，多不美满。富、贵方面逊于女人，男子汉岂忍吃“软饭”之辱！

（庚卷193·2006年1月24日）

※别具匠心※　高尔夫球场（成语一）　弹丸之地　（张志有　作）

两学目之曰“立地书橱”

《宋史·吴时传》载：吴时写文章快捷，不打草稿，落笔即成，“两学（国子学、太学）目之曰：‘立地书橱。’”橱、窗义近，因有“橱窗”一词。撷题句作谜面，我寻得刊物名两个《时装》、《知识窗》作谜底；“立地书橱”——吴时装满知识的橱窗。宋代龚程博览群书，记问精确，享誉“有脚书橱”，走到哪儿能把知识带到哪儿。“多闻以为富”（《孔子家语》），今人认知前语者几何？苟同者又几何？得有“书橱”为伴，应是乐事，可“武装”自已，不是“武装”坚甲利戈，而是心贮治世之良方、妙术；不是“以力服人”，而是以“理”、以“智”服人，进而率领人服务于人民、国家。项羽即使学好“万人敌”了，他能免于失败吗？

（庚卷194·2006年1月25日）

※灵犀一典※　两学目之曰“立地书橱”（《诗品》句一）　时见美人　（庄容川　作）

大限来时各自飞

做某事，会做者感其易，不会做者觉其难，因成俗语“难者不会，会者不难”。把前俗语中难（音nán）别解为灾难（音nàn），会另释作“聚合”，赵首成先生为这俗语谋谜面以题句。旧有蒙书《增广贤文》，它是“贤文”“增、广之”集而成帙、教人处世为人的书，“夫妻本是同林鸟，大限来时各自飞”出其中。大限，佛教指阳寿，后泛用其“灾祸”义。“大限来时各自飞”，不限于夫妻，人际交往均如是。《孟子·万章下》有句“其交也以道”：交友应以思想、信仰为准则，即同道、同志；“势利（权势、利害）之交，难以经远”（诸葛亮《论交》）。“百年好合”其实难，百年中，多少“大限”在考验着你和她、人和人啊！“联欢”，联了但“欢”吗？

（庚卷195·2006年1月26日）

※灵犀一典※　大限来时各自飞（《四书》句一）　夫妇有别　（清·张起南　作）

王伽送流囚，悉脱其枷

《论语·泰伯》中“犯而不校”句，杨伯峻先生译义为：别人触犯他，他不计较。清人何绮为“犯而不校”句谋面如题；为面句所囿，“犯而不校”义变成：罪犯不加刑具（枷）。此谜中，“校”字之别解奇崛，如异峰突起，尤显作者功力。盖“校”，改读音xiào，本义是拘羁罪犯的刑具。谜面事出在《北史·王伽传》：隋章武人王伽，押流囚李参等七十余去京师，途中，伽尽去其枷，限期在京师集合；流囚感悦，无一人逃逸；后隋文帝赦囚，王伽亦蒙升迁。汉代酷吏义纵，一日杀四百余人，致不寒而栗；秦二世乱杀无辜，实草菅人命。酷刑与制止犯罪不等同。死有余辜者，要让他死得明白、死无微词；执法者，你做得到这点吗？你敢让临刑者吐其微词吗？

（庚卷196·2006年1月26日）

※谜苑拾萃※　无力蔷薇卧晓枝（常用语二）　差劲　花不起　（赵晓南　作）

移巢别处觅雕梁

《桃花扇》有唱词曰“痴虫儿自吐柔丝缚万遭”，抒儿女柔情缱绻也；情到了那个分上，“眼里出西施（或潘安）”，信然。元·蒋正子《山房随笔》记一求亲事：金人元好问妹，文而艳；张姓子求婚于好问，答：“妹以为可则可”。张自访元妹，她正在补天花板，放下手上活迎之；张问近作，元妹应声答曰：“……寄语新来双燕子，移巢别处觅雕梁。”度才女吐属，“张恢然而去”。让我用麻将术语作翻译吧：（拒）绝张（生）。爱情，常“说不清，道不明”。才貌、人品、门第自度“般配”者，不一定能走到一起、相伴终生。有“凉水沏茶硬泡”而“泡”出滋味，“泡”到一起的。相知，有也应该有个过程；轻率地合、离，均不妥。（庚卷197·2006年1月27日）

※灵犀一典※　移巢别处觅雕梁（词牌一）　《离亭宴（通“燕”）》（张志有　作）

将在军，君命有所不受

题句出《史记·孙子吴起列传》：孙武为吴王阖闾训练宫女战阵，恃宠爱姬违令当斩；阖闾求情，武曰：“臣已受命为将，将在军，君命有所不受。”后来，此语衍变成“将在外，君命有所不受”；其义易明：将帅领军作战，贵能相机行事，因时、因地制宜，虽圣旨亦不得掣肘。章健儿先生撷题句作电影名《大漠紫禁令》的谜面。浩瀚沙漠，入谜别义作：极度地（大）漠视；君命出自皇庭，谜以“紫禁令”扣合。以谜面度，“漠、紫禁令”，非漠视皇上，适是出于忠君、报国之深虑也。“天高皇帝远”，也有有意“大漠 紫禁令”的，为一己之私、本地之利，把国家利益弃置罔顾，把自己的辖区当成“独立王国”；“上有政策，下有对策”，他们玩得很“溜”。（庚卷198·2006年1月27日）

※灵犀一典※　将在外，君命有所不受（电影名二）《带兵的人》《大漠紫禁令》（赵志国　作）

汗　　牛

唐·柳宗元《陆文通先生墓志》曰：“其为书，处则充栋宇，出则汗牛马。”此句是说：陆文通家藏书极多，室存可放满整栋屋子，外运则累得牛出汗。后人据此总结为成语：汗牛充栋。清人金丽源择用“汗牛”二字置面，着猜《孟子·告子下》中“束牲载书而不歃血”前四字之截句，其本义是：捆缚牺牲（祭品），把盟书放在它身上（杨伯峻译）。牲，指供祭祀用的牛、羊、豕。束牲，未必束牛，何以“汗牛”？当然，王侯一级的会盟，首选用牛；但这不能说明此谜无懈可击。底材中那次“葵丘会盟”没进行“歃血”。进行了歃血就必定履约吗？“口血未干”而背约、毁约的，史未绝书，今亦不鲜见！（庚卷199·乙酉年除夕）

※灵犀一典※　处则充栋宇（著名斯诺克选手名一）　梁文博　（武骝　作）

髀肉复生犹感叹

题句出《三国演义》第三十四回“后人有诗赞玄德曰”。髀，股腿相接处的外侧。久疏战阵，未骑马驰驱，“玄德长叹曰：‘髀里肉生，日月如驰，老将至矣，而功业不建，是以悲耳！’”此文出《三国志·蜀志·先主传》。有志者才为“老将至矣，而功业不建”悲叹；看来，刘玄德并非贪图安逸，其心总系纵马战场，以武力建立功业。那么，前文中“刘心武”三字是我为题句配的谜底，当代著名作家：刘心武。刘备与其子刘禅恰成鲜明对照：老子鞍马劳顿，饱历磨难挣下的江山，让苟且偷安的儿子给“玩完”了。宴安鸩毒。闲散懒惰、贪图享受者，应该说多于以往时期了；有些人希望他人都那样，鼓励他人“宴安”，这样，自己少了竞争对手。“宴安”是“鸩毒”，可别临死时才明白呀！（庚卷200·乙酉年除夕）

※灵犀一典※　髀肉皆散（股市术语一）　亏损股　（张志有　作）

辛卷

谜意画:痴人记剑痕(宋代诗人名)　　沈与求　(吉其厚 作)

插　图:刘旭 作

夫子至今有耿光

《史记·田儋列传》:“……兄弟三人更王,岂不贤乎哉!”前句乃汉高祖刘邦赞叹田横语。陈涉首举义旗,秦鼎危矣,群雄共争之。原齐国贵族田氏数人先后称齐王,刘邦称帝后,田横不甘臣服,率部众五百余人逃至海岛;刘邦召横,横耻之,自杀,遂只以死面见邦。闻横死,横部五百余人皆自杀。韩愈有《祭田横墓文》,题句出其中。夫子,韩愈对田横之敬称也。著名谜家赵首成先生以俗语“横竖一个样”配为题文之谜底,光大着(田)横矗立(竖)不倒的光辉榜样。东北有“小样儿”一口语,含对人不屑齿及的味儿。田横毕竟是一方王者,因其当过“王”,就“至今有耿光”吗?不!他的五百部下闻横死而集体自杀,看来,田横毕竟有他的“人格魅力”!(辛卷 1·2006 年 1 月 31 日)

※谜苑拾萃※ 本来无一物(数学名词一) 虚根 (蔡芳 作)

裂缯

晋·皇甫谧《帝王世纪》载:“妹喜好闻裂缯(撕裂缯帛)之声而笑,桀为发缯裂之,以顺适其意。”桀,夏朝末代国君,他为政残暴,生活淫荒,致夏朝被商汤灭掉。妹喜是桀的宠妃。《红楼梦》里写有晴雯“撕扇子作千金一笑”;那阵,扇子用料多缯帛绢绸之类,撕裂之,其声悦人。贾府公子为博晴雯之笑,供扇任其撕之,这可以名之“府中调笑”。清人缪东霖编选的《谜选》,以曲牌《宫中调笑》作“裂缯”的谜底。夏朝让桀给“玩完”了,贾府衰落破败了,我们没理由去责备妹喜、晴雯,尤其是后者,她只是个丫环。狗年将临,大街小巷挂满了红灯笼,其数估计不少于兰州人口数。现代的灯笼不流泪,但总在流走什么吧?(辛卷 2·2006 年 2 月 1 日)

※谜苑拾萃※ 观其雄心依旧在(谜人名一) 张志有 (顾孟奎 作)

康衢之谣

《列子·仲尼》载:尧治理天下五十年了,效果如何?他问诸朝、野,均不甚了了;于是,他微服到四通八达的通衢亲自察访,听到童谣唱道:“立我烝民,莫非尔极(我们百姓生活得极好)。不识不和,顺帝之则(想到的都得到了,顺从帝王旨意就行了)。”听后,尧极满意,问孩子们,何人教唱?答:听自大夫那里。尧又问大夫,答曰:出自古诗。后称尧在通衢听到的童谣为“康衢之谣”。“康衢之谣”作面,我令猜电影歌曲《大路歌》;别解“颂唱大路的歌”为“大路上唱的歌”。“康衢之谣”出自古诗吗?承认自己“编”的得了,何必用“古诗”去搪塞尧帝呢?“民谣”很多都是权贵们“编”的,借民之口点缀升平而已;真出自老百姓的歌谣,朴直实在,绝无“莫非尔极”那般虚假。(辛卷 3·2006 年 2 月 6 日)

※谜苑拾萃※ 点点春雨三面下(字一) 糯 (杜宇澄)

人目为水晶灯笼

宋人孙道夫,官至礼部侍郎。居官一意为民,不干以私,又性刚直,喜面折人短。“遇事明了,人目为水晶灯笼。”见《宋史·孙道夫传》。水晶灯笼,以水晶制作之灯笼,内外透明,喻人眼光锐利,洞察隐情。宋人刘随亦获“水晶灯笼”之誉称。台湾叶明冬先生择题句置面,猜底作旧称谓:清道夫——此又属足球术语。道夫以“水晶灯笼”般之“清”见称,此誉甚高矣。道夫,字太冲,其性格无乃“太冲”乎——“喜(当)面折人短”;他还“一心为民”,“不可干以私”。这样的人,竟在他所处的时期,为官三十年,看来,他遇上了“明君”。水晶灯笼咱无缘识见,冰灯之晶莹剔透亦足令我叹为观止了。嗟叹吧,追忆吧,今少“水晶灯笼”般的人了。(辛卷 4·2006 年 2 月 2 日)

※触典旁通※ 人目为“水晶灯笼”(探骊) 称谓 明白人 (张志有 作)

夫阳子，本以布衣隐于蓬蒿之下

唐代北平人阳城，字亢宗，其传略读之启人。阳城家贫，求为小吏，窃集贤院书读之，六年后无所不通；登第后，隐中条山，唐德宗召为谏议大夫。韩愈著文《争臣论》，对阳城颇多讥诮，城不屑予顾；身居谏议大夫职，城不喋喋不休地在皇上耳边聒噪，关键时刻却能挺身而出进谏。题句出《争臣论》，是说阳城出身低微。清季谜家唐景崧采以为谜面，底乃《孟子·公孙丑下》中句"城非不高也"；物质的"城"，经谜面语吻反振，底义呈：阳城非无高尚志向的人，不无对韩愈讥语之驳斥。皇上的地位，决定了他的"独裁"。在皇上身边当谏官难，仅凭"忠心"是远远不夠的，"谏"之方式、方法重要，关键是要达到"谏"的目的，不讲究方式、方法，"冒死强谏"，置目的于不顾，也是"自私"的一种。

(辛卷5·2006年2月6日)

※触典旁通※　本以布衣隐于蓬蒿之下(新称谓一)　　草根作家　(张志有　作)

狂奴故态

严复，近代资产阶级启蒙思想家，曾译《天演论》，以"物竞天择，适者生存"等进化论观点，激发国人救亡图存，影响甚大。我为"严复"大名择以"狂奴故态"作谜面。"故态"透出"复萌"蕴义；"狂奴"属"严"氏吗？容我道来。《后汉书·逸民传·严光》载：严光是光武帝刘秀的同学，不仕隐居，颇多雅闻。严光与司徒侯霸亦故交，霸差人送信严光求见，严让来人带回信，信中不无讥刺意；霸以信奏刘秀，秀笑曰："狂奴故态也。"狂奴非骂，昵称也。"非汤武而薄周礼"，前嵇康语，足见其"狂"。古尚多"狂"人，严光亦列其中。狂，是其真性情之流露，从某方面说，倒有可爱之处。今少"狂"人乎？不少，只是不流露其"狂态"，这却可怕。

(辛卷6·2006年2月8日)

※谜苑拾萃※　乐事还同万众心(歌曲名一)　　《每个人都这么说》(李创龙　作)

"生的伟大，死的光荣"

刘胡兰，山西文水年轻的共产党员，积极参加土地改革和支前工作。1947年1月12日被反动军队抓获，她在敌人的威胁面前，坚贞不屈，凛然说道："只要有一口气活着，就要为人民干到底。"敌计穷，将同时抓捕的六个农民一一铡死；胡兰丝毫不畏惧，从容赴死于敌人的铡刀下。毛泽东主席为她题词："生的伟大，死的光荣。"镇江刘延毅先生以谜这种艺术形式，彰扬了刘胡兰为人民利益，不惜牺牲的精神。题文是谜面，谜底是两个词牌：《胡兰子》、《辞世颂》。《革命烈士诗抄》里的一句诗，"只要主义真"，应是所有烈士的心声。刘胡兰的话很普通，"要为人民干到底"。只有"为人民干到底"的人，才能得到人民的拥戴，才堪受赞颂！过年期间，鞭炮声淹没了禁止鸣放鞭炮的喇叭声。

(辛卷7·2006年2月9日)

※谜苑拾萃※　影评(成语一)　　只言片语　(黄玮华　作)

镜新磨遽前批其颊

《孟子·梁惠王上》有句曰"天下可运于掌"，此句释作：治理天下就如运动于手掌之中。治理偌大"天下"，真能易如反掌吗？吹吧，"吹牛皮不上税"。把前句"别解"成：李天下可用巴掌"批"——掮耳光。民初谜家亢榕门为前句择组谜面即题文，其出《新五代史·伶官传》：后唐庄宗李存勖，通音律，会演唱，自取艺名"李天下"。庄宗与群伶戏于庭，得意忘形，自呼"李天下何在？""(伶人镜)新磨遽前以手批其颊。庄宗失色……"群伶扭住镜新磨质问：你为什么批天子颊？新磨对曰："李天下者，一人而已，复呼谁邪？"庄宗大喜，赐与新磨甚厚。庄宗挨了耳光，却乐了，还搭上馈赠，只因镜新磨维护了"李天下"的绝对地位。"拍马屁"俨然是门学问，谅不久当有专著问世。

(辛卷8·2006年2月9日)

※谜苑拾萃※　书店在建(口语一)　　卷铺盖　(许传福　作)

钗于奁内待时飞

孔子周游列国,得不到赏识、重用,他有过牢骚,甚至发誓不做官;其实,那不是心里话。在《论语·子罕》里,子贡问孔丘:有块美玉,是把它收藏在柜里呢,还是找识货的人卖出?孔丘答:“沽之哉!沽之哉!我待贾者也。”成语“待价而沽”出此。孔丘也在等“好价钱”“货与帝王家”。《红楼梦》第一回里,贾雨村“长叹高吟”有句“玉在椟中求善价,钗于奁内待时飞”,即用待价而沽典。我以题句作谜面,谜底乃金融名词:等价物。此谜想必甚佳,因有谜友林尚义著文评赞。狂傲的李白,也写信给韩朝宗求“引进”,隐士,何其虚伪也。看当今踏踏实实的劳动者,圣、贤真该汗颜!(辛卷 9·2006 年 2 月 16 日)

※灵犀一点※　钗于奁中待时飞(经济术语一)　　等价交换　(张志有　作)

解用何尝非俊物

唐·张固《幽闲鼓吹》载:相国张延赏决心平冤狱而不能,叹曰:“钱至十万,可通神矣!”“惧及祸,不得不止。”鲁褒亦著《钱神论》。进入“商品社会”,“钱神论”无乃泛滥乎?清·袁枚《咏钱》诗对钱之见地甚确:“解用何尝非俊物,不谈未必是清流。”王衍“口未尝言钱字”,呼之“阿堵物”,不外“把猫叫做咪”,欺人自欺也。谜家闻春桂借题句为谜面,用谜底表述袁枚对钱的看法:金(钱)吾不禁。金吾是秦时始设的官职,管京城治安事;不禁,表明治安状况趋好,不用夜禁了。“不禁”与“金钱”关系密切,人们把钱看得很淡了,治安状况必好。若干年前,常听到对共产主义的“憧憬”,诸如“各尽所能,各取所需”什么的,那“憧憬”更需持久的耐心了。(辛卷 10·2006 年 2 月 17 日)

※灵犀一典※　解用何尝非俊物(近代谜家名一)　　金元善　(赵首成　作)

竟倒绷孩儿矣

民初谜人金元善以题句作谜面,谜底乃《书经·虞书·大禹谟》中句“蠢兹有苗”,意思是:蠢蠢欲动的苗民。入谜,此句别义作:愚蠢的苗姓人氏——其故事出宋·魏泰《东轩笔录》:苗振科考及第后拜谒丞相晏殊,晏嘱苗振勿怠复习,应试馆职,“振率然对曰:‘岂有三十年老娘,而倒绷孩儿者乎?’”结果,自诩有三十年接生经验的老娘婆苗振落选,晏殊闻而笑曰“苗君竟倒绷孩儿矣”。苗振“蠢”,是谜家认定的;苗振未必“蠢”,“千虑一失”是智者偶然“马失前蹄”。“自信”是靠学识、能力作基础的,即使基础很牢固了,逢大事亦该“虑于未形,规于未兆”。《礼记》有语曰“愚而好自用”。苗振“愚”,由其“自用”。苗振非少才,但只有“倒绷孩儿”一事见诸史册。(辛卷 11·2006 年 2 月 18 日)

※触典旁通※　倒绷孩儿(摄影术语一)　　高反差　(张志有　作)

冷面寒铁

一位高级别法官视察河西,座谈中问:冷你们说“权大于法”现象多少年能改变?顾面子,下面答:三五年吧。那位“要员”说:看三五十年如何吧。历史上一位法官引我注目。《明史·周新传》载:周新,南海人。洪武中,任大理寺评事,以善决狱著称。明成祖朝任监察御史,多弹劾贪滥官吏,贵戚震慑,目之为“冷面寒铁”。我以“冷面寒铁”置面,令猜话剧表演艺术家名,亦彰颂周新之执法严正。幼时,听过“老毛猴”的故事:幼童不乖乖入睡,长辈以“老毛猴来了”吓之,促其闭目入睡。“冷面寒铁”的周新,曾做彼时京城的“老毛猴”。周新只能吓小孩,受“震慑”的贵戚后诬周新,周新被皇上杀了,权大于法。一些法官“形家”差,全怪法官吗?“权大于法”仍是无奈的现实。(辛卷 12·2006 年 2 月 18 日)

※谜苑拾萃※　掌故专家(行业一)　　典当行　(江更生　作)

洪宪复辟

“清光犹为君”是唐代常建诗句，苏州谜家俞涌为它谋设谜面：洪宪复辟。1911的辛亥革命，让中国最后一个王朝“大清”终结（光）了；但封建余孽不愿退出历史舞台，袁世凯冒天下之大不韪，于1916年复辟称帝（君王），改元洪宪，史称“洪宪复辟”。“犹”字示转折，又含“批判”意，在责逆民主大潮的复辟勾当。复辟——不仅指旧的制度死灰复燃吧，应指一切旧事物的再度得势、进而占统治地位。《淮南子》里有语曰“为亡政（足以亡国之政治）者虽大必亡”。扬雄有言“亡国多逸豫（贪图安乐）”。旧的、腐朽的、反动的事物复萌、勃起、猖獗、统治，都会打着冠冕堂皇的招牌。复辟帝制臭了，但“复辟”仍吃香；君不见，领导班子的换届，都像割自己肉似的！（辛卷13·2006年2月20日）

※谜苑拾萃※ 深居简出六月天（电视剧名一） 《潜伏》（陆影 作）

叹比干

比干，商朝少师，纣王的叔父。史籍、《封神演义》皆有较详铺陈：纣无道綦甚，比干冒死屡谏，纣怒，剖其心而死。“叹比干”作面，以《西厢记·闹斋》唱句“你有心争似无心好”为底之谜，载于清人李汝珍《镜花缘》。叹，感叹也，感字尤显重要，感喟千古唯一被挖心的凡人、正由其“无心（脏）”，方以“忠烈”高节而升华，享誉千古。“心之官则思”，以心智服务人民、奉献国家的人，让人尊重。而有些人，“心、思”更关注在自己的名利上，他“包装”得堂皇，“其操心也危”——他“操心”恰是人民、国家的隐忧、祸患；那类人，“你有心争似无心好”！（辛卷14·2006年2月20日）

※灵犀一点※ 叹比干（成语一） 心不在焉（张志有 作）

廉泉让水

福建省有清流县，那名好；旧时负有时望的清高之士，才配那令名，如《三国志·魏书·陈群传》：“陈群动仗名义，有清流雅望。”我为“清流”觅以题句作谜面，别解清流为“清廉之流”。此谜却与陈群无涉，另有说道。《南史·胡谐之传》载：南朝宋明帝问范柏年：“梁州有贪泉否？”范答：“有文川、武乡、廉泉、让水。……臣居廉泉让水之间。”柏年说自己清廉。廉泉、让水均在陕南。范柏年以“善应对”闻，“清廉”只是他的自喻。“善应对”表现为一种才能、以知识为基础的“舌辩”之才。“善应对”者如果还“心眼活”，是容易讨人喜欢的。对“会讨人喜欢”的人，是否该多一些考察呢？他的“善应对”，往往障人耳目！（辛卷15·2006年2月20日）

※谜苑拾萃※ 至乐无如读书（学科名一） 趣味数学（张传俊 作）

有一艳女在此堂，室迩人遐毒我肠

本书甲卷33篇，说过司马相如“琴挑”卓文君，“挑逗”得卓氏与之私奔；其实，何尝不是卓氏“挑逗”得相如情难自已呢？其《琴歌二首》，即传为卓氏偷窥司马抚绿绮、偶被司马瞄见，为其美艳倾覆得五迷三倒的情状：“室迩（近）人遐（远）毒我肠，何由交接为鸳鸯”；“遨游四海求其凰”的文豪司马相如的笔触，此时是赤裸裸地：“交情通体必和谐，中夜相从别有谁？”六安谜家赵首成先生用灯谜描述司马氏“惊艳”后的情状“见卓情热”——这是书信用语“热情卓见”的“卷帘”。寡女孤男间“情深深，雨蒙蒙”，原是情之所然，无可非议的。两情缱绻中的“美好”，贵专杜滥；“相见不如思念”，“思念”亦美好！（辛卷16·2006年3月9日）

※谜苑拾萃※ 弹洞前村壁（装修用语一） 打过墙眼（李井和 作）

此点书法如舞鹤游天，飞鸿戏海

钟繇，字元常，三国魏颍川人。官至太傅，获封定陵侯。以书法著世，与胡昭并师刘德升，世传胡肥钟瘦。钟氏书，各体并佳，尤精于隶。曾自云其学书“每见万类，皆画像之”。因是，袁昂《古今书评》论其书“舞鹤游天，飞鸿戏海”。清末署醉黯者拟以题文置为面句，令猜《书经·夏书·禹贡》中“厥草惟繇”——此系钟繇所草。汉代蔡邕亦大书家，其论书有句曰“字画之始，因于鸟迹”。另见过论书“见道上蛇斗，遂得其妙”的。总之，书法之妙贵“动”。中学前，没少写过“仿”，但至今，写的字拿不上台面。字不好原因固多，不循矩、只图快是重要原因。任何事物若无科技帮助而又突飞猛进者，若非虚假，必是滥造。

（辛卷 17·2006 年 2 月 21 日）

※谜苑拾萃※　前前后后记在心（字一）　总　（姜淑梅　作）

粲花之论

形容人谈吐风雅、俊逸，称“粲花之论”，其与口语“说得天花乱坠”意近。我用“粲花之论”作谜面，猜底作语文名词：白话文。白，踏实为诗仙李白，他的话语文雅。五代·王仁裕《开元天宝遗事·粲花之论》曰：“（李白）每与人谈论，……粲于齿牙之下，时人号曰：‘李白粲花之论。’”粲然（鲜明、光亮）如花的言论，出自李白齿牙之下，我毫不怀疑；看他的《与韩荆州书》，当有如前的感言。很可惜，“粲花之论”生发在了才情横溢却又孤傲从不向权贵屈膝的李白躯体上，真让一些人叹惜：屈才！李白自信“天生我才必有用”，但在吏治不算太差的盛唐，他的才也没派上用场。把他“粲花之论”让给“阿谀派”试试，“万户侯何足道哉”。

（辛卷 18·2006 年 3 月 10 日）

※灵犀一点※　粲花之论（清代人名一）　李文藻　（张志有　作）

想君小时，必当了了

“想当年金戈铁马，气吞万里如虎”，辛弃疾也“提当年勇”。“当年勇”别老挂在嘴边，那样，会满足以往，影响进取。沦为阶下囚的巨贪，若提辉煌的“当年勇”不是自嘲吗？有追述久远“光荣史”者，见《世说新语·言语》：汉孔融造访李元礼，答门吏问“我是李府君亲”。元礼问故，融再对“昔先君仲尼与君先人伯阳有师资之尊……”陈韪闻孔融答话后说：“小时了了，大未必佳。”闻韪语，孔融不怿，反唇相讥道“想君小时，必当了了”——你小时候，一定聪敏，通达事理；言下之意：现在成大人了，却庸庸碌碌。钱燕林先生为题句配以医学术语作底：有过/敏史。我不“想当年”，张飞、张献忠为张门添不上彩。

（辛卷 19·2006 年 3 月 10 日）

※灵犀一典※　大未必佳（《四书》句一）　其为人也小有才　（清·张起南　作）

贱妾何聊生

《霸王别姬》在《史记·项羽本纪》里有线索可查。时项羽军被汉军及诸侯军重围于垓下，四面楚歌；有美人名虞，常幸从项，项悲歌慷慨，自为诗曰：“力拔山兮气盖世……”即后人命名之《垓下歌》。怎么“别姬”的？《史记》未写。唐人张守节《史记正义》引《楚汉春秋》所载虞姬《和项王歌》，其中有“大王意气尽，贱妾何聊生”句。“别姬”戏中，应是“姬别”，虞姬撄剑自刎，绝项王牵顾之累赘也。居台谜家来楚庚借题句为谜面，让四个“聊目”《快刀》《婴宁》《王大》《爱奴》“卷帘”成“奴爱大王/宁撄刀快”。宁撄锋刃而快慰，何等刚烈忠贞的女子啊！兴许是被虞姬感动了，项羽拒渡乌江图再起，奋然自刎捐躯。何妨说，项王是以死促进统一的英雄。

（辛卷 20·2006 年 3 月 11 日）

※灵犀一典※　大王意气尽，贱妾何聊生（《左传》句一）　虞必从之　（清·张起南　作）

皮里春秋

面句出《晋书·诸裒传》。东晋诸裒,字季野。以外戚故,权倾康、穆两朝。他年少时,即为士林推重,桓彝曾说裒"季雅有皮里阳秋。言其外无臧否,而内有所褒贬也"。臧否,词义同褒贬。皮里阳秋实应为皮里春秋,晋人讳简文帝母名"春"字,改而为阳。我着"皮里春秋"作谜面,采底乃《三字经》句"寓褒贬"。皮里,用扣"寓"字,作"隐含"释意。春秋,作臧否、褒贬释义,缘于孔丘编定之《春秋》:凡得《春秋》一字之褒者,其荣过于天子之命服;得《春秋》一字之贬者,其辱过于天子的刑戮。历史无需褒、贬,唯真实是尚!是谁说过"众人是圣人"来?此言至当!最多数"众人"的褒、贬,才当奉为"圣言"!

(辛卷21·2006年3月11日)

※谜苑拾萃※ 假冒伪劣酿祸端(地震术语一) 次生灾害 (陈书法 作)

肉袒负荆

台南范胜雄先生借题句作谜面,令猜口语:不服也得服。面义作:赤裸身体(不服)背上荆条去请罪,能不心悦诚服吗?此谜领会字义可解,可它还涉及著名典故。《史记·廉颇蔺相如列传》,讲了"负荆请罪"等脍炙人口的故事。武功卓著的廉颇,不服以其智"完璧归赵"、免君受辱后为上卿的蔺相如,数度寻衅辱之,相如以国家利益为重,忍辱躲避;后廉颇悔过,"肉袒负荆……至蔺相如门谢罪"。此事传为"将相和",编成剧目,久演不衰。太史公赞相如曰:"相如一奋其气,威信敌国;退而让颇,名重太山。其处智勇,可谓兼之矣!"有"讲义气"加入黑团伙者。"讲义",可得分清对象啊,为了民族、国家的"义"是"大义",黑团伙是打着"义"字大旗的乌合。

(辛卷22·2006年3月11日)

※谜苑拾萃※ 相顾无言,惟有泪千行(悼念用词一) 默哀 (许祯祥 作)

退而甘食其土之有,以尽吾齿

读读唐柳宗元的散文名作《捕蛇者说》吧。永州一乡盛产毒蛇,当地人捕养之以为生计。蒋氏者,一家三代人养蛇,祖、父均死于毒蛇;他养蛇已十二年了,数度几为蛇死。当地人因蛇死,十室九空,蒋氏养蛇不辍,何也?由农耕"赋敛之毒,有甚是蛇者乎"。有蛇在,蒋氏小心饲养,献蛇顶税之后,即可"甘食其土之有(谷物)以尽吾齿(安然度日)"了。读柳宗元文,领会题句意旨,读者当能度知蒋氏"以尽吾齿(顾及生计)",端赖豢养毒蛇了。《豢蛇》、《顾生》是谢云声以"聊目"为题文斟酌的谜底。欢呼吧,我国取消了沿袭数千年的农业税!农产品是否会因此放缓涨价的脚步呢?毕竟"弱势群体"的日子并不比农民好过。

(辛卷23·2006年3月12日)

※灵犀一典※ 谨食之,时而献焉(泊人一、聊目一) 蒋敬 《豢蛇》 (清·匡树棠 作)

明日黄花蝶也愁

九为阳数。夏历九月九日含"两阳",故曰重阳。古来有重阳节登高、赏菊、插茱萸、饮雄黄酒之习俗。赏菊一俗宋代鼎盛。苏轼任徐州知州时写了《九日次韵王巩》的咏菊诗,其中有"相逢不用忙归去,明日黄花蝶也愁"之句,苏轼官贬黄州时,又填"明日黄花蝶也愁"句入词中。重阳次日的黄花(菊),"蝶也愁","愁"从何来?看来,那时的人不重"环保",菊为游人摧折,枝残花败,蝶无采而愁了。我借题句缀作谜面,着猜已故戏剧家名:焦菊隐——焦愁于菊之隐而难见。菊花不会只开一天就隐去的,多数花的花期都不是那么短。那么,别去赶什么节、会的热闹吧;何况,"环保"了,花期长了。"风物长宜放眼量"——不仅是赏花。

(辛卷24·2006年3月12日)

※触典旁通※ 明日黄花蝶也愁(建筑名词一) 采光 (张志有 作)

丈夫说不出去，定不出去

丙戌年“春晚”，一小品名《粑耳朵》，其名出自四川方言，意思是：耳根子软，怕老婆吧？拿怕老婆作笑料，古已有之，于今为烈。烈就烈吧，古时还把“怕老婆”当做美德、树为楷模呢。武骝谜友即用之作素材，以题文为谜面，用机械工具名“钻床底模”为谜底。明·赵南星《笑赞》：夫受妻殴，钻于床下；妻叱之出，夫曰：“丈夫说不出去，定不出去！”赵南星文中“赞曰”有句“此人能钻入床下，又敢于不出，岂不诚大丈夫哉？”古时，夫是妻之“天”，“天威”被视为天经地义，那位“钻床底”的模范丈夫尤显可笑了；那事若不可笑了，夫妻间的地位才会平等，平等是家庭和谐的前题。平等更是社会和谐的前题，没平等就别提和谐。

（辛卷 25·2006 年 3 月 12 日）

※触典旁通※　丈夫说不出去，定不出去（外国城市二）　内罗毕　汉诺威　（张志有　作）

娄猪寻艾豭

不是“汉语通”，会把“男女关系”译得索然无味。过去，任你有杰出成就，一旦沾上“男女关系”问题，那就“臭”得人人敬而远之了。如今，在各种肮脏事的比照下，“男女关系”不那么臭了，这“进步”可悲。《左传·襄公十五年》有“过宋朝将私焉”句，义作：（某人）经过宋国朝廷时，打算小便。民初顾震福为前句谋面即题句，其亦出《左传》，在定公十四年段。宋国民间有歌谣传播“既定尔娄猪，盍归吾艾豭”——既已满足了你们的母猪，何不归还我们壮美的种猪？这是讽刺卫灵公夫人子南与宋国公子宋朝的；二人“私通”，国人尽知，因有歌谣播扬。人际之间有无数的“关系”，这些关系都正当、都纯洁，那该多好啊！

（辛卷 26·2006 年 3 月 14 日）

※灵犀一典※　盍归吾艾豭（《左传》句一）　诘（宋）朝之事　（民初·刘剑候　作）

负薪之忧

一谜种叫“连环谜”，又名“接龙谜”；此种谜，前谜之底作后谜之面，可以“连、接”得很长，但最终一谜的谜底，需作第一谜的谜面，形成“连环”。我曾作过接龙谜，长达二百余环。近作一谜，以白居易诗句“念此私自愧”作面，底乃成语“负薪之忧”；又以前成语作面，措底以时代楷模名：焦裕禄。题句出《礼记·曲礼下》：君王让士干点啥，士不愿干就托故“某有负薪之忧”——背柴累病了。士，小贵族也。贵族而“负薪”，见其谦恭、肯干下层人的活。以“负薪之忧”猜“焦裕禄”之谜，别解在面——辜负薪俸（禄）而为之忧（焦虑）。职务高，“小贵族”了，不痛快时常“负薪之忧”。焦裕禄绝无“负薪之忧”那“花花点子”；可以说，他是为老百姓累死在任上的。

（辛卷 27·2006 年 3 月 15 日）

※触典旁通※　负薪之忧（惯用语一）　泡病号　（张志有　作）

败家子三变

近见一谜，面句如题，猜底作生物学名词二：同化、成虫。“三变”典见宋·孙光宪《北梦琐言·三不肖子三变》：“第一变为蝗虫，谓鬻庄而食也；第二变为蠹虫，谓鬻书而食也；第三变为大虫，谓卖奴婢而食也。”变，化也。孙光宪笔下“不肖”的败家子，卖田产、庄园，卖书籍，卖奴婢，均为饱自己的口福；但愿他在把家中所有动产、不动产都卖尽吃光之后，饿死沟壑吧。“不肖子”有多种，此谜作者为“不肖子”定性为“败家子”，这倒让我有了话说。“败家子”败的是自家家产，这是该庆幸的；我其所以咒他死，是不想看到他又把“败”的矛头指向别家、公家、国家。现实中敝帚自珍而大肆“败”国家资产者，毕竟怵目惊心！

（辛卷 28·2006 年 3 月 15 日）

※谜苑拾萃※　开天辟地君真健（文物一）　毛公鼎　（汪寿林　作）

原来新贵人欢喜疯了

题句是清·吴敬梓小说《儒林外史》里的一句话。书里写:穷秀才范进从二十岁应乡试,考了三十余年,仍名不见榜;后得广东学道助,终于中举。消息报来,范进连喊"中了!中了!"浑忘一切,疯态毕现,乡里说了题文那话。民初黎国廉借题句作谜面,底取《论语·述而》"狂者进取"句;别义作:疯子范进取得功名。因中举喜极的刺激而疯,底句若用"双钩格"改造成"进取狂者",当更合义理。科举取士代替"荐举"应该说是进步。就算唐代设科五十余,亦只考了书面的东西;以科举"考官",其弊端是显而易见的。沿用了千余年的科举取士,在光绪年间就废止了;废了"八股",别的"股"却成倍、十倍地产生;真才实学的考察,却始终是"难题"。

(辛卷 29·2006 年 3 月 16 日)

※灵犀一点※ 原来新贵人欢喜疯了(中医术语一) 中风 (张志有 作)

牛山濯濯

我为人体生理现象"秃顶"谋设谜面:牛山濯濯。濯濯,光秃秃状;山上如斯,可不就"秃顶"了吗?秃顶了,不美,可戴假发遮丑。山秃了,有"遮丑"的:陇西曾为荒山涂绿而被曝光。涂绿者也知道秃山不好,知不可为而为之,这种"顶风作案"就太可悲了。《孟子·告子上》载:牛山(在战国时齐国都临淄郊外)原本树木繁茂风景美,因其在大都市郊外,人常砍伐,它还能茂美吗?牛山树原本日夜生长,藉雨露润泽,常见新枝嫩芽萌生,但接着就有牛羊牧之,它(牛山)光秃秃了。孟子以牛山譬人:山本有仁心,但刚"萌蘖"就被扼杀了。罚恶、惩恶该多么重要啊;不惩恶,人类的美德将成倍地被扼杀!

(辛卷 30·2006 年 3 月 16 日)

※谜苑拾萃※ 张辟疆(植物学名词二) 父本 子房 (金瓯 作)

晏画地令方,自处其中

题句牵连到一个故事,其见《世说新语·夙惠》:幼何晏曾随母亲居留曹操宫中;何晏"明惠若神。魏武奇爱之,……欲以为子。晏乃画地令方,自处其中。人问其故,答曰:'何氏之庐也。'魏武知之,即遣还。"小何晏,聪明招人爱,曹操想收做干儿子,遭婉拒。画地以为庐(居止处),"自(何晏)处其中(心)";在前文中,吉林郑长彦谜家,慧心察之,连成常言"居心何在",作题句的谜底。何晏不作魏武帝螟蛉子,"是何居心"呢?这已成永远的悬案。居人府邸而圈地为己庐,见何晏自小即厌趋炎附势、仰人鼻息的卓然志向。为人在世只一次,且又难逾百年,珍惜这"堂堂正正"吧。

(辛卷 31·2006 年 3 月 18 日)

※灵犀一典※ 晏乃画地令方,自处其中(解放军将军名一) 何家产 (张志有 作)

夜半悲鸣,想其故雄

清人盟鸥居士借题句作谜面,拟猜底乃《左传·昭公廿五年》句"公鸟死",季公鸟是人名。揣度题面之意,底句之"公鸟"踏实为雄性黄鹄鸟。题句有感人故事,兹予简述。《列女传·鲁寡陶婴》载:陶婴早年寡,以纺线为业,抚养幼子。里人闻其义,多有求婚者,陶婴乃作《黄鹄曲》明其守节之志:"黄鹄之早寡兮七年不双,鹓颈独宿兮不与众同。""夜半悲鸣兮,想其故雄"句亦出其中。"寡妇门前是非多"这话,映衬着男子汉的不光彩;堂堂须眉,"诚不若彼裙钗",直落到"寡妇门前"拣"便宜"的境地。光棍们徘徊在"寡妇门前"求爱,应属正常,偏多有妇之夫堕落在"石榴裙下",悲莫大焉。"男女关系"是小事吗?"小不忍则乱大谋"。

(辛卷 32·2006 年 5 月 17 日)

※谜苑拾萃※ 结发同枕席,黄泉共为友(歌曲名一) 《绝对的爱》 (吴融杭 作)

京师民无故相掠，言大水至

李白很赏识孟浩然，其诗《赠孟浩然》有句“吾爱孟夫子，风流天下闻”。我把“风流天下闻”句，肆意别解作：风传着雨水的消息，并为谋谜面如题文。《汉书·王商》卷八十二：汉成帝敬重王商，徙为左将军。时王凤专权，行多骄僭；王商屡劝而无效，二人关系紧张。“建始三年秋，京师民无故相掠，言大水至，……长安中大乱。”王凤听信谣传，为太后及后宫备船，又令吏民登城……王商曰：“自古无道之国，水犹不冒城郭。今政治和平，世无兵革，上下相安，何因当有大水一日暴至？”后知，“大水”事果系讹传。利令智昏。世上就有寻觅一切机会去阿谀奉迎的人，他们牟利之心綦切，想让他们不昏都难。

（辛卷 33·2006 年 3 月 18 日）

※触典旁通※　言大水至（口语一）　泛言之　（张志有　作）

为虎作伥

伥，有两说，其见宋·孙光宪《北梦琐言逸文》卷四：“凡死于虎、溺于水之鬼号为伥，须得一人代之。”题句成语衍自宋·李昉《太平广记·马拯》卷四百三十：“伥鬼，被虎所食之人也，为虎前呵道耳。”借题句为谜面，张亚谟先生拟猜底乃刊名《故事大王》。故，亡故也；事大王：为百兽之大王做事矣。名词“故事”二字遭割裂，赋以别义；虚拟的“大王”，指实为“吊睛白额”的大虫。谜家幻化之妙，见其慧心。溺死的“伥”，即俗语说的“替死鬼”。替死鬼可恶，为已生而令人死，但仅死一人。“虎伥”则更可恶，为虎呵道，害人无算。不法商人、一些矿主均系披着人皮的恶虎，而保护不法商人、矿主的官吏和为他们摇旗呐喊的媒体充当着“虎伥”。

（辛卷 34·2006 年 3 月 21 日）

※灵犀一典※　为虎作伥（三字口语一）　替死鬼　（张志有　作）

桐叶封弟

清·赋笋斋主人编《龙山社谜》中载一谜，谜面是“桐叶封弟”，猜底作《诗经》句“侯文王孙子”，“侯”，名词动用，义封侯。《史记·晋世家》载：周成王与弟叔虞戏，削桐叶为珪形，赐予叔虞并说：“以此封若。”本属玩笑话，让史官抓住了把柄，以“天子无戏言”，迫成王封弟叔虞于唐。成王、叔虞都是周文王的孙子。底句见诸《诗经·大雅·文王》。碍于面子，封弟事弄假成真。周成王还是老实，老实人才顾面子。国际间交往，口头协议早就“吃不开”了；大人物经常得签订“协定、条约”什么的，但“协而不定”、“条而不约”的事，仍经常发生。善良、老实，似乎不宜作“大人物”的必备条件，权变、权谋什么的，方显“政治家”风采。

（辛卷 35·2006 年 5 月 17 日）

※灵犀一典※　以桐叶与小弱弟曰：以封汝（《四书》句一）　假道于虞　（清·匡树棠　作）

清风两袖朝天去

瞿秋白《饿乡纪程》一：“四伯做官几十年，清风两袖，现时中国官场，更于他不适宜。”明·于谦《回京议事》诗的背景：于谦身居高位，声名显赫，但生活朴素、节俭，为世传颂。当时，地方官员进京，辄带珍宝献给上司；京官出察，更肆搜刮、勒索之能事。于谦与他们不同，京城权贵视于谦为眼中钉、肉中刺了。有人劝谦，谦以诗答，其中两句曰“清风两袖朝天去，免得闾阎话短长”。我借题句作谜面，着猜《水浒》中人名高廉，位高而廉。底层官员清廉，影响面小，唯“高廉”才更有“带头作用”。于谦“同流”而不“合污”，因成权贵们的“眼中钉”，“后果”亦可想见。于谦“不适宜”做官。

（辛卷36·2006 年 3 月 31 日）

※触典旁通※　清风两袖朝天去（探骊）　明人　归有光　（张志有　作）

众香国里最壮观

历代诗词曲文中咏一种花为“国色天香”者举不胜举，这花是牡丹。主持评选国花的机构不“权威”，确定国花又无啥实际意义，所以，国花迄今无定论。题句出国产故事影片《红牡丹》的主题歌《牡丹之歌》，其下句是“百花丛中最鲜艳”。两个“最”字，推牡丹的秀色，堪冠群芳；这从国花评选中牡丹呼声之高，见其不负众望。浙江天台山，华顶峰居最高处(顶)，“华顶秀色”被推为天台八景之一。漳州张奕虎先生以题句“壮”华顶秀色，无可旁代也。就国家而论：(中)华顶秀色，秀色首应以自然风光论，其次要看其国之文化积淀。不要眼热、垂涎于他国的现代物质文明吧，“嗟来之食”会吃得人少了底气，没了骨气！

(辛卷 37·2006 年 3 月 23 日)

※谜苑拾萃※ 却看妻子愁何在(商标二) 太太乐 娃哈哈 (梁保仁 作)

心正则笔正

《旧唐书》卷一百六十五《柳公绰弟柳公权传》：唐穆宗“问公权笔何尽善，对曰：‘用笔在心，心正则笔正。’上改容，知其笔谏也。”“心正则笔正”在论书法，穆宗悟知公权用之行“笔谏”。《龙山社谜》载一谜，以题句为面，底作《书经·虞夏书·胤征》句“工执艺事以谏”，意思是：百工以技艺法规进谏。穆宗李恒很聪明，但都用在了“玩”上，疏问朝政，柳宗元的“笔谏”，白操心了。会书法、懂书法的人，当更能领会“心正则笔正”一语的精切，了草涂鸦如我者，对之则迷惘、莫名其妙。然，写文字不也是“心正则笔正”吗？不悉《金瓶梅》是否已解禁，或市面所见者属“洁本”；但新出的书，比《金瓶梅》“洁”吗？我不妄言：写“污秽”书的人，心灵必定“污秽”。

(辛卷 38·2006 年 5 月 17 日)

※谜苑拾萃※ 为什么战旗美如画(中成药一) 和血 (于升起 作)

明镜不疲

旧时衙门大堂上方多悬“明镜高悬”匾；悬此匾，用表明自己为政清廉，亦如座右铭一般，用起警示作用。当然了，少不了也有“挂羊头卖狗肉”的，明镜之下却干着一团漆黑的罪恶勾当。物质的镜，有“疲”乎？有。古用铜镜，时间长了会氧化；现代玻璃镜，也尘封。真能“明镜不疲”，殊不易；但在出典里，它是喻诲人不倦的。《世说新语·言语》载：东晋孝武帝朝，聚重臣讲《孝经》；车胤欲穷经义，又怕问得太多不好，询之袁乔，袁以譬喻作答“何尝见明镜疲于屡照……？”“镜不疲”在喻人，我因借题句作苏轼词句“照无眠”之谜面。官场的“明镜”得花巨资、珍物“养廉”。科技发达，镜的质量不应怀疑，但它照不出一些人丑恶的面容和脏黑的心。

(辛卷 39·2006 年 3 月 23 日)

※触典旁通※ 明镜不疲(常用词二) 借鉴 照常 (张志有 作)

杯酒释兵权

题句事略：宋太祖建北宋王朝后，担心拥兵将领仿效他也“黄袍加身”，夺取皇位。为加强中央集权，防止割据，于建隆二年(公元 961)召集禁军将领石守信、王审琦等宴饮，以高官厚禄为条件，解除了他们的兵权。《宋史纪事本末》作者，明·陈邦瞻称之为“杯酒释兵权”。苏州谜家俞涌以国际事件“巴尔干裁军”，对题句以“扭曲”；地名“巴尔干”被赋以“希望在干杯中”。“夺权宴”中，赵匡胤对大将们说：“卿等何不释去兵权，出守大藩，择便好田宅市之，为子孙立永远之业，多致歌儿舞女，日饮酒相欢，以终其天年！”已“为子孙立永世之业”的人，为你的治下，又“立”下了什么？无“永世之业”的“白衣”，能“日饮酒相欢，以终天年”吗？

(辛卷 40·2006 年 3 月 23 日)

※灵犀一典※ 杯酒释兵权(相声演员名一) 赵卫国 (张志有 作)

武帝内传分明在，莫道人间总不知

汉武帝刘彻，在帝王中应属佼佼者，在位五十四年，以其文治武功，把汉朝推向鼎盛。刘彻的辉煌，在《汉书》里有载。他给广大百姓印象咋样呢？《汉书》里不载也不容其有真实的记述。题句出唐·李商隐《碧城》诗，它在说：刘彻的一些隐事，因武帝内传而尽为人知；民初谜人黎国廉则借题句作面，撷来《孟子·滕文公上》句"彻者彻也"为底，以灯谜的形式，给予彻底披露。托名班固所著的《汉武帝内传》，又名《武皇内传》，亦详述了刘彻迷信神仙、妄求长生等诸般荒诞。我很少读"伟人传"一类书。底层民众要高攀"伟人"，虽不遗余力，却难免徒劳。再说了，都成"伟人"了，世界未必就美好。静下心来吧，做哪怕是至微的一些有益于人的事。（辛卷 41·2006 年 5 月 18 日）

※谜苑拾萃※　何以解忧，唯有杜康（文物冠朝代）　清秋操杯　（任焕长　作）

贯朽粟腐

陕西第二大城市宝鸡，有个古名叫"陈仓"。陈仓演出过不少历史故事，最有名的应数"明修栈道，暗渡陈仓"。陈仓的本义，不会是"存储陈芝麻烂谷子的仓"吧？我偏赋予它前述使命，作一谜，谜面是：贯朽粟腐。汉兴七十余年，至武帝朝，国泰民安；在无灾之年，"京师之钱累巨万，贯朽不可校（穿钱的绳朽毁，钱没法数）……太仓之粟陈陈相因，充溢露积于外，至腐败不可食。"上述引自《史记·平准书》。农村卫生条件差，但农民长寿，何故？有人说，因农民吃的粮食新鲜；前言不无道理，"吃五谷，生百病"么。看来，贯朽粟腐，还不是国富民强的象征；什么时候，人类完全战胜自然了，战胜自身的贪欲了，无须"陈仓"了，也许才会有"理想境界"吧。（辛卷 42·2006 年 5 月 19 日）

※谜苑拾萃※　凭君传语报平安（谜人名二）　代述祥　苏颖　（吴礼龙　作）

步步梅花竹叶

行同狗彘、行同禽兽这两个成语义近，比喻无耻的人其行为像狗猪、禽兽一般。对无耻者恨，是正常的感情，若无此疾恶如仇的感情，世界该到末日了。疾恶如仇是对的，但别迁怒于狗猪、禽兽吧；无耻的人，多是连狗猪、禽兽都不如的。拿"行同禽兽"作谜，佳构多见，还都"客观"，没有给禽兽妄加罪名。香港张伯人先生，以"步步梅花竹叶"刻画"行同禽兽"，谜面撷自联句"鸡犬过霜桥，步步梅花竹叶"。你可留意到，鸡爪、狗趾"步步、过霜桥"（行）的印痕，前者肖如竹叶，后者酷似梅花？"狗不嫌家贫"的德行，很多人做不到，他们抛弃养育、培育自己的祖国，到他国享受物质文明去了。行同禽兽一语，有时也玷污禽兽。（辛卷 43·2006 年 5 月 19 日）

※灵犀一典※　鸡犬过霜桥（中药名二）　点地梅　竹叶　（王文来　作）

命乃在天，虽扁鹊何益

不像汉武帝刘彻迷信神仙，妄求长生，汉高祖刘邦对死，挺"唯物主义"的。《史记·高祖本纪》载：刘邦亲征英布，中箭命危，他拒绝就医，说道："命乃在天，虽扁鹊何益？"扁鹊是战国时名医，原名秦越人。民初黎国廉借题句作《论语·季氏》中"邦分崩"三字的谜面。底材全句是"邦分崩离析而不能守也"，其义作：邦（国家）已支离破碎不能保全了。谜令"邦分崩"字义陡变为：刘邦命该驾崩。顺便说：古谜允许截句作底材，截句应意义完整；似该谜的任意截取，今当不为。灯谜，游戏耳，若能惩恶扬善，固好，但别强加给它"严肃、崇高"的使命，也别硬给那"玩意儿"上纲上线。刘邦若在，会把"邦分崩"一谜的作者给"崩"了吗？（辛卷 44·2006 年 5 月 19 日）

※灵犀一典※　命乃在天，虽扁鹊何益（《陈情表》句一）　报刘之日短也　（张志有　作）

尘世白驹过隙

宋·吴儆《西江月》词有“尘世白驹过隙，人情苍狗浮云”之叹，我借其前句作三个物理名词“感光、阴极、速度”的谜面；底材顿读呈“感光阴/极速度”与面句贴切。此谜“感”字妙，由面句之叹惋情态启出。白驹，喻指太阳。《庄子·知北游》：“人生天地之间，若白驹过隙。”庄子语喻：时间过得极快，光阴易逝。有些人也“感光阴/极速度”，那是在网络上，在麻将桌前，在……总之，在游戏中。他们“游戏人生”；他们也有度日如年的时候，那是需要他们略尽微薄之力奉献他人、奉献社会之际。吉尼斯世界纪录，有些无积极意义，但总是向人类、向自身的极限作挑战。“游戏人生”者可有问鼎吉尼斯世界纪录的，如“连续搓麻××昼夜”？

（辛卷 45·2006 年 5 月 20 日）

※灵犀一典※　白驹过隙(公文用语一)　骑缝　(赵小因　作)

杨布为何遭狗吠

兴起养宠物了。文化生活更丰富了，戏剧、电影、电视等，想看什么有什么，何以代替不了人们“寄情”于宠物，我百思莫解。宠物中数狗多，大约是“狗性”善讨人喜欢吧。《韩非子·说林下》有段关于狗的故事：杨朱之弟杨布穿白衣出门。遇雨，脱去白衣，露出黑衣返家。家犬见而吠之，杨布怒，要打狗。杨朱语之：勿打，你也一样；假如你的狗出去时是白色，回来时成了黑色，你不奇怪吗？读《韩非子》，顾为善先生有所悟，据之拟成题句为谜面，谜底作口语“还不是老一套”——归来时，不是先前那套衣服了。杨朱说狗“只认衣服不认人”，狗被冤枉了，狗是不嫌弃主人的。势利的人才“衣、貌取人”。

（辛卷 46·2006 年 5 月 22 日）

※谜苑拾萃※　贫居闹市无人问(交际用语一)　没有多少联系　(黄惠中　作)

使后世为清白吏子孙

后汉杨震，精研儒家经典，以“关西孔子”享誉；他为政清廉佳话，在本文中已有数篇涉及。冀抑浊扬清，今再介绍一例。震任涿郡太守时，一友人劝他置产业，他回说：“使后世为清白吏子孙，以此遗之，不亦厚乎？”见《后汉书·杨震传》。一度，“无产”很吃香，度日的工资之外，无“不动产”。现在，置产业应是“先富起来”那部分人的重要事务了。杨震所处时代，置产业是天经地义的；但杨震不屑为，他只愿留给后人“清白吏子孙”的名声。民初谜家黎国廉以题文作谜面，谜底取《孟子·尽心下》句“逃墨必归于杨”。底文之墨、杨本指墨翟、杨朱二思想流派，但谜家弃其义，令底句别义作：逃避做墨吏(贪官)，应归我杨(震)家。“清白吏”或“置产”，二者不可兼得乎？　（辛卷 47·2006 年 5 月 22 日）

※谜苑拾萃※　黎明前的黑暗(棋语二·卷帘)　亮将　上马　(邱中尧　作)

俭得亡命，困迫遁走，望门投止

我从《后汉书·党锢传·张俭》中摘题文作谜面，谜底是冀、皖地名张北、来安。张俭时任督邮小官，却大胆揭发中常侍侯览的贪赃枉法；侯览知悉此事后，布网捉拿张俭，“俭得亡命，困迫遁走，望门投止”。“望门投止”这成语，即出张俭传中。“亡命”、“遁走”恰现张俭失败(北)；张俭看到人家的门户就去投奔求宿，以躲避追捕；人们敬重张俭，仰慕其气节，都甘愿冒险收留他，乃有“来安”。与贪赃的权贵斗争，张俭暂时失败了。旧时，以下犯上本身就是罪过，高官们还不有恃无恐地为所欲为吗？巨贪程维高是被其下属告倒的；很遗憾，这事是罕见的一例。但愿所有的“程维高辈”都被绳之以法，但愿所有的“张俭们”别再受害，结束逃亡。

（辛卷 48·2006 年 5 月 22 日）

※谜苑拾萃※　人生在世须尽欢(电视剧名一)　《活着乐着》　(谢亚芦　作)

依旧烟笼十里堤

成语永垂不朽的形成有个过程：它初作永在不朽，后作垂之不朽，又有用作永存不朽、永传不朽的；种种“不朽”喻义相同，指光辉事迹或伟大的精神永远流传后世，不可磨灭。语言家忒“较真”，“好词”都不容作恶多端的人享用。但恶人不光彩的作为，恶劣、腐朽的信念，总被他的喽啰和出卖良知的文人高喊永垂不朽 。谜人蔡纯如让“永垂不朽”能映入眼帘，为谋面“依旧烟笼十里堤”，其出唐·韦庄咏金陵春雨的诗《台城》。“烟笼十里堤”者何物呢？其前句写着“无情最是台城柳”，不管金陵昔日何等繁华，如今荒凉破败，台城柳依旧顽强着它生命的绿丝。好人“不朽”在青史里、口碑中；坏人们不屑那些“虚的”，他们说“现有的福现享着”，身后的骂名又听不到！（辛卷 49·2006 年 5 月 23 日）

※触典旁通※ 依旧烟笼十里堤(古女一) 柳如是 (张志有 作)

秦王色挠，长跪而谢

题句见诸《战国策·魏策四》，民初黎国廉先生借之作谜面，着猜《论语·泰伯》中句“关雎之乱”。秦王欲强换安陵土地，安陵君不从，派唐雎使秦。秦王以死威胁唐雎，唐列举了三个著名刺客，说他愿作第四个，并“挺剑而起。秦王色挠，长跪而谢之”——在唐雎冒死欲作乱时，秦王软了下来。题面是果，底句是因——关涉到唐雎作乱。乱，乐曲的末章。“关雎之乱”是说：在《关雎》这乐曲奏完时。“乱”的另一义：辞赋篇末总述全篇要旨的话。“民不畏死，奈何以死惧之”(《老子》)。强权不等于拥有真理，恃强权凌人者，大抵是因为自己无理。以莫须有的罪名，占领他国的人，有何资格责怪被占领国人民的“过激”行为？谁派你来的，找谁算账去。（辛卷 50·2006 年 5 月 24 日）

※谜苑拾萃※ 千里捎书只为墙，让他三尺又何妨(电信语一) 宽而有信 (昌庆锋 作)

尺二冤家

尺二，指字、画幅面规格。我借“尺二冤家”作谜面，用“卷帘格”改造电影名《画中人》呈“人中画”与题面“情投意合”。“尺二冤家”故事见宋·陶穀《清异录·文用》：宋朝时，向杨凝式求画的人綦多，求画者送来的空白卷轴积如墙堵。凝式叹惋：求画者如债主，真似“尺二冤家”。“尺二”是当时较通行的卷轴高度。“尺二冤家”恰意味着“人中(凝式的)画”。杨凝式堪称“人民艺术家”，不仅因为他的画群众喜爱，还因为他能满足广大群众求画的愿望，致有“尺二冤家”的昵称。“物以稀为贵”，杨凝式的画大约“拍”不上好价钱。一些西洋名画，价钱让我舌出难收。从印刷品和电视上瞻仰过那些名画的尊容，心里说“不咋的”。凡夫俗子怎配欣赏名画。（辛卷 51·2006 年 5 月 24 日）

※灵犀一典※ 真尺二冤家也(单田芳评书人物一) 杨文业 (赵辉 作)

碎琴不为王门伶

别苛责“不知亡国恨”的“商女”。毕竟，她们是咏唱着《后庭花》，卖笑于达官贵人的府第。但是，“碎琴不为王门伶”者，更该令人尊敬。题句系武翳先生据典自拟，用为国名“刚果、安道尔”的谜面。《晋书·隐逸传·戴逵》载：谯国人戴逵，博学善文，“其余巧艺，靡不毕综”。权贵司马晞闻逵善鼓琴，召之；逵对来使破琴曰：“戴安道(逵之字)不为王门伶人！”后来，逵隐居剡地，朝廷屡征重用，均辞不就。刚强不下于人，果是(戴)安道尔。勿以虚词轻了尔字，其作肯定的语气词，吃重。优伶应属当今的演艺界吧？昔时，优伶是下九流，社会地位低，生活水平也低。如今，演艺界翻身了，进入“上流社会”了，衣食住行都潇洒着；但别忘了，养育你们的工农大众，仍不潇洒。（辛卷 52·2006 年 5 月 25 日）

※谜苑拾萃※ 让思想冲破牢笼(央视主持人名一) 任志宏 (陈道平 作)

昔与汝为邻，今与汝为臣；上汝一杯酒，愿汝寿万春

晋灭吴，孙皓受封为“归命侯”，他比刘禅有“骨气”，《世说新语·排调》中故事可证：晋武帝让孙皓作《尔汝歌》，皓曰“因举觞劝帝而言曰：‘昔与汝为邻(同为魏臣)，今与汝为臣(司马炎已称帝)；上汝一杯酒，愿汝寿万春！’”归为臣虏的孙皓，其《尔汝歌》不无对司马炎的奚落。民初黎国廉以题句作面，着猜唐诗句“旧时王(已“归为臣虏”了)/谢堂前燕(宴)”；“谢”辞尚不失气节。请看《三国演义》篇首引用明人杨慎的几句词作吧：“……浪花淘尽英雄。是非成败转头空，青山依旧在，几度夕阳红。……古今多少事，都付笑谈中。”刘禅般“善终者”，少人歌颂他，壮烈而死者，人民心仪他是英雄。杨慎的词，文采不错，且久为传咏；但我无法认真地读，不敢往深里去想。 (辛卷 53·2006 年 5 月 25 日)

※谜苑拾萃※ 今日开缄病已无(刊名二) 《信使》《健康》 (陈昌年 作)

息壤在彼！王曰有之

《战国策·秦策二》载：秦武王派甘茂攻打韩国的宜阳。甘茂知宜阳乃大县，又有它处财赋支持，不是很快能攻下的，时间一长，虑秦武王信谗，他讲了“曾参杀人”故事晓喻秦武王：别听谗言；秦武王答应了，并与甘茂在息壤订了盟约。过了五个月，宜阳仍未拿下；有人进谗了，秦武王以之告诉甘茂，“甘茂对曰：‘息壤在彼！’王曰：‘有之。’”题文是甘茂与秦武王的对话。甘茂问“息壤在彼”——同盟还算数吗？秦王以“有之”予以肯定。我为题文配底以词汇：攻守同盟；攻下宜阳的前题是守同盟。如果秦武王不守盟约呢？历史是以秦武王恪守盟约写下的。信任，信而任。诚信与欺诈，演义着纷繁多彩的历史。 (辛卷 54·2006 年 5 月 25 日)

※谜苑拾萃※ 羞答答的玫瑰静悄悄地开(电视剧名一) 《美丽无声》 (刘庆斌 作)

黥布背楚

2004 年 10 月 30 日，我伏在枕上写下这句话：创作灯谜贵在发现和悟知。谜坛有个坏现象：挖掘谜目。眼前常见的材料，不用来作谜，偏要搜罗罕见、生僻谜材去“作”；说穿了，是用老掉牙的灯谜语汇去“改”谜，以“丰富创作”成果而已。用国际政治名词“英联邦”作的谜，我只见过一条，那就是舟山周震康以题句作谜面的佳作。发现“邦”、“英”都是同时代的风云人物，悟知“黥布(原名英布)背楚”事件的要旨是背楚项改投(联刘)邦。前述史略出《史记·黥布列传》。“悟知”的基础是尽可能丰富的知识底蕴，只记着借代或灯谜语汇中有限的老套路，只好去“玩”文字转变游戏；对眼前的熟目一筹莫展时，只好去猎奇生僻的谜材。挖掘生僻谜目，不利于灯谜的普及。 (辛卷 55·2006 年 5 月 26 日)

※谜苑拾萃※ 枯树无枝枯复活(称谓二) 老干部 新生 (张耀贤 作)

人谓之杨三变

见利忘义的吕布，人称“三姓家奴”，因其“见利就叫爹”故也。清末民初谜家黎国廉把一个“吕布式”的人“载入谜册”，题文乃面文，底出《诗经·小雅·小明》句“畏此反覆”。评析此谜时，我是从“猜”开始的。先悟及被人称为“杨三变”的人，其姓杨，其性格“反覆”，其名“畏”乎？经查人名词典得到确认。谜面出《宋史·杨畏传》：杨畏，字子安，以著作谒王安石后开始仕途；元祐初，开始在政坛“表演”，先后攻击得刘挚、苏颂等宰相下了台，遂得诨号“杨三变”。“领导班子”的“安定团结”，在奸人攻击下“走马灯”了，杨畏怎能有偌大能量？不变与变、稳定与改革创新矛盾着，不变与稳定不是绝对地对，腐朽的东西是不会自愿退出舞台的！ (辛卷 56·2006 年 5 月 27 日)

※谜苑拾萃※ 七折优惠(电视剧名一) 《十三省》 (张树林 作)

陛下卖官,钱入私门

卖官鬻爵一语初见于《宋书·邓琬传》,上载汉代以前就有卖官鬻爵。卖官鬻爵何时鼎盛呢?“于今为烈”。这不是为我们蒸蒸日上的时代抹黑,在偌大的中国,某一角落的腐败,不足为奇;不承认它的存在,才是可悲的。《晋书·刘毅传》载:刘毅好臧否人物,曾说晋武帝司马炎可比汉代的桓、灵帝,其语曰:“桓、灵卖官,钱入官库;陛下卖官,钱入私门。”我借题句作谜面,令猜著名竞走运动员名:王银行;王家卖官得银,流失(行)了。清代卖官甚烈,目的明确:增加国库收入。看来,“卖官”虽可怕,但最可怕的是“钱入私门”。今之腐败分子,连“卖官”的名声都不担;他们中有多少“百万富翁”呢?想必不少,只是外国银行不让我们去查。

(辛卷57·2006年5月27日)

※谜苑拾萃※　!(书法名词一)　　悬针垂露　(吴朋宾　作)

简雍谓先主曰:“彼人欲淫”

一段时期,人际关系紧张。有所谓“积极分子”,什么都向“组织汇报”,也不懂还有个人隐私,这就导致在一块工作的人,互相间极少交流,甚至“设防”。“雍谓先主曰”不是“打小报告”,而是用心颇深的谏言。《三国志·蜀志·简雍传》:蜀国禁酒,酿者亦有刑。一吏从一人家中搜得酿酒具,官员欲以酿酒罪治之。简雍与刘备同游观,见男女同行,“雍谓先主曰:‘彼人欲宣淫。’先主曰:‘卿何以知之?’雍对曰:‘彼有其具,与欲酿者同。’”听罢,先主赦了有酿具者。杨志刚先生借题句作文件名“可行性报告”的谜面。无“其具”的太监,不会犯“宣淫”罪。听言,观行,慎察之,让专“打小报告”邀宠的“积极分子”,到基层干正事去吧,社会会更美好些。

(辛卷58·2006年5月28日)

※灵犀一典※　先生大笑而赦有酿具者(《四书》句一)　　是简驩也　(清·曙城　作)

若使琵琶能结果

清人章祖泰以“琵琶结果”缀面,着猜《孟子·离娄上》句“乐之实”,意思是:乐的主要内容;谜人别解底句作“乐器结出果实”。我以为,面句用故事中原句“若使琵琶能结果”妥当。故事见明·冯梦龙《古今笑史·无术部》:莫廷韩到袁太冲家,见桌上帖写着“琵琶四斤”,不由大笑起来;恰巧屠赤水进来,知道笑的缘故后亦笑曰“枇杷不是此琵琶”;袁曰“只为当年识字差”;莫曰“若使琵琶能结果,满城箫管尽开花”。乐器琵琶,亦名批把、枇杷,而枇杷又是果品名称。故事讥袁太冲不学无术,闹出了笑话。李世民说过“人苦不自知耳”,袁太冲承认“当年识字差”,有自知之明,诚属可贵;只有那些爱面子的文过饰非者,才是可悲的。

(辛卷59·2006年5月29日)

※灵犀一典※　若使琵琶能结果(四字口语一)　　乐开了花　(张志有　作)

嫁与弄潮儿

“早知潮有信,嫁与弄潮儿”出唐·李益诗《江南曲》。诗写闺怨,怨嫁给商贾,长守空房;“嫁与弄潮儿”只是心生许人的愿望;弄潮儿:在海浪峰尖上游戏,以博取观潮者赏辞的一群少年之谓。宋·潘阆词《忆余杭》写得生动:“弄潮儿向涛头立,手把红旗旗不湿。”我以“嫁与弄潮儿”为谜面,谜底已凸现在前文黑体字中,他是为我国夺取首枚奥运金牌的“神枪手”。戏于潮头的英雄少年,固惹人爱,更可爱在他如潮信般地守时,显示着对爱情的忠诚。“弄潮”如今多是比喻了;各行各业,各个时期均有“时代大潮”,都需要冲在潮头的“弄潮儿”。看到歌会上歌迷们的声浪、人潮,不无叹惋:“粉丝”们的激情何其廉价。

(辛卷60·2006年5月29日)

※灵犀一典※　嫁与弄潮儿(国外乒乓球运动员二)　　许斯　波尔　(袁朝领　作)

龙腰鹤背无多力

李白叹嗟“蜀道之难，难于上青天”。时移世易，蜀道不难行了，青天也可上了。已故谜家钱燕林为“难于上青天”句谋得谜面“龙腰鹤背无多力”，此句讲了一个“上青天”“难”的故事。唐·陈沆《嘲庐山道士》诗中故事，引自宋·郑文宝《南唐近事》：一道士不守道规，饮酒且啖肉；又服丹药，冀成仙升天。一天，鹤降观中，道人以为迎己升天，欣然骑鹤，肥躯压鹤死。鹤主人诉于县，以告道人。人作诗讥道士曰：“啖肉先生欲飞升，黄云踏破紫云崩。龙腰鹤背无多力，传语麻姑借大鹏。”“酒肉和尚”会自慰：“酒肉穿肠过，佛祖心中留。”如今，更多“酒肉和尚”了，自我安慰的话更精彩、感人。现在，不喊“形象工程”了，但总会有其“替代品”。 （辛卷61·2006年5月30日）

※谜苑拾萃※ 弄璋之喜(电视栏目一) 《快乐男生》 (陈春生 作)

若得天下平，拔去眼中丁

《孟子·告子下》：“孟子曰：‘不教民而用之，谓之殃民。’”“谓之殃民”，义作：叫作祸害百姓。历史上被人骂作“眼中钉”的有两人，一是五代后唐的赵在礼，一是下面要说的丁谓。宋代长洲人丁谓，字谓之。淳化三年进士，人聪明，多才博艺，但奸狡过人。真宗朝，他与奸相王钦若狼狈为奸，排挤寇准取代之；又迎合上意大建寺观宫室，大搞封禅，耗费人力、财力不可胜计，致遭万民痛恨，朝野传歌谣曰“若得天下平，拔去眼中丁”。清人郑永禧以前句作谜面，谜底《孟子》句“谓之殃民”，概括了面义。前文内容摘自《宋史·丁谓传》。当代也有民谣，表述着老百姓对某方面的不满意或期望。民谣像镜子，能照见污点；擦掉污点，社会更亮洁；怕镜子的人心里有鬼。 （辛卷62·2006年5月30日）

※灵犀一典※ 欲得天下平(农药名一) 速灭杀丁 (李俊能 作)

戒严应笑棘门军

《史记·绛侯周勃世家》载：周亚夫屯兵细柳，此营军纪森严，虽天子不能随便进入。视察细柳之前，汉文帝到过别的营地，两相对比，文帝曰：“嗟乎，此真将军矣，曩者霸上、棘门军，若儿戏耳。”咏前事，独孤及有诗句“戒严应笑棘门军”，我借此句作谜面，用“遗珠格”，着猜聊目四：《大力将军》、《象》、《小人》、《戏术》。我作过一些“儿戏谜”，如过家家、跳房旁、藏猫猫等。回味着那些“儿戏”，感慨良多。诚是孩提辈在游戏，那认真劲，哪还像在“戏”？年长了，成了带兵打仗的将军了，霸上、棘门军营的男子汉，把“以命换命”的军事却“若儿戏耳”。认真，实心眼的人容易做到，机敏、心眼活的人却不该“聪明反被聪明误”，失在“不认真”上呀！ （辛卷63·2006年5月30日）

※谜苑拾萃※ 疑是银河落九天(围棋术语一) 宇宙流 (李旭东 作)

昆鸡长笑老鹰非

毛泽东《七律·吊罗荣桓同志》有“昆鸡长笑老鹰非”句，借前句作谜面，龙口青年谜家辞明为措谜底是三个三国人名：何曾、张翼、高翔。《文选》收司马相如《上林赋》：“躏玄鹤，乱昆鸡。”唐·颜师古注：“昆鸡似鹤，黄白色。”毛主席诗中“昆鸡”只作“鸡”用。少时，我读过一些外国童话、寓言等，通忘了，唯俄国克雷洛夫《鸡和鹰》寓言中的一句话依稀记为：鹰有时飞得比鸡低，但鸡永远不会飞得像鹰那样高。若是老鹰笑鸡“何曾张翼高翔”，尚说得过去；而题句是“昆鸡笑老鹰”，鸡就很可悲了。鸡飞不高，也看不高；它以为鹰和自己一样，只能飞到树枝、栖架上。鹰低飞是为猎取食物，其中包括不能高飞的鸡。 （辛卷64·2006年5月31日）

※灵犀一点※ 昆鸡长笑老鹰非(歌曲名一) 《飞得更高》 (张志有 作)

松寿供婢使

《诗经·大雅·民劳》有"是用大谏"句，义作：因而深深地规劝。题句据明人冯梦龙《古今谭概·容悦部·松寿》故事结撰。宋人程松谄事权奸韩侂胄，久未升迁，乃买一妾，名松寿，送侂胄。侂胄问："奈何与大谏同名？"答曰："欲使贱名常达钧听。""供婢使"诚属"是用"；松寿与程松（字冬老）同名，程松时任谏议官职，常敬称"大谏"。故清人唐景崧以题句作面，令猜"是用大谏"句，谜以"松寿"替代了"大谏"。卓越者偶居要职，是因其职无人能代，此人肯定得劳累终日。平庸无专能者而握权柄，人易取代；他们得忙于在上司前奔走、在同级间联络，以确保其官运亨通。"佞人，善为誉者也，善顺从者也"——《尹文子》。

（辛卷 65·2006 年 7 月 6 日）

※谜苑拾萃※ 吠日（央视栏目主题歌曲名一） 《新鲜阳光》（张志有 作）

仗马无声而饫三品刍豆，一鸣则黜之矣

早想为声名显赫的"三言"谋作谜面，但知道，仅凭冥思苦索，难成佳构；佳构可遇而不可求也。2005 年，阅《旧唐书·李林甫传》，谜思涌现。口蜜腹剑的李林甫，蒙蔽唐玄宗，堵塞言路，威胁朝臣道："君等独不见立仗马（皇家仪仗队的马）乎？终日无声而饫（饱食）三品刍豆（相当于三品官俸禄的饲料），一鸣则黜之矣。"在李林甫的威胁下，同为宰相的牛仙客、陈希烈不问政事，安享"刍豆"。截取题文作《警世通言》的谜面，自我感觉良好。谜虽良好，我心亦惴惴不安，怕有人（尤其是大人、高官）视题句为"座右铭"，作保官、高攀、安享荣华富贵的"行为准则"；如是，老百姓还能有温饱的日子吗？想那"三年困难时期"吧，许多不智举动，在"仗马无声"下发生了。

（辛卷 66·2006 年 5 月 31 日）

※触典旁通※ 一鸣则黜之矣（成语一） 祸从口出（张志有 作）

我在唐来你在汉，咱俩打仗为哪般

西汉·贾谊《过秦论上》"扣关而攻秦"句，义作：兵发函谷关攻击秦国。镇赉谜家郑长彦为此句谋得谜面即题句，它是著名相声段子《关公战秦琼》中词句。不是吗，唐代秦琼与汉时关羽，怎么能打作一处，因有"扣问关羽，为何攻打我秦琼？"哪怕是演戏，关公也不会和秦琼交战。偏有人教他们比试，而且要叫秦琼比关羽"利害"，这人是山东的军阀，"向"着他们山东老乡。相声在讽刺不学无术者；此不学无术者，从不以不学无术而稍感"汗颜"，且每以"老粗"引为自豪，因为他们握着枪杆子、印把子。握印把子的人呀，无人强求你们什么都懂，但要求你们别不懂装懂；要求你们能屈身下问；冀望你们少犯大的错误，冀望你们别再瞎折腾！

（辛卷 67·2006 年 6 月 2 日）

※灵犀一典※ 关公战秦琼（排球术语一） 打时间差（张志有 作）

知绍不可为谋，乃亡诣太祖

题句出《三国志·魏书·崔琰传附许攸》裴松之注引《魏略》。许攸少与袁绍及曹操善。初随袁绍。官渡役，攸谏绍勿与曹操相攻，绍不从，"攸知绍不可为谋，乃亡诣太祖（曹操）"。后许攸恃功，竟直呼曹操小字"吉利"。借题句作谜面，清末民初谜家黎国廉拟猜底《易经·损》句"吉，利有攸往"。谜家令底句以"吉利，有许攸去你那（往）"之义映照题文。卦辞被"别解"得面目全非了，故事中两位主角名"吉利"、"攸"巧嵌其中。《易经·损》"上九"卦文是："弗损益之，无咎，贞吉，利有攸往，得臣无家。"让我译前文作此篇的杂感吧：不损人且有益于人，必无咎害；恪守前信念则吉，利于所要做的事，必将得到广大臣民的拥戴而不止一家。

（辛卷 68·2006 年 6 月 3 日）

※谜苑拾萃※ 私厕也公用（成语一） 与人方便，自己方便（朱本木 作）

有“一食万钱,犹云无可下筯处”

我以题文作谜面,猜底是常用词:任何。题面“有”字是我特意加的,勿轻之。《晋书·任恺传》载:任恺,魏明帝曹叡婿也。官场失意后,纵酒酖乐,生活上穷奢极欲,他“一食万钱,犹云无可下筯处”。无独有偶,魏明帝手下的何曾“厨膳滋味,过于王者”,他“食日万钱,犹曰无下箸处”。(《晋书·何曾传》)出自任恺、何曾的“美食名言”,何其相似也。那么,“有‘一食万钱,犹云无可下筯处’”的人,你会只记得任恺,而忽略了何曾吗?糖尿病被称为富贵病,甚无道理。穷似我者,偏得了糖尿病,也是因为穷且无地位,家无健康医生,否则,把食谱像开处方似地“君臣佐使”一番,至于得上“富贵病”吗?富、贵了,悠着点吃,“保卫”富贵绵长!

(辛卷 69·2006 年 6 月 3 日)

※触典旁通※　赐一餐万钱(离合字一)　馈食贵　(张志有　作)

凤雏一语教徐庶

《三国演义》里赤壁大战的情节,读者大约耳熟能详吧?题文即书中诗句。被迫进了曹营的徐庶,眼见得在庞统的连环计下,曹营必败无疑;战火一旦燃起,必玉石俱焚,自己怎样脱身呢?他请教庞统,遂有“凤雏一语教徐庶”。庞统“教”徐庶的“一语”是什么呢?请看事实:曹营流言起,云马腾乘危袭曹,徐庶主动请缨出散关“御马”,逃过赤壁大劫。黄有材先生借题文作谜面,着猜电影名《御马外传》——抵御马腾的流言,往外传播去!曹操“奸(聪明)”、“心眼多”,却一再中庞统的计。遇事须权衡利弊,不能见利忘弊;否则,就像“奸”人曹操,也有“缺心眼”的时候,致遭赤壁惨败。见利忘义是缺德,见利忘弊是“缺心眼”。

(辛卷 70·2006 年 6 月 4 日)

※触典旁通※　凤雏一语教徐庶(常用词二)　统计　逃难　(张志有　作)

桴鼓不鸣董少平

后汉一吏,卒于官。帝遣使者往视,唯见布被覆尸,妻子对哭,有大麦数斛,敝车一乘。此人叫董宣,字少平。题文句亦是赞他,事迹详见《后汉书·酷吏列传·董宣》。董宣“搏击豪强”事迹多端。宣任洛阳令时,湖阳公主苍头白日杀人,匿公主家,地方官不敢往拘。后公主带苍头出行,董宣特拦公主辇,数其过失;立杀苍头。公主诉于光武帝,帝令宣向公主叩头赔罪,宣不从;强使顿之,宣两手撑地,终不肯俯。帝号其“强项令”,京师号其“卧虎”,且传歌曰“桴鼓不鸣董少平”。桴(鼓槌)击鼓,必鸣;董宣刚强,任你“敲打”,威而不屈。故清末民初谜家张起南以题文作地名“宣威”的谜面。愿当今媒体,多彰显法不阿贵的“强项令”吧。

(辛卷 71·2006 年 6 月 5 日)

※谜苑拾萃※　言语不多,敏捷狡黠(体育项目一)　短道速滑　(黄瑞生　作)

披羊裘钓泽中

有谜友以“分湖便是子陵滩”为谜面,猜底作“严寄洲”,此谜不妥;谜底应作“柳寄洲”,无此人名,所以,谜不成立。严寄洲是著名电影艺术家,让其英名垂范谜史,时刻萦系我心;终了心愿,谜面即题文,典见《后汉书·逸民列传·严光》。严光,字子陵。少有高名,曾与刘秀同游学;刘秀称帝后,严光更名隐居;帝极觅之,齐国人言“有一男子,披羊裘钓泽中”。果是严光,他屡征不仕,耕于富春山,后人名其钓处为严陵濑。“披羊裘钓泽中”,恰见严光寄情于陵濑(洲)。严光果然贤而博学富才乎?其传记却未见任何才华之披示。至于贤,我以为他更谈不上。常见庸碌辈居要位,这当是假隐士之流贪图安逸、自诩清高的客观结果吧?贤者每“让贤”,庸碌辈曰:“傻冒!”

(辛卷 72·2006 年 6 月 5 日)

※触典旁通※　慕名隐钓子陵滩(法纪用语一)　从严处理　(张志有　作)

痴人记剑痕

陆游《村居》诗中有“宁作痴人记剑痕”句，吉其厚先生取“痴人记剑痕”作谜面，着猜宋代诗人名：沈与求。“沈”又写作“沉”，姓氏沈(shěn)，入谜作沉(chén)，用其“没入水中”义。面句借“刻舟求剑”典。《吕氏春秋·察今》曰：楚人乘舟过江，剑坠入水(沉)；他在剑坠近舟处刻以记；泊岸，他从“刻舟”处捞剑(求)。陆游认定楚人“痴”，不是“痴迷”，而是“痴傻”。楚人傻在拘泥固执，不求变通。果系生理上的傻，是不该被讥笑的。“刻舟求剑”典，旨在晓喻健全的人。失剑而刻舟虽愚，终是为求剑采取了措施。现实中，有些人比“刻舟求剑”者不仅傻，更属缺德，他们把自己领导下造成的损失，轻描淡写曰“交学费”；每每地“交学费”后，却连“刻舟”似的措施也没有。 (辛卷73·2006年6月7日)

※谜苑拾萃※ 含笑归太虚(《捕蛇者说》句一) 故为之说 (邓德源 作)

宣武验以蜀城阙簿，皆如其言

人有博闻强记者，此人若不能言，即所谓“闷胡芦”，那么，其满腹才学怎能为人所知，又焉能为所用？有能言善辩者，虽腹笥有限，却能知一说十，此种人任要职的机会却远高于“闷胡芦”；若他们多居要职，那么，其治下就可怜了。《世说新语·任诞》载一“强记”者，他是襄阳人罗友。罗友到过蜀城，城中情况，悉记在心，绝无错漏，“宣武(桓温)验以蜀城阙簿，皆如其言，坐者叹服”。民初谜家黎国廉大概也钦佩罗友的“强记”吧，以题句作面，着猜《论语·季氏》中句“友多闻，益矣”；其别解义作：罗友博闻益州详况。罗友官至太守、刺史级，政绩亦佳。大概他不善“摆话”吧，否则，蒙也能蒙上个一品、二品的。 (辛卷74·2006年7月6日)

※谜苑拾萃※ 丘壑之间含杀气(古人绰号一) 山中宰相 (陈汉成 作)

此使者乃前弃繻生也

《汉书·终军传》载：汉，济南人终军，字子云。少好学，以辩博能属文闻名。年十八，选为博士弟子；为求前程远大，步行入长安。后，终军使行郡国，持节东出关。关吏识之，曰：“此使者乃前弃繻生也。”原来，终军入关时有过“弃繻”。繻，出入关津的凭证，书帛上裂之为二，关卡验繻“合符”，方允出关。无繻的终军作为国使，堂而皇之出关了。题文作面，我为措谜底是一卫生术语：临终关怀——来了(临)终军，关吏仍记挂(怀)他。弃繻见终军年少而志壮。后，终军出使南越，说其归服中华，死于彼。军死时年才二十余，世谓之“终童”。老人节时，百岁寿星风光，熬得那“风光”的人不多。哪怕“终”在“童”时，能为社会铭记就好。 (辛卷75·2006年6月8日)

※谜苑拾萃※ 青出于蓝而胜于蓝(探骊) 行当 生 (陈伟斌 作)

死灰独不复燃乎

死灰复燃，喻失势的力量重又兴起。真的“死灰”，能复燃吗？我持疑。但在此典故中，比喻是恰当的。《史记·韩长孺列传》载：汉人韩安国，字长孺，武帝朝任御史大夫。曾坐罪，狱吏田甲辱安国，安国曰：“死灰独不复燃乎？”田甲道：“燃即溺之。”题句寓义正是：韩(安国确)信，将重肩大任。《韩信》、《重任》是两部电视剧名，尚志任焕长谜家配它作题句的谜底。后来，安国出任梁内史，没为难田甲。小吏、小人物，“小”在他们劳于琐屑细务，与“大政”无涉。但小人物的言行却反映着“大政”的优、劣。孔子“君子喻于义，小人喻于利”之语，何尝不可理解为：懂得道理的可称君子，只晓得谋私利的是小人。小人物“势利”，利小；大人物“势利”，利大，大至窃国。 (辛卷76·2006年6月10日)

※谜苑拾萃※ 我不卿卿，谁当卿卿(电视剧名一) 《爱的呼唤》 (张志有 作)

掷乐器于地，向西恸哭

《礼记·月令》中“仲秋之月”与“仲春之月”两段，分别有“雷始收声”、“雷始发声”句，这是说：仲春始闻雷声，而仲秋时就听不到了。作典故谜，大抵应是赋底句以别义，进而借广博的知识底蕴联想并落实到“人”的。清代盟鸥居士从自然现象的“雷”，联想到“人”，借题文作谜面，底即“雷始收声”、“雷始发声”句。唐·姚汝能《安禄山事迹》载：安禄山攻陷西京，尽掠府库宝物、乐工；在凝碧池宴乐时，强令梨园弟子奏乐；当时，“乐工雷海清者，掷乐器于地（收声），向西恸哭（发声）”。唐玄宗捧优伶，但没把优伶捧出“下九流”。如今，“演艺界”收入高，地位高，但像雷海清那样品德高尚者，并不普遍。

（辛卷77·2006年6月10日）

※谜苑拾萃※　朱世慧串演大花脸（探骊双珠）　　丑　行当　净　（蔡芳　作）

向栩隐灶

刻板：古代在木、石上刻以字、画，用作印刷的底板。刻板，今多用作形容词，喻办事呆板，不知变通。我为“刻板”一词谋面“向栩隐灶”，它是怎么“刻、板”的呢？这得从《后汉书·独行传·向栩》的故事说起。向栩，字甫兴，“少为书生，性卓诡不伦”。向栩嗜读《老子》，常坐在灶堂北坐的木板床上读；久之，膝、踝骨、脚趾在板床上磨出（刻）了凹坑。后人用“向栩隐灶”指潜心读书。《辞海》释“独行”：志节高尚，不随俗浮沉。收入“独行传”的，皆“志节高尚”的人吗？“不随俗浮沉”倒是真的。请看向栩“卓诡不伦”一例：张角作乱，栩不欲兴兵讨伐，云“但遣将于河上北向读《孝经》，贼自当消灭”。《孝经》没能消灭张角；“刻板”的向栩也不是以读书踏上仕途。　（辛卷78·2006年6月10日）

※谜苑拾萃※　诸葛亮舌战群儒（起义人名二）　　陈胜　吴广　（刘鹏展　作）

一条杆棒等身齐，打四百座军州都姓赵

毛泽东说：“《水浒》只反贪官，不反皇帝。”还真就是那么回事，《水浒全传》开头的“引首”，就把宋朝开国皇帝赵匡胤说成“上界霹雳大仙下降”，还说“自古帝王，都不及这朝天子。一条杆棒等身齐，打四百座军州都姓赵”。以我看，赵匡胤当上皇上，并不比秦皇、汉高祖、唐太宗来得困难。题句把赵匡胤说得多么英雄盖世啊，赵首成先生借之作谜面，着猜歌唱家名：宋祖英。赵匡胤作“宋祖”，始自毛泽东词作《沁园春·雪》。《水浒》里的贪官，也太“出类拔萃”了，否则，不会逼得“民反”。“肃贪”的梁山英雄被“招安”了，宋朝始终“不安”。贪官和国家不能并存，“肃贪”就是“肃清反革命”。

（辛卷79·2006年6月10日）

※谜苑拾萃※　不才明主弃（照相机品牌二）　　佳能　通用　（方炳良　作）

奴爱才如萧颖士

《孟子·万章下》有“奚不去也”句，义作：为何不离去呢？奚，奴隶，见郭沫若《甲骨文字研究·释臣宰》。别解“奚”作“奴隶”义，清代餐霞客为“奚不去也”句谋谜面即题文，它是陆游诗句，典出《新唐书·文艺传中·萧颖士》：“有奴事颖士十年，笞楚严惨，或劝其去，答曰：‘非不能，爱其才耳！’”或曰爱萧颖士的那个“奴”，奴性十足，不值齿及。我说，那个“奴”还是有令人尊敬的地方：他爱主人的才学。都21世纪了，物质多么文明啊，可还有黑社会性质的团伙；它的“老大”被敬若神明，麇集在“老大”麾下的一帮人，“敬、爱”他们“老大”些什么？他们的“荣辱观”完全颠倒着。 防盗门之类设施的发达，让人哭笑不得。　（辛卷80·2006年6月12日）

※触典旁通※　奴爱主人善待吾（古代名人一）　　仆固怀恩　（张志有　作）

一旦云开复见天

本文辛卷第79篇，提到《水浒全传》的“引首”；引首引用了宋神宗朝邵雍、道号康节先生的诗，其首、尾联是：“纷纷五代乱离间，一旦云开复见天。……人乐太平无事日，莺花无限日高眠。”显然，“一旦云开复见天”在歌颂赵匡胤，说赵氏拨五代乱而返正，叫百姓再见天日(有了亮)。那么，我借题句作谜面，不是可恰切地用影视演员名“赵有亮”配作谜底吗？宋初百姓对赵匡胤是否也感恩戴德呢，却被邵雍吹得像救世主一般。并不迷恋官禄的邵雍，都在“媚上”了，那么，迷恋官禄者，还不把吹捧、阿谀当成做官的终南捷径？“马屁派”各阶层都有，但“马屁文人”，具摇唇鼓舌之长，怕不把主上捧得五迷三倒？告您，“捧”的另一招儿叫：粉饰太平！(辛卷81·2006年6月13日)

※谜苑拾萃※ 银杏亦称白果(歌词句一) 说不一样，其实也一样 (王麟 作)

人间只有嵇延祖

民初人黎国廉一谜，令我激赏；谜面即题文，它是唐·李商隐诗《赠宇文中丞》里的句子，谜底是《聊斋志异》篇目《劳山道士》。《世说新语·政事》载：嵇康被杀后，其子嵇绍(字延祖)成了罪臣余孽；虽富才学，但选官们怕“沾包”，不敢推荐他做官，独有山涛极力荐举；后来，嵇绍当了“秘书丞”。“人间只有嵇延祖，最望山公启事来”，“山公启事”指山涛推举人才的荐举书。谜面句击动其下句“最望……”，委婉示意：劳烦山公向圣上举荐(说道)我这个士子。搁现在，嵇绍绝对是“黑五类子女”，好听点，叫“可以教育好子女”。山涛“政策观念强”，忠实执行了“给出路政策”。否则，在后来的“八王之乱”中，就不会有嵇绍以身保护晋惠帝，英勇捐躯的那一幕。(辛卷82·2006年6月13日)

※灵犀一典※ 山公启事(曲牌名一) 王孙信 (清·叶康瑞 作)

对牛弹琴

地支中“丑”对应十二生肖里的“牛”，这灯谜语汇中的老套子，也要会用。用鲁迅著作篇名《二丑的艺术》作谜底，其别解义把成语“对牛弹琴”的义项笼括无遗。此谜作者是福建谜家蔡芳。汉·牟融《理惑论》曰：古代音乐家“公明议为牛弹清角之操，(牛)伏食如故。非牛不闻，不合其耳矣。”对牛弹琴比喻对不懂道理的人讲道理，也讥笑讲话、办事不看对象。对牛弹琴这成语的比喻、讥笑，都对。牛是听不懂高雅的琴曲，但牛对音乐不会是毫无反应。我从未有过亲临现场听歌、亲聆交响乐的际遇，但自诩还听得出什么歌悦耳，什么旋律优美。高档次的音乐会上，少不了有“牛”附庸风雅；荒野吹短笛的牧童，兴许更有资格欣赏那天籁。(辛卷83·2006年6月13日)

※触典旁通※ 对牛弹琴(常用词一) 丑闻 (张志有 作)

足以陵颜轹谢，含任吐沈

温生才，近代民主革命烈士。为温生才大名配谜面，容易想到“初闻啼声知英物”，此典用得太多了。料浩瀚历史长河中，姓温或名温之人，绝不止桓温独享才名，我想到了温子昇，为其英名找到题句作谜面。《北史·文苑传》载：温子昇，字鹏举，冤句人。博览百家，文章清婉。济阴王元晖业尝云：“江左文人，宋有颜延之、谢灵运；梁有沈约、任昉。我子昇足以陵颜轹谢，含任吐沈。”即使与颜延之、谢灵运、任昉、沈约比肩，温生子昇的才，也甚了得，何况还“陵颜轹谢，含任吐沈”。颜、谢、任、沈，我早闻其名，温子昇之名却是初见。被元晖业大加吹捧的温子昇，其名声所以不大，是因为元晖业名更寂寂。你知道巨金邀名家、大腕做广告的缘由了吧！(辛卷84·2006年6月14日)

※灵犀一典※ 我子昇足以陵颜轹谢，含任吐沈(气象术语一) 最高温度 (白超谦 作)

留金十五年，至是始还

清·紫玖据《宋史·洪皓传》拟以题文，作《李陵答苏武书》中"皓首而归"句之谜面。洪皓，字光弼。从政爱民，得膺"洪佛子"之誉。宋高宗朝以礼部尚书身份出使金国，拒受金之封官，遭流放。囚禁期间，多次派人回宋，密报金王朝事。至绍兴十一年，始得返国。皓留金计十五载，始终保持民族尊严，时人称之"宋之苏武"。谜以洪皓"留金十五年……至是始(首)还(而归)"别解底句。汉苏武、宋洪皓，不得已被羁异邦，犹守节操，英名垂世。今多犯罪逃匿外国者，他们祸害了生他养他的祖国，寄人篱下以苟且偷生，这是最为人不齿的渣滓。有些国家却收容那些渣滓；那些渣滓的巨额"黑钱"，成了收容国"创汇"的不竭之源。这是否该称作"黑吃黑"？

（辛卷 85·2006 年 6 月 21 日）

※谜苑拾萃※　首次出征，由郑明俨统领（网球术语一）　一发成功率　（周跃建　作）

不倒原来泥半团

出自《食品卫生法》的词语"感官性状"，意思是：人体感觉器官对食品性质、形状的认知。抗日战争时期，人们对当时统治者(官)的性、状是怎么感知的呢？齐白石国画大师在其画作《不倒翁》上的题诗可见一斑，诗曰："乌纱白扇俨然官，不倒原来泥半团。将汝忽然来打破，浑身何处有心肝？"只是"前方吃紧，后方紧吃"倒还罢了，更可恨者，是投降侵略者，为虎作伥来残害民众；对日本侵略者一再忍让，对抗日武装极行"攘内"，就是他们的"性、状"。郑百川先生以题句作面，从中"感知官们的性、状"，缔结谜缘。泥偶确无心肝，骂它，它无从知悉。有心肝的官人们，你们整天在想些什么？想自己"挖"得不如别人多吗？那么，"你有心争似无心好"。

（辛卷 86·2006 年 6 月 21 日）

※谜苑拾萃※　"云长以目视玄德，玄德会意"（四字常言一）　备受关注　（杨锐　作）

南朝齐王储

为香港电影《梁上君子》，我配以题句作谜面。晋亡后，中国进入南北朝时期；南朝先后经宋、齐、梁、陈四个政权。齐在"梁之上"；"君子"不一定是王储，王储必是"君之子"。谜理昭然且凿凿。典故出在"梁上君子"上。《后汉书·陈寔传》载：荒年，有盗夜入寔室，匿梁上。寔已见，乃故"呼命子孙，正色训之曰：'……不善之人未必本恶，习以成性，遂至于此，梁上君子者是也！'盗大惊，自投于地。"陈寔饶恕之"梁上君子"是否改恶从善了呢？不得而知。法律之宽、苛，不是关键，人们的生存环境是重要的。人人有工作，工作的收入又不是不合理地相差悬殊，谁愿意去做贼、当强盗呢？诚实的劳动者，不会与巧取豪夺者"和谐"。

（辛卷 87·2006 年 6 月 21 日）

※灵犀一典※　梁上君子（古文句一·亥豕格）　登高作赋（贼）　（民国·姚劲秋　作）

秦王破阵乐

细皮嫩肉多说的是小孩，《西厢记》里，红娘竟说她们小姐莺莺"脸儿吹弹得破"。为"吹弹得破"谋设谜面"秦王乐"的人，是清人叶肖斋；为避免露面，他把唐代歌舞大曲名《秦王破阵乐》省略成"秦王乐"。此曲制于盛唐，吕才协音律，诸名家制歌词，以讨叛为主题，颂扬曾封秦王的李世民征伐四方之武功。乐调由悠长转急促曰"破"。以题句为面，我令猜音乐术语"主打歌"，比叶肖斋的谜好多了。歌舞演绎战阵，可"吹弹(管弦乐)得破"。"脸儿吹弹得破"是艺术夸张，它在现实中被广泛应用了，尤其是广告。名人、大腕们，别为了钱，昧着良心当吹鼓手吧，社会上的不少劣迹，都是吹的"成果"。

（辛卷 88·2006 年 6 月 22 日）

※灵犀一典※　秦王乐（《西厢记》句一）　吹弹得破　（清·叶肖斋　作）

捣药叮咚玉杵鸣，乐奏广寒声细细

把《药品管理法》词语“调配处方”中“调”字，从读 tiáo 改读作 diào，别解作“音调”。李创龙先生为该词谋谜面即题文，其出宋代诗词大家辛弃疾《听月诗》。依处方“捣药”，得“乐奏（调）”之配，谁云不宜？汉乐府《董逃行》载有道教“玉兔捣药”典云：月中有兔，通体洁白，人称“玉兔”。玉兔持玉杵，作跪姿捣药，用配蛤蟆丸，服之可成仙，“永寿”自不待说了。不知外地有没有，兰州甚多站在街边散发广告的。月宫中的“蛤蟆丸”只是传说，现实中的“蛤蟆丸”之类，却屡见不鲜；“人定胜天”的奇迹，能不让“嫦娥应悔偷灵药？”月宫多寂寞呀，回到人间来吧，嫦娥，哪天你耐不住人间的过度热闹时，再重上月球，如何？

（辛卷 89·2006 年 6 月 22 日）

※谜苑拾萃※ 车儿向东，马儿向西，两意徘徊（口语一） 别难为情 （陈士良 作）

何前之渺渺，而遽累然

韩国电视剧《大长今》颇受青睐，不仅收视率高，“入谜率”也高。入谜时，率多用“卷帘格”将其改造成“今长大”谋面；下面说到我的一条谜作，亦莫能外。《聊斋志异·巧娘》记：主人公傅廉“天阉”，“阴裁如蚕”，鬼女巧娘求与作爱不遂，因傅生“阴裁如蚕”。后经狐妇华姑“黑药丸”医治，傅生得成伟男，“生挽就寝榻”于巧娘，巧娘惊曰：“何前之渺渺，而遽累然！”二人遂了床第间“人之常情”。“前之渺渺”反击出“今”“遽累然（突然长大）”。鬼狐谈资，权作“典故”，聊博一哂。议点什么呢？想起了街上的“夫妻用品店”，此类店，仅一间门面，或根本无店名，只须摆出壮阳药的招牌，招牌上的词语起码属“有碍观瞻”。华姑是“国狐”，其“黑药丸”比泊来的伟哥更神奇——信不信由你。

（辛卷 90·2006 年 6 月 23 日）

※灵犀一典※ 惜可儿此处阙然（《红楼梦》人名一·卷帘） 空空道人 （清·张起南 作）

令君子孙洁白，累世三公，当如此环矣

这篇不说《聊斋》里的异闻，但谜底是其中两个篇目：《鸟语》、《阿宝》。清代啸引上人为其谋面如题。杨震廉政故事已介绍过几个，今介绍乃父杨宝一桩趣闻，它兆示杨家显贵之源乎？南朝梁·吴均《续齐谐记·华阴黄雀》曰：宝九岁时，见一黄雀为鸱枭所搏，坠树下。宝拾归，唯以黄花喂养，百余日后，雀愈飞去。其夜有黄衣童子向宝拜揖，自称西王母使者，感君拯救，以白环四枚与宝，还说：“令君子孙洁白，位登三事（即三公），当如此环矣。”此语后得应验，杨宝子、孙、曾孙均显为三公。谜人改原句为“累世三公”。前故事宣扬“善有善报”。善良人笃信并爱听“善有善报”。恶人似乎更“明智”些，他们不怕“恶有恶报”，所以，犯罪不见稍减。

（辛卷 91·2006 年 6 月 23 日）

※灵犀一典※ 感杨宝黄雀报恩（京剧名一） 《谢瑶环》 （杨承业 作）

留须谢客称梅大，洗黛归农美玉霜，更有江南伶杰在，歌台深处筑心防

题文长了点，用为谜面，谢德峰令猜《消费者权益保护法》词语：名优标志。此语原义：著名优质产品的标志；谜人别解其义为：著名戏曲演员（优）标明其高尚志向。题句是田汉先生抗战胜利后的诗作：首句赞梅兰芳蓄须明志，拒为敌伪演戏；次句咏颂的是字玉霜的四大名旦之一程砚秋；三句称誉了著名老生艺名麒麟童的周信芳；第四句总赞三位大师的凛凛高节。影视剧中多“高大形象”，一友不爱看，说都是编的，哪有那么多的好人？我咋说呢？也许好人不如早些年多吧，那么，就不写“好人”？没了“正面形象”，让人们心仪谁、学习谁？劝人学好是硬道理。

（辛卷 92·2006 年 6 月 23 日）

※谜苑拾萃※ 全球通（鲁迅著作篇目一） 《知了世界》 （李著成 作）

鱼上河津

猜底是著名影星“成龙”,我谋得面句是:鱼上河津。《艺文类聚》卷九十六引辛氏《三秦记》:“河津一名龙门,大鱼集龙门下数千,不得上。上者为龙,不上者……故云曝鳃龙门。”曝鳃又叫暴泥,比喻受挫或陷于困境。上河津的鱼“成龙”了。龙,生活“前卫”,地位尊贵,人们崇之若神。登不上龙门的鱼,是最大量的,让它们“曝鳃,陷于困境”,“龙”们就能心安理得?2005年,某媒体“赛”出了“超女”。“超女”一步登天了,远比登龙门神气。今年“超×”之类的比赛充斥荧屏了。所谓“海选”,鱼龙混杂着,去撞亿分之一的“大运”;那热闹非凡的折腾,能拉动经济增长也算一桩善举,只怕是它“拉动”的是“撞大运”的侥幸心。中国人还是太闲!

(辛卷93·2006年6月24日)

※灵犀一典※ 点额而回(《西厢记》句一) 不去跳龙门 (清·傅泽亭 作)

张湛入谏

后汉张湛,字子孝,扶风平陵人(咱乡党);他又姓张,先祖乎?如是,沾光了。多拣可沾其光的本家人文,读清人吴毓春以题句作面,猜底乃《西厢记》句“骑着匹白马来也”的谜作,如愿了。专门查阅了《后汉书·张湛传》。张湛有“矜严好礼”等优秀品行,然,其享令名,因其“进谏”。汉“光武临朝,或有惰容,湛辄陈谏其失。常乘白马,帝每见湛,辄言:‘白马生且复谏矣。’”虽非圣旨,圣上口吐的“白马生”,无异于对张湛很高的褒奖;“白马生”之称,当能传扬千古。名人名言;人有名了,其言也“名”;籍籍无名的芸芸众生说过的话,当有不乏哲理、警世的隽永言词,却常难进“名言”的殿堂;偶尔他出名了,他随便的话却被收成“语录”。

(辛卷94·2006年6月25日)

※触典旁通※ 张湛乘骑入谏(影视歌曲名一·调尾) 《白龙马》 (张志有 作)

念兹在兹,此心不越

“店堂告示”是一商业术语,厦门缪建金先生为其谋得谜面即题文;其出毛泽东《祭母文》。1919年母亲病逝,毛泽东跪在母亲灵前草成斯文;文凡96句,题句是第75、76句,义作:惦念母亲教诲大恩的心,永不改移。“店”通假“惦”字,用其惦念义;堂,指父母,此处指母亲;“此心不越”是赤诚心地的坦露,以扣“告示”。“养儿方知父母恩”话太绝对,丁克一族不要子女,难道就“不知父母恩”吗?一些父母子女甚众,其子女却“不知父母恩”,让高堂流落,孤凄如丐。万恶私是源,私字占据了头脑的人,怕是不知亲朋为何物了,父母亦莫能外。据统计丁克族以“白领”居多。高收入的白领们不愿生育子女,贫穷者却更多子女拖累;他们哪种人更高尚呢?

(辛卷95·2006年6月25日)

※谜苑拾萃※ 好收吾骨瘴江边(《留侯论》句一) 当韩之亡 (田宏亮 作)

吾为碑铭多矣,皆有惭德

后汉人郭泰,字林宗,又称“有道”。博通坟典,居家教授,弟子多以千计。有次出行遇雨,湿头巾致一角下折,时人故争相仿效,“以为‘林宗巾’。其见慕皆如此”。在《后汉书·郭泰传》里,“林宗巾”外,还记有他与陈蕃等十余人交往之雅闻。泰卒年才四十二岁,“士人千余皆来会葬,共刻石立碑,蔡邕作碑文”,邕告卢植曰:“吾为碑铭多矣,皆有惭德,唯郭有道无愧色耳。”我取题句作谜面,措底以三国时期三个人名:蔡氏、审配、郭嘉;别解作:蔡先生审度,配作嘉许者,唯郭泰(他人“皆有惭德”)。重要人物死后的生平介绍难写,其家属不满意时,停灵多日等候者有之。堆砌溢美之词吧,可“碑铭多矣,皆有惭德”。

(辛卷96·2006年6月26日)

※灵犀一典※ 吾为碑多矣,皆有惭德(小品演员名二) 蔡明 郭达 (任焕长 作)

雁奴今夜不巡更

清人紫宇拟题句作谜面，谜底“怎孤眠”出《西厢记》“惊梦”一折。雁栖时十百成群，周围设有“警戒哨”，保护集体安全，其名“雁奴”，多由失伴孤雁担任；元好问有诗句“雁奴辛苦守寒更”。谜底说的是张生君瑞，别过“新婚”的莺莺赴京试，在草桥小店叹曰：“怎孤眠，被儿薄又怯，冷清清几时温热！”雁偶多作交颈眠，失伴孤雁怎忍顾，又“怎孤眠”？担任“警戒哨”吧，让伙伴们得享安适，此亦“君子成人之美”。虽然，雁奴并非全无私心，其精神亦堪嘉。今天电视里说到：某高中生，成绩常列年级第一，以高考成绩不如表妹，妒而纵火点燃表妹家厨房。我非但不愿称她“全优生”，还担心她进入社会后，会干出更荒唐的事情来。雁奴远胜一些衣冠楚楚的人。（辛卷97·2006年6月26日）

※谜苑拾萃※ 百般红紫斗芳菲(歌手连活动)　那英　开博　(邓家乐　作)

东郭先生遇救星

天水陈清泉谜家拟题句作谜面，猜底是《聊斋志异》篇目五：《农人》、《局诈》、《狼》、《保住》、《书痴》；底材以“农人(设)局诈狼/保住书痴”与面上故事贴切。传奇小说《中山狼传》，作者凡三说，其情节当不划一。明·马中锡改编的故事述：战国赵简子猎于中山，狼中箭求救于东郭先生，东郭氏藏之书袋，骗过赵简。出袋，狼要吃东郭了；设无农夫诈狼再入袋，笞之死，迂腐的书痴断难活命。后世多以“中山狼”喻忘恩负义的人。《红楼梦》中有“子系中山狼，得志便猖狂”句，此中“中山狼”是披着人皮的。狼性凶残，人知警惕而提防。电视剧《绝对权力》片尾歌词曰“老百姓都说人间的不一定都是人”，他们虽披着人皮，却更凶残！（辛卷98·2006年6月27日）

※谜苑拾萃※ 小时不识孙思邈(书名一)　《大清药王》(于忠东　作)

仍传晏子裘

题句出唐·高适诗《东平旅游奉赠薛太守二十四韵》，句赞薛太守崇俭。薛太守何许人也，比其作晏子，太得溢美。而字平仲的晏婴，是春秋时代齐国国相，是当时很有影响的政治家，在生活上亦“节俭力行，食不重肉，妾不衣帛”(《史记·管晏列传》)。《礼记·檀弓下》又载：“晏子一狐裘三十年。”“晏子裘”成为节俭美谈。“新三年，旧三年，缝缝补补又三年”，才九年，一衣若三十年“仍传”，俭之甚矣。我以“仍传晏子裘”作医学术语“衣原体”的谜面。“历览前贤国与家，成由勤俭败由奢”(李商隐《咏史》)。今天，在许多人看来，把“勤俭”提到关系国家兴亡的高度，小题大做。但淫侈亡国，却多例证。别嫌衣着过时，在追求奇、异的服装潮中，它不显得寒酸。（辛卷99·2006年6月27日）

※灵犀一典※ 晏子三十年不易其衣(《红楼梦》人名一)　裘世安　(民初·李子珍　作)

拔茶植桑

近日看央视播出的电视剧《凤凰起舞》，看得一肚子气。人家看戏，看热闹，逗笑的，图轻松。看戏上气，近于“读史掉眼泪，替别(原作古)人担忧”。气打哪来？试看：张乡长不顾自然条件，强令养蚕，不听他话的支书，他一句话就给撤了；他俨然就是一级政府、一级党委。还有，村主任与一些人沆瀣作恶，如入无人之境。村民呢？贤愚不辨，不识好歹。《凤凰起舞》一剧，发生在当代的中国吗？联想到题句事件，其出宋·陈师道《后山谈丛》卷五。崇阳县令张咏，劝民“拔茶植桑”，理由是当地全种茶，茶多必贱；后来的事实验证了他的远见卓识。题句作面，清人紫宇为配谜底乃《千字文》句“去而益咏”，别义作拔去茶而获益，张咏也。但愿《凤凰起舞》前几集的剧情是瞎编的。

（辛卷100·2006年6月28日）

※谜苑拾萃※ 尿素断档(官场用词一)　肥缺　(蒋贻锵　作)

西山薇蕨此生休

“南渡衣冠几人在，西山薇蕨此生休”出元好问《太原》诗中；以后句作谜面，令猜新词语“无商不活”，是刘旭先生谜作。《史记·伯夷列传》：孤竹君二子伯夷、叔齐避就王位而逃亡，往投西伯；途遇西伯后人武王伐纣，谏阻未果；商纣亡后，“天下宗周，而伯夷、叔齐耻之，义不食周粟，隐于首阳山（在甘肃），采薇而食之。及饿且死”。无商业，经济就搞不活，被谜人别解作：无商朝，伯夷、叔齐就不活了。历代诗文多赞伯夷、叔齐为节士典范，比“不食嗟来食”者更刚烈、“守节”。史称事二朝者为“贰臣”；耻为贰臣者，没听说有不食新的朝代的粮食者；相比之下，伯夷、叔齐何其迂矣。其实，“耻为贰臣”观念之迂腐，是显而易见的；腐朽、“该死”的王朝才宣扬“耻为贰臣论”。（辛卷 101·2006 年 6 月 28 日）

※灵犀一典※ 宁薇蕨而死，不周粟而生（古籍名一） 《夷坚志》（民初·逸石 作）

西　笑

“西笑”典出汉·桓谭《新论·祛蔽》。汉时，函谷关以东有俗语曰：听说长安很好玩，人们就向西大笑一通。知道肉味鲜美，人们则“过屠门大嚼”，亦出前文。“过屠门大嚼”不是可猜作商标“味美思”吗？那么，以“西笑”缀面，可猜什么呢？我为措底是两个词牌：《望长安》、《思归乐》——西望长安，想（思）去（归）那儿乐一阵。读前典，想到阿瞒智慧的“望梅止渴”，又忆及《西厢记》里的句子“涎空咽”。“欧美游”不多见；去“新马泰”，耳熟能详了；至于长假中的旅游，司空见惯了。住兰州，老家长安，常“西望长安”，却“秦少游”了。天下大得很，好地方、好风景有的是，电视里能看得真真的；电视机还买得起。

（辛卷 102·2006 年 6 月 29 日）

※谜苑拾萃※ 古来征战几人回（商业用语二） 打折 盘存 （张礼鹤 作）

元夜夺昆仑

《诗经·卫风·氓》“以望复关”句，写女子盼望恋人返回的车子；或作：盼望名叫复关的恋人回来。清·企杜《龙山灯虎》载一谜，别解“以望复关”为：以于望日收复关隘，为措面句即题文。《宋代名臣言行录》：狄青宣抚广西至宣州，时叛军侬智高部占据昆仑关。青于上元节大张灯烛，宴请从官将佐；夜二鼓，青称疾出；至晓，驰报者云，三鼓，青已夺昆仑关。旧历称十五日为“望”。谜贴切且精练。想到中国加入世贸组织的艰难历程，措句为“綦盼入世历年年”，亦猜“以望复关”；“入世”曾作“入关（关贸总协定）”。《墨子·兼爱》倡导：“天下兼相爱则治，交相恶则乱。”眺望世界上战乱达数十年的地方，我想，当有人倡导“交相恶”，以便火中取栗。“天下兼相爱”仍遥遥无期。（辛卷 103·2006 年 6 月 29 日）

※灵犀一典※ 上元三鼓夺昆仑（成语一） 关节相通 （泰国·林仲杰 作）

个个能修五凤楼

查题句时，翻出了《稼轩词编年笺注》，此书是陈振鹏先生于 1994 年 2 月 24 日赠我的。去年，振鹏老走完了他卓越的人生路；他送我的书将惠及我及更后。翻至《鹧鸪天·郑守厚……》，词末曰：“君家兄弟真堪笑，个个能修五凤楼。”唐、后梁在洛阳都有五凤楼；借喻能文的人为造五凤楼手。题句另有说道。《杨文公谈苑》：“韩浦、韩洎能为古文，洎常轻浦，语人曰：‘吾兄为文，譬如绳缚草舍，庇风雨而已。予之为文造五凤楼手。’”浦闻弟言，作诗付洎，末曰“助尔添修五凤楼”。黄树基先生着题文作宋人名文彦博之谜面。此谜属语典类，韩氏兄弟自诩文章才学广博。“绳缚草舍，庇风雨”好。“山药蛋派”作家赵树理脍炙人口的作品，多出自“绳缚草舍”中；安住在现代公寓里跩文的叫“坐家”。

（辛卷104·2006 年 6 月 29 日）

※谜苑拾萃※ 病大虫快活，金眼彪怨恨（电影名一） 《永乐恩仇》（吴新民 作）

西台恸哭记

哭，不尽是软弱的表现。“男儿有泪不轻弹”，当其“恸哭”时，乃见其真情难已，当更令人肃然起敬。我取题句作谜面，猜底是一文体：祭文。元·脱脱等撰《宋史·谢翱传》：南宋人谢翱，字皋羽，自号晞发子，曾任文天祥的咨事参军。宋亡，天祥被俘，不屈而死。谢翱知悉后，独自登上当年严光垂钓的西台（子陵台），设天祥神位，以竹如意拍石，边哭边唱《楚辞·招魂》，石与如意俱碎；又写《西台恸哭记》记此事。题文诚祭文，然，“文”字落实到文天祥名上。谢翱的《西台恸哭记》不甚出名。其出名与否，何其不重要也；要之在于，祭所当祭之人，其名与所祭之人共荣，祭所不当祭之人，其名比所祭之人更不屑。祭文是心灵之升华或堕落。（辛卷 105·2006 年 6 月 29 日）

※谜苑拾萃※　用战争消灭战争（数学名词三）　　求和　平方　角　（高建川　作）

赐洗儿钱

《左传·隐公三年》有“宠禄过也”句，义谓：（骄、奢、淫、佚四种恶习之生发）因宠爱太过。清人吴序因“宠禄”联想到《资治通鉴·唐纪三十二·天宝十载》里一段记述：唐玄宗敕令为安禄山新建壮丽宅第。禄山生日，上及贵妃杨玉环复予厚赐；后三日，召禄山入禁中，贵妃以锦绣为大襁褓，裹禄山……上问故，“左右以贵妃三日洗禄山儿对”。后又赐贵妃洗儿钱，并厚赐禄山。古礼，七岁兄妹不同席。成年胡人安禄山赤裸着由贵妃“洗儿”，贵妃意欲何为？也就难怪禄山可随意出入宫掖，“或通宵不出，颇有丑声闻于外”。“赐洗儿钱”前后之择述，岂止“宠禄过也”？“宰相肚里能撑船”；玄宗肚量更大，“丑声闻于外，上亦不疑也”。何妨说，“宠”能出骄、奢、淫、佚；“宠禄”终致其“叛”。

（辛卷 106·2006 年 6 月 29 日）

※灵犀一典※　禄山宫中养作儿（西药名一）　　安乃近　（李平　作）

投鞭于江，足断其流，何险之足恃

题文出《晋书·苻坚载记下》，赵首成谜家借之为谜面，猜底乃常用语：意志坚强；坚，苻坚也；“意志（识认）”、“强”，由题面所述事踏实之。前秦枭雄苻坚将攻晋，石越以晋有长江天堑之险，不可伐。坚曰：“以吾之众旅，投鞭于江，足断其流，何险之足恃？”终兵败寿春，“草木皆兵”际，苻坚志犹不改，终落得淝水一战惨败。打仗毕竟不是大江截流；即使拥有百万之众，投其鞭可断流乎？意志建立在“豪言”的基础上，而恃以壮其雄，这就筑建了惨败的基础。空喊口号可悲；口号再饰以华丽词藻，陡增其迷惑性也，可悲复可恶。一个时期，民歌的艺术夸张臻于极致；那个时期，饿死了多少人呢，下层民众只“略见一斑”，“全豹”之状凄惨。但愿“凄惨”能引来鉴戒，毋蹈覆辙！（辛卷 107·2006 年 6 月 30 日）

※谜苑拾萃※　练吐纳未得其法（四字口语一）　　运气不好　（尹业基　作）

漆园有傲吏

题句出晋·郭璞《游仙诗》中。漆园傲吏有成为显贵的条件和机遇，但拒任楚相，“谓使者曰：‘我宁游污渎之中自快，无为有国所羁，终身不仕，以快吾志焉。’”前述搜于《史记·老子韩非列传》。漆园吏名庄周，因当过老家蒙邑主督漆事小吏有斯称。庄子“著书十余万言，大抵率寓言也”。我以题句作面，猜底标为古籍连篇目，是为《庄子·逍遥游》。《逍遥游》驰骋着庄子对自由大无际涯的想象。篇中说到鲲、鹏，“斥鴳笑之”；说到大瓢，“拙于用大矣”；说到大树，“其大本拥肿，匠者不顾”……电视剧《凤凰起舞》里，村主任觊觎着村支书的宝座，奸佞手段无所不用其极；这种人的不陌生，悲夫！儿时，巷里狗咬狗，只为块骨头。（辛卷 108·2006 年 6 月 30 日）

※灵犀一典※　隐于漆园（《诗经》句一）　　有周不显　（清·曙城　作）

今将军尚不得夜行

《水浒传》将领花荣，箭术精，诨号"小李广"——差比李广也。西汉李广，箭术之外，更骁勇善战，匈奴闻之胆寒。"凤凰落毛不如鸡"；李广赋闲蓝田时，夜带一骑出，还至霸陵亭，亭尉醉，"呵止广。广骑曰：'故李将军。'尉曰：'今将军尚不得夜行，何乃故也！'"（《史记·李将军列传》）清人古阶平用之作谜面，底作花荣诨号"小李广"；"小"改训"小看、蔑视"义。后李广复出，调霸陵尉至军杀之。"量小非君子，德高乃丈夫。"（无名氏《名贤集》）杀醉中霸陵尉，李广失之"量小"。李广之子，事迹平平；其孙李陵以归降匈奴，武帝"族陵母妻子。自是之后，李氏名败，而陇西之士居门下者用为耻焉"。李广后人，势利且短见矣！李广后人以其先祖为荣、为耻都是虚的；创荣吧，毋遗耻！（辛卷 109·2006 年 6 月 30 日）

※灵犀一典※　李氏名败，而陇西之士居门下者用为耻焉（成语一）　广陵绝响　（赵首成　作）

韩嫣过处人争逐

高尔夫球场（成语一）弹丸之地，此谜系我早年旧作。泰国林仲杰先生的"弹丸之地"得从题句寻找。汉·刘歆《西京杂记》卷四："韩嫣好弹，常以金为丸，所失者日有十余。长安为之语曰：'苦饥寒，逐金丸。'"京城儿童听说韩嫣打弹弓时，常跟随，冀拾金丸。汉·韩嫣必贵族阔少也，"得无金丸惧"，人家玩得起。我国限制修建高尔夫球场了。别提"弱势群体"，就说正经收入的公务员，能玩得起高尔夫球吗？若无限制，大概每个县都要建高尔夫球场了。限制新建高尔夫球场，治标耳；堵住公费去玩，高尔夫球场自会冷场。"弹丸之地"常客有两种：暴发户和贪官。另有不少高消费场所，常客大抵也是上列几类人。

（辛卷 110·2005 年 8 月 19 日）

※谜苑拾萃※　贾珠、宝玉、探春、贾环（银行名词二）　通存　周息　（任焕长　作）

谢　毡

逢年过节，常见"送温暖"活动；或物资或钱钞，虽不能济贫者一生，亦稍解短时燃眉急。我为"送温暖"一语谋谜面：谢毡。《南史·江革传》：江革，字休映，南北朝时人。少孤贫，好学不倦，甚受中书郎王融和吏部郎谢朓推重。一雪天，谢朓看望江革；革铺单席，盖破絮，学如故；朓脱衣割毡遗革。后江革历任高官达数十载，傍无姬侍，家徒壁立，世以此高之。昨是"七·一"，情歌、软歌暂息荧屏，我心为之热过的老歌萦系耳际。电视剧《凤凰起舞》剧情有发展，县长关心、省长过问了，因地制宜的政策有望施行；但村里的坏分子、谋私的村官、以树形象为唯一目标的乡长，仍然发挥着绊脚石的能量。"送温暖"不如"送政策"。好政策得靠好干部贯彻。

（辛卷 111·2006 年 7 月 2 日）

※谜苑拾萃※　怕上火，喝王老吉（工业原料一）　进口液化气　（陶维松　作）

因固请吉令妇还

杜甫有句"堂前扑枣任西邻"，怜贫也。今述另一"扑枣"事。《汉书·王贡两龚鲍传》：王吉求学长安。东邻枣树伸垂吉院中，其妇取以啖吉。吉悉，休妻。东邻听到后，欲伐枣树，"邻里共止之，因固请吉令妇还"。传者赞曰"其历志如此"。盟鸥居士《绝妙集》一谜，题句作面，底取《诗经·大雅·民劳》"以为王休"句。休，美也；入谜作"休妻"释。底面呼应，令猜者穷源竟委，侦知王吉"历志"佳话。王吉微时能"历志"，其憨直性情终生不改。因其直谏，仕途多舛；汉宣帝曾说他"迂阔"。"历史的经验值得注意。"惜乎，从反面注意经验的人有增无减，把敢于坚持正义、正理的人视为"迂阔、矫情"；于是，世多鹅卵石、墙头草，并因此显贵。"正大光明"匾下之事，正大光明的不多。（辛卷 112·2006 年 7 月 3 日）

※灵犀一典※　王吉去妇（《孟子》句一）　夫谓非其有而取之者，盗也　（清·章祖泰　作）

朗朗如日月之怀

吉其厚先生以题句缀面，拟猜称谓：体育名星；会意扣底，无纤隙可指。其实，题文原是形容胸襟开阔、明朗的；此又见底材不乏别解的情趣。“日月入怀”作孕育贵子吉兆，见《搜神记》卷十：“孙坚夫人吴氏，孕而梦月入怀，已而生策。及权在孕，又梦日入怀。以告坚……坚曰：‘日月者，阴阳之精，极贵之象。吾子孙其兴乎？’”此谜直解、别解均宜，堪用《西厢记》中句“两般儿氤氲得不分明”来形容。“不分明”显曲，而“直则无姿”，梅之美若是？梦谁都做过，定然也有好梦、吉梦。孙坚其时已贵，其夫人的“日月入怀”梦，才能被“圆”成“极贵之象”。设所有“吉梦”都“圆”了，还不天下大乱？把体育名星当分子，用从事体育的总人数去除，其商至微。

（辛卷113·2006年7月3日）

※灵犀一典※　吴夫人梦日入怀(法律名词一)　　产权　(台湾·林恒升　作)

不然何事也漂零

杨丽萍《雀之灵》等作品，成就她为民族舞蹈的“精灵”；我为其名作谜，面即题文。议谜必述典。《两般秋雨庵随笔》卷四《陈小鲁》篇载《浣溪纱·怀董九》词曰：“一世杨花二世萍，无疑三世化卿卿，不然何事也漂零。”有无科学根据，我不妄断，古人认为“萍是杨花入水所化”却多不乏例证。苏轼词作《水龙吟·一池萍碎》自注云：“杨花落水为浮萍，验之信然。”杨花漂流化萍，我也“信然”；浮萍“丽”否？我持肯定；丽，作附着义。恃一技聚京城者众，其脱颖者，渐成星、腕；其初及迄今仍“处囊中”者，人称“北漂集团”。我若在二十、三十郎当岁时，会成“北漂”一族吗？不会。“树挪死，人挪活。”总有心眼死的人，结果是“半死不活”。

（辛卷114·2006年7月3日）

※灵犀一典※　点点杨花入砚池(《滕王阁序》句一)　　萍水相逢　(清·祉恒　作)

庆封曰：子姑退，吾图之

孟子曰“春秋无义战”。陕西俚语：“狗咬狗，一嘴毛。”狗咬狗有时只为争一脬屎。春秋战，不外争宠、争地、争霸、争王；目标似“宏大”，比诸狗，只为一脬屎。《左传·隐公廿七年》：齐国大夫崔杼之子崔成、崔强与崔明争地而阋于墙。崔成欲杀后母生弟，求计于庆封，“庆封曰：‘子姑退，吾图之。’”怎样“图之”呢？《左传》继述：崔成、崔强杀了后母的亲近人等，庆封兴兵讨伐，杀了崔成、崔强；崔杼妻自缢，崔杼效之投缳亦死。题句作面，清人冬芳以《西厢记》句“算崔家后代儿孙”为底，对“吾图之”作了概括。算，算计也。谚曰“吃不穷，穿不穷；不会算计一世穷”。又“人无外财不富”。不用算盘珠的“算计”，在“发扬光大”着。

（辛卷115·2006年7月3日）

※谜苑拾萃※　前面青山绿更多(影视新词一)　　注水剧　(邱中尧　作)

递与周瑜曰：此都督病源也

读题文，君当能度知，其出《三国演义》中“借东风”故事；是，其出第四十九回。诸葛亮递与周瑜的“诊断书”文曰：“欲破曹公，宜用火攻；万事俱备，只欠东风。”谜人应具对灯谜这玩艺儿的特殊天赋，即悟性。具此悟性，一视底材，心里即涌出对其不止一端的别解构想；依此“别解构想”，通过脑力劳动，寻觅相配的面句。有时，在读书过程中，遇有寓意深刻、蕴含典故、词句精美的佳句，辄思为其选恰当底材与其“扣合”。前两种成谜方式均需丰富的知识为底蕴；此底蕴愈丰愈好。石狮林文裕君具灯谜悟性，从题面句悟想到的是歌手与其演唱歌曲名的巧妙联缀：解/晓/东《风》。“东风不与周郎便”，因周郎缺乏气象知识。

（辛卷116·2006年7月4日）

※谜苑拾萃※　不等今日去，已盼春来归(股市用语二)　　分时图　复合　(冯忠良　作)

融四岁，能让梨

题句出《三字经》，早些年我借之作面，猜中医术语“小儿推拿”，又猜歌曲名《小小的我》。《后汉书·孔融传》引李贤注《融家传》：四岁孔融，每与诸兄共食梨，辄取小的。长者问故，答：“我小儿，法(按理)当取小者。”由是宗族奇之。“小小的我”当解作：我小，小梨理应归我。小儿推拿又生别义：小者推而不拿(大梨)。如今，肯定有孔融般让梨的雅闻，惜其太少。小皇帝、小公主般地宠着，基本礼仪的教育又几乎为零；再年长点，听到、见到的又多竞争；那么“物竞天择，适者生存”的理念，怕早就在少年、青年心中根深蒂固了。活泼、天真的少年天性，代之以老成、世故。中考分出来了，分数决定前程，基本如此。

(辛卷 117·2006 年 7 月 4 日)

※灵犀一典※　四岁让梨(《千字文》句一)　　孔怀兄弟　(清·罗道源　作)

草木皆兵

清·凤篁啸引《文虎》载一谜，面为“草木皆兵”，猜底是《易经》句“为坚多心”，面句典故出《晋书·苻坚载记下》。前秦苻坚率部犯晋，师称百万。晋遣谢石、谢玄率军八万，在洛涧大破秦军前锋，“坚与苻融登城而望王师，见部阵齐整，将士精锐，又北望八公山上草木，皆类人形，顾谓融曰：‘此亦劲敌也，何谓少？’”成语“草木皆兵”出此。都“草木皆兵”了，仍不思总结教训，致后来淝水惨败；亦可见“投鞭断流”之雄，何其虚妄，实不足恃。“好说己长便是短，自知己短便是长。”(申居郧《西岩赘语》)夜郎不大而自大固悲；大而不谦亦悲；有人不吝美言、谀词“捧”人使大，无不包藏祸心，这是“和平”时期的最恶者。

(辛卷 118·2006 年 7 月 5 日)

※触典旁通※　草木皆兵(军事用语一)　　疑军　(张志有　作)

桃花潭水深千尺

唐天宝十四载，李白游安徽泾县桃花潭，汪伦酿美酒宴请李白，白作《赠汪伦》诗表感激，诗曰：“李白乘舟将欲行，忽闻岸上踏歌声(踏地击节边走边唱)。桃花潭水深千尺，不及汪伦送我情。”诗仙千古佳作，宋时汪伦孙辈犹珍存，自不待说。诗以比兴抒情，“深千尺”之比，犹不及汪伦相送之情，直是深不能以言表了。谜学大师柯国臻一佳谜，恐将更使汪伦之名赓续后世：谜面即题句，底乃成语“无与伦比”。不能(无)与汪伦什么比呢？面句之“旨”，呼出底句答得明确：情。汪伦早死了，名入辞典。李白是慕“十里桃花，万家酒店”而往游桃花潭的；但潭离桃花十里，酒店也只“万姓”一家。桃花潭名胜，辞典有收；如有近、当代名家题咏，想必旅游收入更丰！

(辛卷 119·2006 年 7 月 5 日)

※灵犀一典※　桃花潭水深千尺(国名一)　　可伦比亚　(民初·黎国廉　作)

誉称中华“郑三绝”

兰州一纸上媒体叫《神州诗书画报》，我为其拟谜面：誉称中华“郑三绝”。“誉称中华”旨切“神州报”；那么，“郑三绝”其属“诗书画”了，容我道来。《新唐书·文艺类·郑虔》载：郑虔曾向唐玄宗献自己作的诗和画，看罢，玄宗书其尾曰“郑虔三绝”，意谓虔之诗、书、画皆精妙绝伦。后此语常省作“郑三绝”，用来借誉人多才多艺。享誉“郑三绝”殊不易。虔年轻时嗜习书艺苦无纸张，闻长安慈恩寺(今闻名遐迩的大雁塔)积柿叶数屋，遂寄居该寺，以柿叶习字，叶为之罄。“不积跬步，无以致千里；不积小流，无以成江海。”(《荀子·劝学》)我作人名谜不少，但少书画家，因书画家队伍太庞杂。

(辛卷 120·2006 年 7 月 7 日)

※触典旁通※　室内写生(称谓一)　　画家　(张志有　作)

鸡

一大型灯谜征射，奖品丰，影响颇大。其中一题，“鸡”作谜面，令猜《诗经》句。此题我失分；曾有人告我“二三其德”之底，我不以为是。前谜乃清·徐枕亚作。至今，我不苟同此谜之为法。《韩诗外传》卷二谓：鸡有五德。“首戴冠者(母鸡算不算有冠？)，文也；足搏距者，武也；敌在前敢斗者，勇也；得食相告，仁也；守夜不失时(雌鸡亦能乎？)，信也。”称鸡为“德禽”，始于是。二、三相加成五，“五”字尚切；只一“鸡”字而令猜“二三其德”，其合谜理乎？又，中华文化中“五德”之称多矣。文、武、勇、仁、信，确重要，少一不可，少则“缺德”。骂人“缺德”，多准确，谁能完美无缺呢？唯“大德”万万不可缺！

(辛卷 121·2006 年 7 月 7 日)

※触典旁通※ 鸡上树(古谚一)　　良禽择木而栖　(张志有　作)

提起来珠泪洒江河

未入谜途前，人述一谜语让我猜，我猜中其底：竹篙。成为“谜人”后，知彼谜多处有载，在《闺怨词》中作：“想当年，绿鬓婆娑，自归郎手，绿少黄多。受尽了多少折磨，历尽了多少风波。……不提犹且可，提起来，珠泪洒江河。”刻画、隐喻甚佳；其中两句似离题，我删之去。近读谜刊，见惠来楼得月先生撷题句为谜面，猜底是作家：陈大悲。此谜变“竹篙”谜的形象刻画为“会意”；提起来作“说起来”，以扣“陈”姓，“大悲”甚明白了。“竹篙”谜借咏物以喻人。二八佳人，“自归郎手”，向“黄脸婆”靠近了；到后来，“珠泪洒江河”，则俨然弃妇了。男女都该化妆。若只见女性不惜巨资“倒饬”，女性地位还是低下。男、女都“捯饬”了，互相比美，世界不是更和谐、美好吗？

(辛卷 122·2006 年 7 月 7 日)

※触典旁通※ 提起来珠泪洒江河(口语一)　　拉人下水　(佚名　作)

谢逸诗名魏收号

北齐魏收，字伯起，少善属文，以才名称于当世。曾以五年编成《魏书》百三十卷；修撰中，人多抱怨，并因受贿行为致获“秽史”之称。喜阿权贵，性极轻薄，人又号“惊蛱蝶”。北宋临川人谢逸，字无逸。博学工文辞，操履峻洁。屡试进士不举，遂罢仕念。颇有著述，尤以蝶诗三百首为人推重，因号“谢蝴蝶”。我作一谜，题文即其谜面。其非正经“典故”谜，借“语典”介绍知识耳。面隐谢、魏二才子的两(只)雅号，用其猜脍炙人口的流行歌曲名，不用揭底了吧？灯谜有灵机一闪而现的自然、流畅之作，此谜非是，是“硬作”。“硬作”诚不可少。谜人是拿谜作供人作心灵愉悦的；拿常人触目可见、触耳可闻的“熟材”作谜，虽“硬作”，精神可佳。

(辛卷 123·2006 年 7 月 7 日)

※灵犀一典※ 魏收(聊目二)　　《翩翩》《粉蝶》　(清·张蟹芦　作)

五世其昌，并于正卿。八世之后，莫之与京

《左传·庄公廿二年》：陈国公子完逃至齐国，齐大夫懿仲想嫁女与完，其妻用占卜决吉凶后，说：“吉，是谓凤凰于飞，和鸣锵锵……五世其昌，并于正卿。八世之后，莫之与京。”清人张起南取题文作谜面，着猜“聊目”四：《孙生》、《孙必振》、《田子成》、《王者》。题面句义是：到第五世，子孙昌盛，官位并于正卿。到第八代后，就没有比它更大的了。京，大也。春秋际的诸侯国，最“大”，王也。“田子成王者”不是说公子完是“田子”(农夫)，乃云公子完至齐改姓“田”。五世、八世之后，谁又看得着呢？真正贵为“王”者，已不得见；至于享受之豪奢，权威之显赫，并于王者，今则多矣。至于贪、受之财可享用到“八世之后”，亦不鲜见，他们现实：“死后是非谁管得”？

(辛卷 124·2006 年 7 月 7 日)

※谜苑拾萃※ 温侯亲临，挽留公台(著名建筑一)　　布达拉宫　(颜继仲　作)

匈奴未灭

守着没装修的、不足五十平米的两室一厅，我愿足矣。人有豪宅逾千万者，我不羡，也不忌妒，那是人家挣的。豪宅都是挣的吗？这就难说了。凡带个官衔，住房明里、暗里有好几套的，并不在少数；若认真调查，凭他们的工资收入是绝对办不到的；人家还官运亨通，那也是本事。青岛文木先生以题句缀面，构“骊珠”谜，猜为：作家 莫言；这得用“章旨、启下”法。《史记·卫将军骠骑列传》：霍去病以军功封骠骑将军、冠军侯，后任大司马。武帝为他治宅第，让他去看，他说：“匈奴未灭，无以家为也。”“无以家为也”——作家，莫提（言）吧！人均住房面积提高是实，有一家人均住房数百平米的，但也有无家可归的。“大锅饭”当然也不是“和谐”。（辛卷 125·2006 年 7 月 7 日）

※谜苑拾萃※ 万事不理问伯始（文化政策一） 推广普通话 （赵首成 作）

以此当两部鼓吹

《南齐书·孔稚珪传》：孔稚珪，字德璋，《南史》作孔珪。博学好诗文，嗜酒，饮辄七八斗。“不乐世事，居宅盛营山水……门庭之内，草莱不剪，中有蛙鸣，或问之曰：‘欲为陈蕃乎？’稚珪笑曰：‘我以此当两部鼓吹，何必期效仲举（陈蕃字）。’”怎么说“草莱不剪”是效陈蕃呢？原来，东汉陈蕃庭院芜秽，常不打扫，人以为他清世之志，在扫除天下。文人雅士，衣食无虑之余，或并无扫除天下之志，嗜大自然情趣而已也。我乃凡夫俗子，就用“当两部鼓吹”猜作蛙鸣般的三字口语“呱呱叫”吧。钢骨水泥壳林立，大自然渐渐远去了。车声噪杂塞耳，车辆尾气充斥……最近游公园，是 2003 年 9 月陪刘雁云、郑百川先生那一次。（辛卷 126·2006 年 7 月 7 日）

※灵犀一典※ 两部鼓吹（《诗经》句一） 约之阁阁 （清·罗道源 作）

蚕妾以告

骄、奢、淫、逸乃人性四恶。“逸”之为恶是最易为人忽视的。《左传·僖公廿三年》：国乱，晋公子重耳出逃，经八国，历十九载。最后，齐国接纳了他；齐桓公为重耳娶妻姜氏，“公子安之”。重耳从官密议，拟离齐；话被蚕妾（养蚕女奴）听到，以告姜氏。清·盟鸥居士《绝妙集》载一谜，即据故事结撰“蚕妾以告”，用猜《左传·僖公八年》中句“报采桑之役也”。“报复”之报，谜家令其作“报告”；“采桑之役”又被别解作“采桑的女仆役”。姜氏可敬，舍亲情，与重耳从人灌醉重耳，逼其上路。行前，姜氏曰：“怀与安，实败名。”——留恋妻子和贪图安逸，确实败坏名声。安逸在女人怀里而败事者众。何妨说，是蚕妾、姜氏两女，让重耳成了“晋文公”。（辛卷 127·2006 年 7 月 7 日）

※谜苑拾萃※ 多多益善，何为为我禽（手机功能一） 短信功能 （赵首成 作）

嫦娥应悔偷灵药

《淮南子·览冥训》：“羿请不死之药于西王母，姮娥窃以奔月。”姮娥乃羿妻，盗食羿不及食的不死药，得仙，奔入月宫，为月精。前即“嫦娥奔月”故事原版。仙界好否，谁又经历过呢？李商隐七绝《嫦娥》一诗，自有他的见地：“嫦娥应悔偷灵药，碧海青天夜夜心。”诗人讳言“仙界不好”，然郑俊生先生却从“悔”字体味出，并以外国著名建筑之名结论之：凡尔赛宫。谜由一“尔”虚字，其后略顿，却坚定了“赛（月）宫”的信念。“碧海青天夜夜心”，多少人“夜夜心”系着“碧海青天”，它有太多的“未知”等待人们去探索，探索别的星球、宇宙空间。探索是一种追求，探索者应具有高的境界；这样，他才不会因“两手空空”而后悔。（辛卷 128·2006 年 7 月 7 日）

※谜苑拾萃※ 北京猿人头骨（四字口语一） 一古脑儿 （张志有 作）

子恋南宫情不移

写得多了，觉着“典”已写完。“典”是写不完的，僻典、小说中“典”力避之，因有“写完”之感。“子恋南宫情不移”，是我为网络歌曲《老鼠爱大米》精心拟定的谜面。子，按地支与生肖对应作老鼠，这是老套子了。“情不移”示“爱”字，且坚定。只剩“南宫”与“大米”扣合了，兹简介之：米芾，初名黻，字元章，号襄阳漫士，今苏州人，当过什么官就不说了吧，他的名显在书画上，人称“米南宫”，他举止颠狂，又膺“米颠”号。南宫又与“大米”何涉呢？米南宫子名米友仁，亦善书画，世称“小米”；马南邨《燕山夜话》曾以“大小米”介绍米氏父子。“老鼠爱大米”一语，在说、在想说什么呢？作者或知之；或者，唱它只为轻松；人想活得体面，毕竟不会太轻松。（辛卷129·2006年7月7日）

※谜苑拾萃※ 是金子总会发光的(歌手名一)　沙宝亮　(张志有　作)

身后是非谁管得，满村听唱蔡中郎

题句出陆游《小舟游近村舍舟步归·其四》；“身后”，又作“死后”。诗的后两句即题面；其前两句是：“斜阳古柳赵家庄(时间、地点)，负鼓盲翁正作场(说书)。”盲翁说的是曾官中郎将的蔡邕；其故事有悖史实，但说书人不管，把个蔡邕与赵五娘的故事说得活灵活现的：蔡邕入赘相府，其妻赵五娘怀抱琵琶一路乞讨，进京寻夫。元末高则诚改此故事为南戏《琵琶记》。清季谜家唐景崧同情蔡邕，为其“负心汉”形象“平反”，用唐诗句作底：千载(流传的)琵琶(记)作(者)胡(言乱)语。史事是真实的，史书则不尽真实。欲溢美，删其丑闻；想贬斥，隐其善举。“死后是非谁管得”？人民管得，也许在其人死后，人民才会对其作出公正的评价。那么，我呼喊：史家别当编家！（辛卷130·2006年7月7日）

※谜苑拾萃※ 执手相看泪眼，竟无语凝噎(物理词二)　对流　声全息　(孟凡祥　作)

宁许以负秦曲

廉颇、蔺相如“将相和”的故事，稍有文化者当悉之；为说谜便，这里述其一节，其见《史记·廉颇蔺相如列传》：秦欲以十五城换赵宝璧，虑秦得璧不予城，问于蔺相如，相如回以：秦强赵弱，不给璧不成；若予之璧，秦不予城，则“曲(理亏)在秦……宁许以负秦曲”。末句谓：宁可予璧(而不得城)，让秦承担(负)理亏(曲)之名。王辉先生借题句缀面，着猜著名作家名。题句之义，可反击出赵树(之以)理。以赵树理为首的一批作家被称为“山药蛋派”。“山药蛋派”何尝不是褒扬？他们亲近乡土，方能写得人物栩栩如生，脍炙人口。如今有什么小说流派呢？痞子派？“宾馆”派？不说了，总而言之，无病呻吟者流。（辛卷131·2006年7月8日）

※谜苑拾萃※ 道统十三赞(已故作家名一)　赵树理　(王华　作)

周郑世子交相质

《左传》里，“周郑交质”故事有名，以之作谜亦多见。“周郑交质”经冯梦龙编写入《东周列国志》里，则绘声绘色易懂而生动了。周乃王国，郑是诸侯国，地位迥异；自周平王东迁后，周势衰矣，竟主动提出愿以世子狐质于郑；郑庄公不敢接受，臣下为出折中策，以庄公子忽质于周；自始开君臣交质先例。质于彼，实以人质受制于彼，甘受挟胁也。我据史拟题文作谜面，措底作“四声字”——一字而用其阴、阳、上、去四声字义也；底乃忽、狐、唬、互；唬、互，以挟胁交换也。“弱国无外交”，无论经贸、定约，若一方弱，则其协定、契约中的“双赢”均欺人自欺虚话也。亚洲一国家，虽经济尚不发达，但外交上强硬，世界上的“老大”也奈何它不得；有时，还得看它的脸色行事。（辛卷132·2006年7月8日）

※灵犀一典※ 周郑交质(象棋术语一)　兑子求和　(刘子荫　作)

大要教咸谄耳。万年乃不复言

民国人黎国廉取题句缀面，着猜《西厢记》“惊梦”一折《落梅风》曲句“被儿薄又怯”；底句是说：衾被薄令人生寒意。谜人别解底句呈：被儿子鄙薄后，怯懦得不敢再说了。谁人窝囊如斯？容我述来。《汉书·陈万年传》：陈万年病中召儿训教；夜半，其子陈咸睡去。万年大怒，欲杖笞之，问“不听吾言，何也？”“咸叩头谢曰：‘具晓所言，大抵要教咸谄耳。’万年乃不复言。”“子不教，父之过。”教子谄，功也？过也？以我看，“过”甚矣，岂复言功？父母殷勤教育子女，今綦多，冀子女成龙、成凤也。教后人以“谄”，今不闻；“不闻”不等于无有；知其乃奇耻，遂密之甚，故不闻。陈万年“怯”，见其良知未泯殆尽。慎勿使谄者得利；使得利，则“马屁学”走俏矣。 （辛卷133·2006年7月8日）

※谜苑拾萃※　欲将心事付瑶琴（音乐名词一）　　指挥表情　（郭少敏　作）

遥闻击鼓声

中国足球到“世界杯”上“转”过一次，一球未进，一分未得；谈不上风光，不慎提起来，还脸发烧。发烧不掩“凑热闹”的劲头；君不见，央视把德国世界杯当“家珍”似的捧到了极致；我不上当，央视只为赚广告费耳。米卢八生有幸，提倡“快乐足球”，不经意间，逮着了个死耗子——到韩国溜了一圈。央视名嘴“快乐”地侃着足球；大腕们到德国“烧钱”去了，附庸着足球的风雅。吉其厚友为“快乐足球”谋谜面如题，句出唐·韦应物诗《寒食后北楼作》：“……遥闻击鼓声，蹴踘军中乐。”谜从面句启下句“蹴踘军中乐”扣合。2005年5月21日，值国际足联百年庆典，布拉特主席宣布足球起源于中国（今山东淄博）。足球圈黑着呢，指望它为国长脸，得有大大的耐心。 （辛卷134·2006年7月8日）

※谜苑拾萃※　如来佛手似“肉红柱子”（张家界旅游术语一）　　五指峰　（张志有　作）

此事岂可令卿有勋邪

劳驾，是婉请别人代劳的礼貌语。事有绝不许别人代劳的，今介绍一故事以证前言。《世说新语·排调》：晋元帝子生，普赐群臣，“殷洪乔谢曰：‘皇子诞育，普天同庆，臣无勋焉而猥颁厚赉。’中宗笑曰：‘此事岂可使卿有勋邪？’”我改原文一字布面，拟猜《诗经·卫风·硕人》中句“无使君劳”。改一字，避“使”字“露面”也。世界之大，无奇不有。有不愿生育子女的丁克族，也有为了子嗣、香烟不绝而不择手段的愚蠢辈，“借种”丑闻生焉。“有种的过来”，是挑衅斗殴者的“豪”言，诚然可作为了“名义”上的子嗣而甘心戴绿帽子者的招聘广告。欲“借种”者，太愚昧，何不效丁克族，在两人世界里，尽情逍遥？

（辛卷135·2006年7月8日）

※灵犀一典※　此事岂可使卿有勋邪（《左传》句一）　　况贪天之功为己力乎　（闻春桂　作）

巢父掉头不肯往

无子嗣而“想不开”者，会做出丢人现眼的荒唐事；为了官位、权柄，有人会寡廉鲜耻，让社会为之龌龊；下面的事当让前种人百思莫解。晋·皇甫谧《高士传》：尧时隐人巢父，山居，不营世利。许由亦高尚士，闻尧欲让天下，他退而隐居；尧又招其作九州长，他恶闻之，以为污耳而洗于颍水。时巢父牵犊欲饮，知许由洗耳缘故，遂牵牛上游饮，免污犊口。杜甫写前事入《送孔巢父谢病归游江东兼呈李白》诗之首句，即“巢父掉头不肯往”。何以掉头不肯往颍水下游呢？清末民初谜家薛宜兴以杨炯诗句“由来天下传”作答，面即题句。巢父逃避，恐许由来把天下传给他。荒淫暴虐的纣是绝不愿传天下与人的。设，纣被推翻，人请许由、巢父“重整山河”，我料他们也会逃躲的，他们极端自私。

（辛卷136·2006年7月8日）

※谜苑拾萃※　老龄社会（五字口语一）　　大人有大量　（张志有　作）

意气洋洋，甚自得也

小人得志——小人物得在史书里占篇幅，志其事迹。《史记·管晏列传》记一无名小人物，其事迹入谜亦多。所谓"宰相家人七品官"，为齐相晏婴驾车的车夫"意气洋洋，甚自得也"。但其妻请去，夫问故，"妻曰：'晏子长不满六尺，身相齐国，名显诸侯。……志念深矣，常有以自下者。今子长八尺，乃为人仆御，然子之意自以为足，妾是以求去也。'"题句作面，楼得月先生为措谜底以离合字：辇一车夫大；大，自以为了不起也。"虚心使人进步"，御者"自抑损"了，晏子荐御夫当了"大夫"。《尚书》中"满招损，谦受益"句，不知者多，使用者众。世多竞争，有人争强好胜，锋芒毕露；有人藏智若拙，甚至养对手以骄。笑到最后的是谁呢？　　（辛卷 137·2006 年 7 月 8 日）

※灵犀一典※　其夫意气洋洋，甚自得也（《西厢记》句一）　天祥阔　（清·冬芳　作）

四万万人同一哭

清人丘逢甲《春愁》诗："春愁难遣强看山，往事惊心泪欲潸。四万万人同一哭，去年今日割台湾。"一年前，丧权辱国的《马关条约》，把台湾割让给了日本。哭号原因亦明，大清统治时期的中国，时有同胞四亿。那么，我借题句缀面构造的"反探骊"谜（谜底在前，谜目列后之谓），应猜出：大清　国/号。"男儿有泪不轻弹"，举国同哭号，为失去台湾而心动的恸哭也。割台消息传至台湾，台湾巡抚唐景崧（他还是著名谜家）、总兵刘永福及台湾民众，曾以武力卫台。温习一些近代史吧，台湾当局。日本侵略者没能永久割占台湾，一小撮台独分子宁做令亲痛仇快的民族罪人吗？强大的中国人民比百余年前更有决心、实力，保卫台湾宝岛！　　（辛卷 138·2006 年 7 月 8 日）

※灵犀一典※　四万万人同一哭（电影名一）　《台岛遗恨》（张志有　作）

夫阳子，本以布衣隐于蓬蒿之下

这是著名谜家、最后一任台湾巡抚唐景崧的谜作，题文乃其面，谜底是《孟子·公孙丑下》篇中句"城非不高也"，本义作：城墙非不高也。谜面出自韩愈文《诤臣论》，城指人，是唐德宗时谏议大夫阳城。城初以布衣隐于中条山。谜家所借之面句，使底材驯服以就面；"本以"与"非不"、"蓬蒿之下"与"高也"两组文字"反击"得何其自然、贴切且富力度。我对自诩清高的隐士，从不感冒；孔稚珪《北山移文》在讥周颙沽名钓誉吗？不尽然，史载那些不屑世务的隐士，读《北山移文》，亦当知羞。涉世，才显真名士。不敢涉世，而称名士者，连自己都信不过，对自己都没信心；若涉世，他能济世，他能"出污泥而不染"，鬼才信呢。　　（辛卷 139·2006 年 7 月 8 日）

※谜苑拾萃※　要遣儿孙世作农（历史名词一）　永业田　（郑昆吾　作）

李子豪雄，红拂顿生敲户念

潇洒：清高脱俗；义又作舒畅、轻快；然，此词用于特殊处，当另有别义。孔稚珪《北山移文》里"潇洒出尘之想"句，潇洒词用本义；泰国林仲杰先生为前句谋谜面以题文。题文出《幼学·妇女》，其结撰应自唐传奇小说《虬髯客传》。故事略曰：隋杨素之执拂妓张氏，倾慕李靖不凡气宇，轩昂态姿，夜奔投李靖，后结成夫妇。红拂夤夜私奔脱俗，李靖不嫌妓人，亦脱俗；谜底"潇洒出尘之想（敲户念）"已释明过半；"出尘"落在何处呢？据载："红拂"名"出尘"。男女间的爱情，真情最根本，原该"潇洒"——不受财富、门第等外在因素的隔阻、羁绊；然，潇洒綦难。几千年的传统观念，无形地束缚着潇洒。"人情"应该返璞归真。人只一世，"何不潇洒走一回"。　　（辛卷 140·2006 年 7 月 9 日）

※灵犀一典※　阅天下之人多矣，未有如公者（水浒人物二）　张清　李俊　（任焕长　作）

操疑冢七十二

曹操奸且雄。其设疑冢事,正史不载。元·陶宗仪《南村辍耕录》载,操生前设有疑冢七十二于漳河上。宋人俞应符题有诗句"生前欺天绝汉统,死后欺人设疑冢"。宋·范成大《揽辔录》中亦有"操疑冢七十二,散在数里间"之述。我撷"操疑冢七十二"作谜面,谜底乃清·洪昇杂剧《长生殿·絮阁》里的"故将人瞒得牢"句。此谜别解"故"意为"亡故";为"瞒得牢",操不惜设七十二疑冢;东汉至今,未闻发冢确闻,或如正史,并无疑冢,是见"瞒得牢"固。曹操给人印象不好;七十二疑冢,怕是故增其恶名的编排。"死则安之"或是无权势者的自慰吧;其实,权贵者何妨也崇尚"死则安之";大操大办,死者有灵,其能安之？送葬的纸扎愈趋豪奢,不知有新款手机否？ (辛卷141·2006年7月9日)

※灵犀一典※ 设七十二疑冢(《四书》句二) 其操心也危,其屡患也深 (选自《绝妙集》)

汉槎出入赖梁汾

"则贞观可得而复"句,见诸苏轼《乞校正陆贽奏议进御劄子》,义作:那么,贞观之盛就能复见了。民初谜人黎国廉把"贞观"指为人名,为前句拟谜面以题句。汉槎,清初诗人吴兆骞之字。梁汾,清康熙年代著名文士顾贞观之号。题句据兆骞、贞观二人交往的一段佳话撰成。顺治年间,江南丁酉科场案蒙冤的吴兆骞被谪戍宁古塔(清季多有此刑),后19年,顾做清廷贵要明珠的门客,请求多次,并以书信口吻填《金缕曲》词呈明珠之子、词家纳兰容若,容若转禀乃父,兆骞方得赦还关内。班超以功封侯,其"生入玉门关"殊不易,罪囚汉槎得还山海关内,实万幸矣。"流动人口"乃户籍词。若干年前谅无此词;那阵人口不能自由流动,现在听起来,人以为笑谈。 (辛卷142·2006年7月9日)

※谜苑拾萃※ 大田合计产十升(电视剧名一) 《奋斗》 (张志有 作)

何日遣冯唐

题句中冯唐,《汉书》中有传。读其传,感喟之:是个人物;何样人物？直言敢谏类也,答语曾侮汉文帝,亏他敢说。"持节云中,何日遣冯唐？"出宋·苏轼《江城子·密州出猎》词中。云中郡守将魏尚,以报功数字小的差误,遭削职。冯唐以为处分过当,汉文帝从其谏,差冯唐持节赴云中赦尚;东坡词因有是问。南京王彭年谜家以题句作唐诗句"云中君不见"的谜底。面句写对冯唐的冀盼,底句阐以盼之缘由:云中方面冯唐君尚不见。兹录冯唐答文帝的两句话:"鄙人不知忌讳。""陛下虽有廉颇、李牧,不能用也。"搁别的皇上,不把冯唐给咯嚓了？"文景之治"的盛世,文、景指汉文帝、汉景帝。试看昔日域中,哪个亡国之君,不是任凭奸佞当道？ (辛卷143·2006年7月9日)

※谜苑拾萃※ 自古杭州名远扬(电视剧名一) 《武林外传》 (张志有 作)

台上台下,谁都倒过台

恕我不能旁征博引了;"文革"那段历史,我经历过,却不曾去读。那俨然是场闹剧。革命坚定性要看谁喊得最最最响。霎时间,可以红黑易色。那阵,"阶级斗争"很时髦;"斗争"到后来,"权"也可以夺来夺去。当时,一对联曰:"(上联)你上台,我下台,台上台下,谁都倒过台;(下联)你整我,我整你,整来整去,谁都挨过整。"台,台阶也,以级计。我撷题句缀面,猜底应是"政治名词"吧？其乃:阶级斗争。"谁都倒过台",可见"斗争"的惨烈。经过"文革"那十年动乱,我对"革命"的概念,模糊不清了;流毒牵延至今;对这"主义"那"主义",说不清,干脆不说了。"楼上楼下,电灯电话"的"主义",是物质的,似乎已近实现;人们心灵上的"主义",还有提的必要吗？ (辛卷144·2006年7月9日)

※谜苑拾萃※ 捂盖子(金融名词一) 按揭 (张志有 作)

九世同居

现代,五世同堂或有之。我们家,有一段四世同堂,亦不易。见一谜,面为“九世同居”,殊惊异;谜底乃《诗经·小雅·小弁》句“维其忍之”。“奇迹”见于何处呢?明人萧良有《龙文鞭影》“张公百忍”篇之叙述。唐·张公艺,山东寿张人,九世同居。高宗封泰山时,幸其宅。问长寿、族旺本末,公艺书“忍”字百余以进。帝善之,赐缣帛而去。谜面示“果”,谜底述“因”——维(由于)其(代指张公,遇事)忍之。“小不忍则乱大谋。”(《论语·卫灵公》)小,指细微、非原则的事。嫡亲的一家人,自无原则上的矛盾,应该好相处;“九世同居”者能与外界隔绝,老死不相往来吗?是不能;那么,世人皆“忍”,世界才能美好。

(辛卷 145·2006 年 5 月 31 日)

※灵犀一典※ 九世同居(地名一) 张家口 (新加坡·黄映堂 作)

为吕氏者右袒

一伟人说过“党内无派,千奇百怪”。“文革”中无数的“派”、“山头”,似乎是故意制造的。制造“派别”,史有前例。《史记·吕太后本纪》述:吕雉大杀刘氏宗亲、大臣,甚至亲子;她背刘邦“非刘氏而王,天下共击之”之训,把持朝政,大封吕氏亲族为王侯;吕雉死,诸吕欲叛;在平叛中,周勃在收管吕禄掌握的北军军权,“行令军中曰:‘为吕氏右袒(袒露右臂),为刘氏左袒。’军中皆左袒为刘氏”。谜忌平、直,崇曲;获“曲”的韵致,“反击法”乃其中一法。钱燕林先生借此法构谜,以题句置面,又借“卷帘格”,措底为两个三国人名:左咸、刘协,经“卷帘”法改造,底材呈“协刘、咸左”,“反面击”中谜面。东汉的“反右斗争”成功;也该成功。

(辛卷 146·2006 年 7 月 9 日)

※谜苑拾萃※ 铁叫子与操刀鬼(饮料品牌一) 和其正 (孙长华 作)

刀枪人马一时休(一)

灯谜有“回文格”;此格以谜底正、倒各读一次的别解义,构成新义。我借助“回文格”,撷题句作谜面,取国际法名词“停火”作猜底。实际上,谜底是以“停火”、“火停”与面句粘义的;底材应这样理解:停火(息战)因火停(熄火)。停火之义易明,而“火停”之解,需读下文。清·钱德苍《解人颐》中,无际僧《咏走马灯》诗曰:“团团了又来游游,无个明人指路头。除却心中三昧火(熄火),刀枪人马就一时休(停火)。”诗之前面述走马灯团转不止;后两句说,一旦灯熄,灯上的“刀枪人马”就一齐休息了。火是走马灯团团转的动力。世界上有一个地区,战火延续了几代人了,尚无休止的征兆。有人一直在那儿煽风点火;火的动力又是无休止的欲壑。

(辛卷 147·2006 年 7 月 9 日)

※灵犀一典※ 刀枪人马一时休(电视剧名一) 《凯旋在子夜》 (张志有 作)

置笏殿阶,叩头流血

“忠贤事君,必谏君失;奸佞事主,必顺主情。”(唐·陈子昂《答制问事·明必得贤科》)题句彰显着一位“忠贤事君”的人,句出《新唐书·褚遂良传》:唐高宗欲废皇后,另立武则天,遂良力谏不被接受,“因置笏殿阶,叩头流血,曰:‘还陛下之笏,乞归田里。’”清·可亭以《书经·商书·仲虺之诰》中“显忠遂良”句作题文的谜底;题句恰切地“彰显忠心事君的褚遂良”。传统戏中,忠奸斗争是重要主题;忠奸斗争丰富着历史,也繁荣了戏剧,还让良知未泯的人随着剧情而喜、怒、哀、乐。当代无忠奸的斗争了吗?我不知道,但是会议上的“一致通过”,是否透出“必顺主情”的味道?后人读的历史、看的戏,仍不乏忠奸斗争的主题。

(辛卷 148·2006 年 6 月 7 日)

※灵犀一点※ 置笏殿阶,叩头流血(相声演员名一) 唐杰忠 (张志有 作)

公髯如戟，何得无丈夫气

“天假强胡”出唐·李华《吊古战场文》，义作：(严寒气候)等于老天借有利条件给强悍胡人。以前句作谜底，泰国卢山夫谜家为其谋以题文为面句；面义与底材原义正如一歇后语形容“猴吃麻花——满拧”。谜别解“强胡”为如戟强硬的胡须；妻以夫为天，本《礼记》：“夫者，妻之天也。”“无丈夫气”乃见“天”是“假”的。泰国马维克先生评此谜时云：面句出《南齐书》。我查《南齐书》卷廿三褚渊传，不见斯句；但它当有出处。题句出公主口，褚渊乃其“天”；公主欲就驸马行床笫事，“渊不敢动”，公主有斯诟责语。读褚渊传，知其历事数朝，多有建树，堪称“工作能力强”。一妇人口，以“那事”讥人“无丈夫气”，此妇人玷污了广大女同胞了。 (辛卷 149·2006 年 7 月 10 日)

※灵犀一典※　公髯如戟，何得无丈夫气(《左传》句一)　　须也弱　(选自古谜)

只合道家与僧家

清·赵翼《檐曝杂记》载有《豆腐诗》。豆腐乃汉代淮南王刘安创制，正史有载。前诗略述了豆腐的制做过程，其末曰：“个中滋味谁知得？只合道家与僧家。”以今观之，诗末句“只合”，失在武断。权从诗中论，我借题句作惯用语“吃白食”的谜面。原想以“吃豆腐”作底，虽用其喻义，嫌其直，终舍之。不知今之道、佛诸家，仍坚持吃斋(素)否？但用题句令猜“吃白食”，应是确定不移的。“吃白食”不是道家、佛家、信佛人的专利了。只要掌点权，哪怕是村级的，“吃白食”都难免；而且随着权的愈大，“白食”的档次亦愈高。外国人太“小家子气”，搞什么“AA 制”。中国有自己特色的“AA 制”，今天你 A，明天我 A，“A 方”永远是公家，变着法儿永远地“吃白食”。 (辛卷 150·2006 年 7 月 10 日)

※触典旁通※　肉食动物(五字俗语一)　　不是吃素的　(张志有　作)

阿戎诘新妇

封建时代，人际称呼是有严格规定而不容混淆的。《孟子·万章下》中“王何卿之问也”句，意思是：(齐宣)王问是哪一种(何)卿相。题句以《世说新语·惑溺》一事结撰：“王安丰(王戎)妇常卿安丰。安丰曰：‘妇人卿卿，于礼为不敬，后勿复尔。’妇曰：‘亲卿爱卿，是以卿卿。我不卿卿，谁当卿卿？’”形容男女间相爱相亲的成语“卿卿我我”出此。清末陈逸石拟题句缀面，猜底即前述《孟子》中句。前事收在“惑溺”章；听那词：惑溺；王戎对妻的“卿卿”听之任之，封建的“礼”败下阵来；这大约也是《新华字典》对“卿”字的解释失之不切的缘故吧。《东周列国志》中，乱伦、以下淫上，屡见不鲜。“无礼”、“失礼”，勿视为等闲。 (辛卷 151·2006 年 7 月 10 日)

※灵犀一典※　我不卿卿，谁当卿卿(电视剧名一)　　《爱的呼唤》　(张志有　作)

得蓝袍，当以枣糕祀我

《三峰集》载唐人李固言异闻：未登第前，行至一柳树前，听到弹指声因问，柳树答：我乃树神，已“以柳汁染子衣矣，科第无疑；得蓝袍(登第者衣)，当以枣糕祀我。固言许之，未久状元及第”。尚志任焕长君撷以题文作谜面，组以现代三作家名为底，其是：陈登科、李志、谢树。底材别解义作：嘱曰(陈)，登科后，你李固言定记着(志)谢我柳树。前异闻，大荒唐也。我料李固言进士及第后，当不吝枣糕，以解柳树神之馋嘴也。柳树有功于固言乎？不能说无有吧，已见灵验。报载：教师工资，比公务员以上。中考、高考，不第者众；幸有少数天资聪颖，或悬梁刺股般刻苦学习者，给教师们长脸。“枣糕”早已上不了台面了。 (辛卷 152·2006 年 7 月 11 日)

※灵犀一典※　果得蓝袍，饷我枣糕(《诗经》句一)　　报之以李　(民国·金元善　作)

连通两广化康庄

题文是我的一条字谜的谜面，谜底：埔。此谜多获嘉许。拿此谜来说“典故”，牵强，介绍知识耳。“埔”字由土、甫组成；为甫、土“连通”两个“广”字，则成“康庄”。常言“康庄大道”；以“康庄”代“康庄大道”，面句通顺否？答：通顺，无需疑！《尔雅·释宫》：“五达谓之康，六达谓之庄。”“康”、“庄”皆指宽阔广大道路，“康庄大道”即由此生。又《说文》：“四达谓之衢。”逵，亦释为“四通八达之道路”。古语中，述道路宽广之词多矣。交通业又蓬勃发展，道路之更趋宽广，毋庸讳言。人从孕育到长大至老，其“道路”似亦不难；然，人不应只为“活着”；人要“成长”，人要过高质量的生活，其“道路”却并不宽广。就眼前言，“校门”仍是不多且不宽的“道”。

（辛卷 153·2006 年 7 月 11 日）

※谜苑拾萃※　小时了了（湖南地名一）　大庸　（张志有　作）

两朝领袖诮偷生

苟且偷生易乎？也不易；请看题文，“两朝领袖”且以“偷生”而为人“诮”，况平庸辈乎？陕西人说“把脸装到裤裆里”，是骂人“不要脸”。“人活脸，树活皮”，没脸了，还活个什么劲？《论语·宪问》有句“夫如是，奚而不丧（多种版本作‘奚其丧’）”，意思是：就这样，怎么还不灭亡？夫，发语词。民初谜人姚劲秋把“夫如是……”句别解成：柳如是之夫，怎么还苟且活着呢？为谋谜面乃题文。清·佚名《绛云楼俊遇》载：钱谦益游虎丘，穿小领大袖服。人问服装何式，答：小领乃时制（清制），“大袖乃不忘先朝（明朝）耳”。士曰：“公真谓两朝领袖矣！”柳如是，钱谦益续弦夫人也。仕明、清两朝的钱谦益这“贰臣”，人们有理由问他：“还活个什么劲？”

（辛卷 154·2006 年 7 月 11 日）

※谜苑拾萃※　风过必有雨（交通事故用语一）　刮了一下　（王麟　作）

非才如钱谦益者不嫁

柳如是，原名杨爱儿；吴江名妓，工词翰书画，才艺冠一时。以上摘自《中国人名大辞典》。妓者流，正史不宜载；“别传”又不能不信。初，如是尝言“非才如钱谦益者不嫁”，后遂愿，二人相得甚欢。非“名妓”何能有那般“派头”？惜如是知才不知人；明亡，她曾劝钱殉国，钱不从，当了“贰臣”。钱死，如是殉之。今人有叹：谜思之佳者，每为前人占去（意若此）。想泰国马维克先生以题句作面，猜为《孟子·尽心下》句“归之受之而已矣”之巧妙构思，竟如“漏鱼”也。谦益，字受之。入谜，底句大谬于本义。我叹“漏鳜鱼”矣。今无“在籍”之妓，实质的妓却多；有的“名头”亦大得吓人。“别室”，今名“二奶”。

（辛卷 155·2006 年 7 月 12 日）

※谜苑拾萃※　童年故居（宾馆业用语一）　小时房　（刘茂业　作）

寿子载其旌以先

东周列国的世事，一个字：乱。《左传·桓公十六年》记一“乱”事。卫宣公诱奸其父之妾夷姜，生急子（一名伋）。见急子聘妇宣姜姿色绝世，自纳之，生寿及朔。宣姜必欲害急使己子为嗣，宣公助虐，遣急使齐，派人扮盗途中杀之；“寿子载其旌以先”，遭害。急子追寿，途遇假盗，知弟已死，乃申明身份，谓盗“请杀我！”盗杀之。寿子替兄（事急），“载其旌”——用急子原旌旗船只，以示“且相随”。我为题面句谋底乃：事急且相随。仁厚、知礼、崇节，急、寿异母兄弟，知死不辞，列国中难得一见。谚语“明知不是伴，事急且相随”在述人“善变通”。不顾原则、真理，为私利而“变通”者，贼也。今多“善变通”者。

（辛卷 156·2006 年 7 月 2 日）

※灵犀一典※　寿知之，以告伋（拟鸟语一）　行不得也哥哥　（选自《友三书屋谜稿》）

若非读书欠夫工

清末民初顾震福为宋代人名“翁仲通”谋得谜面：若非读书欠夫工。清·褚人获《坚瓠七集·倒字诗》载：明景泰年间，一荫生作通判，不甚晓字义，曾呼“翁仲”作“仲翁”，有人作倒字诗讥之：“翁仲将来作仲翁，也缘书读欠夫工。马金堂玉如何人？只好苏州作判通。”讥人用词颠倒，故作倒字诗，诗中竟如隶体之五处颠倒，既噱且见以毒攻毒，陡增令人深省的效果。不“欠夫工”汉语者，慎莫讥人；你能保证自己毫无差错吗？“欠夫工”者追求“工夫”，应予鼓励；偶尔“仲翁”，亦不当大加挞伐。君不见，大陆版图外的“外来语”，以其时髦，故意糟践着汉语言文字；我可以对其不感兴趣，却挡不住别人对其不“感冒”。（辛卷 157·2006 年 7 月 12 日）

※触典旁通※　若非读书欠夫工（语文名词一）　　错别字　（张志有　作）

剧院上演《金瓶梅》

逢场作戏，比喻在适当时机或场合凑凑热闹；以之对待人生，则属玩世不恭，若在“爱上纲”时期，那是要倒霉的。今天来看，逢场作戏何尝不是一种才能？题句作谜面，上海江更生先生措俗语“三个女人一台戏”为谜底。明代兰陵笑笑生的《金瓶梅词话》，性爱小说也，写官商西门庆发迹后和他的一群妻妾的性爱生活；因其描写得露骨，至今难窥原本全貌。书名是从西门庆最宠的二妾一婢潘金莲、李瓶儿、庞春梅名中各取一字合成。书名，实“三个女人”也。《金瓶梅》是否编演于舞台之上，并不重要。纷繁社会，各色人等，他们的喜、怒、哀、乐在有心人笔下，都是很吸引眼球的戏。不必申明“本故事纯属虚构”；西门庆的原型，在今天不难找到。（辛卷 158·2006 年 7 月 12 日）

※谜苑拾萃※　布谷声声催春种（广电用语一）　　插播广告　（严伟涛　作）

三题尽，当际会，稳跳龙门三级水

我是怎样把成语“过甚其词”粘合在题文后，构成一条灯谜的呢？是在先读题文，发掘其涵包后，在脑海里“过筛子”“筛”出来的。宋·洪迈《夷坚志·支丁》卷六记：词人刘过得一妾，甚爱之。赴京试途中赋《天仙子》词，夜辄令小童歌之。一夜，思妾，至于洒泪。二更后，有美人执拍板以曲劝酒，词和《千秋子》，有句曰：“……三题尽，当际会，稳跳龙门三级水。”我为题文配底“过甚其词”，是说：美人其词，誉刘过太甚。刘过每试每败，布衣终生。不知洪迈打哪儿听来的不实传闻，用搪塞文章耳。心无二用。心里时刻装着小老婆，还有装文章的一隅吗？心怀“功绩”做事、做人，“功绩”不走样，难矣！（辛卷 159·2006 年 7 月 12 日）

※灵犀一典※　扬鞭勒马到皇都……稳跳龙门三级水（《论语》句一）改之为贵（陈冕亚 作）

汝但坐太师交椅，二胜环掉脑后可也

“秦岂归君”句，出《左传·僖公十五年》，意作：秦国岂会送归晋惠公（君）。然，题文亦隐“归君”：事在宋靖康二年（1127），金兵破汴京，俘赵佶、赵桓两帝，押在五国城。清人刘剑侯借题文作“秦岂归君”句之谜面，此面摘自梁绍壬《两般秋雨庵随笔·优剧》：宋，允在皇宫内以时事入科诨戏笑（活报剧雏形乎？）。时秦桧专权，毫无迎还二圣意，优人戏讥之：甲优耳系大金环，乙优问：汝耳系何物？答：二胜环；乙优前趋，将二胜环移至背，道：“汝但坐太师交椅受用足矣。二胜之环丢之脑后可也！”二胜环，南宋军旗上的双环图案。优人讥秦桧将“二圣还”朝事，置之脑后，何其尖刻。不知秦桧看此戏恼怒否，兴许人家“宰相肚里能撑船”！（辛卷 160·2006 年 7 月 13 日）

※谜苑拾萃※　月照独眠房（礼貌用语二）　　光临　对不住　（陈昌年　作）

缠 行 头

吉其厚先生在其大编《趵突风韵·八》上说到“行头”：“儿童玩具，球形，直径 5~7 厘米，用棉线缠绕而成。旧时无皮球，‘行头’走俏，约至上世纪五十年代渐敛迹。”体育名词词典，无“行头”条。民间的体育用品，体育史不收，惜乎其疏。“行头”，诚史物典故，故列一题。马恩业先生举“缠行头”为谜面，措数学名词四置底：线、相交、集合、球。此谜概括了“行头”这“球”的用料、制作工艺。无需任何花费的跳房子、老鹰捉小鸡等，也只存在于书本中或记忆里了，何况还需“制作成本”，“行头”早该绝迹了。玩具、游戏的科技进步、高速发达，应是领先吧？科技游戏，它愉悦心，却有害于身；有人放纵于心的虚幻的满足，还盼着“饭来张口，衣来伸手”，这是某些人的追求！ （辛卷 161·2006 年 7 月 13 日）

※灵犀一典※ 一生刁蛮(日本地名一) 长野 (陈岳桐 作)

元和惠氏，里籍吴县

我拟题句缀面，着猜唐诗句“红豆生南国”。清元和县(地处南国，后并入吴县)人惠士奇、惠栋父子俱博通经史，为世推誉作“红豆先生”、“小红豆”。底句系唐·王维《相思》诗首句，句末曰“此物最相思”。红豆，相思木所结子，亦名相思子；子大如豌豆，微扁，色鲜红或半红半黑，古常以比喻爱情或相思。相思多典。列国期间，宋国韩凭与妻何氏的“相思树”典，已介绍过；“相思木”亦有说道，见南朝梁·任昉《述异记上》：战国时，魏国苦秦之难，召民从征戍秦，久不返，妻思而卒。既葬，冢上生木，枝叶皆向夫所在而倾，因称“相思木”。无相思木(树)，无以寄情乎？非也。幼时，记有不少陕西民谣(当地叫“口口子”)，其于爱情，尤多坚贞之比兴，与陕北民歌近是。 （辛卷 162·2006 年 7 月 13 日）

※灵犀一典※ 探亲假批了(四字口语一) 这回准行 (胡荫龙 作)

横塘双桨去如飞，何处豪家强载归

明末名妓陈圆圆，本名沅，色艺双绝；圆圆当是艺名。妓以色艺名，能一度左右军国大局，不容小觑。陆次云《圆圆传》说：明总兵吴三桂，曾赍千金聘圆圆，未遂。题句诗出自清·吴伟业诗《圆圆曲》，“何处豪家”从水路“强载归”圆圆呢？其说不一；指为田贵妃父田弘遇者似更可信。民初陈冕亚先生借题句为面，用《左传·哀公元年》中“陈人归田”作底；尽管是“强载去”，陈氏不得不从了(归)田弘遇。至于后来陈圆圆和李自成、吴三桂的枝枝蔓蔓，只让历史或传说丰富多彩耳。据载，后吴三桂爵王，圆圆拒就妃位；又，悉吴三桂反迹，圆圆乞作道士以终。陈圆圆这些节烈雅闻，人们却传得少。“言，心声也”——扬雄语。你热衷于哪些谈资呢？ （辛卷 163·2006 年 7 月 13 日）

※谜苑拾萃※ 水漫金山(歌手名一) 汪峰 (张志有 作)

声声如在履声中

“朝罢人人识郑崇，声声如在履声中。”苏轼诗句也。任焕长君借后句作谜面，猜底乃京剧中人物：崇公道。以“履声”享“直声”之誉，赞誉者又非等闲之人：汉哀帝。《汉书·郑崇传》：崇任尚书仆射，不徇职守，常入殿与哀帝谏争，帝已能详郑崇的步声，“每见曳革履，上笑曰：‘我识郑尚书履声。’”“郑履”遂成美谈。舟人“听惯了艄公的号子”自属常理，反之，何为舟人？哀帝听惯了“郑履”，多不容易啊，何况还是“谏争”词语。陕西人把对人阿谀比作“灌米汤”，不知出自何典；“米汤”能灌得人晕晕乎乎吗？有人说，“郑履”声多了不好，说明主上多舛；谁无过错呢？知过而改，“郑履”方能继听再闻；若主上耳际唯颂声，国事危矣！ （辛卷 164·2006 年 7 月 14 日）

※灵犀一典※ 崇曳革履进见，上每闻之(《论语》句一) 放郑声 (清·金丽源 作)

因赐甲第一区，拜参军都尉

石勒，字世龙，羯人；少时耕田行贩，生计穷困；后来当了十六国时期后赵国王。《晋书·石勒载记下》的一段话，引我注目：勒与李阳邻居，为争麻池，迭相殴击。成王后，李阳不来见，石勒曰："沤麻是布衣之恨，孤方崇信于天下，宁仇匹夫乎！"召阳至与酣饮，笑曰："'孤往日厌卿老拳，卿亦饱孤毒手。'因赐甲第一区，拜参军都尉。"我撷题文缀面，借"卷帘格"法，得中药名"阳起石"为底；底材以"石勒起用李阳"契合面材。人有尊卑，其智却不以尊卑而分高下。羯人石勒得能王霸一方，于起用李阳亦可见一斑。想那石勒，识得几个大字，在位却能定九流，崇儒学，用人不限于本族；其在位十余年，绝非浪得虚名也！（辛卷 165·2006 年 7 月 14 日）

※谜苑拾萃※ 至今窥胡马，不敢过临洮（电影名一） 《少年犯》（汤政良 作）

秀才剌，试官刷

"言不可以若是其几也"出《论语·子路》，义作：说话（指"一言而可以兴邦"一语）不能那样简单肯定。民国张超南为"言不可……"句谋谜面曰："秀才剌（违逆），试官刷。"典故令底句别义作：言语不能像刘几。宋·沈括《梦溪笔谈·人事》记："嘉祐中，士人刘几，累为国学第一人，骤为怪险之语，学者翕然效之，遂成习俗。"欧阳修恐此谬种流传，决意痛惩。阅一卷论曰："天地轧，万物茁，圣人发。"欧阳公认定必刘几作，批其文曰："秀才剌，试官刷。"并以朱笔横抹其文以尽，谓之"红勒帛"，判"大纰缪"。今多"怪险之语"，赶时髦者还"翕然效之"；可惜无人抹其语以"红勒帛"。昔有"党八股"，今，股数无计，比赛着，看谁会乱章法。（辛卷 166·2006 年 7 月 14 日）

※灵犀一典※ 红勒帛（书名一） 《一丹随笔》（李良柱 作）

子强为其难，吾为其易

秦腔演《赵氏孤儿》甚炽，戏迷述剧情如数家珍。"赵氏孤儿"本末，《左传》里有载；司马迁在其巨著《史记》的《晋世家》、《赵世家》中所述，自相矛盾；论者以《左传》更近史实。题文句见《袁王纲鉴合编》：晋屠岸贾杀赵朔灭其族。朔妻走匿，生一男。屠岸贾搜孤不果。赵朔门客程婴、公孙杵臼共谋存孤："立孤与死孰难？""死易，立孤难耳。"杵臼曰："子强为其难，吾为其易。"杵臼以假赵孤出首，并遇害；程婴与真赵孤得以存活。赵氏孤儿，其名赵武。杵臼节烈之义可干云霄。清·唐景崧以谜志之，题文乃其面，底取《诗经·棠棣》句"不如友生"。把"死"视作易事了，他欲捍卫某东西则不难。以畏死，叛变真理者遗臭名。"既要当婊子，还想立牌坊"，今多两难其间者。（辛卷 167·2006 年 7 月 20 日）

※灵犀一典※ 赵朔真孤犹未灭（《孟子》句一） 而何其血之流杵也（清·章祖泰 作）

凤尾书成膺帝赐

《南史·江夏王锋传》："（锋）五岁，高帝使学凤尾诺，一学即工。高帝大悦，以玉麒麟赐之，曰：'麒麟赏凤尾矣。'"何谓"凤尾诺"呢？古时，签署文件曰署诺；署诺字似凤尾，曰"凤尾诺"。麒麟，传说中仁兽名。早慧的南朝陈·徐陵，宝志上人曾称之"天上石麒麟"。颜回亦膺斯称。后因以"麒麟儿"为颂人幼子聪颖的美称，这亦应是民间传说"麒麟送子"的依据吧。因此，我借题文为谜面，着猜"麒麟送子"；别解义作：齐高帝以玉麒麟送萧锋，他是高帝第十二子。街上有专为人设计签名的。出名了，索求签名者多了，名得签出水平吧？初，喜人索签名，"腕"大了，烦人索签名。（辛卷 168·2006 年 7 月 18 日）

※灵犀一典※ 凤尾书成膺帝赐（《水浒传》人物诨号一） 玉麒麟（清·朱世德 作）

汝已杀我任城，不得复杀我东阿

题文中任城、东阿是以封地称人。为争权，东周时代父子、兄弟相残已成常习；后世虽敛迹，却未绝迹；此事，曹丕演得最精采。《世说新语·尤悔》：魏任城王曹彰骁勇，其兄魏文帝曹丕忌之。一次，在其母卞太后宫弈棋，丕下毒枣内，曹彰食进致死。后丕又欲害东阿王曹植，卞太后乃曰："汝已杀我任城，不得复杀我东阿。"清末民初谜家黎国廉，借题"发挥"，为配谜底以《易经》句：彰往而察来。彰，指为曹彰。后曹植得能以"七步诗"救了自己，亦只苟活而已。底句本意：彰明过去，察知未来。利令智昏；"利令"人性泯灭。虽"彰往"而未能"察来"，后世宫闱中宗亲间的杀戮，史不绝书，但愿不至于愈演愈烈。（辛卷 169·2006 年 7 月 19 日）

※灵犀一典※　汝已杀我任城，不得复杀我东阿（环保名词一）　植被保护　（赵首成　作）

不当演员的姑娘

题文是一部电影名，我借之作谜面，着猜惯用语：恶作剧；此处恶，读音 wù，取厌恶义。恶作剧之本义，绝非"厌恶演戏"，其典出唐·段成式《酉阳杂俎·盗侠》：唐代，韦生搬家去汝州；路遇一僧，与谈融洽；僧邀韦生赴其寺，言路甚近；已过十余里未见寺，生起疑心，暗中取弹弓弹僧头，一连五弹；僧摸伤处曰："郎君莫恶作剧。"恶作剧，意谓过分地戏弄、捉弄人。不愿当演员者有否？有，那是明智、知自量力者。太愿当演员者却太多；当然，愿以刻苦、不懈的努力，从事演艺事业者有之；遗憾的是，热衷当演员的群体中，更多图虚荣、图高收入的不自量力者；他们亦利令智昏一族。荧屏上充斥着"海选"的"恶作剧"。（辛卷 170·2006 年 7 月 19 日）

※谜苑拾萃※　驻跸（沈阳地名一）　皇姑屯　（张礼鹤　作）

朕观此人，言过其实，不可大用

题句出《三国演义》第八十五回。刘备病笃，召孔明托以后事。议及马谡；孔明以马"亦当世之英才"称之，刘备曰："不然，朕观此人，言过其实，不可大用。"诸葛亮平生一大失误，在重用马谡，致有连本戏《失空斩》。江更生友借题文作谜面，着猜成语：白马非马；此成语实出我国一古代哲学辨题。白马，马之一种也，公孙龙学派却"非"之，这当然是错误的。入谜，白马非马被别释为：（刘备）说（白）马谡，而"非"之（马）"言过其实，不可大用"。谜人还是说谜吧。逻辑学中的概念种种，谜人不可不知。马，是属概念（上位概念），白马系种概念（下位概念）；其从属关系，慎勿倒置；入谜时弄不明白，就要犯"倒吊"的错误了 。（辛卷 171·2006 年 7 月 20 日）

※谜苑拾萃※　今日痛饮庆功酒（中纪委委员一）　干以胜　（严伟涛　作）

末座少年，异日必是有名卿相

人当有自知之明；对自己的"人生定位"恰当，绝非胸无大志。清人一谜，题文是其面，底取《诗经·邶风·绿衣》句"绿衣黄裳"。是谜以衣色指实黄裳其人。唐·张固《幽闲鼓吹》：唐潘孟阳初为户部侍郎，其母忧惕，忧其才不堪其职，将罹祸。孟阳母令邀其同僚以察；"客至，夫人垂帘视之，既罢会，喜曰：'皆尔之俦也，不足忧矣。''末座惨绿少年何人也？'答曰：'补阙杜黄裳。'夫人曰：'此人全别，必是有名卿相。'"孟阳母善相乎？后杜黄裳果成"有名卿相"，封邠国公，卒谥宣献。知其所交友以知其人，有道理；影响、熏陶太重要了。"缟素（洁白）不能自分于缁墨，贤圣不能自理于乱世。"（桑弘羊语）是之谓乎？但别忘了，家庭、父母之影响更是"先入为主"；黄裳能处奸佞中而成正果吗？

（辛卷 172·2006 年 7 月 19 日）

※灵犀一典※　孟阳宴客，谁居末座（《诗经》句一）　绿衣黄裳　（清·俞鉴　作）

卷卷有爷名

“死无对证”一语，是无能者的托词；历史上一些悬疑，是人为地借“死无对证”给“讳”了下来。《木兰诗》未提及木兰姓氏，我从此说；读民国人刘剑侯以题句作面，底为《诗经·卫风·氓》中“桑之未落”句的谜作，始知木兰姓花；“死无对证”，何必较真呢？明·徐渭《四声猿》写木兰代父从军的《雌木兰》白纸黑字：木兰“姓花，世住河北魏郡。父名弧，字桑之，曾为千夫长……”谜别解桑叶未凋落呈：花桑之其名卷卷军书赫然有载，无（未）一落（音 là）下。此谜情理毕至，斩钉截铁，无纤隙可容置喙。木兰何姓、里籍何处，还是别群口纷争吧，“死无对证”。何妨说，木兰是众多巾帼英雄形象的典型，那么，其“原型”甚多，布神州四面八方，增国人之骄傲。（辛卷 173·2006 年 7 月 21 日）

※触典旁通※ 卷卷有爷名（植物学名词一） 父本 （张志有 作）

诸将皆从壁上观

成语“作壁上观”原出《史记·项羽本纪》。壁：营垒。时在项羽反秦屡胜，威望愈高际，但诸侯军并未对他一呼百诺，“及楚击秦，诸将皆从壁上观”。比喻坐观成败，未以行动助项。我撷题句缀面，借用“卷帘格”，令猜当代著名科学家名：张光斗；张：观望；斗：争战；底材以“斗光张”应于题面，别解义作：你打你的，我只观望耳。“作壁上观”以后的史实是：楚大胜，诸侯军无不人人惴恐，至迎项羽“无不膝行而前”，“项羽由是始为诸侯上将军”。世界一隅战不休，近时尤炽。大国若仅“作壁上观”，战火何能延续数十载而“跨世纪”？坏就坏在某大国不仅“作壁上观”。（辛卷 174·2006 年 7 月 21 日）

※谜苑拾萃※ 千红一窟（古今名人各一） 孔子 于丹 （张礼鹤 作）

常日限为诗一篇，或数日不作，则追补之

《诗经·大雅·假乐》有“率由旧章”句，本义：遵循往昔之典章制度。清末民初谜家高步瀛为“率由旧章”谋谜面以题文；率，落实在一人身上；“由旧章”，表示补足旧日缺漏之作。《南史·张裕传附张率》：“（张）率字士简，姓宽雅。十二能属文，常日限为诗一篇，或数日不作，则追补之。”南朝梁人张率，颇为时人赏识，梁武帝称其赋颂：“相如工而不敏，枚皋速而不工，卿可兼二子于金马矣！”“今日事，今日毕。”前语宜作座右铭。张率违反其“日限为诗一篇”之“铭”，好在他能“追补之”。“一杯茶，一根烟，一张报纸看半天”的“办公”者，今有否？没了好。有无“日限为宴一餐者”？“今日宴，今日毕”，追补伤身哟！毕竟仍有“下边吃紧（任务重），上边紧吃”者。（辛卷 175·2006 年 7 月 21 日）

※谜苑拾萃※ 舍生取义，杀身成仁（《谏逐客书》句一） 故能明其德 （王水生 作）

妇人过妒妇津

题句故事记载于唐·段成式《酉阳杂俎·诺皋记上》：晋人刘伯玉妻段氏，以妒出名。汉末曹植名篇《洛神赋》，赞渡水淹死而成洛水之神的宓妃的绝色之美；率读此赋，心羡神驰，伯玉因叹：“娶妻若像洛神，无憾矣！”听后，段氏勃然，云：我若投水死，何愁不成水神！段氏遂投临清河自尽；后伯玉终生不再渡河。故事称段氏投河处为“妒妇津”；后临清形成民俗：凡妇女从妒妇津渡河，必故作丑陋打扮；非此，则妒妇怒，风浪大作。我拟题句作面，令猜俗语：美不美，家乡水。——美人故作不美，在家乡水津。不知当地习俗的外乡美妇，恐遭妒忌风浪的不测了。“女为悦己者容”，女亦为妒己者丑，妒，是大丑。（辛卷 176·2006 年 7 月 21 日）

※触典旁通※ 妒妇津（四字俗语一） 醋性大发 （张志有 作）

叶上题诗寄阿谁

这是“御沟流红叶”的一种版本。唐·孟棨《本事诗·情感》载：顾况游苑中，从流水上得大梧叶，上有宫人题诗，诗末曰：“聊题一片叶，寄与有情人。”翌日，况亦题诗叶上，于上游放之，诗末二句云：“君恩不禁东流水，叶上题诗寄阿谁？”清·韩振轩摘题句作谜面，着猜《千字文》句“顾答审详”；顾答宫人诗也；审详在问“寄与谁”；当然，若非叶小，情词当审之更详。书载，顾况“题叶诗”后十余日，又有人得“题叶诗”，故以示顾况，诗中有句“谁人愁和独含情”。爱情，真挚的爱情，美好在相恋的过程和对此过程的珍存；过程美好的细节，隽永得令你终生难以释怀；不要只追求结果，那是低级动物也具有的本能。有些人堕落得让猪狗都为之脸红。

（辛卷 177·2006 年 7 月 21 日）

※灵犀一典※　御沟流红叶（曲牌一）　《寄生草》（张志有　作）

我于水中见蟹且恶之

解系故事，正史外多见；这篇说的是《晋书·解系传》所记：解系，字少连，济南人。系与两弟结、育并清身洁己，甚得声誉。系守正不挠，得罪于赵王伦的佞臣孙秀，秀数谮系，终使免官，以白衣还第。伦、秀仍不饶，复收系兄弟；梁王肜救之，伦怒曰：“我于水中见蟹且恶之，况此人兄弟轻我耶！此而可忍，孰不可忍！”解、蟹同音；伦恶解，遂至迁怒于蟹。解系兄弟冤死，自所不免。我择题句缀面，令猜谚语“冤家宜解不宜结”。结，解系弟名。“冤家宜解”，乃见伦、秀心中与解氏之仇甚“宜”；“不宜结”又当释作：不，宜结！灯谜别解，每指非为是，令人忍俊。“害人之心不可有，防人之心不可无。”于奸宄，“害人之心”常有；出良善辈，“防人之心”惜其不多。

（辛卷 178·2006 年 7 月 22 日）

※触典旁通※　我于水中见蟹（《水浒》将领名、诨号各一）　张横　行者（张志有　作）

国乱时危，王不出头谁作主

明·蒋一葵《长安客话》载一故事云：明太祖朱元璋封朱棣为燕王，姚广孝自荐辅之，帝任之。一寒日，广孝侍宴，朱棣命句云：“天寒地冻，水无一点不成冰（古写如‘氷’）。”广孝应对曰：“国乱民愁（别本作‘时危’），王不出头谁做主。”“王”字出头，即成“主”字。姚广孝何对下联若斯？这得从“时代背景”说起：太祖死后，建文帝从削藩策，燕王因反；提削藩建议的齐泰、黄子澄在朱棣眼中则成权奸。姚广孝下联，实暗喻：君务靖难——（燕）王应出头做主，起兵靖难。清人刘剑侯以《左传》句“君务靖难”作题句之谜底；面虽隐，底却铿锵，宜乎佳妙。朱棣“清君侧”的“靖难之役”名正言顺吗？朱棣成功登九五，容谁置喙？“胜者王侯败者寇”，历史常作如上结论。

（辛卷 179·2006 年 7 月 22 日）

※谜苑拾萃※　说话不含糊（节气二）　白露　清明（徐鋐　作）

隐之见之，遂投于湖亭之水

“美姿容，善谈论，博涉文史，以儒雅标名。”《晋书·吴隐之传》述吴隐之也。隐之廉誉每与“水”关连；他饮“贪泉”不改廉洁本性，我文前已述及，今再择他一廉洁典事，以饷读者。隐之妻刘氏赍沈香一斤，“隐之见之，遂投于湖亭之水”。沈香即沉香，多出印尼、泰国之名贵香料也；隐之家贫极，断无沉香那贵重东西，因投湖中。我撷题句置面，猜底作神话人物：沉香；人名、物名虽同，入谜，全仗投于湖的沉字的别解，谜味生焉。水火无情。相比之下，水似多为人赞美。“君子之交淡若水”；“风乍起，吹皱一池春水”；“小桥流水”；“柔情似水”。水性柔，却并非软弱可欺；人欺水，常在不经意间；水欺人，亦无情。

（辛卷 180·2006 年 7 月 22 日）

※谜苑拾萃※　失忆（李煜词句一）　往事已成空（李明富　作）

三　刀

“三刀”有说道。《晋书·王濬传》:“濬夜梦悬三刀于卧屋梁上,须臾又益(增加)一刀,濬惊觉,意甚恶之。主簿李毅再拜贺曰:‘三刀为州字(古州字作“刕”),又益一刀,明府其临益州乎!’”后来,王濬迁益州刺史。清·徐家礼以“三刀”悬诸面,令猜地名连官名:解州州判。“解、判”均作动词用;解“州”字,判作“刕”。解州,古代地名,汉故县,相当于今山西运城县及临猗、永济二县部分地区。州判,清制官名,从七品。析此谜,面作“三刀梦”是否更恰当些?因典故中,侧重“解梦”。梦刀,难怪人“意甚恶之”,亏得人给“圆”得好。梦有应验否?梦可信吗?恶梦,何不往好处“圆”?何必给自己找不痛快。

(辛卷 181·2006 年 7 月 22 日)

※灵犀一典※　想是三刀梦(京剧名一)　《升官图》　(纪清华　作)

青藜照读

西汉有位著名经学家、目录学家和文学家,其名刘向。汉成帝时,任光禄大夫,曾校阅群书,撰成我国最早的目录学著作《别录》。据《三辅黄图·阁》载:刘向夜以继日校阅古代文化典籍于天禄阁,殚精竭虑,煞费神思。一夜,忽一黄衣老者,手拄青藜杖叩门,向引进之;残灯将尽,阁中昏暗,老者点燃青藜杖为向照明;以青藜不易燃,老者辄吹气助燃,此即“青藜照读”佳话。青藜照读,见藜这一年生草本植物,献光明以助刘向;我故以“草明”作题句之谜底。草明,著名女作家。刘向之《别录》及其他大著闳论,功建后世,宁忘青藜之光乎?青藜不惜燃烧自己,照亮别人,奉献而无言。处现代化照明设施下,人若无所作为,竟愧对仅一年生命的草。

(辛卷 182·2006 年 7 月 23 日)

※灵犀一典※　青藜照读(《论语·先进》句一)　然后为学　(清·章祖泰　作)

东风不与周郎便

铜雀台,汉末曹操建。楼顶置大铜雀,舒翼欲飞,因名焉。题句出唐·杜牧诗《赤壁》。诗怀古;前两句咏物抒感,后两句议论曰:“东风不与周郎便,铜雀春深锁二乔。”“东风”指“气流”,亦指“时势”;谓时势助周郎得有赤壁大捷,否则,东吴著名美女大乔、小乔,亦将似铜雀伎一般,束之台中,供曹瞒享受了。大乔是孙策夫人,小乔嫁与周瑜;诗人不言吴亡,然大、小乔尽为掠去,东吴命运可知。清季大谜家借题句作谜面,以《聊斋志异》篇目《乔女》、《姊妹易嫁》缀底;借面句启引下句之旨,现“乔女姊妹/易(改)嫁”之实。世事不容小杜那丰富的想象,历史常是用血肉之躯砌成的。历史也每每精彩在一念之差中。

(辛卷 183·2006 年 7 月 23 日)

※灵犀一典※　东风不与周郎便,铜雀春深锁二乔(俗语一)　英雄难过美人关　(柯国臻　作)

大雪人皆饿,不宜干人

不吃“嗟来食”者,古不乏例。《后汉书·袁安传》李贤注引《汝南先贤传》载:大雪积地丈余,洛阳令出行,人家皆出除雪,有乞食者。至袁安门,无有行人,度安已死;令人除雪入户,见安僵卧。“问何以不出,安曰:‘大雪人皆饿,不宜干人。’”县令因举袁安为孝廉,后袁安为政多年,直至太仆,政绩卓著。“干”字多义。袁安的“不宜干人”,义作:不宜打扰、有求于人。干,又训“追求,旧指追求职位、俸禄”。我借题文缀于谜面,令猜成语:安之若素;安,指实袁安;若素,解释作:听任大雪(其色素)封门;又以“不干人”喻袁安性之清白。小事且“不干人”的袁安,一路官运亨通,他会“干人”去追求功名利禄吗?客观上得到的功名利禄,只是他服务民众的客观写照。

(辛卷 184·2006 年 7 月 23 日)

※灵犀一典※　卧雪(《诗经》句一)　乃安斯寝　(清·餐霞客　作)

君子交绝，不出恶声

“人之将死，其言也善。”句出《论语·泰伯》；义谓：人临死时，说的话显得善良。此语标为“多字成语”欠妥；不是所有“成句”皆可归诸成语的。为前语谋以谜面如题句者，长春王谦先生。面亦成句，截选自《战国策·燕策二》“乐毅报燕王书”一节。昌国君乐毅合五国兵攻齐，下七十余成；齐行反间计，燕惠王疑乐用骑劫代之，乐毅投赵，受封望诸君；燕惧赵国用毅，写信召之，乐毅回书有句曰：“古之君子，交绝不出恶声。”交绝，交情断绝；今别解作：正处将死之时。茫茫人海，君子有几何？“交好”时，虚与委蛇；一旦“交绝”，撒泼骂街，反目成仇，原形毕露矣。（辛卷 185·2006 年 8 月 6 日）

※触典旁通※ 君子交绝，不出恶声（四字口语一） 好合好散 （张志有 作）

金陵王气黯然收

题句出唐·刘禹锡诗《西塞山怀古》；时作者调任经西塞山，“发思古之幽情”，作是诗。“怀古”：晋武帝咸宁五年(279)，晋龙骧将军王濬率水军由益州沿江而下；吴末帝孙皓恃江险的诸般措施尽为濬破，大军破竹而下，“金陵王气黯然收……一片降幡出石头”。金陵、石头均今南京古称也，简称宁。我早期谜作借题句作面，猜为秦腔剧目《破宁国》。我不想查明剧中“宁国”之原委了，反正不是孙皓的吴国；谜里指为建在“宁”地之国。刘禹锡怕不是无端地怀古吧？诗中“人世几回伤往事……今逢四海为家日”可鉴。吴亡后，“金陵王气”又“收”了多少回？骄侈腐败的王朝，何尝把吴亡当做一面镜子来着？

（辛卷 186·2006 年7 月 24 日）

※灵犀一典※ 金陵王气黯然收（《红楼梦》人物二） 吴兴家的 终了 （赵首成 作）

鸢肩火色，腾上必速

鸢肩：双肩耸如鸢，此词初见于《国语·晋语三》。火色：比喻人面红光。《旧唐书·马周传》：中书侍郎岑文本对其亲近说：“马君论事多矣……然鸢肩火色，腾上必速，恐不能久耳。”岑文本为马周“看相”，从“鸢肩火色”度其“腾上必速”——官升得快。著名谜家赵首成从题句中另见机杼，以之作谜面，拿来轿车品牌为谜底：马自达——马周显达；“自”字怎样“扣”出呢？自“鸢肩火色”识出矣！从中医理论上讲，“火”是病因之一；看来，岑氏懂中医，故知马周“不能久”。我以为，“火”出自心，心气太盛了不好。“立志欲坚不欲锐，成功在久不在速”，这张孝祥在《论治体札子》里的话，不亦宜乎？

（辛卷 187·2006 年 10 月 24 日）

※谜苑拾萃※ 才下眉头，却上心头（歌曲名一） 《秋去秋来》 （许友金 作）

啖甘蔗渐入佳境

我措题文作歌曲名《越来越好》的谜面；自我感觉此底较“泛”，莫如猜口语“尝到甜头”有“味”，“甜味”兼“谜味”。《晋书·顾恺之传》：“恺之每食甘蔗，恒自尾至木(根部)，人或怪。云：‘渐入佳境。’”后以“渐入佳境”比喻兴味逐渐浓厚或境况向好的方向转变。温饱阶层，吃东西多取“渐入佳境法”。不能和“头发”阶层攀比，人家“食不厌精，脍不厌细”，是人家“挣”下的，咱不“眼馋”。为了掩饰咱的“阮囊”，有时讥“头发”阶层“暴殄天物”，有时以“渐入佳境法”聊作自我安慰。“天物”不是取之不尽用之不竭的。到了“天物”“殄”尽的那一天，“温饱”、“头发”阶层，始可归于平等。

（辛卷 188·2006 年 8 月 6 日）

※灵犀一典※ 食蔗渐入佳境（古人名一） 甘始 （选自《绝妙集》）

空余积石吊曹曾

后汉济阴人曹曾，诚当时学者，有弟子三千之众，位至谏议大夫。面句系清季徐仲恂自拟，猜底作《李陵答苏武书》句“前书仓卒”。卒即猝；仓猝，匆忙。句谓：前封信写得匆忙；故下句曰“未尽所怀”。《拾遗记》卷六载：“及乱世，家家焚庐，（曹）曾虑先文湮没，乃积石为仓以藏书，故谓曹氏书仓。”谜家以一“吊”字，慨叹“积石为”的“书仓”，“空余”“积石”，那么，前存仓中书，卒——毁亡矣。秦始皇曾有毁灭文化之举，但秦前之中华文化不曾毁绝。“文化”之被封锁，恐怕就更多了；有时“防民之口，甚于防川”（《国语·周语》）。太多的“封锁”和“防”，恰暴露了当权者的“为私”和“怕”。有时，把天经地义的道理，当做“经”来念，恰恰表明那道理已遭背离。（辛卷 189·2006 年 8 月 6 日）

※谜苑拾萃※ 妾肠皆寸断（文学作品种类一） 悲情小说 （杨炎木 作）

木犹如此，人何以堪

“岁月催人老”。后辈催人老；孙已成人，你能不老？有两句口语叫“不老实”、“不可能”；把它连缀，复断读成“不老/实不可能”，我为其谋谜面如题句。底、面契合，诚所天然。《世说新语·言语》：东晋桓温曾任琅琊内史，后三十年北征过此，见前种柳“皆以十围，慨然曰：‘木犹如此，人何以堪。’攀枝执条，泫然流泪”。一介武夫桓温的“木犹如此”感慨，后被庾信引入《枯树赋》，作“树犹如此，人何以堪”。“三十年媳妇熬成婆”，从政者企盼“熬”成正职。任职机关级别再高，如果只是副职，也只有“干活的命”；当了正职，才算颐指气使的“婆”。别叹“老”吧，把你办过的事当分子，用生命作分母，其“绩”几何？

（辛卷 190·2006 年 8 月 8 日）

※谜苑拾萃※ 换了东家，学会新手艺（电器广告词一） 老板，更懂生活 （李牧雏 作）

目中无人

讥人以偏概全认字曰“秀才识字认半边”。“认半边”是有来由的。旧时蒙童习字的字帖有“上大夫，丘乙己，化三千，七十士”等 25 字。唐人疏《敦煌经卷》谓“书半满教义”——从半字教起；识字渐多后，才“满字教”。后来描红帖改为“上大人，孔乙己”；这是说：最高的圣人，唯孔丘一个。张鹤绵先生借“目中无人”缀面，猜鲁迅书目《孔乙己》。面以本义“眼里没有别人”，使傲态毕现；底谬解为：（眼）孔（中唯）乙（一）己（而已），与面句回应。“三个臭皮匠，凑个诸葛亮”，“众人是圣人”。在集思广益时，前语都对；到了要“打定主意”时，前语反倒“为难人”了。“臭皮匠”若都唯唯诺诺，唯“诸葛”之马首是瞻，还会有鼎立的蜀汉吗？（辛卷 191·2006 年 8 月 9 日）

※谜苑拾萃※ 撒娇道：真烦人（电影名一） 《非诚勿扰》 （张志有 作）

使海内豪俊，奔走而归之

“登龙门”本指民间传说“鲤鱼跳龙门”。得后汉大贤李膺接待和赏识者，谓之“登龙门”。何人“使海内豪俊，奔走而归之。一登龙门，则身价十倍”呢？唐玄宗朝荆州刺史韩朝宗也。李白写题句入《与韩荆州书》中，求韩“使白得脱颖而出”。我撷题文作歌手名“韩红”的谜面。设韩荆州不红，何有“豪俊，奔走而归之”？寒士而饱学、满腹才华者，写信自荐，也就是“秀才人情纸半张”而已。设有家财万贯，那就用不着轻飘飘的几页字纸了；沉甸甸的黄金白银，“打通关节”，古今有效；如今叫“跑”、“送”。今亦有寒士，但不懂“跑”、“送”者似不多；他们多懂“投入与产出”的“比”很可观，“投入”很“划算”。真有寒儒还“迂”，那就“恶性循环”，世世受穷吧！（辛卷 192·2006 年 8 月 9 日）

※灵犀一典※ 但愿一识韩荆州（明朝人一） 李攀龙 （台湾·何耿昭 作）

毛公、薛公、朱亥、侯生，信陵君敬而畏之

题句所列五人，演义在《史记·魏公子列传》里。太史公在卷末曰："然信陵君之接岩穴隐者，不耻下交，有以也。"初，毛公隐博徒中；薛公隐卖浆家；侯生(嬴)，大梁夷门监者；朱亥，隐于屠市。魏昭王子魏无忌，封信陵君。正因无忌能把"看大门的"老侯生邀为上宾，侯生又荐朱亥，乃有朱亥椎杀晋鄙，夺其军权，破秦存赵国之勋业。无忌留赵十年不归；秦以魏无人，亟攻魏，得毛公、薛公劝，无忌归魏，率五国兵大败秦军，威震天下。毛、薛、朱、侯四人，确得魏无忌之敬，故，清人措题文为面，令猜成语：肆/无忌/惮。无忌"惮"那肆人吗？谜人以为是。别说"隐"于市井下层的人，就算真正的市井之徒，就没有"成长"为大人物的？

(辛卷 193·2006 年 8 月 10 日)

※谜苑拾萃※　八卦炉中逃大圣(列国人一)　　申不害　(刘雁云　作)

卖身葬父传千古

题文系自拟；"传千古"不谬，其自魏、晋间始即流传，在干宝《搜神记》中有载：东汉千乘人董永，母早死；避兵乱逃难中，父死，无以为殓，乃卖身葬父。至于后来的《天仙配》，更不足信，当是另外的故事了。我拟题句缀谜面，猜底作成语：(董)永垂不朽。何谓"不朽"？《左传·襄公廿四年》有述。保姓受氏，保有宗庙，世不绝祀，不可谓"不朽"；鲁国执政大夫穆叔答晋国范宣子曰："大上有立德，其次有立功，其次有立言，虽久不废，此之谓不朽。"后世以"立德、立功、立言"为"三不朽"。"三不朽"何其不易也；不要轻言"永垂不朽"。动辄"永垂不朽"，颇有"永吹不羞"的味道。(辛卷 194·2006 年 8 月 10 日)

※灵犀一典※　卖身葬父(《诗经》句一)　　永思克孝　(清·叶尔龄　作)

《文选》学不讲李氏注

题句虽系自拟，却也合乎情理；金科玉律尚时遭冒犯，"孔孟之道"亦难逃脱无知的批驳，况学术问题的各抒己见各执一词乎？《文选》一书，由南朝·梁昭明太子萧统编，故又名《昭明文选》，是我国现存最早的文学总集。"李氏注"指唐·李善的《文选注》，分为六十卷。唐开元六年，有了"五臣注"，侧重解释词句。宋后，"五臣注"与"李善注"合刻，称"六臣注"。赵首成先生当是推崇"李氏注"的，他所拟题句不无叹惋：惜乎不讲李氏注；如果用一成语概括前意，应是：(缺)乏(李)善(的)可(人意的论点)陈述。"百花齐放，百家争鸣"么，《文选》学的争论似无关大政，唯愿关乎国计民生的"主意"别争得无休无止。

(辛卷 195·2006 年 10 月 25 日)

※谜苑拾萃※　古井复活(《三字经》句一)　　苏老泉　(台湾·刘吉雄　作)

且看兄弟面皮，饶你两个性命

这篇亦涉水浒故事。谜作是早年应兴化"水浒谜会"之作；面即题文，谜底乃林业用语：护林防火。林冲故事在《水浒传》中是重头戏，"官逼民反"尤显其中。题句出书中第九回，时林冲刺配沧州，来到险峻的野猪林，解差被收买，要"结果"林冲性命；亏鲁智深有心，一路保护，救下林冲；其时，那林冲犹忠心王室，乃劝兄长勿伤解差性命，智深才说了题文那话；因"护林"，智深才"防火"性暴发。林冲一忍再忍，逃不脱被追杀的命运；后来，他对王室绝望了，成了彻底的造反者。梁山被招安了，林冲病了；他不愿去剿同他一样的造反者，他其实是气死的。"胜者王侯败者寇"，不愿为寇，就寻觅"明主"去附庸吧，乐得养尊处优。蓼儿洼的神灵，最为人不齿。

(辛卷 196·2006 年 8 月 12 日)

※触典旁通※　云间妙音奏(电器冠品牌一)　　美的空调　(杨炎木　作)

钟馗送嫁

清·临鹤山人《红楼圆梦》中载一谜，以“钟馗送嫁”为面，着猜《易经》句“归妹”——六十四卦之一，兑下震上；兑为少女，故谓妹，以嫁震男，故称归妹。疏曰：“妇人谓嫁曰归，归妹犹言嫁妹也。”至此，谜意尽明。终葵在古籍中多见，事亦颇类。而钟馗者，纯系传说故事人物，略曰：自称终南进士，尝应举不第，触阶死。唐玄宗病疟，昼梦大鬼，貌丑，捉小鬼啖之；玄宗梦醒病去，诏吴道子画其像。后，民间贴馗像于门首以祛邪，宋、元犹然。钟馗嫁妹更系民间故事，戏剧亦多编演，因有谜面之铺陈。活见鬼，犹言虚妄。鬼诚虚妄，人以丑陋、狰狞图象之。魑魅魍魉，人间多有，故“塑造”钟馗形象以除之。

(辛卷 197·2006 年 8 月 12 日)

※谜苑拾萃※ 霏霏三日雨，蔼蔼一园青(电视剧名一) 《天下苍生》 (邱中尧 作)

八大山人号莫明

我拟题文为谜面，猜底作成语：哭笑不得。题面释作：“八大山人”之署号，人莫明其所以然，故曰“不得”。“哭笑不得”意谓：哭也不好，笑也不好；句本元·高安道《皮匠说谎》：“好一场恶一场，哭不得笑不得。”谜中的“哭”、“笑”，又与“八大山人”何以结缘呢？容我道其详。朱耷，称他清初画家，怕他不乐意，就称他明末画家吧。他是明王室后裔，明亡，当过和尚，做过道士；擅水墨花卉禽鸟竹石；他署款颇多，唯“八大山人”一款，惹人注目。其署“八大”、“山人”各自联缀，分现“哭之”、“笑之”字样，复加含意隐晦的题诗，寄寓其家国之痛。涉及政治，常有敏感时期；那期间，“哭不得，笑不得”；当“文字狱”莫奈“哭笑不得”时，政治还算“开明”。

(辛卷 198·2006 年 8 月 13 日)

※灵犀一典※ 难求朱耷为题款(成语一) 哭笑不得 (姜文清 作)

颜斶齐王各命前

有俗语曰“高不成，低不就”者，是说人志大才疏，没本事却想当大官，遂致“上不来，下不去”；后语与前语近是，更口语化些。河北郝汉涛先生为“上不来，下不去”一语谋面即题句；其出毛泽东词《浣溪沙·和柳先生》，此句用《战国策·齐策四》典：“齐宣王见颜斶曰：‘斶前！’斶亦曰：‘王前！’”宣王不悦。臣(斶)、君(宣王)，就这么“上不来，下不去”地僵持着。君居高位，臣立阶下，臣合当趋上。颜斶却不然，答王曰：“斶前为慕势，王前为趋士。”他还顶撞王“王者贵”之论曰：“士贵耳，王者不贵！”颜斶大胆而可爱。“各命前”以宣王服软告终；宣王还要认颜斶为师，委以高官，斶辞不就。这是颜斶的不对了，不识抬举；或在虑：抬举能久吗？

(辛卷 199·2006 年 8 月 14 日)

※谜苑拾萃※ 老婆说了算(人事词一) 内定 (高庆樵 作)

今后国政，悉听左庶长施行

史有“商鞅变法”事件，事确重大，秦因之强焉。商鞅者，公孙氏，卫人，因称卫鞅；少习刑名之学，至魏不被重用，闻秦孝公求贤，投之；其变法主张，秦孝公称“善”，令“今后国政，悉听左庶长(鞅职)施行”(《东周列国志》第八十七回语)。后，卫鞅封于商地，因称“商鞅”、“商君”。我发现题句似为《诗经·小雅·北山》中“或王事鞅掌”句而专设，用为谜面。鞅掌：忙忙碌碌。谜别解“王事鞅掌”为：卫鞅掌握国之大事。商鞅法虽苛，然推行二十余年后，秦国力空前强大，为统一奠定了基础。历史的前进每每伴随着“牺牲”。秦孝公死后，商鞅被守旧派“五马分尸”了；分一人身，若能让腐朽政权“解体”，其功至伟。

(辛卷 200·2006 年 8 月 16 日)

※谜苑拾萃※ 黄河之水天上来(股市术语一) 派发空间 (吴仁泰 作)

壬卷

谜意画:吾之矛,于物无不陷也;吾之盾,物莫能陷也(国名)

美利坚　(台湾·杨文权　作)

插　图:刘旭　作

老夫新妻九十九

近于温州迷刊《鹿衔草》总九十期上，读杨志刚先生《百年好合》文，文载：袁世凯主政时，国务总理兼财政部长熊希龄以六十六岁高龄，娶复旦大学三十三岁教授毛彦文作续弦，有人作联贺，不无揶揄义。上联曰："老夫六六，新妻三三，老夫新妻九十九。"揶揄者真属狗拿耗子；只要人家真心相爱，关你甚事？君应见，眼下的"老少配"，年龄相差更为悬殊。"林子大了，什么鸟都有"；世界大了，什么奇事不可能发生？怪事、坏事也存在的世界，是否才算"平衡"呢？还真有此担心。不瞎操心了，言归正传。甫读题句，即触发我的谜思，为它配以戏剧名词作谜底：对白。 (壬卷1·2006年10月4日)

※**谜苑拾萃**※　曲终收拨当心画(手机用语一)　　调成静音　(吴家宏　作)

德行、言语、政事、文学

此谜选自清代《文虎》集；题文乃谜面，谜底是《孟子·尽心下》句"夫子之设科也"；其本意作：孟子设置课程。谜面择自《论语·先进》；科，非学科，它是孔丘把他的学生按特长归纳的四个方面；如"德行：颜渊、闵子骞、冉伯牛、仲弓"。从"四书"到"四书"；咬咬牙，眼界再扩大些，仍不外从古籍到古籍；古谜就是这样的"掉书袋"，这就难怪会遭到今人，今之年轻人，年轻人中的"前卫"族，嗤之以鼻了。从孔夫子到孟夫子，从《论语》到《孟子》，此谜真是标准的"孔孟之道"。世风日下，道德日渐沦丧，是在"孔孟之道"的日益式微中见到的。孔丘以"德行"冠诸四种特长之首，今天，是否在反其"道"而行之呢？ (壬卷2·2006年10月8日)

※**谜苑拾萃**※　几度桥头走仕人(字一)　　壳　(张志有　作)

卜妻为裤

这是《韩非子·外储说上》中的一段故事："郑县人卜子使其妻为裤，其妻问曰：'今裤何如？'夫曰：'像吾故裤。'妻因毁新，令如故裤。"今人自前典总结为"卜妻为裤"一语，用以讽刺迂腐守旧、不知变通的行为。诚然，典有熟、僻之分。"卜妻为裤"典确僻，但郢书燕说典亦出前典同章，它不僻吧？随着时代的前进，我相信晓人以理的"卜妻为裤"典，也会为人熟知而不僻。我以"卜妻为裤"缀面，猜底拟为文物行业术语：做旧。"物以稀为贵"，"稀贵"与"旧贵"趋于相同了。"做旧"吃香了，还是钱给闹的。随着岁月的推移，科技的发达，今后的"文物"会比现在更多！ (壬卷3·2006年10月8日)

※**谜苑拾萃**※　悚然而听之(二字电影名二)　　《风声》《暗战》　(陈万里　作)

我云薛妹是香珠

唐，岐山人元载，官做得不小，但作恶多端而不悛，帝赐其自尽。元载妾薛瑶英，幼时得香丸之啖，至长，肌肉悉虚，笑语皆生香，元载极爱宠，号为"香珠"。《幼学故事琼林·女子》中，作者以元载语吻拟有题句。我说过：佳谜有时只是谜家特具"灯谜悟性"的"发现"。谜友田鸿牛浏览所至，慧心地"发现"，题句作面，恰可以家电(洗衣机)品牌作谜底：爱妻号。"发现"并不是"得来全不费工夫"；工夫在博览群书，在徜徉谜途多年的"悟性"上；"发现"只是水到渠成。"发现"所得谜思，往往是"硬作"所不能得到的。谜坛里泡久了，不妨跳出来，去读读书，充点电，到纷繁的生活中去溜达溜达，别对着大众陌生的谜材"硬作"生涩的"果"！ (壬卷4·2006年10月9日)

※**谜苑拾萃**※　提起来珠泪洒江河(歌手一)　　陈楚生　(吴家宏　作)

姜太公在此

“梁祝传说”已被认定为我国非物质文化遗产，列入民间文学类。我为“梁祝传说”配以谜面：姜太公在此——其文字根据尚待查证；它应是民间传说，起码是流传在北方区域的。昔时盖房，上梁是头等大事，亲朋邻里来贺，自不可少，书联贴在房梁上，尤显重要。有联曰：上梁大吉；也有写“姜太公在此”的。“姜太公在此，诸神退位”，掌“封”诸神的姜太公居于梁中央，诸神尚得退位，妖、祟何敢靠近？上上吉也。现代民居多大厦，也有梁，且多。房地产商不看重“上梁”了，看重的是“奠基”、“封顶”；庆贺仪式颇多，但“梁”之“吉”与否，他们淡漠之；他们的仪式多倾注于“发财”，唯羞于张贴“赵公元帅再此”。

(壬卷 5·2006 年 10 月 10 日)

※谜苑拾萃※　妾身犹如黄昏日(艺人一)　　小沈阳　(陈岳桐　作)

期　　集

期集：科举专用词，唐宋时指新科进士举行的聚会庆祝活动，并因此衍生出“期集院”、“期集所”等词。进士及第，须是十分荣光的，于是，自发的，或由政府组织的“期集”应运而生。至宋，更有皇帝赐新科进士宴于琼林苑的“琼林宴”；“入彀”的进士得赴御宴，叨恩膺荣，因有“恩荣宴”之称。科举取仕废止久矣，你能从“期集”一词联想到什么呢？跨越时空，意想神驰，赵首成先生把他和党史名词“一中全会”匹配成谜。谜底内，“中”字读作 zhòng，用其“中式”(科举考试合格)义，谜里专指“进士及第”。御赐的“恩荣宴”没了，代之以“谢师宴”。你的学生多数诚请你赴宴，你可以自豪；只有几个“尖子生”请你，你能吃之无愧吗？

(壬卷 6·2006 年 10 月 24 日)

※谜苑拾萃※　卡西欧(电视剧名一)　　《禁区》　(张志有　作)

疾驰百二十里，用夜半到蔡

题句出唐·韩愈《平淮西碑》，文记唐军讨伐地方割据者吴元济事；此事在《资治通鉴·唐记五十六》载之甚详，略曰：辛未，李愬帅部自文城东行六十里至张柴村，处置妥当后，“复夜引兵出门。诸将请所之，愬曰：‘入蔡州取吴元济！’……夜半，雪愈甚，行七十里，至州城”。城陷，元济全然不知。借题文作面，我为措谜底以毛泽东词句“雪里行军情更迫”；底中“情更迫”的扣出，须由“唐记五十六”原文的更多叙述“烘托”。运典谜每以谜面“启动”出典处更多文字，对底材以照应、烘托、扣合；出典处被“启动”的文字我叫它“蕴涵”。运典谜之妙，在于谜面文字“启动”其“蕴涵”的必然性”和“蕴涵”扣合底材的恰切。

(壬卷 7·2006 年 10 月 11 日)

※灵犀一典※　疾驰百二十里，用夜半到蔡(剧目一)　　《走雪》　(清·刘玉才　作)

槐荫为媒结姻缘

董永故事，见于东晋·干宝《搜神记》，取其材，编演剧目颇多，如川剧《槐荫记》等。其中，黄梅戏《天仙配》，因拍成了电影，流传和影响最广。《搜神记》略曰：汉董永，千乘人。卖身葬父；赴役途中，遇女曰：“愿为子妇。”役于地主家，女十日织缣百匹。“女出门，谓永曰：‘我，天之织女也。缘君至孝，天帝令我助君偿债也。’语毕，凌空而去，不知所在。”至于“槐荫为媒”、“土地神主婚”等等，均系戏剧故事了。青岛郑惠民君，据故事拟以题文作面，着猜唐诗句：偶依一棵树；依，依仗也。大孝可感天——可惜，都是“编”的；现实中，若多有孝行昭著能感动人的范例，还用戏剧家苦心孤诣地“编”吗？

(壬卷 8·2006 年 10 月 11 日)

※灵犀一典※　卖身葬父(职务一)　　董事长　(张志有　作)

满纸荒唐言，一把辛酸泪

《红楼梦》第一回说到：空空道人改《石头记》为《情僧录》，“后因曹雪芹于悼红轩中，批阅十载，增删五次……并题一绝。即此便是《石头记》的缘起。诗云：‘满纸荒唐言，一把辛酸泪。……’”“假语村言”昭示：曹雪芹“一把辛酸泪”是真真确确的。有谜友借题句作面，猜作成语“水落石（头记）出”，的是“写实”；我也借题作面“发挥”之，拟底以文化界不良现象：注水书。《红楼梦》一书倾注了曹氏的泪水，“注水书”注满了出版商欢庆的酒水，挖空着想学点知识的人苦苦挣来的薪水。有些书很难出版，出版部门嫌它是学术著作。这让我我哭笑不得，“学术著作”是赞誉呢，抑是贬斥？

（壬卷 9·2006 年 10 月 12 日）

※灵犀一典※ 满纸荒唐言，一把辛酸泪(成语一)　　水落石出　(佚名　作)

反挤之，又下石焉

清季佚名者借题句作谜面，猜底乃“不求友生”句，其别解意作：不希望友人生还；此句出《诗经·小雅·伐木》：“矧伊人矣，不求友生”，本意是：何况是人呢？难道不求有朋友？友生，即朋友、友人；谜作者割裂“友生”一词，只用一“友”字，述其“朋友”本意，腾出“生”字大作“别解文章”。作者慧心，体现在引用谜面上，面出唐·韩愈《柳子厚墓志铭》。“士穷乃见节义。”但历代总有小人，“反眼若不相识，落陷阱，不一引手救，反挤之，又下石焉”。成语“落井下石”出此。十六届六中全会刚开完，构建“和谐社会”是主题，而道德建设是一切的前题。若人心不古，物欲横流，世风崇奸，“和谐”只能是难以企及的愿望！

（壬卷 10·2006 年 10 月 12 日）

※谜苑拾萃※ 卖炭得钱何所营(医学用词二)　　外服　口吃　(吴树戈　作)

参闻之，告舍人趣治行

后晋人李瀚撰《蒙求集注》，均拟四字成句，概括一典，供儿童学习之用；其中“曹参趣装”者，典出《史记·曹相国世家》：“惠帝二年，萧何卒。参闻之，告舍人趣治行，‘吾将入相’。居无何，使者果召参。”趣，音 cù，义催促。曹参有先见之明，知代萧何为宰相，非己莫属；所以，当萧何甫死，即催属吏整理行装——出将（要）入（为丞）相了。我为题句措置的谜底，即“出将入相”。“入相”虽也有“入为丞相”义，但连在“出将”词后，意义已“别解”了，萧规曹随是史实；此亦见萧、曹为政见解之一致，能认真贯彻皇上的大政方针。耐不住性子而“抢班”者，是急于上台实现自己的野心。

（壬卷 11·2006 年 10 月 3 日）

※灵犀一典※ 萧规曹随(七字广告语一)　　那是相当地有效　(邱中尧　作)

彻里谒帝，数桑哥罪恶；自当纳印，劾庭玉贪赃

章健儿先生为誉称“两弹元勋”拟谜面以题句；句用排比，措辞妥贴，见作者用心至微，令人服膺。桑哥、庭玉，俱元朝开国元勋，彻里、自当敢于以谒帝面争、纳还印鉴的方式弹劾他们；后桑哥以受贿卖官等罪被杀；自当曾任监察御史等职，以治狱明断不畏权贵享誉。明朝初建，侯爵被诛大半，所剩者屈指可数；他们死的还都不冤。元勋们的居功、无视法度，令人触目惊心，却也发人深省。为构建此谜，作者只列了“两弹”；设元朝只有“两弹”，我羡慕：元政太清廉了。“两弹元勋”为研制两弹，居功至伟；一个“弹”字的异读、别解，怕不会为元勋脸上抹黑吧？今无元勋，只有高干；高干别忘了，你们是身居高位的干事。

（壬卷 12·2006 年 10 月 14 日）

※谜苑拾萃※ 手提红灯四下看(四字常言一)　　照顾周到　(洪寿仁　作)

抱瓮遗名亦至今

《庄子·天地》里讲了个寓言：子贡在楚国汉阴见一丈人，“凿隧而入井，抱瓮而出灌……”这是说：凿一通向井底的坡道，抱着瓮汲水，出去浇田。子贡问丈人，何不用汲水机械“桔槔”，“用力甚寡而见功多”？丈人答：“有机事者必有机心。……吾非不知，羞而不为也。”您瞧，丈人为避免萌生投机取巧之心，宁肯使蛮劲。故事用喻反朴归真。唐·方干《山井》诗中有“抱瓮遗名亦至今”句，我借之作谜面，谋以《诗经·大雅·假乐》中句“率由旧章”作底。率由旧章的“抱瓮丈人”今未绝迹，也不该绝迹；现在，提灌方法很先进了，古老的翻斗水车，仍在引人注目。偏是技术革新能手，却绝少交际中的奸诈。“巧伪人”让“朱轶说计”有无休止的絮叨。

(壬卷 13·2006 年 10 月 14 日)

※谜苑拾萃※ 一顾倾人城，再顾倾人国(邮票名冠量一)　　两张《惊艳》 (郑育斌　作)

吾之矛，于物无不陷也；吾之盾，物莫能陷也

成语“自相矛盾”出《韩非子·难一》，题句是从中择取的话；《韩非子·难势》里，讲着同样的故事。人有问卖矛和盾的人：“以子之矛，陷子之盾，何如？”卖者无法回答。“自相矛盾”用喻言语或行为自相抵触。台湾杨文权先生借题句作谜面，令猜国名：美利坚；美，义指“美言”；既美言矛之利，复美言盾之坚。韩非生活在战国时期，被定位为“思想家”，我看该突出他的“哲学家”身份。就说“卖矛盾”那寓言吧，何等地“辩证”。大概不爱学吧，违反“辩证法”者甚众，尤其是钻进了钱眼的商家，他的广告太“势利”，经常把牛往死里吹；再者，就是自诩的“神医”，他们能起死回生，却都“舍己为人”。

(壬卷 14·2006 年 10 月 14 日)

※灵犀一典※ 以子之矛，陷子之盾(成语一)　　出尔反尔 (张志有　作)

柴烧三担尽，水至一缸干

运用典故，我为电影《烈火中永生》作过不止一条谜，题文是又一谜面；“烧”、“一缸干”已露出破谜的端倪，唯释明面句的故事，读者方能释然，并能加深印象。清·钱泳《履园丛话·打油诗》：受赠一只火腿，质量如何呢？作者五律可证：“金腿蒙君赐，举家大笑欢。柴烧三担尽，水至一缸干。肉似枯荷叶，皮同破马鞍。牙关三十六，个个不平安。”“金腿”是否以耐保存炫耀呢？为防虫蛀，竟用巨毒浸泡，已有报道。食品讲究鲜，保质期尚须标明，似打油诗里那“金腿”诚“金属腿”也，怕比假肢更结实。“金腿”没吃过，也不敢再作尝试了。甘肃有“队”——陇西火腿，挺不错的。 (壬卷 15·2006 年 10 月 15 日)

※谜苑拾萃※ 水至不去，抱梁柱而死(杜甫诗目一)　　《漫成一绝》 (周昕　作)

老蚌生珠

“老蚌生珠”比喻老年生子。微小物浸入蚌类壳内，蚌受刺激，分泌出珍珠质层层裹起外来物，形成珍珠。蚌老，分泌功能丧失，鲜能生珠，故“老蚌生珠”被视为珍稀。清·贵荣假题句作谜面，猜作古人名：晏婴；晏，晚矣；此处用老暮义。“老蚌生珠”初见于孔融《与韦端书》：孔融见韦端二子元将、仲将，赞不绝口，谓其“伟世之器，保家之主”，还说“不意双珠，竟出老蚌”。晏而婴，不足羡；仅能生，亦不足羡；关键在于“生珠”，如元将之“渊才亮茂，雅度弘毅”，仲将之“懿性贞实，文敏笃诚”。优生，是个十分重大的课题；“超生游击队”是由愚昧者建立的；才俊者甘愿“丁克”，却属自私。

(壬卷 16·2006 年 10 月 16 日)

※灵犀一典※ 老蚌生珠(称谓一)　　遗腹子 (张志有　作)

赏朱虚，封城阳王

题句是我据《史记·齐悼惠王世家》故实所拟："齐悼惠王之子刘章，封朱虚侯。诛诸吕中，刘章身先士卒，斩相国吕产于未央宫；孝文帝二年，文帝封刘章为阳城王；从侯到王，是为晋(升)。由是，我借题句作面，着猜曾在我国外交界活跃的名字：章文晋。吕雉篡了刘氏政权，改国号周。吕雉死后，周勃、陈平等诛除诸吕，复汉统。从吕氏天下到刘姓掌权，其间少不了一阵"动乱"；有乱方有治。恢复刘氏统治，被视为正统、顺理成章；从史实看，汉文帝治国有方，奠定了"文景之治"的基础，这"正统"值得庆贺。若"正统"下，民不聊生，就该有"非正统"向"正统"挑战的进步。　(壬卷17·2006年10月16日)

※谜苑拾萃※　胜似闲庭信步(旅游设施一)　　水上活动中心　(代述祥　作)

军士有灾皆在劫

题句出自"讲史、神仙、灵怪"共融的小说《封神演义》第九十一回。其时，姜尚率领的伐纣大军已临朝歌，岂料纣营来了"身高数丈，力能陆地行舟，顿食只牛"的勇将邬文化。文化夜袭周营，更加袁洪相助，周营大败亏输，"孟津血水成渠"。书中之诗句曰"军士有灾皆在劫"。是役，武王、姜子牙等将领虽得逃生，"只是披坚执锐之士，怎免一场大厄"！崇尚典雅一派的谜家赵首成，撷来题句缀面，措底以名家大作《文化苦旅》——邬文化害苦了军旅。数年前，美军灭了伊拉克。战争中，美军校官不知死了几个，伊拉克数十万民众却变成了枯骨。枪杆子下的伊拉克，一个字：乱！

(壬卷18·2006年10月24日)

※谜苑拾萃※　立根原在破岩中　(四字常言一)　　基若磐石　(高武义　作)

沈　酿　川

甘肃地名酒泉，名字之得来，有多种说法，流传最广的是：霍去病河西大捷，汉武帝赐御酒一坛；为使众将士广叨圣恩，去病令倾御酒入金泉，让士众围泉汲饮；是后，金泉水常带浓郁的酒香，其地因名"酒泉"。我借"沈酿川"缀面，底作饮食业用语：酒水在内。晋·崔豹《古今注·草木》：汉郑弘赴京，至一地，名"沈酿"；恰遇故友，弘"四顾荒郊，村落远绝，沽酒无处，情抱不伸，乃以钱投水中，依口而饮，饮尽酣畅，皆得大醉，因更为沈酿川"。河西出品有"汉武御酒"，命名之用心明矣：沾皇上的光。酒掺水，牛奶掺水，已成常例。此谜之底，应作"酒/水在内"呢，还是"水/酒在内"？这就得看卖酒者的良心了。

(壬卷19·2006年10月17日)

※触典旁通※　沈酿川(老电影名一)　　《春水长流》　(张志有　作)

隔靴搔痒

《孟子·公孙丑下》载：北宫黝为培养刚勇无畏精神，"不肤挠"——即使肌肤被刺，亦毫不动摇。别解"不肤挠"成"痒，却不真挠"，为其句配面"隔靴搔痒"之谜，载清朝《文虎》集中。宋·阮阅《诗话总龟》："诗不着题，如隔靴搔痒。"我不饶舌了，读者诸君从前文中去体味"隔靴搔痒"的比喻义吧。痒，有时只是皮肤受刺激产生的不适感觉，挠几下即可解除；有时，痒，可能是某种疾病的先兆，并非"无关痛痒"。"隔靴搔痒"指对他人吗？不一定。现实中，对自己的"痒""隔靴搔"的反倒多。不少"掌门人"，对自己的"山头"，把"病"轻描淡写为"痒"；还往往"隔靴搔"之；很多"山头"就这么"烂"了。

(壬卷20·2006年10月18日)

※谜苑拾萃※　旧宅改成烹茗阁(探骊)　　老舍作品《茶馆》　(徐培武　作)

荒冢一堆草没了

我的一谜,"追尾"者数见,它是:马王堆一号汉墓(刊物名)——《内蒙古妇女》。马王堆一号汉墓发掘消息发布的第一时间,此谜即诞生。换《内蒙古妇女》为生活用品"蒙古包"作底亦可,但扣合"泛"。我为"蒙古包"另以题句作面,它出自《红楼梦·好了歌》,其上句是"古今将相在何方?""古今将相在何方"呢?少数的死后(作古)有杂草盖没(蒙)的"荒冢(包)";更多的则被千古岁月淹没得踪迹全无了。《好了歌》以"好"、"了"字多得名吗?不然。"好了"是个蕴涵丰富的哲学题目;书中跛足道人是这样"解"的:"好便是了,了便是好;若不了,便不好;若要好,须是了。"狱中贪官多了;他们早该领悟"若不了,便不好";现在,晚了!

(壬卷 21·2006 年 10 月 18 日)

※触典旁通※ 好了歌(成语一) 曲终奏雅 (张志有 作)

靖康耻,犹未雪

靖康,北宋钦宗年号。当时,任用奸佞,朝政腐败至极,致金人发起大规模的灭宋战争;形势危急中,徽宗赵佶传位给赵桓。靖康二年(1127),金兵攻陷汴京,俘赵佶、赵桓及后妃大臣等,押至五国城。宋抗金名将岳飞《满江红》词下阕中"靖康耻,犹未雪"句写前事;借之作面,杨启献先生以三国人名"王双"、"于禁"作谜底。"王双"、"于禁"似为轻松叙述,却反映出民族的奇耻大辱。两朝帝王做了阶下囚,直至被折磨而死,他们的继任者及投降派奸臣,却毫无雪耻之望,更气死宗泽,害死岳飞等民族精英。抵抗外侮者,堪誉民族英雄;推翻让人民处于水深火热之中的极端腐败政权的人,堪誉人民英雄,他反面的人应叫"帮凶"。

(壬卷 22·2006 年 10 月 23 日)

※触典旁通※ 靖康耻,犹未雪(四字口语一) 两头在外 (张志有 作)

天壤王郎之叹

最近,"和谐"一词使用率很高。和谐的前题是平等;无"平等"而奢谈"和谐",等于"梦呓"。我佩服南朝宋·刘义庆,在"三从四德"统治下的年代,竟把一个蔑视丈夫的妇女"捧"入《世说新语·贤媛》:谢道韫嫁给王羲之的儿子王凝之,道韫"大薄凝之"。回到娘家,叔父谢安劝慰她,她说:叔辈及王谢两家的堂兄弟都是才俊,"不意天壤之中,乃有王郎!"后来,"天壤王郎"成为不称心丈夫的代名词。题句择自清·袁枚《隋园诗话补遗》,以之作面,用其寓意,不是可猜战国人"夫差"吗?谢道韫之所以入"贤媛"列,不仅在"咏絮才"上;她蔑视夫权,追求男女平等,乃思想意识的进步、超前。

(壬卷 23·2006 年报 10 月 24 日)

※灵犀一典※ 不意天壤之中,乃有王郎(《诗经·衡门》句一) 夫也不良 (张志有 作)

黄帝画野,始分都邑

田鸿牛谜友借题句为谜面,着猜电信企业:中国联通;面句里赫然的"画"、"分",给人"裂"的误导,只有弄懂面句丰富的涵包,方能步入解谜的 "正道"。题句出《幼学琼林·地舆》文首。传说中原各族共同的祖先姓姬,号轩辕氏,极获各部落拥戴,他打败炎帝,擒获蚩尤,遂成部落首领;后人赋予他"黄帝"、"轩辕黄帝"之称,成为华夏民族团结、奋进的大旗。"画野"、"分都邑"若何?即今划分行政区划之谓也;当时,"里五为邑,邑十为都"。只有在集权于中央的情况下,方可"分都邑"。使华夏各民族归于一统,其功至伟,人民才拥戴他为"黄帝";而迷恋割据,偏处一隅称王称霸的孤家寡人,终将被人民和历史抛弃!

(壬卷 24·2006 年 10 月 26 日)

※谜苑拾萃※ 脐脂自照不须灯(文学名词一) 永明体 (郑百川 作)

农夫相与忭于野

读一文，始知苏轼在陕西做过官；何文？"亭以雨名，志喜也。"——《喜雨亭记》。封建社会，农业经济占统治地位；而"天"左右着农业；"靠天吃饭"是严酷的现实。苏轼文中写道："丁卯大雨，三日乃止。官吏相与庆于庭，商贾相与歌于市，农夫相与忭于野。""庆"、"歌"、"忭"，万民同喜。农夫聚在田头乐着，他们是雨的直接受益者；高兴之后，他们得"谢天谢地"。地是他们得以生存的财产；还得"谢天"，天无雨，地里难长庄稼。以题句缀作谜面，我以一歌手名表抒农夫的感恩和欢乐：谢雨欣。官为天雨而庆，商为天雨而歌，他们是"知本"的官和商。得把"知本"教育当一回事抓了。"知本"，囹圄会空一些。

（壬卷 25·2006 年 10 月 31 日）

※触典旁通※ 庆于庭，歌于市，忭于野（词牌一） 《天下乐》 （张志有 作）

操使人捕之市，市人皆变其形

"左慈，字元放，庐江人也。"前记出东晋·干宝《搜神记》，应属准确；后述则多怪异，如魔术家的空中取物云云，甚荒诞也。操谋杀慈，"欲捕之，而市人皆放同形，莫知谁是。"《橐园春灯录》中一谜，不知出张起南张超南仲昆何人笔下，面即题文，显系据《搜神记》所拟，用猜"四子"中"慈者所以使众也"句。作者以一"慈"字指为"左慈"，甚见机心，底材字字皆与面文妥贴。我所疑处，作者何不引"欲捕之"及下句原文为面？法不责众。左慈之"妖法"，逃脱了法律之责罚；但亦见曹操心慈手软，若能像某氏"宁可错杀三千，决不放走一个"，施妖术者、违法者何以能成"众"？法不责，违法者必众，此即姑息养奸。

（壬卷 26·2006 年 10 月 13 日）

※谜苑拾萃※ 欢酒言相送（比赛用语一） 酌情得分 （自在飞花 作）

之祭者，乞其余；不足，又顾而之他

《左传·宣公二年》有"见灵辄饿"句。灵辄，人名；赵盾供食饿夫灵辄，后灵辄于阵前救了赵盾，报其活命之恩。我为"见灵辄饿"谋谜面以题句，此句见《孟子·离娄下》第三十三节：齐人归来总是酒足饭饱，并谎称"与饮者，尽富贵"。老婆不信，"盯梢"之，见丈夫走到东郊墓地，"之祭者，乞其余；不足，又顾而之他"。原来是向祭墓者乞讨残汤剩饭，不够，又到另一处讨要。这"乞墦"故事颇知名。"男儿当自强。"有依靠妻子安于"享福"的那般"吃软饭"者，羞为男儿。有时，我羡慕亲自耕织的，虽粗衣疏食，何等坦然。某宗教有唱诗班，主子供他们锦衣美食，他们不用有眼睛，只管为主子唱赞歌。

（壬卷 27·2006 年 10 月 28 日）

※谜苑拾萃※ 是骡子是马，拉出去溜溜（高僧二） 一行 鉴真 （玉笛飞声 作）

泛绿水，依芙蓉，何其丽也

这篇涉"语典"。南朝齐·庾杲之，字景行。幼有孝行，"清贫自业，食唯韭菹瀹韭生韭杂菜。任昉戏之曰：'谁谓庾郎贫，食鲑尝有二十七种。'"韭，谐音"九"，"三韭"而作"二十七"，戏得别致。南朝齐卫将军王俭，任用杲之为卫将军长史；萧缅写信给王俭赞曰："盛府元僚，实难其选。庾景行泛绿水，依芙蓉，何其丽也。"时人以王俭府为莲花池；后来，就用莲花府、莲幕指幕府。清·紫玖取题句作《诗经·小雅·车辖》里"景行行止"句的谜面。如谜，原义"大路"的"景行"成了杲之的字；本义"行走"的"行止"，别义为"行踪"——庾氏步入美丽的莲花池。步步见莲花就好？人生历程还是多些风景吧！

（壬卷 28·2006 年10 月 27 日）

※谜苑拾萃※ 先生替我算一卦（称谓一） 代课老师 （草场街的风 作）

《论都赋》

后汉杜笃,字季雅,京兆杜陵人,宣帝时任御史大夫。笃以“关中表里山河,先帝旧京,不宜改营洛邑”为论点,作《论都赋》。我借《论都赋》缀面,猜甚麽呢?文言词:杜撰;此“杜撰”非“没有根据地臆造”义,杜笃撰写也。古籍里多次见到“杜撰”一词,它源出何处,却众说不一。宋·王楙《野客丛书·杜撰》云:宋·杜默作诗不合格,因曰“杜撰”;清·洪亮吉《北江诗话·五》认为:陶弘景弟子杜道士,不甚识字,作文每贻误后人,是为“杜撰”。到《后汉书·杜笃传》里读读《论都赋》吧,我苟同我“乡党”的论点:都城设在长安附近其实甚好,它不是“西部”,更接近我国的地理中心;别嫌西部荒凉,给予它必要的关注,它早繁荣了。“雍也可使南面”!

(壬卷 29·2006 年 11 月 15 日)

※谜苑拾萃※　人生何处不离群(比赛用语一)　　团体总得分　(樱子　作)

仲容借客驴,着重服,自追之

阮仲容与姑家婢女相爱;居母丧,姑带婢远去,“仲容借客驴,着重服,自追之,累骑(二人共骑)而返,曰:‘人种不可失!’”前述择自《世说新语·任诞》。您领略过“骂战”吗?未必有拳脚实力,嘴上却不示弱:“有种的别走!”有种:有胆量、有骨气。别解“种”为“种子”、“人种”,赵首成友为“有种的别走”谋面即题文。“着重服(孝服)”的仲容,当是想到孟夫子“不孝有三,无后为大”的话,因有“人种不可失”一语。没胆量、没骨气,在陕西话里叫“没采”;这有历史渊源:咸阳为都那阵,封在咸阳的侯,只有名分,无采邑;所以,咸阳人常受“咸阳猴(侯),没采”的诮骂。忠厚人“没种”、“没采”?“没种”者,能统一六国?

(壬卷 30·2006 年 10 月 27 日)

※谜苑拾萃※　欲穷千里目(出版物带量一)　　上高地图一张　(孟凡祥　作)

俄而云气上蒸……大雨总至

“宁为随世之庸愚,勿为欺世之英杰”——明·陈继儒《小窗幽记》。欺凌世人而膺“英雄豪杰”者,毕竟有;当你洞悉他们“发迹”的“真经”后,你应活得更小心;你侥幸未遭欺凌,免于一劫,自慰吧:吉人自有天相。我为前句谚语所谋谜面即题句,其出《搜神记》:孙策带于吉袭许昌,策忙于督军准备渡江,军士却聚于吉处;策妒怒,缚于吉,令其祈雨,日中无雨则斩之。“俄而云气上蒸,肤寸而合。比至日中,大雨总至。”“天相”倒是帮助了于吉其人,可孙策还是杀了于吉。别让弱势群体只冀盼祥瑞的“天相”给以慰藉吧,人数只占一成而财富超过五成的富豪们,拿出你们奢侈消费的一部分作实实在在的慰藉吧,就算是用它换“和谐”!

(壬卷 31·2006 年 11 月 2 日)

※谜苑拾萃※　老天爷,这一斗中您才装了三成(宇航大事一)　　神七升空　(徐崇娃　作)

热泪随着针线走

“线儿长,针儿密,含着热泪绣红旗。热泪随着针线走,与其说是悲不如说是喜。”所录乃阎肃作词的歌剧《江姐》中《绣红旗》部分。从中择出“热泪随着针线走”作谜面,令猜“竞赛用物”:流动红旗;义作不固定的“流动”,被别解成热泪随着针迹滴落在庄严的五星红旗上。此谜乃湖州莫志刚先生作品。不经黑暗,不珍惜光明;未受奴役苦,怎晓当家做主人的幸福。解放重庆的炮声已闻隆隆,新中国成立的消息已传入狱中,江姐与狱友满含激情,要“一针针,一线线,绣出一片新天地”。如今,是个干部都在桌上插着两面小红旗。那旗是座右铭呢,还是警示牌?在那两面旗下,你干的事,都是可以告人的吗?

(壬卷 32·2006 年 11 月 2 日)

※谜苑拾萃※　5·1记载(时间术语一)　　六十周年　(刘景天　作)

吃老族

“族”——一群相同世态的人。新的时期，营造着新的世态，形成着新的一类被称作“吃（啃）老族”的人。从年龄上说，该“成年”了，但从生活能力上讲，“吃老族”未“成年”，也许根本不想“成年”。以吃老族作谜面，我拟古代传说人物“累祖”为谜底。崔实《四民月令》说：黄帝有子名累祖，累祖“好远游，死道路，故祀以为道神，以求道路之福”。“道神”实则“旅游神”也。汉·应劭《风俗通义·祀典》上则说：共工有子名“修”，人称“祖神”或“行神”，后饯行饮酒遂称祖席、祖筵。甘愿不生子女的“丁克族”，有远见；谁又嗜好养育未来的“丁克族”？幼蝎爆开母体诞生，诞生后吃掉母蝎。“吃老族”是蝎吗？

（壬卷 33·2006 年 10 月 22 日）

※谜苑拾萃※　擅长功夫，此言不假（电视剧名一）　《精武陈真》（周跃建　作）

曹操却华佗

曹操患头风，时有发作。《三国志·魏志·陈琳传》，裴松之注引《典略》谓：卧病中，曹操看了陈琳的一篇檄文，头不疼了，因赐琳赏甚丰。《三国演义》第七十七回，“治风疾神医身死”载：操“头脑疼痛不可忍”，延华佗诊治，诊后曰：“病根在脑袋中……先饮麻沸汤，然后以利斧砍开脑袋，取出风涎，方可根除。”操怒曰：“汝要杀孤耶！”囚诸狱，后华佗死狱中。清季谜籍《文虎》中一作，据前典拟以题句作面，令猜《诗经》句“甘心疾首”。非“甘心疾首”，“孤”家惧人害己也。搁现代，有没有人怀疑“麻沸汤”的麻醉功效，担心脑颅开刀是害己呢？有的，贵人。死于医家“治疗”的，定不乏例，无法追究而已！

（壬卷 34·2006 年 10 月 30 日）

※灵犀一典※　曹操却华佗（六字口语一）　不愿开这个头　（张志有　作）

露滴牡丹开

幸福：生活、境遇愉快美满。幸：古指得到封建帝王的宠爱。“幸”之义，有时更狭窄，指女子得到帝王的“性”关顾。字、词也被帝王“专制”。把“幸福”推而广之、平民化，我为电视剧《幸福像花儿一样》谋以谜面：露滴牡丹开。题面出《西厢记·酬简》：老夫人悔婚约；张君瑞害相思；崔莺莺以身相许，成就了与张生欢爱，“柳腰款摆，花心轻拆，露滴牡丹开”。不写了，《西厢记》未标注“少儿不宜”，读者可仔细阅看、品味。形容人高兴的幸福感，常说“心花怒放”；“心花怒放”当然不仅指“生活”方面，更非囿于“性生活”那般狭小；幸福的天地很广阔。阿弥陀佛，金钱非万能，买不来幸福。

（壬卷 35·2006 年 11 月 3 日）

※灵犀一典※　露滴牡丹开（《镜花缘》人名一）　阴若花　（张志有　作）

公真知魏王肺腑也

王栋臣以题句作市招“修理相机”的谜面。修，踏实为“杨修”；相，指为丞相曹操；机，以“机心”照应面句中“肺腑”二字。多智者常膺“智囊”之号，其“肺腑”定然“诡计多端”。读者会问：既称“魏王”，何猜作“相”？答曰：那是历史问题，谜人只管面出有据。此谜面出《三国演义》第七十二回；魏攻蜀，相持于斜谷日久，操进退两难；夏侯惇问夜间口令，操方食鸡汤，随口曰“鸡肋”。主簿杨修“见传‘鸡肋’二字，便教随行将士，各收拾行装，准备归程”。后，操果令班师；夏侯惇遂对杨修说：“公真知魏王肺腑也。”度知“相机”的杨修，以扰乱军心罪被杀。机心、诡心，抑属祸心，有时是很难分辨的。

（壬卷 36·2006 年 10 月 17 日）

※谜苑拾萃※　何以解忧，唯有杜康（本山小品台词一句）　伤自尊了　（武骝　作）

长太息以掩涕兮，哀民生之多艰

在中国文学史上，屈原被定位为“伟大的爱国主义诗人”。一个人的道德，表现于感情方面，首推“爱国”。战国时代的楚国，主上昏庸，奸佞当道，值得爱吗？但屈原是爱的，他在代表作《离骚》里充分抒发了对祖国的眷念和对人民的热爱；他不顾自己一再被流放的悲境，仍直言谏陈于楚王，仍不在与奸佞的斗争中妥协，直至以生命做最后的抗争。题句出自《离骚》，我借之为谜面，着猜成语“楚楚动人”。首“楚”字作“凄楚”释，它从“掩涕”、“哀”达意；次“楚”字踏实到“楚国”。屈原用诗作，更欲以生命感“动人”；但统治者不为所动，而人民最动情，世世代代铭记着他，为他设立了纪念日：端午节。

（壬卷 37·2006 年 11 月 4 日）

※触典旁通※ 朱朱白白紫兼黄（国名一） 以色列 （吴树戈 作）

请看今日之域中，竟是谁家天下

“乱臣贼子，人人得而诛之。”不唯“乱臣贼子”，有时，被某些人视为“非正统”的，也是挞伐对象。唐高宗皇后武曌，废子自立称帝，改国号周；李氏皇族及唐之大臣，则以武曌之周“非正统”，有徐敬业等起兵反之；号为初唐四杰的诗人骆宾王为徐敬业草拟了《讨武曌檄》，题文乃其结句。赵首成谜家借题句缀面，用“卷帘格”，取甘肃民间舞蹈形式“武威攻鼓”作谜底；依格，底材变作“鼓攻威武”。武，落实到武曌名下；“鼓攻威”三字，非文字的“死扣”；须从全文的“神”、“气”达意；檄文犀利，武氏亦服膺，其“威”可见。“拉大旗作虎皮”，不得民心的“正统”，每拉“吓人”的“大旗”，只能为自己壮胆。

（壬卷 38·2006 年 10 月 27 日）

※谜苑拾萃※ 分手时风言风雨（四字口语一） 别说气话 （王志有 作）

致君尧舜上

伊尹，商汤臣，佐汤伐夏桀，被尊为阿衡（宰相）。《汉书·艺文志》云：伊尹多有著述。后世每见誉伊尹为贤相范例者。《孟子·万章上》：“君岂若使是君为尧舜之君哉？”——伊尹辍耕出仕，是为了使商汤成为尧舜般的贤君。题句出杜甫诗《奉赠韦左丞丈二十二韵》，我借之作谜面，措底以明、清人名各一：尹襄、汤世隆。谜虽系“硬作”，却难得底材与题面典实丝丝入扣。伊尹有“历史污点”，他专权自恣，将太甲放逐；又有说：太甲怠于政事，被尹放逐，三年后迎归复位。为了人民的利益，伊尹专权何妨？太甲荒淫，去位应该。“致君尧舜上”，君硬是不做“尧舜”，怎么办？放逐之，应是难能可贵的措施。“人民利益高于一切”，说起来容易，做起来难！ （壬卷 39·2006 年 11 月 11 日）

※触典旁通※ 致君尧舜上（清史名词一） 皇太极 （张志有 作）

五经无双许叔重

《后汉书·许慎传》：“许慎字叔重，汝南召陵人。性淳笃，少博学经籍，马融常推敬之，时人为之语曰：‘五经无双许叔重。’……慎以五经传说臧否不同，于是撰《五经异义》；又作《说文解字》十四篇，皆传于世。”其《说文解字》，推究六书之义，分部类从，至为靖密。“五经无双”是说，起码在后汉之前，许慎被推为第一人。因有清人马骅庭以题文作谜面，拟猜底作“四书”一句：必慎其独也。“五经无双”：解说“五经”至当的唯一人。“五经”尚有研习者否？有；以后还会有，使“五经”不灭绝故也。把“五经”当成为人、治世之经典的人，即使有，还不被讥为“掉书袋”？“放之四海而皆准”的真理，都不知到哪儿去了；轮到“大理”、“道理”、“情理”，只好任人割而用之。 （辛卷 40·2006 年 8 月 6 日）

※灵犀一典※ 五经无双许叔重（曹植《卞太后诔》句一） 敬惟慎独 （张志有 作）

吾家君譬如桂树生泰山阿

《世说新语·德行》:人问陈谌,你父亲(陈寔)"有何功德而荷天下重名"? 谌答:"吾家君譬如桂树生泰山阿,上有万仞之高,下有不测之深……当斯之时,桂树焉知泰山之高、渊泉之深?不知有功德与无也。"题句是比喻陈寔之品德的,我借之作面,用猜外来词:德比。英国德比郡,有一驯马能手,他驯出的马得奖率高,很多骑手都骑着他驯出的马同场比赛;后来,就把同一城市球队之间的比赛叫"德比战"。"德不孤,必有邻"——《论语》。比,比邻。"近朱者赤,近墨者黑。"熏陶、传染均可作"影响"释意,但一用于褒,一用于贬;愿同城之间,不仅比技能,更多些品德的熏陶、影响吧!

(壬卷 41·2006 年 11 月 12 日)

※谜苑拾萃※ 开窗放入大江来(韩国电视剧名一) 《浪漫满屋》 (朱彬华 作)

笼鸡有米汤盘近

久违了《台湾谜学》,昨刘旭友转赠第 23 期一册;读未卒,急择得响铃斋这一谜题,以饷广众。海南儋州人黄河清,乾隆朝恩科进士;遭奸佞诬,罢官返里;他设馆课徒,亦共师友研习经史,倒也逍遥。乾隆醒悟,诏黄赴京,河清托以服母孝,驳了圣上的恩渥;无奈下,使臣摘下黄氏手书一联回京复命,联曰:"笼鸡有米汤盘近,野鹤无粮天地宽。"后,黄河清以"野鹤进士"享誉。看来,皇上是白操心,黄河清早定下做"野鹤"的决心,而耻为饭来张口的"笼鸡"。野鹤觅食于广阔的天地间,自食其力,还锻炼了身体,不用看谁的眼色,迎合谁的好恶。谁都不会选择做"笼鸡",可谁又不愿做"京官"? 有时,"京官"就是"笼鸡"。

(壬卷 42·2006 年 10 月28 日)

※灵犀一典※ 笼鸡有米汤盘近(成语一) 鸟为食亡 (响铃斋 作)

由来弃铜墨

不为五斗米折腰——七品脱——我的旧谜作。与前谜构思相类,我为数量词"七品脱"另谋以题句作谜面,其出卢照邻诗《三月曲水宴得尊字》。《汉书·百官公卿表上》:"凡吏秩比二千石以上,皆银印青绶……秩比六百石以上,皆铜印黑绶。"秩二千石至六百石属"铜印黑绶"的县令等级,唐诗中每以"铜墨"喻县令这"七品"官。"弃铜墨"者不少,"弃金紫"的却鲜有闻见;这说明小官难当,相比较而言大官好当多了;官越大,表现为责任愈大;可谁听说了,有因"责任"原因而被免职"丢官"的? 那么,谁不千方百计地图谋升官呢? 如今,多是橡皮图章,不定哪天,金印、银印、铜印还得"复辟"。

(壬卷 43·2006 年 11 月12 日)

※谜苑拾萃※ 往来无白丁(路政术语一) 交通知识 (台南·范胜雄 作)

十年窗下无人问

近来,以"十年窗下无人问"作谜面,令猜新词语"一中共识"的谜作多见。这说明,题面这"语典"人所共知;又说明"一个中国"是全球华人的"共识"——人心所向。科举时代,为考取功名,多有"十年寒窗"埋头读书的人。元·刘祁《归潜志》卷七:"古人谓十年窗下无人问,一举成名天下知。"谜以面句"启下","一举成名"作"科举考试中式"释;"天下知"乃见"共识"。"十年窗下",太"省事"了;如今,十年还跨不出中学门。"学生"会不会成为终身职业呢?别把"学"当成目的吧,学是为了用;学了不会用,无动手能力的"学者",有用吗?

(壬卷 44·2006 年11 月 12 日)

※触典旁通※ 十年窗下无人问(四字口语一) 坐冷板凳 (张志有 作)

遥遥华胄

作为口语的“借光”，义作：向别人询问或请人给自己方便的歉词。“借光”有典，且著名，是说汉匡衡凿壁借光的。“借光”又释作：分沾他人利益或光荣；我为口语“借光”谋面曰：遥遥华胄。《南史·何昌寓传》：闵姓人向吏部尚书何昌寓求官，何问：“君是谁后？”答以：“子骞后。”“昌寓团扇掩口而笑，谓坐客曰：‘遥遥华胄。’”孔丘弟子闵子骞的后人，何其久远的“名门之后”呀。后用“遥遥华胄”形容假冒名人后代抬高自己以求取名利。张姓祖宗似无什么大人物可资“借光”的。找不出“遥遥华胄”，不妨走自己的路，堂堂正正活自己的人，心安理得！（壬卷 45·2006 年 11 月 18 日）

※灵犀一典※　遥遥华胄(清人一)　　祖望之　(张志有　作)

武夫力而拘诸原

春秋时，秦、晋两国国君数代互为婚嫁，后称两姓联姻、婚配为“秦晋之好”。“春秋无义战”，各诸侯国动辄反目成仇。《左传·僖公三十三年》：三十二年冬，晋文公死。秦穆公发兵攻郑。晋国大夫先轸虑秦王远程袭郑不利后，必侵晋，力主在崤山伏击秦军，是役大胜，俘秦军三帅；孰料，晋襄公之母文嬴放走秦军三帅；闻讯，先轸怒对襄公曰：“武夫力而拘诸原”——武士卖力逮住他们。赵首成先生借题句作俗语“先下手为强”的谜面；先，踏实为先轸，是他下手，为了晋国的强大。不忘秦晋之好，总想睦邻共处，妇人之仁也。战国七雄无晋，它早被韩、赵、魏三家裂分而亡。“皇”这名分很重要；世界若分裂成数千个国家，有数千个“皇”，世界会安宁吗？（壬卷 46·2007 年 1 月 15 日）

※灵犀一典※　怒曰：武夫力而拘诸原(成语一)　　先声夺人　(泰国·林仲杰　作)

杀姊屠兄，弑君鸩母

唐·王勃、杨炯、卢照邻、骆宾王以文词齐名，海内称“四才子”，或曰“初唐四杰”。若论文章，我推“四杰”中的“二王”最堪享誉；王勃以《滕王阁序》，宾王因《讨武曌檄》。徐敬业起兵反武氏称帝，宾王投之，为著檄文“暴斥武后罪。后见读之，矍然曰：‘谁为之？’或以宾王对，后曰：‘有如此才不用，宰相过也。’”题文即出“暴斥武后罪”的“讨武檄文”。(《唐才子传·骆宾王》)据《古文观止》载文夹注：“姊，韩国夫人。兄，惟良。君母未闻。”题句为面，早些年我拟的谜底是俗语“后下手遭殃”。武后下手狠，遭殃者甚众。谁说“无毒不丈夫”，则天最毒，可不是丈夫。仔细想，朝代更迭何尝少了“遭殃”者？为了防止“和平过渡”，不也用铁血手腕吗？（壬卷 47·2006 年 11 月 21 日）

※谜苑拾萃※　生命诚可贵(歌曲名一)　　《活宝》　(纪清华　作)

禁中颇牧

《千字文》中“起剪颇牧，用军最精”句，赞誉了战国时代四位良将，其中廉颇、李牧俱出赵国。《新唐书·毕诚传》：羌人扰河西，唐宣宗召访边事；毕诚旁征博引，条陈靖边方略获宣宗嘉许曰：“孰谓颇牧在吾禁署，卿为朕行乎？”——宣宗自谓：吾禁署也有廉颇、李牧般良将。赵首成谜家借典拟以题句缀面，使猜首都：内罗毕——大内收罗有毕诚。毕诚还真不是纸上谈兵的角儿，到军后，遣吏怀谕，羌人皆顺。今北京市辖有怀柔县；乌鲁木齐原名迪化，迪化这名似无什么不妥，改了也罢。多民族共同生活的大家庭，“忌讳”会觉得生分；反之，倒显得融洽。伊拉克每天都有“非正常死亡”，应了那句话：“不自由，毋宁死。”（壬卷 48·2006 年 11 月14 日）

※灵犀一典※　诚到军，遣吏怀谕，羌人皆顺(成语一)　　毕其功于一役　(张志有　作)

巷哭三月

一位知青给我讲：革命老区环县农民笑话知青为×××的逝世而哭泣，他们很多人不知道×××是什么样的人物；可是，最偏僻的山旮旯也敬神。人能享“巷哭”，殊不易。汉·刘向《说苑·贵德》：春秋时，郑国国相公孙侨，字子产；掌国政三朝，得使弱小郑国在强大的秦、晋间安然处之，容易吗？子产死，郑国人男子摘下玉玦，妇女卸下珠玉耳饰，“巷哭三月”，吹竽鼓瑟之声不闻。以“巷哭”置面，我找出战国和清代两人作谜底：郑悼/公孙鼎臣——郑国悼念公孙侨这鼎鼐之臣。“巷哭”不是“山呼”那样的“例行公事”。主席台上的“名牌”一茬茬地换，谁又注意它呢？谁在台上，底层民众不太关心。

（壬卷 49·2006 年 11 月 22 日）

※谜苑拾萃※　无限小数（歌曲名一）　《没有什么大不了》（纪清华　作）

母义子爱，是以威民

《左传·文公六年》载：晋襄公死，多祸的晋国在立嗣问题上颇有争议。有主张立公子乐的，理由是他母亲受过两位国君的宠幸；赵孟反对，他认为：“秦（国）大而近，足以为援，母义子爱，足以威民，立之不已可乎？”并派人赴秦迎公子雍。《橐园春灯话》载一谜，题文作面，底乃“四子”句“雍也可使南面”。地名“雍”，一变而作人名入谜。“母义子爱”，可以威临百姓；再说了，公子雍是从秦国迎回的，强秦高兴，以后有了事可以帮助晋国。古以“南面”为尊，“自古衙门朝南开”。晋立嗣，考虑了那么多因素，把“南面”只当做个形式。一个被占领国，也有政府，却从未安宁过，它倒是有某大国做靠山的，可惜不能“威民”。

（壬卷 50·2006 年 11 月 14 日）

※谜苑拾萃※　暮婚晨告别（字一）　飧（胡三白　作）

及去其皮，还是驴耳

读《唐才子传·杨炯》，发现“麒麟楦”一词，觉它很有“来头”；经查，其出唐·张鷟《朝野佥载》：“唐杨炯每呼朝士为麒麟楦。或问之，曰：‘今假冒麒麟者，必修饰其形，覆之驴上，宛然异物。及去其皮，还是驴耳。无德而朱紫，何以异是！’”我取题句置面，拟猜地名：中卫。卫，驴也。面作“麒麟楦”亦宜；我以题句作面，因其易猜耳。杨炯恃才凭傲，讥“无德而朱紫（高官服色）”者与披麒麟画皮的驴“何以异是”，他只做过县令小官，就不足为怪了。杨炯毕竟不是完全目中无人的，他说：“吾愧在卢（照邻）前，耻居王（勃）后。”俗语说“心不二用”，信然；文人最好别“干政”，为之“分心”，只怕连“文名”也会赔进去。

（壬卷 51·2006 年 11 月 21 日）

※灵犀一典※　麒麟楦（湖南、宁夏地名各一）　华容　中卫（张志有　作）

言祜祖墓所有帝王气，祜遂凿之

你相信“风水”吗？我不信；我估计，越是穷的人越不信；晋人羊祜信不信“风水”呢？我先介绍《晋书·羊祜传》里一典，读者自己判断吧。西晋重臣羊祜，官高爵尊，却非以此而贵，襄阳之“堕泪碑”，展示了他的“人格魅力”。“有善相墓者（看风水的），言祜祖墓所有帝王气，若凿之则无后，祜遂凿之。”拟题文为谜面，赵首成谜家遐思独到，以科技名词“克隆羊”缀作谜底。克，作“克除”释；隆，用“隆盛”义。羊祜凿断了“龙脉”，置“断后”于不顾。看来，羊祜是信“风水”的，否则，何以去凿龙脉，连带地断了后？“风水”一说还是不信的好；绝了“非非想”的牵系，轻松地过好你的一生吧！

（壬卷 52·2006 年 11 月 15 日）

※谜苑拾萃※　此嵇侍中血，勿去（四声字一）　衣遗以忆（武骝　作）

但存方寸地，留与子孙耕

心田：佛教语，即心。我为“心田”一词谋谜面以题句。“方寸地”亦指“心”，此见《列子·仲尼》：“吾见子之心矣，方寸之地虚矣。”面句出宋·罗大经《鹤林玉露·六》：“俗语云：‘但存方寸地，留与子孙耕。’指心而言也。”曾有“土地”专题征谜，以题句为“土地名言”。这很实在、实用；用之做爱惜土地的宣传语无不宜。可我总觉着罗大经转述的那古代俗语很雅，涵包甚丰，不宜把它看得过“实”；“心田”确小，它怎么留给子孙呢？子孙们又如何拿它“耕”呢？这里面不是大有学问吗？这“学问”，长辈们要研究，子孙辈也要悉心研究。最近，媒体上大力宣传“长征精神”；9月下旬我在六盘山接受过“长征精神”的震撼；是不是“大人物”才更该学用“长征精神”呢？（壬卷53·2006年11月25日）

※灵犀一典※　但存方寸地，留与子孙耕（唐代人名一）　田成嗣　（张志有　作）

还狸真相仁宗善

题句系自拟，台湾阮仁宏先生据之作常言“包君满意”的谜面；“仁宗”，君也；“善”，表满意；“换狸真相”系包拯所为。宋真宗朝，“狸猫换太子”传得沸沸扬扬，被编成戏，各剧种争相演出。戏剧所本有元杂剧《抱壮盒》、明传奇《金丸记》；尤多取材于评书《三侠五义》：宋真宗刘妃争宠，诬李妃产“狸猫”；十八年后，包拯陈州赈灾，流落民间的李妃告状，始侦得真情；被换出的太子即宋仁宗。莫为“故事里的事”较真。权力集中的地方，演出的“时事”，连演出者的眼睛，也录不出“真相”；“时事”和“历史”总有差距。底层民众平平淡淡的生活，比较真实，哪怕真实到鸡毛蒜皮。

（壬卷54·2006年11月16日）

※谜苑拾萃※　寿陵因何失本步（成语一）　行之有效　（许顺光　作）

宁有赖其末而不识其本

就有“赖其末而不识其本”的人，因此，我借题句作谜面，猜底是西成药：食/母生——食其“末”，而对生长“末”之“本”“不识”——“生”。不是“本末倒置”，而是“食末不知本”。题句出《世说新语·尤悔》：晋简文帝不识稻，“问是何草，左右答是稻。简文还，三日不出，云：‘宁有食其末而不识其本。’”晋简文帝司马昱，幼年聪慧；及长，官从小做大，直到当了皇上；从他的传记上知，他是颇“有思想”的，由于自己“不知本”，竟闭门反思，“三日不出”。讲话满口官腔，做事尤重“摆谱”，俨然以“父母官”自居的人，他们其实“不知本”，或者“本末倒置”；国企为什么总搞不好呢？它们的当家人不知道老百姓才是根本！（壬卷55·2006年11月28日）

※谜苑拾萃※　千古文章载龟甲（学生用语一）　死记硬背　（王栋臣　作）

一朵能行白牡丹

潮汕语言，已成“体系”；其俗语从读音形诸文字，自难统一；各地俗语亦多如此。潮语称女子为“姿娘”；“姿娘”而冠以“花脚”，则指行为放荡的女子了。泰国马维克先生为“花脚新娘”措面“一朵能行白牡丹”，句出唐·崔涯诗《送妓李端端》。《云溪友议》载：崔涯常题诗娼肆；他的诗捧谁，谁走红；贬谁，谁则门前冷落。被崔涯贬成“鼻似烟囱耳似铛”的李端端，忽而“一朵能行白牡丹”了。“白牡丹”而“能行”，岂无“脚”乎？辞书载：崔涯“失意游侠江湖间，常作侠士诗，传诵人口”。“失意”了，在花街柳巷混饭吃耳；崔涯若不“失意”，会有什么作为呢？附庸权贵，歌功颂歌。汪汪吠叫的狗，你丢给他一块骨头，他马上给你摇尾巴。（壬卷56·2006年11月17日）

※谜苑拾萃※　被炒鱿鱼返故里（七字常用语一）　工作没有做到家　（张金才　作）

逆竖头破裂

流行歌曲还在"枕前发尽千般愿"吗？换换口味吧，生活原本多彩；文天祥《正气歌》展现着生活"主旋律"的一面，列举有不少仁人志士可歌可泣的故事，"或为击贼笏，逆竖头破裂"是赞颂殷秀实的，事见《新唐书·殷秀实传》：朱泚反，召秀实，秀实佯从；一次议事中，秀实夺笏，"唾泚面大骂曰：'狂贼！可磔万段。我岂从汝反耶！'"击笏中泚颡，血流满面，遂遭害。后诏赠太尉，谥曰忠烈。批，用手掌打。眉批：写在书头上的批。批注文章用朱笔叫"朱批"；我用"秋千"格，借题句为之作谜面；依格呈：批朱。"乱臣贼子，人人得而诛之。"在腐朽的统治者的眼里，多"乱臣贼子"。"乱臣贼子"掌权了，违逆他的人，又会沦为"乱臣贼子"。（壬卷57·2006年11月30日）

※谜苑拾萃※　秦军袭郑遇弦高，无功而返（六字口语一）　这回又吹牛了　（侯康林　作）

御手调羹

"野史尽真乎？曰：不必也。尽赝乎？曰：不必也。"——无碍居士题《警世通言》。莫管真伪吧，李白得膺"谪仙"之誉，加在他头上的故事，多溢美，冯梦龙编选的《警世通言》中《李谪仙醉草吓蛮书》，"溢美"达极致。李白生于西域碎叶城，大约通番文吧，读过番书后，满朝文武给镇住了；翌日，要写吓蛮书，玄宗教御厨造醒酒酸鱼羹，为谪仙醒酒；羹太烫，"御手取牙箸调之良久"。《橐园春灯录》中一谜即以"御手调羹"作"四子"句"颁白者"句的谜面。李白在长安荣耀过一阵，长处醉中；酒醒时才明白，自己不过是个文学弄臣。"诗仙"之名，让李白常不清醒，每以诗文"干"人；刚有个"从政"机会，却站错了队。名，每令人犯糊涂，它累人，甚至毁人！（壬卷58·2006年11月18日）

※谜苑拾萃※　人间芳菲尽，山寺桃花开（七字俗语一）　家花没有野花香　（张成田　作）

万寿无疆

1989年8月12日的《宁夏日报》载有我的谜作：万寿无疆（电影名）——《没有尽头的生活》。"万寿无疆"如雷贯耳；它初见于《诗经·小雅·南山有台》，作祝颂长寿之辞，通用于贵、贱人等，后来就只有皇上才能享用了。关于那颂词有一趣事，略述之以供谈资：慈禧寿诞，大臣们可捞着了献殷勤的良机，寿筵大张，外国使节与焉；更时髦的是，奏西乐，唱爱国歌；有人对一与宴者说"未闻有人唱爱民歌"，此与宴者遂编歌曰："天子万年，百姓花钱。万寿无疆，百姓遭殃。""山呼"是例行公事了，哪个"万岁"倾心造福黎庶来着？阿弥陀佛，慈禧没能万寿无疆，才没留给我人更多的"回归"冀盼！

（壬卷59·2006年12月25日）

※谜苑拾萃※　垂涎三尺（新词二）　人口外流　一米线　（孙耀　作）

汉将假帝为真帝，齐乞真王作假王

题句见宋·华岳《读汉史阅纪信韩信传》，赵首成先生借之作社会学名词"信用危机"的谜面。作者谦称"瞎拟"了"反回文格"，改造底材成"机危用信·信用危机"扣紧谜面。常规的"回文格"，底材须先顺读，后倒读，"反回文格"与之"反"，先倒读，后顺读。此谜非用此格，不能与面句贴切，格非"瞎拟"。面典亦见诸《史记·高祖本纪》。前句述：汉王刘邦等被围于荥阳，危甚；纪信扮汉王出城，被焚死；刘邦杂兵卒里，混出西门得生。后句写：韩信破齐后，请为"假齐王"，刘邦怒欲伐；时韩信拥重兵，张良劝刘邦实授韩信"齐王"以安其心。"狼来了"的戏耍，乃恶作剧；烽火戏诸侯的"逗笑"，代价更大。拿"信用"开玩笑，才有朝代更迭。（壬卷60·2006年12月24日）

※谜苑拾萃※　昼则燔燧，夜乃举烽（治安术语一）　报警点　（黄树基　作）

赤矢朱弓貌似神

(周)宣王大夫,无罪见杀;前八字简介杜伯于《中国人名大辞典》,而《东周列国志》里,杜伯之死,被铺张得可歌可泣,首回目曰“杜大夫化厉鸣冤”。首回多怪诞事;市井童谣传“月将升,日将没;檿弧箕箙(山桑木之弓,箕草做的箭袋),几亡周国”,宣王令杜伯、左儒严查之。那等荒诞事,如何查得?宣王杀杜伯,左儒亦自尽;二人冤魂化鬼,持朱弓、赤矢找宣王索命;书中载髯翁诗云:“赤矢朱弓貌似神,千军队里骋飞轮。君王枉杀还须报,何况区区平等人。”“化厉鸣冤”事皆因杜伯而起,岂非“鬼脸儿杜兴”?我为前泊人冠诨号选定谜面:赤矢朱弓貌似神。神、鬼有区别吗?杜、左实鬼,“貌似神”颂词也。《说聊斋》唱词好:“牛鬼蛇神倒比正人君子更可爱”!(壬卷 61·2006 年 12 月 31)

※谜苑拾萃※ 音乐疗法(司法用语一) 不使用调解 (石爱民 作)

歌《鹿鸣》之三,三拜

《左传·襄公四年》:鲁国叔孙豹访晋,晋悼公盛宴之,席间奏《肆夏》、《文王》各三章,叔孙豹漠然不拜;及“歌《鹿鸣》之三,三拜”。晋大夫问故,豹答:前两曲乃天子宴请诸侯、君主会面时用的,小臣不敢听;《鹿鸣》三章,是晋君颂我鲁君的,怎能不三拜?清·冬芳以题句置谜面,着猜鸟名:谢豹。拜,谢也;豹,谜中指为鲁大夫叔孙豹。子规、杜宇、谢豹,皆杜鹃鸟之别名。关于谢豹,《辞源》里有数条载述,然谢豹得名,却见于唐·刘焘《树萱录》:“昔人有饮于锦城谢氏,其女窥而悦之。其人闻子规啼,心动,即谢去。女恨甚,后闻子规啼则怔忪若谢豹,使侍女以竹枝驱之曰:‘豹!汝尚敢至此啼乎?’故名子规为谢豹。”(壬卷 62·2006 年 12 月 25 日)

※谜苑拾萃※ 鹿马验知顺逆情(家电用语一) 高清背投 (赵首成 作)

留髡

战国时,齐有滑稽多辩,擅以讲故事方式讽谏君王者,名淳于髡;齐威王多得他匡正阙失而改悔,并奖赠以车马金珠甚丰。《史记·滑稽列传》载:齐威王有“长夜饮”之嗜;一次,大宴群臣时问髡“饮几何而醉”,髡答:“臣饮一斗亦醉,一石亦醉。”威王怪而问故,髡答:王赐臣酒,如有执法官在旁,臣胆战心惊,饮一斗即醉;若夜间,大王只留臣,促膝对饮,臣心最欢,可饮一石。威王悟及淳于髡意在讽谏,乃罢长夜饮。后以“留髡”形容主人诚意留客畅饮。我借“留髡”作谜面,觅得李白《客中作》句“但使主人能醉客”为谜底。害糖尿病,得管住嘴,又恶酒,常拂主人“留髡”美意,我只出席谜友聚会。万幸,退休得早,免了在长官们频繁的喜宴中的尴尬。(壬卷 63·2006 年 12 月 31 日)

※谜苑拾萃※ 接天莲叶无穷碧(外轿车牌名冠颜色一) 绿色丰田 (胡三白 作)

既“拂”矣,又“去尘”,真吾婿也

名人逸事宜作运典谜的素材。谜人广涉博采,乃见典谜之花姹紫嫣红开遍。题句作面,借用“卷帘”格,南京阮治祥先生为措谜底是两个量词:段、纳米;依格,底材呈“米、纳段”与面句贴切。此谜出典见诸《谈概痴绝部》:北宋段拂,字去尘,其名寂寂;偏得著名书画家米芾青眼有加,芾择之曰:“既‘拂’矣,又‘去尘’,真吾婿也。”米芾有洁癖吧,竟以名、字作标准,为女择婿;名“拂”(扫尘之物)字“去尘”者,有幸做了东床。名人逸事,是“名人”才趁“超凡脱俗”的“逸闻趣事”;矻矻地以五指刨食的劳动者没那雅兴;皇戚贵胄“放不下架子”,似乎也耻与“匹夫”为伍。(壬卷 64·2006 年 12 月 26 日)

※谜苑拾萃※ 衣带渐宽终不悔(美容术语一) 无痛减肥 (杨东 作)

坐者为冢，卧者为尸

《后汉书·文苑列传·祢衡传》对字正平的祢衡不吝誉词；京剧《击鼓骂曹(操)》料必取材于本传。后曹遣人送祢衡给刘表；为祢衡饯行时，衡后至，众人故不起迎，衡大喊，“众问其故，衡曰：‘坐者为冢，卧者为尸，尸冢之间，能不悲乎！’”“少有辩才，而尚气刚傲，好矫时慢物”的祢衡尤狂，“常称曰：‘大儿孔文举(孔融)，小儿杨德祖(杨修)。余子碌碌，莫足数也。’”孔融对祢衡推崇备至，曾上表，表中有句“使衡立朝，必有可观”。莫说立朝，太过狂傲的祢衡，连做人的时间都短，26岁时为黄祖杀。人有坐、卧、立三姿。祢衡辱坐、卧为“冢”、“尸”，那么，单有“立”者，才称得上“人”了，我为题句措底以字典部首：单立人。

(壬卷65·2007年1月2日)

※谜苑拾萃※ 长恨春归无觅处，不知转入此中来(地理词一) 青藏高原 (顾剑清 作)

船人知其无有，乃止

陈方安生，香港政界名人也，赵首成先生为此名谋面以题句。体现姓名上男女平等，在香港多见；姓名四字者，实因此名不唯冠有父姓，亦在其后连以母姓也。谜家以“陈”踏实为面句中主人姓氏，“方”字则释作“方才”，与面文中“知其无有，乃止”呼应；何有此解？容我述来。面出《史记·陈丞相世家》。陈平微时，颇多雅闻；及显，亦颇奇：陈平事项羽时，因过失惧诛而逃亡；行前封金、印，令人归项王；渡河时，船家疑其多金玉宝器，欲杀之；陈平恐惧，乃裸身帮船夫撑船，“船人知其无有(宝物)，乃止(杀)”。“人为财死，鸟为食亡”，信然。会不会重现“打土豪，分田地”的一幕呢？怕不会，提倡“和谐”了。

(壬卷66·2006年10月24日)

※灵犀一典※ 船人知其无有，乃止(县名一) 饶平 (清·曙城 作)

胶漆自谓坚

《辞源》胶漆：胶和漆。喻事物的牢固结合。《庄子·骈拇》、《韩非子·安危》见用。成语词典载有“如胶似漆”等，其所举例均晚，较早者应属《后汉书·独行列传·雷义传》，又参见同书《陈重传》：陈重、雷义均以“义”字而享令名，很受推重。雷义举为茂才，“让于陈重，刺史不听，义遂佯狂披发走，不应命。乡里为之语曰：‘胶漆自谓坚，不如雷与陈。’”我撷题句作面，着猜宋代大词人：陈与义；底材别义作：陈重与雷义，关系如胶漆般牢固。陈重、雷义二人讲义，难判伯仲，此谜用“回文格”更显“公平”。“陈与义”仕途互让，传为美谈。惜乎只是美谈；美谈掩盖不住越到后来，官场越发争得你死我活的现实。

(壬卷67·2007年1月5日)

※灵犀一典※ 欲让陈重，刺史未许(成语一) 义不容辞 (泰国·陈包 作)

露 筋 祠

清末民初淮阴范冕先生为唐代年号“贞观”谋谜面：露筋祠。祠、观，以近义扣；“露筋”与“贞”契合，得由一贞女说起。臧励和等编《中国人名大辞典》“露筋女”及《高邮州志》载：高邮女子与嫂避难，行郊野，天暮，嫂顾湖边田舍，挽女投宿，女不从，独露坐草中，遭蚊嚼，血竭筋露而死。后人立祀祠，名“露筋”。“革文化命”那阵，有疯狂的“破四旧”，不悉“露筋祠”逃过那“劫”否？若幸存，还是保护着它。加给女性的“三从”、“四德”，是那个时代的行为准则，模范地遵守它是时代的需要，谁又能“超前”数千年而反对它？“出污泥而不染”固好，露筋女直远“污泥”而躲之，不涉瓜田李下，更属模范。跨越时代的“彻底革命者”，处在当今纷繁世界，“犯晕”、犯法的还少吗？

(壬卷68·2006年11月1日)

※灵犀一典※ 嫂顾湖边田舍，女不从(唐诗句一) 小姑居处本无郎 (民国谜)

蠡测终归是枉然

《新华词典》释“气量”:能容纳不同意见的度量。又释“器量”:度量。气量、器量,义同。我以“蠡测”作面,着猜口语:器量不大。又拟“蠡测终归是枉然”置面,猜以酒名:衡水老白干。成语“管窥蠡测”源出东方朔《答客难》:“语曰:‘以管窥天,以蠡测海,以莛撞钟’,岂能通其条贯,考其文理,发其音声哉!”蠡测,以瓠瓢测量海水。“海水不可斗量”,瓠瓢其能为欤?以之“衡水”,岂非“老白干”?愚公移山,是造福的工程,精神可嘉;以瓠瓢去量海水,那是“吃饱了撑的”,即使“白干”,也会遭人嗤之以鼻:傻冒!认识到“傻”也不容易;我们走的弯路还少吗? (壬卷 69·2007 年 1 月 5 日)

※谜苑拾萃※ 春色三分,二分尘土,一分流水(桂地名连名胜一) 桂林漓江 (方炳良 作)

牛背读汉书

如今,中、小学生最苦;苦在要从狭窄的求学路上,追求到不苦却能赚大钱的职业;若论学习条件的苦,要数古代。蒙书《三字经》就列举了很多苦读的范例,其中一句是“如挂角”,其注文略作:隋朝李密,替人牧牛。每骑牛背上读《汉书》,将余本挂在牛角上;后终有成,袭爵蒲山公。《橐园春灯录》载一谜,借李密典事,拟“牛背读汉书”缀面,着猜“四书”句“文理密察”;这是说:李密从书中察明文理。各部门总结都是“大肯定、小不足”的“官样文章”,用得着“文理密察”吗? 学校不必多,专业不必细;若有“万金油”学校,只设两门课,一门是“贯彻上级精神”,另一门是“当代为官之道”。

(壬卷 70·2006 年 12 月 29 日)

※灵犀一典※ 骑牛闲读史(元代作家名一) 李好古 (张志有 作)

足下不死,孤心不安

世界上有百数以上的国家,怎能都相安无事?一家人还打打闹闹呢。《三国演义》到第六十一回,已经三国鼎立了,曹操“受魏公,加九锡”后,率兵攻打早已森严壁垒的吴国,致进退两难;恰有孙权书至,中有句曰“公当速去,如其不然,复有赤壁之祸也”。书背后又批“足下不死,孤心不安”。题面八字,不是恰可用两个《三国演义》人名“别解”吗?其乃:曹休、孙静。鼎立的三国,曹操偏要“挟天子以令诸侯”。大千世界似乎不能没有“挟××以令诸国”的角色;否则,国际新闻还有什么看头。萨达姆被处死了,媒体称送葬者不下万人;有人会为此庆幸:“足下不死,孤心不安”;愿今后,“孤心”稍安勿躁,如是,世界上也会显点“和谐”。 (壬卷 71·2007年 1 月 7 日)

※谜苑拾萃※ 梦回吹角连营(近代报刊二) 《苏报》《军声》 (胡三白 作)

何时眼前突兀见此屋

官场咱陌生。观为官之“道”,几千年来“颠扑不破”。谜界却多创新,资深谜家也踏着时代的步伐。赵首成先生一谜,自注:面据杜诗改撰……学学新锐们的新底材法 。什么“新底材”呢?“拼音字”;他为“思屋安酸”择谜面如题。面句改自杜甫《茅屋为秋风所破歌》,取其中两句,各去二字;虽去四字,其义甚明:诗圣在成都的草堂为风破,他想到的却是“大庇天下寒士”,“安得广厦千万间”。杜翁斯诗著名,对后世一些名人贵要有过影响甚至“教育”作用;教育了谁呢?良知未泯者。杜甫不是“但自求其穴”的蝼蚁辈,他才“思屋安酸”;华屋里的贵要在想什么呢?怎么爬得更高。路边高楼林立,但房屋多数空着,它围的是低矮的简易房;那群楼有个时髦名字:和谐家园。 (壬卷 72·2006 年 12 月 29 日)

※谜苑拾萃※ 明日落红应满径(书名一) 《破晓光华》 (黄庭周 作)

守西河而秦兵不敢东乡

吴起是卫国人，善用兵；初事鲁，齐攻鲁，鲁君欲重用起，因吴起之妻是齐人而疑之，吴起遂杀妻，此即“杀妻求将”。《史记·孙子吴起列传》载：后来，吴起投至魏国，当了西河守；时田文任魏相，位尊，起不悦，与田文“论功”，说了自己三条“强项”，田文承认“不如子”，吴起第三条是：“守西河而秦兵不敢东乡（通‘向’字），韩、赵宾从。”我罗织题句作长征地名“吴起镇”的谜面。以战国七雄据地而论，秦在西，魏在东；守西河，拒强秦，使不敢“东向”且“韩、赵宾从”，吴起镇守之功也。田文、吴起，都是当时的“风流人物”，其才俊昭著在“风流”——因“风”而“流”动；他们见风使舵，从未忠诚服务于祖国。

（壬卷73·2007年1月8日）

※灵犀一典※　遂杀其妻，以明不与齐也（称谓二）　　屠夫　证人　（任焕长　作）

啮臂而盟曰

这篇再说《史记·孙子吴起列传》里吴起的事。吴起得入“列传”，甚多“作为”：他“杀妻”得为将，大破齐军；他少时“游仕不遂，遂破其家。乡党笑之，吴起杀其谤己者三十余人，而东出魏郭门。与其母诀，啮臂而盟曰：‘起不为卿相，不复入卫。’”不久，吴起母死，她无缘看到吴起历仕数国的辉煌，也未遭受儿子虽任楚相却凶死的伤痛。“啮臂而盟”，咬臂出血立誓。陆影谜友借题句作电视剧《血色誓言》的谜面。古时讲究嘴唇涂以畜血的“歃血盟誓”；可“口血未干”就撕毁盟约的事并不鲜见。如今，谈判、定约太多见了；约束，以“约”束缚签约各方也；“人活脸，树活皮”；不要脸、不怕死的，什么“约束”也不怕。

（壬卷74·2007年1月11日）

※谜苑拾萃※　余（《桃花源记》句二）　　得其船，便扶向路　（杨锐　作）

恋　　栈

曹操《步出夏门行》诗句“老骥伏枥，志在千里”喻义：虽老，仍怀雄心。“恋栈”亦说马，其见《晋书·宣帝纪》：曹芳当天子时，司马懿和曹爽为权力明争暗斗。曹爽随曹芳谒明帝陵，懿趁机奏请永宁太后罢曹爽官职；桓范知此事后，出京给曹爽报信；懿之亲信蒋济又报懿“智囊往矣”。懿曰：爽与范关系不密切且智不及范，“驽马恋栈豆”，必不能采用桓范的意见。“恋栈豆”，指贪吃槽中豆料，简作“恋栈”。同是曹氏门里人，有“志千里”者，亦有“恋栈豆”流；司马氏之晋，代曹氏之魏，铁定矣。刘备种菜那是“韬晦”，“恋栈”只是“贪嘴”。只知“恋栈”不行，朝中要养的是“恋栈豆”的“智囊”，他们不觊觎王位，却任自己的吆喝。

（壬卷75·2007年1月11日）

※谜苑拾萃※　那个男儿是丈夫（《岳阳楼记》句一）　　吾谁与归谢　（礼让　作）

乃击伤大将军，大将军匿讳之

汉武帝朝，国力不谓不盛，却断不了匈奴的时相侵扰；汉朝无力逐灭匈奴吗？个中微妙谁又能弄明白呢？《史记·李将军列传》，载有李广家族的功、过、荣、辱。一次，大将军卫青率部出击匈奴，已探知单于所在，卫青偏不让前将军李广出击，而让他绕道东路；结果，李广迷路引咎自杀。后来，李广幼子李敢结怨卫青，“乃击伤大将军，大将军匿讳之”。择题句置面，李广故里天水谜家陈清泉，措常言“敢怒不敢言”为谜底。前“敢”字，指李敢；“不敢言”而“匿讳之”者，应是卫青。汉代，与匈奴战，产生了不少将领，封侯拜将的。没了匈奴的存在，“英雄无用武之地”，匈奴的存在，也是“生态平衡”之需。

（壬卷76·2006年12月27日）

※谜苑拾萃※　乃击伤大将军（成语一）　　敢作敢为　（张志有　作）

驸　　马

“驸马”是汉武帝始置的官名，掌副车之马，秩二千石，多由皇室亲近担任。三国何进是帝婿，被授驸马都尉，后渐成常习，简称驸马，非实官。我以题句置面，令猜称谓；领会“驸马”一词的引申义，“皇上门里的女婿”的“别解义”昭然矣；想必此谜在“第二届‘中国灯谜百强’大赛”中，不会难为猜众，底曰：上门女婿。攀龙附凤，“眼皮子浅”的人争为之，也有人引为耻辱。公主那“凤”是好“附”的吗？君不见，郭子仪平叛，功劳盖世，其子——身为驸马的郭暧，却因“打金枝”，惹出多大麻烦？无论本义、别解义，“上门女婿”都不好当。“软饭”不好吃，男儿当自强。　（壬卷77·2007年1月13日）

※谜苑拾萃※　恨不移封向酒泉(唐诗目一)　《长干行》（严宗达　作）

一箪食，一瓢饮，人不堪其忧

清真食品，花样繁多(成语)——回味无穷。前列乃兰州谜作，颇受青睐；“味”出“清真食品”那“回味”。题句置面，亦猜“回味无穷”，这是台湾“2006年宜兰电控竞猜谜题”之一；其味不唯出自“回”字，更以“穷”字寓机。孔丘评其弟子颜渊为“德行”之首，他说：“贤哉回也！一箪食，一瓢饮，在陋巷，人不堪其忧，回也不改其乐。”见《论语·雍也》。“箪食陋巷”见颜回(字子渊)食、住方面的清贫；对此贫状，别人忍受不了，但“回也不改其乐”。谜中“无穷”，见颜回对“箪”、“瓢”之疏食，不以为“穷”，甘之若饴，这正是颜回的“德行”。“暴发了的”讲究“吃”，不吝翻新花样，搜奇猎珍，穷奢极欲；人肉他们都想吃，否则，无以显其富。　（壬卷78·2007年1月6日）

※谜苑拾萃※　受女友摆布(聊目一)　《爱奴》（徐锦忠　作）

艇子打两桨

《新华字典》释“莫”：①不要……；那么，“莫愁”可释作“不要愁”了；以“莫愁”代“不愁”，从“莫愁女”出典上做文章，我为电视剧名《美女不愁嫁》谋置谜面。《乐府诗集》咏“莫愁”者凡两首；一写洛阳莫愁，嫁作卢家妇；一咏石城莫愁；后诗名《莫愁乐》，其一曰：“莫愁在何处？莫愁石城西。艇子打两桨，催送莫愁来。”后来，常以“莫愁”代指美女、少妇。“催送莫愁来”，“美女”还为嫁人发愁吗？美女不愁嫁！有说南京莫愁湖乃莫愁旧居，这只是传说。石城指今湖北钟祥县，非今南京之古称石头城也。古湖北，出过两个著名的美女；秭归“生长明妃尚有村”，今钟祥亦有“莫愁村”。美好的传说，人争附之。　（壬卷79·2007年1月14日）

※谜苑拾萃※　露重荷锄归(外国电影名一)　《007》（王东雄　作）

藏书万卷可教子

是否念过点书的人，都配叫“知识分子”？不是。是不是没念过书的人，不能叫“知识分子”？大约是的。有了地位而没念过书的人，每自称“大老粗”，还引以为自豪，看来，“大老粗”与“没知识”，中间没有等号。别把“念书”捧得过高吧，获取知识的途径，不止“念书”一条。清人赵之谦，长书画、篆刻；曾为一买官的爆发户撰联语曰：“藏书万卷可教子；买山十里都种松。”缘何“都种松”？彼人是倒卖木材的；生财有“门道”，何用读书？“藏书万卷”装门面也。可吴仁泰先生以题句作谜面，送给木材暴发户一个可资炫耀的称号：知识分子——如果他儿子仍不读书，再往下“分”吧，“知识分孙”，万卷书不等于知识，它们中间的等号是“辛勤”。　（壬卷80·2007年1月2日）

※谜苑拾萃※　藏书万卷可教子(新称谓一)　知本家　（张志有　作）

映　雪

去市里，咱只乘公交车，持老年卡可省一半的钱。有人讲究“私家车”了，尽管爱显摆，怕也只是车中的末流；名车，私家拥有的不多，但作用与“私家车”一般无二。古代无汽车，有地位者讲究名马；难怪德国车有叫“宝马”的。唐有名马“照夜白”，那是大宛贡品，唐玄宗御用。我为“照夜白”选用“映雪”作面成谜。《初学记》引《宋齐语》：“孙康家贫，常映雪读书……”在冬日月明夜，映着雪光应能看清大点的字。谜面虽未用“孙康”二字，愿读者记着他。孙康可敬，“穷且益坚，不坠青云之志”。“青云之志”的“坚定”，难道要用“穷”作前题吗？若你家的“小皇帝”、“小公主”乏“志”，你该想到，那是被惯坏的！（壬卷81·2007年1月16日）

※谜苑拾萃※　本是同根生（外国电视剧名一）　《兄弟连》（纪培明　作）

王出郊，天乃雨，反风，禾尽起

《十五家妙契同岑集》载一谜，已不知出何人名下，题文乃其面，底作成语：平旦之气。欲通此谜，容我释来。西周立国，端仗周公；先佐武王伐纣，又辅成王治国，厥功至伟；病将殁，嘱成王葬己成周；既卒，成王却葬之于毕地；此葬违礼。遂致：“周公卒后，秋未获，暴风雷雨，禾尽偃（倒伏），大禾尽拔，周国大恐。”及成王开周公所遗《金滕》书，始尽知周公伟绩及对己之忠，也明白了上天动怒以示谴责的缘由；于是，成王步出郊外，亲迎周公；这时，天晴了，风向转了，庄稼立起来了。题句蕴意：平了周公姬旦之气；周公会“泄私愤，图报复”吗？大自然造成的灾难，是老天在谴责什么人，我不作如斯想；掌握国柄的人，能做如斯想，却有益无害。

（壬卷82·2007年1月3日）

※灵犀一典※　武王志在伐商纣（四字常言一）　奋发向上（张志有　作）

清　庙　器

古小说，抑戏剧中，常闻“满朝文武”一语，我为它撷“清庙器”一词作谜面；满人建立“大清”国，我别解“清庙器”为大清国的股肱人物。清庙器，宗庙的祭器，比喻可以担负国家重任的人。《新唐书·崔涣传》：礼部侍郎严挺之器重崔涣，为“施特榻，试《彝尊铭》，谓曰：‘子清庙器，故以题相命。’”文臣、武将排满朝堂，这在电视剧里屡见不鲜；真是人才济济吗？盛大的场面，只为炫耀电视剧的宏大、气派矣。“庙器”在精不在多，配称“庙器”者，数人而已，其余的人只配叫“办事员”，体面点，给它加上“高级”二字。现实可别也像拍电视剧似的，铺排宏大、华丽的场面，只为了吸引更多的眼球！

（壬卷83·2007年2月5日）

※灵犀一典※　清庙器（四字称谓一）　股肱重臣（张志有　作）

高帽剩下九十九

学问不在多，重要的一门是“处世为人”，“捧人术”是其分科。前语有“负面”影响吗？但世情中很多人，尤其是“走红”的人，却是把它当金科玉律的。《笑笑录》：两弟子走马上任前，师问：做官拟以何术最要？一生曰：备高帽百顶，逢权贵送之，何愁前程？其师怒喝：“为官之要，唯刚正不阿，岂可以阿谀骗人！”门生唯唯曰：“恩师教诲极是，当今不受高帽如恩师者，鲜矣！”师大悦。出得师门，此生对另一生道：“高帽只剩下九十九顶矣！”杨志刚谜家对前故事感慨良多，遂以题句置诸面，谜底作统计用语“百分之一”。有一相声名《帽子工厂》。能坦言送高帽者，只是“直爽”；暗通“捧人术”者，让“帽子工厂”生意分外兴隆。

（壬卷84·2007年1月12日）

※灵犀一典※　高帽剩下九十九（冠姓称谓一）　余老师（张志有　作）

卯金修德为天子

“卯”、“金”、“刂”组成繁体“刘”字——劉；题句意若：刘姓人以美德当为天子，它择自《后汉书·光武帝纪》：王莽篡西汉称新朝，由苛政繁徭大失人心，农民频频起义，刘秀亦与焉，昆阳等大捷，渐得人心，又废王莽苛政，以恢复汉统为号召，遂受部下拥戴称帝，建立东汉。书中记“赤伏符”云云，又载谶记曰：“刘秀发兵捕不道，卯金修德为天子。”我为题句谋底以“聊目”二：《王者》、《任秀》，王之重任，刘秀担当。“不道”对应“修德”。“不道”者就该下台，“修德”人合当登基。“赤符”、“谶记”与陈胜的“鱼书”、“狐鸣”一般无二。“卖什么吆喝什么”，是在推销；口号喊得凶，却是“召唤”、“提倡”某种本该回归的东西。（壬卷 85·2007 年 2 月 3 日）

※谜苑拾萃※　世人皆欲杀（象棋术语一）　白得一卒　（赵首成　作）

量长画短分明甚，终世何曾把自量

拿吴仁泰先生一谜给朋友猜，怎么都猜不着；进一步提示“每个已婚男子都有的人”，还是猜不着。此谜谜面就是题句那两句话，谜目是一个称呼。明·冯梦龙《广笑府》载：一实诚人，总以善心度人，竟对一恶少，赠以镜、尺及诗，以图感化之，诗曰：“自家面垢何曾见，只辨他人丑与妍。量长画短分明甚，终世何曾把自量。”人性本恶吗？那位恶少总在为非，却从不以为非而每责人过，全怪他吗？那是“培养”出来的，无意识地“培养”出来的。有意识地设置些坎坷、障碍吧，从那里走过来的人，兴许更有出息。谜底是“老丈人”。朋友怎么能猜得中呢？他是老光棍，没有过老婆，哪来老丈人？

（壬卷 86·2007 年 1 月 3 日）

※谜苑拾萃※　任是深山更深处，也应无计避征徭（台风名一）　科罗旺　（薛道达　作）

有“尽忠报国”四大字

《宋史·岳飞传》：“（宋）高宗亲书‘精忠岳飞’四字，制旗以给飞。”又载：秦桧令何铸讯岳飞，“飞裂裳以背示铸，有‘尽忠报国’四大字，深入肤理”。前即“岳母刺字”故事所本。尽忠报国：竭尽忠诚，报效国家。借题句为谜面，我择学校用语两个作谜底：母题、背书。后一语俗，原义“背诵”，前一词新，今日刚听到，义作：考试类型之所本。谜底别解义作：母亲题字，刺书于背上。电视座谈“母题”，与会者有学生及家长、高考命题专家；他们众口一词：母题好，能提高考试成绩；荧屏上醒目地打出字幕：售书联系电话。母题卖得会很火，会引导出“应试专家”；会培养出真才实学吗？（壬卷 87·2007 年 2 月 3 日）

※谜苑拾萃※　有“尽忠报国”四大字（银行术语二）　赤字　背书　（张志有　作）

汤盟诸侯以灭桀

台湾“2006 年宜兰电控竞猜谜题”一作品，用题句作面，猜底是犬品种：约克夏。此谜寓有历史知识，特人写题绍介之。《史记·夏本纪》倒数第二段择录：“帝桀之时……诸侯多叛夏……桀不务德……百姓弗堪……汤修德，诸侯皆归汤，汤遂率兵以伐夏桀。桀走鸣条，遂放而死。”题句赅尽前择文之旨而简约，用之猜为犬种“约克夏”，更显简单明了。“盟”者，“约”也；“灭桀”，“克夏”义明。桀，夏朝末代国王，名履癸，以残暴著名；万幸，他被灭了。质疑谜目。犬种有“约克夏”，我不悉，知其乃著名的猪品种，辞书上有载。“狗年”吧，还是因“宠物热”，直“捧狗贬猪”？（壬卷 88·2007 年 1 月 8 日）

※灵犀一典※　质本洁来还洁去（医学名词一）　生成素　（侯增，等　作）

满朝文武

君侧：本指君主左右的亲信。《公羊传·定十二年》：赵鞅攻逐荀寅和士吉射，这两人是什么样的人呢？文中说："君侧之恶人也。"此后，"君侧"成了贬称；赵鞅当了"清君侧"的第一人。我以题语置面，令猜历史术语：清君侧。受谜面"挟制"的"清"字，义变作"清除释"。"清君侧"每作"旗号"，有名的如：汉景帝朝，吴楚七国起兵，以诛晁错为名；东晋元帝时，王敦起兵诛刘隗，仍冠冕堂皇：清君侧。"亲信"大概皆"贬"义。对人"亲"，人喜欢；"亲"得过分了，别人都感到肉麻了，你却不以为然，越发地"信"他，你的家事、政事、国事，就"日非"，就众怨沸腾；你"昏"了，别人能不"清君侧"？

（壬卷 89·2007 年 2 月 9 日）

※谜苑拾萃※　曾有惊天动地文（近代史人名一）　李鸿章　（黄秦奇　作）

睡到二三更时，凡功名都是幻影

汉·司马相如的《子虚赋》，以虚构的子虚、乌有先生和亡是公三个人物的对话铺陈文章，表其胸臆。后来，把假设的、不存在的事情叫"子虚乌有"。别解"子虚"成："到了子时，都成虚幻，不复存在了（乌有）。"张贤耀先生为"子虚乌有"觅面以题句。面出唐《枕中记》，明·汤显祖又据之编《邯郸梦》剧作。《枕中记》：卢生叹穷困，吕翁授之枕，生因入梦，娶妻生子，享尽荣华，封侯拜相；及寤，梦耳。故事之虚实，无从稽查，邯郸吕翁祠对联却赫然在目，上联曰："睡到二三更时，凡功名都是幻影。"满大街《跟着感觉走》的歌声远去了，谁也没能"紧抓住梦的手"。现实也会随着时间远去，抓住现实吧！

（壬卷 90·2007 年 1 月 12 日）

※灵犀一典※　何愁架上药生尘（作家连笔名一）　巴人无疾　（郑明义　作）

然独念兄伯升素结轻客，必举大事

封建王朝，忒讲"正统"；王莽登基，被视为"篡"。《后汉书·光武帝纪》记刘秀初"举大事"：莽末年，天下连岁灾蝗，寇盗蜂起。……宛人李通等以图谶说光武云："刘氏复起，李氏为辅。""光武初不敢当，然独念兄伯升素结轻客，必举大事……遂与定谋"，刘秀也"绛衣大冠"了，其里人皆惊，曰："谨厚者亦皆为之。"有前文铺垫，撷题文缀面，可猜什么呢？我找来俗谚"秀才造反"。"谨厚"的农夫刘秀，受乃兄牵连，才造反了。"秀才造反，三年不成"，但刘秀成了，成了建立东汉的光武帝。刘秀的成功，因其"大口，隆准，日角"的"帝王相"，因其"正统"吗？"正统"不能千秋万代，逼急了"谨厚"者也"造反"。

（壬卷 91·2007 年 2 月 13 日）

※谜苑拾萃※　赤壁之战壮观（歌手三）　满江　火风　张也　（李玉亮　作）

天罡地煞出泉台

《水浒传》真能瞎白呼，第一回就整出个"洪太尉误走妖魔"——把江西龙虎山上清宫的"伏魔大殿"给凿开了；第二回说"此殿内镇锁着三十六员天罡星，七十二座地煞星，共是一百单八个魔君在里面"。还有诗曰"天罡地煞出泉台……本为禳灾却惹灾……"同安许友金谜友撷题句为谜面，猜底作美发药品：108 再生精。《水浒传》首回末云"直使宛子城中藏虎豹，蓼儿洼内聚神蛟"。《水浒全传》末回又曰"宋公明神聚蓼儿洼"、敕造"靖忠之庙"云云。从妖魔到神，是作者对水泊 108 人的主观肯定呢，抑是统治者的需要？我这处在基层的凡人无从叙说。事实作证：忠实为统治者效死者，虽妖魔亦可为神。

（壬卷 92·2006 年 8 月 10 日）

※谜苑拾萃※　本为禳灾却惹灾（常用词一）　利害　（张志有　作）

斯所谓聿追来孝，不失臣子之节者

清季一人，乃康熙进士，以平叛功著，得成雍正帝心腹；后遭忌，雍正赐之死，他叫年羹尧。年羹尧此名，想必有“来头”，我为其名谋谜面如题文。此谜用典“当头”与否？不可考。《后汉书·李固传》：“若尧祖之后，舜仰慕三年，坐则见尧于墙，食则睹尧于羹，斯所谓聿追来孝，不失臣子之节者。”后以“羹墙”为思慕之词。此谜构思，端赖“承上”，面句上文之旨，乃“年羹尧”三字。为子命名“年羹尧”，不无“追慕”尧帝之寄愿；年羹尧做到“不失臣子之节”了吗？“下狱赐死”，未必可谳定年“失臣节”，赐死年的雍正，其下场属疑案，其一见“维止”一词，那是“雍正”被砍去了头。（壬卷93·2007年2月15日）

※谜苑拾萃※ 日暮乡关何处是(称谓二)　沈阳人　思想家　(蔡芳　作)

先生其有遗行欤

题句作谜面，泰国马维克先生令猜“潮汕俗语”：无暇不成玉；此“俗语”“俗”吗？不闻其读音的话，辨不出来。国家在大力推广普通话，它是“以北京语音为标准音，以北方话为基础方言，以典范的白话文著作为语法规范的现代汉民族共同语”。现多“前卫”一族，他们偏以方言、不规范的语言玩“时髦”，做“炫耀”，这可悲。《楚辞·宋玉对楚王问》：民众中颇多毁宋玉者，楚王因问“先生其有遗行欤？”底材以“无暇不成？宋玉”映照前句。玉，稀少难得，有点瑕疵难免，又属死物，何须求全责备？人是活生生的高级动物，却不当放纵自己，而应不断清除品德上的瑕疵，放射人格的光辉。以“无暇不成玉”原谅自己，是把自己等同于供人把玩的玉！（壬卷94·2007年2月4日）

※灵犀一典※ 先生其有遗行欤(《镜花缘》才女号一)　玉无瑕　(张志有　作)

冲天香阵透长安

唐·黄巢《菊花》诗如下：“待到秋来九月八，我花开后百花杀。冲天香阵透长安，满城尽带黄金甲。”此诗在《全唐诗》里题作《不第后赋菊》。看来，若非落第，不会有《菊花》一诗。菊花盛开，为什么非让“百花杀”？“香阵”何“透长安”而非其他名城？菊花被想象成“黄金甲”，而非镰刀，是何居心？赏菊也不休闲。乡党张艺谋的电影《满城尽带黄金甲》？故事若何，似乎不重要，依附会、凭逸闻的编排太多了；只张大师画面的唯美，给人以视觉震撼，大约也能挣来几个亿的票房。得披露谜底了；借“蕉心”格，取广东、河北地名各一为底：花都、满城；别“满城尽带黄金甲”吧，让“花满都城”！

（壬卷95·2007年2月6日）

※触典旁通※ 冲天香阵透长安(前广东地域一)　花都市　(张志有　作)

开谈惊四座

撷题句作谜面，赵首成先生早期选医嘱“口服一片”为谜底；此谜“白描”得服帖。近见首成又为同面选以广告语“亮白出众”作底；“亮”出之“谈话”(白)能“惊四座”，定然“出众”；“出众”未必能“服人”。题句出《三国演义》第七十二回文间诗句。“开谈惊四座，捷对冠群英。身死因才误，非关欲退兵。”此回，杨修悟知曹操“鸡肋”口令中的“退兵”本意，被冠以“造言，乱我军心”之名杀掉。“非关欲退兵”，曹操忌才杨修，杀他是迟早的事。杨修太“能”，而又“开谈惊四座”，也只能在“四座”人众里挣点面子；为面子而丢性命，是他始料未及的。一句俗语咋说来的？对了，“不叫的狗才咬人”。此话用老陕的口吻说：“闷葫芦 dié(干)大活！”（壬卷96·2007年1月25日）

※触典旁通※ 开谈惊四座(医嘱一)　口服一片　(赵首成　作)

商　妇

“寒从脚底起。”另有手，大约因血液难以流到，也容易冷，也最冰冷，所以也最需要温暖。1956年来到兰州，享受到了暖气，告别了热炕、热水袋，却知道了一个名叫“汤婆子”的用物。汤婆子应是塑胶制的热水袋的前身吧，多以铜制，睡觉时，先陪最冰冷的脚，因有别名：暖脚瓶。20世纪80年代，我为“汤婆子”谋设谜面：商妇。我楞把“商汤之妇”变成了“商人之妇”。“商人重利轻离别”，商妇因多孤戚地哀怨。何必单埋怨商人呢？不管是干什么的，都是“利”令智昏，“利”令他“轻离别”。纸醉金迷时，怕也羡慕“夫妻恩爱苦也甜”吧？

（壬卷97·2007年2月18日）

※触典旁通※　商妇（四字称谓一）　买卖人家　（张志有　作）

只可于宰相师保座南横安一位

我佩服吉其厚友为谜事锲而不舍的精神，他要对《北平谜集》所有作品完成笺注，现在还剩几条“难啃的骨头”。颜真卿《与郭仆射书》又名《论座帖》，这是他写给尚书郭英义的信。宦官鱼朝恩以迎扈唐代宗之功而享高位；他恃勋恣横，求取无厌，后被代宗下令缢死。真卿信议鱼朝恩“座次”，虽推其“功绩既高，恩泽莫二”，却道：“须别示尊崇，只可于宰相师保座南横安一位”；此系明褒实贬，面对权倾朝野的鱼阉，颇显凛然正气。“横安一位”——民初谜家张郁庭以“虫别”令鱼朝恩就坐；鱼坐，青蛙别名也。官们的座次应是大有讲究的。桌上有牌位，椅背贴名讳，可到底有多少官对得起那“名分”？

（壬卷98·2007年1月27日）

※谜苑拾萃※　把百姓放在第一位（群体称谓一）　先民　（蔡芳　作）

此中大有嘉处

“寻得桃源好避秦”；真有想寻个“世外桃源”，避开俗世喧嚣的人，也有假惺惺的“高士”，欲从“嘉处”走向“高位”的。《新唐书·卢藏用传》：道士司马承祯诣京，及返，卢藏用指终南（山名，在西安西南）曰：“此中大有嘉处。”承祯答：“以仆视之，仕宦之捷径耳。”后以“终南捷径”比喻谋求官职、名利的捷径。卢藏用始举进士，居终南山中，至唐中宗朝以高士名得官，累居要职，人称为随驾隐士。我借题句作谜面，用“白头”格，以医界名人点明“大有嘉处”那地方：钟（终）南山。别讥诮卢藏用吧，卢氏尚有可爱处，他献“终南捷径”予他人；今之平庸而贵要者，他的“终南捷径”是秘不示人的。

（壬卷99·2007年2月19日）

※谜苑拾萃※　大未必佳（《四书》句一）　其为人也小有才　（清·张起南　作）

什

什（成语）——推心置腹；不必考证前谜的作者了吧，初学作谜，用拆拼法，谁都会有如斯之作。我着“什”作面，猜底是电影《苦难的心》，也用拆拼法。去年，有人大批“半露面”，真有把“拆拼法”置之死地而后快的架势。何必呢，灯谜能离开先祖造字的“六书”法则吗？别一味地“拆拼”，但它与“会意”法几乎各占谜法的半边江山，该“打杀”吗?不说了，再说，我就会露出不学无术的真相。“推心置腹”典出《后汉书·光武帝纪》。起兵反王莽，刘秀功著，更始帝刘玄封其萧王；刘秀在蒲阳大胜白马军，降众感不杀之恩曰：“萧王推赤心置人腹中。”刘秀队伍扩大了，称帝了，谁敢说他什么呢？如果他依旧为臣，又遭忌，“招降纳叛”的帽子随时等着他。

（壬卷100·2007年2月3日）

※灵犀一典※　推赤心置人腹中（字一）　大　（张志有　作）

今日捉将官里去

题句作面，我为其谋底以历史术语：文字狱；“捉将官里去”可领会成“入狱”——其因“文字”吗？容我道来。宋·赵令畤《侯鲭录》：宋真宗征处士，杨朴至，问临行可有人赠诗，答，妻有诗曰：“更休落魄贪杯酒，亦莫猖狂爱咏诗；今日捉将官里去，这回断送老头皮。”杨朴妻太过小心，怀疑“捉将官里去”（入狱）皆因“爱咏诗”——关涉到“文字”。也别怪杨朴妻太过小心，毕竟历代的文字狱是让人“一朝被蛇咬，三年怕井绳”的。和尚出身的赵匡胤，大字不识几个，当了皇上后的“文字狱”却挺邪乎。“小心没大错”这话对，没事儿别瞎琢磨，嘴上何妨设个“把门的”，免得“祸从口出”。中国人习惯好，见面就问“吃了吗？”这我得学。

（壬卷 101·2007 年 2 月 2 日）

※灵犀一典※ 亦莫猖狂爱咏诗（京剧名一） 《杨排风》（赵辉 作）

强缠手中，身竟遭抛随

你玩过“打水漂”吗？好玩着呢，但破坏环境，不玩的好。清季《灯谜新编》中一作品，是以形象特征令猜事物的“谜语”形式：“你本女娇娥，是谁人把身躯破？……无奈何来年少，强缠手中，身竟遭抛随。似飞燕横塘掠水，似鲛人浪里投梭，微步凌波，惊起双双凫雁多，云水迢遥行不得。我这里渡江而死，他那里拍手而歌。”谜底是“掷水漂的瓦”——现名：打水漂——用扁平状物，最好是瓦片，沿水面奋力抛掷，水面“反击”瓦片，使振起、落下、复起，直至“年少”施加的动力耗尽，瓦片“渡江而死”，“年少”则“拍手而歌”。现实中，“打水漂”屡见不鲜。大计方针或决策失误，大量资金皆如瓦片，打了水漂，或曰“交了学费”；你倒是“毕业”呀！

（壬卷 102·2007 年 2 月 19 日）

※谜苑拾萃※ 润物细无声（旧谦称二） 在下 小的 （赵首成 作）

牢 骚

原以为“牢骚”这词有典故，它却只有“抑郁不平”之释。割裂“牢骚”这词，别解之，我为它找的谜底是历史名词：文字狱；牢，牢狱；骚乃诗体，必形诸文字。《辞源》释“文字狱”：“旧时统治者镇压知识分子反抗，从其著作中摘取所谓违碍字句，罗织罪状，称文字狱。如汉杨恽以《报孙会宗书》、明高启以改修府治《上梁文》皆被腰斩。”清·龚自珍《咏史诗》有“避席畏闻文字狱，著书都为稻粱谋”。《辞源》释“文字狱”的文字不尽切当。龚自珍的诗句颇有教益，当铭记。从文字中找茬整人、杀人，并不困难，有人专研究那“本事”。清·沈德潜诗咏黑牡丹有句曰“夺朱非正色”，牡丹以红为正色；人家偏要“别解”“夺朱”为“夺取朱明天下”，你奈他何？

（壬卷 103·2007 年 2 月 25 日）

※触典旁通※ 《在狱咏蝉》（常用词一） 牢骚 （张志有 作）

清风不识字

我的即兴作：如厕掀读几页书（鲁迅文目）——《随便翻翻》。谜显调侃，“随便”时的“灵感”。题句作面有“正经”谜作，底乃股市术语“空翻多”，宁波张礼鹤作。前篇提到“文字狱”，意犹未尽，续写之。近日看周岭先生在北京电视台“七品红楼”，他谈文字狱时，提到“犯忌”的徐骏的诗句，其曰：“清风不识字，何故乱翻书。”“犯忌”的是前句，大清贵要们能忍受“不识字”的凌辱吗？礼鹤先生此谜，回答了其下句“何故”的缘由，既然“清风不识字”，那么它“翻书”，“空翻”而已，“空翻多”呼之即出。灯谜是怡悦人的游戏，不要硬拿它去为正经的主题服务，否则，会“好心得不到好报”。“小心无大错”！

（壬卷 104·2007 年 2 月 25 日）

※灵犀一典※ 清风不识字（惯用语一·卷帘） 书生气 （文木 作）

大陆漂移说

曾以“主”字置面,着猜电信企业:中国移动;玉——国字中央,它的点移动到上面,成“主”字。前日在公交车上,突生灵感,为“中国移动”想了个“科技典故”的谜面,即题句;遗憾,移字在面上露出,那就标上“露春格”吧。大陆漂移说是解说地壳运动和大洲、大洋分布的一种学说,1912年由德国地球物理学家魏格纳提出。此理论认为,地球本是一个整体,周围是海洋,中生代末期在天体引潮力和地球自转离心力作用下破裂成几大块,漂移成如今的大洲、大洋。地球因“漂移”而裂,中国因列强侵略而“裂”,这人为的分裂,不能再继续了。台胞称中国主体为“大陆”,他们从未忘记台湾是中国不可分裂的一部分。团结的中华儿女,将昂首屹立于世界民族之林,阔步前进!

(壬卷105·2007年2月26日)

※谜苑拾萃※ 野火烧不尽,春风吹又生(冠姓职务带业务一) 焦处长起草 (缪建金 作)

花容忆太真

“云想衣裳花想容”是李白《清平调词(三首)》其一的首句;诗写贵妃杨玉环的美丽,云若其衣,花似其容貌。清人冬芳拟“花容忆太真”为谜面,着猜“四书”句“色思温”。“花容”的“色”当由“云想衣裳花想容”生发;“忆”扣“思”;“太真”与“温”当有瓜葛。原来,玉环当过女道士,时号“太真”,而晋骠骑将军温峤,其字亦“太真”;谜人知识博杂,跨时代地为男女“太真”结缘。在《清平调》其二里,比贵妃为赵飞燕,李白本意是褒,谗言诬他在贬,李白获罪。杨玉环太较真,李白也就那么一说,你有人家飞燕那么苗条吗?对灯谜的文字契合、神韵贴切要较真,对它的背景别较真;别把它的作用抬高,不就是游戏吗?

(壬卷106·2007年2月21日)

※触典旁通※ 雪肤花貌参差是(三字口语一·调首) 太认真 (张志有 作)

终须一个土馒头

土馒头,坟的俗称。题句出宋·范成大《重九日行营寿藏之地》诗:“纵有千年铁门限,终须一个土馒头。”我撷题句为谜面,取成语“不伏烧埋”作谜底;此谜构思机杼在顿读底句呈“不伏烧/埋”——不愿烧(火葬),偏要埋(土葬),其由题面语吻限定。王梵志诗也写“土馒头”曰:“一人吃一个,莫嫌没滋味。”“不伏烧埋”初见于元·无名氏剧作《争报恩》第二折。烧埋:旧时官府向杀人犯追索费用,以为死者丧葬之用;不伏烧埋比喻不认罪、不听劝。时代不同了,现在仍有人争为“土馒头”,且不觉“没滋味”。推行火葬是国法,有人却不伏此法,“不伏烧”,总想在“埋”字上追求“不朽”,他的“皮囊”就那么尊贵?

(壬卷107·2007年3月8日)

※灵犀一典※ 终须一个土馒头(古文句一) 故陵不免耳 (选自《灯虎汇编》)

大于驴,小于骡,价三五千

感谢吉其厚先生穷原竟委,探得此谜的底细;此谜面即题文,底乃《孟子·万章下》句“会计当而已矣”;孔子时任管库小吏,底句是他的话,义作“出入的数目都对”;谜作者:民初高阆仙。谜面择自唐人卢言《卢氏杂说·交广客》:广州一带贵客出行,索求馆帖;凭帖,馆驿“迎接甚厚,赆路每处一千”。岭南节度使卢钧深谙“馆帖”弊端,规定馆帖只“供饭菜而已”。一客持帖到驿,饭罢不走,竟说:“饭菜供了,还我‘而已’来。”吏回:“不知‘而已’。”客曰:“大于驴,小于骡。若无可供,但还我价值。”吏问:“每一‘而已’,其价几何?”答:“三五千。”今之“而已”花样多,该开设“而已学”了吧?

(壬卷108·2007年1月27日)

※谜苑拾萃※ 历经离乱鬓星星(工厂机构简称一) 厂办 (赵首成 作)

袁丝揽辔

《史记·袁盎列传》载一事引我深思：汉文帝自霸陵返，辇车下陡坡，袁盎纵马靠近帝辇急为揽辔；文帝曰："'将军怯邪？'盎曰：'……圣主不乘危而侥幸。今陛下骋六骓，驰下峻山，如有马惊车败，陛下纵自轻，奈高庙、太后何？'上乃止。"袁盎字丝，文帝手下任中郎将；难怪文帝倚重他，真是个忠心事君的好干部。地位越高，越容易被糊弄、被忽悠，身边的干部就尤显重要，就该选用忠直敢言如袁盎那样的好干部。如果你被奸佞包围，一味地拣好听的话往你耳朵里灌，一味地顺从着你，你就危险了。借题句作谜面，我为觅底以传统剧目《挡马》；设若袁盎不"挡马"，而是"拍马"，结果会是什么样呢？

（壬卷 109·2007 年 3 月 8 日）

※谜苑拾萃※　软温新剥鸡头肉(社会问题一)　　二奶现象　(张志雄　作)

行行出状元

行业何止七十二，但"行行出状元"绝对——每个行业都有杰出人才。把"行"别解成"行走"，泰国李君玉先生以题句为谜面，谜底是《西厢记》句"脚步儿占了鳌头"（第五本第一折）。"占鳌头"是中状元的通俗叫法。清·洪亮吉《北江诗话》卷三：科举时代，赞礼官引东班状元、西班榜眼至宫殿石阶下，迎接殿试榜；状元稍前一步，立中阶石上，石正中雕飞龙及巨鳌。　"万般皆下品，唯有读书高"一语曾大受鞭挞；现在，它实际上很受追捧，似乎只有上学的"脚步儿"才能"占鳌头"。当某行的状元的收入数倍地低于热门行业中的平庸者时，"和谐"只能是镜花水月！　（壬卷 110·2007 年 2 月 27 日）

※触典旁通※　行行出状元(体育奖别一)　　竞走冠军　(张志有　作)

还陪豹尾游

题句见之于唐·郑锡《玉阶怨》，我用之作谜面，猜底取成语：后来居上；上，别指"皇上"；居上，谜里作"陪侍皇上"；后，是指"以后"呢，抑是"皇后"？任读者从典故中去咂摸吧。《南史·高昭刘皇后传》：南朝齐高昭刘皇后，已许配裴家；后梦见迎亲车规格一般，坚不去；次又有迎车，龙旂豹尾（帝辇象征），非同一般，喜而从之。后果"与裴氏不成婚，竟嫔于上"。但她死得早，"昭皇后"的名分是道成追谥的。讥光棍思配曰"做梦娶媳妇"，竟也有"做梦当皇后"的；那梦应是附会。我本不想拿虚妄的"梦"、"神鬼"类"典故"作话题，怎奈那些东西"正史"中却不少见，别信它，别沉溺在梦中吧！

（壬卷 111·2007 年 3 月 9 日）

※灵犀一典※　龙旂豹尾……后喜而从之(电视剧名一)　　《爱之上》　(张志有　作)

法孝直若在，必能制主上东行也

"依法征收"乃税务语，义作：按照法律征收税款。湖州吴融杭先生为"依法征收"选谜面以题文；此谜甚寓机杼，我欣然为之剖析。题句摘自《三国演义》第八十一回，回目下句曰"雪弟恨先主兴兵"。关羽死于吴人之手，刘备急于为其报仇，众人劝阻未果，虽诸葛亮表谏，亦如是。在送刘备出师时，孔明"顾谓众官曰：'法孝直若在，必能制主上东行也。'"谜底别解义作：依靠法孝直（名"正"），必能使刘备收回征讨的举动。四字谜底的剖析，虽费我二十余字，亦只说个概略，典故谜的涵包，何其丰富乃尔。说是"桃园三结义"那个哥们义气的"义"字，断送了蜀汉江山，不为过分吧？"志"指真理，现在有几人还屑于称"同志"呢？

（壬卷 112·2007 年 3 月 3 日）

※灵犀一典※　法孝直若在，必能制主上东行也(《四书》句一)　　法语之言，能无从乎　(清谜)

茅台酒怎获巴拿马金奖

偶从2007年3月9日《人民日报》的茅台酒介绍词中阅知：参赛20万家的巴拿马评酒会于1915年2月20日已告闭幕，评委们相继步出大厅；土陶罐包装的茅台酒无人问津，身着长袍马褂的茅台酒代表急中生智，在大厅里摔碎一瓶茅台酒，顿时，四溢的酒香让委员们驻足；经复评，茅台酒获金奖；金牌到手，虽迟了一点，却更令人服膺。茅台酒获白酒金奖"意外"吗？以其质量讲，不意外，从其获奖的"戏剧性"过程论，意外；获奖的"戏剧性"情节是：其貌不扬的土陶罐（破罐子），摔而破之。"破罐子破摔"五字作谜底，我为其拟面以题句。"酒香不怕巷子深"，应属谚语，因它含哲理。不"吃香"的东西，才会动用"广告轰炸"。

（壬卷113·2007年3月11日）

※触典旁通※　罐破知好酒（剧目一）　《春香传》　（张志有　作）

渔父覆舟

楚人伍子胥，名员。楚平王杀员父、兄，员一路逃亡混过昭关，到得鄂渚（今武昌），有渔父载之过江，后伍员仕吴。过江后的"渔父覆舟"为《史记》等古籍不载，其见《东周列国志》第七十二回，亦见《吴越春秋·三》：渔父载子胥过江后，问知其真名，又与之食；伍员嘱其勿泄其身份，"渔翁仰天叹曰：'吾为德于子，子犹见疑。……请以死绝君之疑！'"渔父覆舟溺死江中。《诗经·大雅·桑柔》有"载胥及溺"句。原义作：则全都要沉没水中；有《评注灯虎辨类》为其句谋面：渔父覆舟——因载子胥，故覆舟自溺。拿住伍员，有封侯重赏，但渔父置诸不顾，为一"义"字，自溺以明心迹。嘱渔父"保密"，伍员有愧大丈夫矣！

（壬卷114·2007年3月3日）

※灵犀一典※　渔父覆舟（职务一）　卫生员　（张志有　作）

汉文宜惜露台费，晋武须焚前殿裘

题文前句"用典"，已在我文已卷68篇介绍过；后句出典据《初学集》卷九引晋·王隐《晋书》："（晋）武帝太始七年三月，诏太宫减膳。"又"有献雉头裘者，上曰：'异服奇裘，典制所禁也。其于前殿烧裘。'敕有异服者依礼致罪"。汉文帝因筑露台之资巨而惜之，晋武帝之"减膳"、"焚裘"，俱见诸位圣上崇尚节俭；"诸圣节"是我为题句谋设的谜底，它是一个外国节日。曹操有诗句曰"俭为共德"。是的，节俭是美德，人人都应崇尚且身体力行；但我特别强调"诸圣节"，为什么呢？因上行下效也。作为第三世界的中国，你不觉得我们的奢靡，连第一世界国家都望尘莫及吗？我不以我的"滞后消费"为耻辱；拿着长辈、别人的钱在"超前消费"的人，耻莫大焉。

（壬卷115·2007年3月14日）

※谜苑拾萃※　吹面不寒杨柳风（仪器一）　温度表　（林晓峰　作）

御史雨既沾既足

题句见诸《幼学故事琼林·天文》。唐·颜真卿以书法家名世，善正草书，饮誉"颜体"；其实，颜氏更是刚直忠臣，后殁于王事；题句又是颜氏美谈，亦见《幼学》："平原有冤狱不决，天大旱，直至狱决而雨，人称'御史雨'。"马镇森先生借题文作谜面，措谜底为歌曲名《得民心者得天下》。谜谓"冤狱"为"失民心"，苍天亦为之怒，示以"旱"。谜又别解本指江山社稷的"天下"，义作"天下雨"。大自然每有洪水泛滥、地震、海啸等"凶象"，它原本与"政治"的清、浊无牵连，却总有人把它们往一起"联系"，而"凶象"的出现又不能不说是人类违背自然规律的必然结果。别再逆天行事吧！

（壬卷116·2007年3月5日）

※谜苑拾萃※　待月西厢下，迎风户半开（外国电影名一）　《引郎入室》　（余庱石　作）

咬破指尖，以血写之，缝于玉带内

读题句，熟读《三国演义》的人当知其见诸第二十回。曹操专权，汉献帝刘协虚有其名；此回写许田射猎事：曹操用天子弓矢中鹿，臣下以为天子射中，呼万岁以贺，曹操纵马直出，遮于天子之前以迎受之。众皆失色。“众皆失色”于曹氏篡汉之心昭然也。刘协有心除掉曹操，欲召国舅董昭，却连个信都传不出去，遂制“衣带诏”。题句是我择文组成的谜面，用猜两个法学名词：协定、诏书。“凤凰落草不如鸡。”刘协颁诏像做贼似的，“衣带诏”最终败露，一些大臣死节。《论语·季氏》语录：“天下有道，礼乐征伐自天子出；天下无道，礼乐征伐自诸侯出。”“凤凰落草”何尝不因自己“无道”？歌曲《羊爱上狼》颇得传唱；身处多彩的世界，哲理也多彩！

（壬卷117·2007年3月17日）

※灵犀一典※　董国舅密受衣带诏（文牍名一）　承包协议书　（李振洲　作）

诏杀扶苏立胡亥

《史记·李斯列传》：“始皇帝至沙丘，病甚，令赵高为书赐公子扶苏曰：‘以兵属蒙恬，与会咸阳而葬。’书已封，未授使者，始皇崩，书及玺皆在赵高所。”赵高与始皇幼子胡亥谋，胁丞相李斯服从，于是“诈为受始皇诏丞相，立胡亥为太子。……扶苏为人子不孝，其赐剑以自裁”。前即题句拟订所本，借作谜面，香港刘雁云为措谜底以排球术语：一传不到位。封建制度，皇位传长子，但“老大”——“一”以阴谋非但“不到位”，且枉死北地。“一传不到位”，非自秦始，但作为“帝”位，其“一传”就“不到位”。历史上董狐般的“直笔”太少，宫闱里的事，谁能弄得“明明白白，真真切切”呢？帝王的英明、昏庸，广大百姓只能认命。

（壬卷118·2007年3月5日）

※谜苑拾萃※　诈为受始皇诏丞相（四字口语一）　改变主意　（张志有　作）

轻舟已过万重山

介绍五代·王定保《唐摭言·敏捷》一故事：五代时，朱温受禅成了“梁太祖”；朝中名士姚洎言谈举止从容，近于愚钝迟笨；梁太祖向姚洎打听裴廷裕近况，姚答：“裴廷裕一年前被贬职，现居衡山一带，生活飘零。”梁太祖知裴氏聪敏，姚洎还说：“昔在翰林院，人送裴外号‘下水船’。”太祖曰：“那么，你就是‘上水船’了。”后以“上水船”、“下水船”比喻文思迟钝或敏捷。五代沈颜亦膺“下水船”美誉。我借李白《早发白帝城》诗中“轻舟已过万重山”作面，令猜古人外号，谜底不用披露了吧？下水的航船，再加上还“轻”，速度是快，可危险性也随之倍增。“福兮祸所伏”，《老子》的劝戒，慎勿轻忽。

（壬卷119·2007年3月17日）

※灵犀一典※　轻舟已过万重山（聊目二）　《江中》《快刀》（刘二安　作）

假若真能五步诗

清·沈炳震《唐诗金粉·敏悟》载：“（史）青上书自荐能诗，云：‘子建七步，臣五步之内可塞明诏。’明皇试以除夕、上元、竹火笼等诗，应口而出。上称赏，授以官。”对于史青的写诗捷才，青岛文木先生持怀疑态度，可见于他拟题句作谜面的谜作；此谜借助“卷帘格”，底乃成语：名垂青史；依格，底材呈“史青垂名”。“自荐”得玄宗赏识，得为左监门将军——几品官呢，不得而知；但能在史籍上留几行绍介他的文字，在《全唐诗》里收其诗作一首，该算是“史青垂名”吧？何必计较在史籍上留名呢，历代大奸哪个在史籍上没有留名？如今，拿级别来炫耀更是扯淡；管你厅级、局级、部级，不被戳脊梁骨就是“褒奖”；得此“褒奖”并不是很容易的。

（壬卷120·2007年3月5日）

※灵犀一典※　能为五步诗（艺术词语二）　史诗　速写　（张志有　作）

呼余为谪仙人

谪，义谴责、缺点及过失等。谪仙，谪居世间的仙人。历史上被呼为“谪仙人”的人，恐只李白一人。李白《对酒忆贺监诗序》：“太子宾客贺公(知章)于长安紫极宫一见余，呼余为谪仙人，因解金龟换酒为乐。”择题句为谜面，我找来明代和后蜀人名各一作谜底，是为：贺钦、李文才；别义作：贺知章钦佩李白的文才。有“仙”、“仙界”吗，直让古今不少人痴迷于成仙？以致我都不敢对“仙”有微词了。“仙界”的美好是玉皇大帝自私的成果，他动辄就把犯错误的、有罪行者贬谪到人间，于是，人间才成了藏污纳垢的场所；别想“成仙”吧，平凡地活在人间，而受尊敬的人，已够伟大了。

(壬卷 121·2007 年 3 月 18 日)

※触典旁通※　呼余为谪仙人(成语一)　　自命不凡　(张志有　作)

晏子于是延入为上宾

有常言曰“大恩不言谢”，此语应是受恩一方说的；它有出典吗？不得而知。历史上有受恩者要施恩者“言谢”的，事见《史记·管晏列传》：晏婴赎救了被捆绑的越石父，延之回家；久之，越石父要离去，晏子问故，越答：你既救我，当是知己，知己而不谢我，还不如让我在困厄中。闻言，遂有题面那句话。题句为面，李创龙先生觅得《西厢记》句“越叫人知重”作谜底；越，落实在春秋时齐国“贤人”越石父头上。贫富差距什么时代都有，甚至必须有。设无贫者，你向谁“发慈悲”去？但，切勿人为地制造贫富差距，再去“树立”慈眉善目的“恩人”。赎救越石父的一桩小事，记在《管晏列传》那短文里，发人深思！

(壬卷 122·2007 年 3 月 6 日)

※灵犀一典※　为君者明，为吏者清(七字常言一)　　一朝天子一朝臣　(李文林　作)

拜倒在石榴裙下

石榴裙，大红色的裙子。《玉台新咏》载何思澄《南苑逢美人》诗有句曰：“风卷葡萄带，日照石榴裙。”很早以前，我借题句作谜面，着猜世界史名词“色当惨败”；此谜割裂地名成“色”、“当”，使底材别义作：(遇女)色，当惨败下来。近日，从央视一个讲座中得悉题句所包含的“故事”；主讲者是教授，其讲稿必有所本；事略曰：杨玉环得宠，喜穿石榴裙；一此饮宴中，隆基让玉环献舞，她不肯，以大臣们见她不拜为由；隆基下诏，以后群臣见贵妃，必须下拜，此即“拜倒在石榴裙下”。是群臣们“拜倒在石榴裙下”吗？非，例行公事而已；“拜倒在石榴裙下”的是李隆基；“男儿膝下有黄金”，李隆基“拜”而“倒台”了。花花世界，仍在演出着形形色色的“拜倒”。

(壬卷 123·2007 年 3 月 29 日)

※谜苑拾萃※　一路经行处(央视栏目一)　　《历程》　(我狂我风　作)

姊妹弟兄皆列土

2006 年 9 月 8 日，在银川“中国灯谜高层论谈”期间，获赠《韵林文隐》谜集，著者署曰：“志有宗贤雅正　伯人敬赠。”叙年齿，张伯人先生应是我的“宗叔”，对晚辈如斯虚怀，令我钦敬。题句出唐·白居易《长恨歌》，伯人先生为措谜底以毛泽东词句“分田分地真忙”，于题面，乃言杨玉环(曾做道士，有号“太真”)得宠，其姊妹弟兄得以列土封疆。于谜底，却指杨太真为其亲属“分田分地”忙得不亦乐乎。太真指代杨玉环，还说得过去，只以一“真”字替代杨氏，虽古谜有先例，亦失在“工切”。宠幸杨太真的唐玄宗几句话为之劳，杨家“大贵”了；后，“得宠”于杨氏的安禄山反了，虽未颠覆李家天下，李隆基却被取代了。

(壬卷 124·2007 年 3 月 3 日)

※谜苑拾萃※　太阳普照陕甘宁(成语一)　　一日三省　(张培弘　作)

翻阅留仙志异篇

题句自拟。清·蒲松龄,字留仙,别号柳泉居士,世称聊斋先生,此号得之于其所著短篇小说集《聊斋志异》。“志异”者,志怪异也,它是柳泉居士“喜人说鬼,闻则命笔,遂以成篇”的著作。借题“发挥”——联想,我以为,以《三字经》句“披蒲编”配作题句的谜底,别解奇谲而贴切。披,翻阅也;“蒲编”,蒲氏编撰也。汉代以前,非抄录传写则无书,书的材质多用绢、帛、皮、竹简等,这是贫者所不能的。据《三字经注解备要》贺兴思注:“汉时山西潞州,有姓温名舒者,家极贫……将蒲草编织成席,借人《尚书》抄而读之。”现如今,书先进到“电子图书”了,但不读书或仅满足于识文断字者,却占多数,这是悲哀,也危险。

(壬卷 125·2007 年 3 月 28 日)

※谜苑拾萃※ 是雪是梅浑不辨(外国电影名一) 《白色迷情》 (黄树基 作)

火烧阿房宫

“楚人一炬,可怜焦土”出唐·杜牧《阿房宫赋》,说的是“火烧阿房宫”事件。阿房宫亦名阿城,位于我的故里咸阳东南;筑宫历 140 余年,其工程之浩大可知;其遭兵燹的惨绝人寰,后来被西洋鬼子的“火烧圆明园”比下去了。民国之前的政权叫“清政府”,那三字被谜人以其遐想别解成:清除嬴政的府第,为谋面文:火烧阿房宫;此谜作者是刘洪。“可怜焦土”固然,更“可怜”的是愚昧的“楚人”。物质文明往往毁于人的“精神”的“不文明”。洋鬼子“物质”先进,洋枪洋炮轰开了清政府不愿开放的大门。列强们的“文明”,远比“楚人”可恶,丧尽天良地毁灭着我人的“物质文明”。“国际警察”的军火仍瞄准着别国的“文明”。

(壬卷 126·2007 年 3 月 6 日)

※谜苑拾萃※ 惹得诗人说到今(词牌二) 《梅花引》《学士吟》 (王麟 作)

至于曲辕,见栎社树

神木,陕西县名,原以为其名典出戏剧《穆柯寨》,因那能制服辽邦妖阵的“降龙木”,非也,穆柯寨在山东。我不甘冷落“神木”,为谋谜面以题句,其出《庄子·人间世》。社,土地之神。《辞源》中,附在“社”字后的辞条,多与“土地之神”关联。社树,古代立社植树,作为该社的标志。“栎社树”,当是庄周杜撰;此树“其大蔽数千牛,絜之百围(树干粗)”,但“匠伯不顾”,说它没用,“为舟则沉,以为棺椁则速腐……以为柱则蠹。是不材之木也,无所可用,故能是之寿”。我愿人皆长寿,但不是像“栎社树”那样,由于“不材之木,无所可用”。操劳一生,该享受最好的“养老”;某些人因会“养”而得以“老”,像“栎社树”般享受着神的祭祀,其“不朽”乎?腐朽乎?

(壬卷 127·2007 年 3 月 31 日)

※谜苑拾萃※ 三人言而成虎(广播用语一) 听众来信 (台湾·郑志崇 作)

人不风流只为贫

《增广贤文》有句:“马行无力皆因瘦,人不风流只为贫。”前“贤文”未必“贤”。过于肥硕的马能疾跑吗?至于“人不风流只为贫”,似乎历来如彼,问题在于,对“风流”的理解各有不同。借“卷帘格”,把《兰亭集序》中“快然自足”倒转成“(富)足/自然快(活)”,为其谋设谜面以题句者,青岛文木先生也。谜以“风流”隐底句中“快”——快活。物质的极大丰富,并非必然带来“文明”,一些人很富了,他们的“风流”只是龌龊地“快活”着,污染着世风,肮脏着社会。大多数的下层民众,出大力、流大汗后会感到痛快淋漓,为他们的劳动所得备感心安;他们布衣疏食,却甘之若饴;他们不谓不贫,但,不风流吗?

(壬卷 128·2007 年 3 月 6 日)

※谜苑拾萃※ 男人哭吧不是罪(水文术语一) 汉水流量正常 (陈志琛 作)

船坏获免者仅七人

《史记·秦始皇本纪》载："齐人徐市等上书，言海中有三神山……于是遣徐市发童男女数千人，入海求贤人。"日本人仁井田好古、模一甫撰《日本新宫市徐福墓碑碑文》亦引述前文，碑文尚载："彼言发童男女数千人，此言(指日本"熊野社记")船坏获免者仅七人。"后又载"(幸不死七人)生子孙昌炽"。我择题文作谜面，着猜俗语"大难不死，必有后福"。徐福又作徐市(古"黻"字)，方士，齐人；其"死于日本"之说，我择录之前文可证。数千人下海，只七人幸免于难，此乃"大难不死"，不少日本人，均认徐福乃其祖，实属"必有后福"了。"后福"之得须经"大难"似太绝对；但唾手可得的"后福"，只能是物质上的，而"福"，贵在精神上。

(壬卷 129·2007 年 3 月 10 日)

※灵犀一典※ 船坏获免者仅七人(食品商标一) 徐福记 (张志有 作)

羽田本是徐福后

关于徐福，《史记》里有数篇提及，均语焉不详；徐福出航的目的及其结局，学术界甚多研讨，致成"徐福热"，却难获定论；但仅就他亲率庞大船队远航这一点，足可在航海史上大书一笔。张礼鹤谜家拟题句作谜面，借"探骊"法门，措答案以：日本前首相——中曾根。非借用"徐福研究"成果不能明悉此谜。阅日本人撰写的《日本新宫市徐福墓碑碑文》可知，徐福来自中国，在日本落地生根，子孙昌炽，受敬若神。礼鹤谜原有注："日本前首相羽田孜，自称徐福后人，三北达蓬山上有其题词'秦渡庵'石碑。"徐福村的土地上，少不了日本人的足迹；有寻根访祖的，历史溯回数十年，定有被法西斯愚弄而欺师灭祖的；愿那悲剧不再重演！

(壬卷 130·2007 年 3 月 10 日)

※别具匠心※ 学而优则仕(新词语一) 知识产权 (许孙育 作)

食不兼味

《太平御览》卷九九引旧题周·尹文《尹文子》载："尧为天子，衣不重帛，食不兼味。土阶三尺，茅茨不剪。"取"食不兼味"置面，我为谋电脑术语"菜单"作谜底。尧、舜之所以被后人以圣贤称颂，他们生活上的俭朴，亦堪为典范，因此更令人肃然起敬。今，不少应被称为公仆的人，身多疾病，如果说他们是因为人民操劳累坏了身子，那就太抬举他们了，他们多是"吃坏"的。饕餮人民的血汗钱，摧残自个儿的身体，何苦来着？住"茅茨之屋"，茅茨也该修剪一下，大约尧帝太忙。我也有偶尔在外边吃的时候，多是迫于情面，不得不出"席"；不怕丢人，每忖：这顿饭代价不菲，"公仆"们也这么想该多好！

(壬卷131·2007年4月2日)

※灵犀一典※ 食不兼味(老歌歌词一句) 吃的是一锅饭 (张志有 作)

"戏比天大"众人夸

不少艺术家是把"戏比天大"当做从艺宗旨的，他们受到"众人夸"是自然的，授予他们"德艺双馨艺术家"的称号，亦属众望所归。一些老艺术家甚至以做广告为耻辱，那也许"绝对"，但不少青年艺人，昧着良心为商家吹嘘，起码是缺德。宝鸡谷银宝谜友，拟题句作"常言说得好"一语的谜面。"众人夸"示意"得好"，"戏比天大"扣底材中"常言"否？是，它是已故豫剧表演艺术家常香玉说的话(言)。报上每登明星片酬。片酬和艺术造诣不搭界；有的人片酬名列前茅，戏却恶心，起码我是不去光顾他的戏的。好莱坞兴起"科幻"、"恐怖"片了，它绝不是正确的导向，迎合它就丧失了艺术家的良知。

(壬卷 132·2007 年 3 月 10 日)

※触典旁通※ 香玉传略(隋人一) 常得志 (张志有 作)

三仕，三见逐于君，鲍叔不以我为不肖

《列子·力命》:“管夷吾、鲍叔牙二人相友甚戚。”管仲曾“射小白带钩”,小白成了“齐桓公”后,鲍叔牙不仅力救管仲,且极力推荐,致管仲官职在己之上。管仲说:“吾尝三仕,三见逐于君,鲍叔不以为我为不肖……”我择题文置面,作物资类别“管道器材”的谜底。面文乃“管仲说(道)的”;器材,见鲍叔牙器重管仲理国大材。“古来材大难为用。”“材大难为用”者确多;所以,唯小白不记私仇,重用了“仲父”管夷吾,始得脱颖于列国群雄,成为霸主。其实,我更佩服鲍叔牙;“不以一眚掩大德”(《左传·僖公三十三年》),管仲与“大德”不搭界,具“大德”者,鲍叔牙也。世不乏管仲,恨少鲍叔牙。

(壬卷 133·2007 年 4 月 14 日)

※谜苑拾萃※ 画眉深浅入时无(公路术语一) 盘山道 (王谦 作)

殷鉴不远

“殷鉴不远,在夏世之后”,此句出《诗·大雅·荡》,意谓“殷(商汤)灭夏(桀),可作为殷人的一面镜子,离得不远,近在夏后之世,当引为鉴戒”。鉴,于物即镜,多用作喻义。依稀记得,灯谜大师柯国臻曾以题句置面,拟“探骊”谜作,底材乃:商品·近视镜。此谜白描得自然、贴切;“殷鉴”别释作“商朝物品镜”;“不远”,近可视见。国史上,秦最短命,隋朝次之;尤其是秦朝,始皇帝冀皇运久远,传至万世而不替,但却二世而亡。不像商朝,可资借鉴的历史资料奇缺;秦人之“鉴”多矣,可有用吗?利令智昏;现代话又有“让胜利冲昏了头脑”。前文中两个“昏”字的起因,往往是被失败者视而不见的。

(壬卷 134·2007 年 3 月 14 日)

※触典旁通※ 殷鉴不远(词汇一) 近照 (张志有 作)

负日之暄，人莫知之，以献吾君

可用“负日之暄”作面,猜为“大历十才子”末席的冷朝阳。我借题句缀面,措底以新词语:送温暖。尽管有“日食万钱”者,却也有“吃了上顿愁下顿”的弱势群体。抗日战争胜利后,到处演活报剧《普天同庆》;工、农、兵、学、商,齐舞台上,但都少不了乞丐,他们也破衣垢面,手握打狗棍,为赶走了侵略者而手舞足蹈。多彩的世事,大概总有乞丐一“喜”之地。题句出《列子·杨朱》,文中说:宋国一农夫,贫甚,“不知天下之有广厦燠室,绵纩狐貉。顾谓其妻曰:‘负日之暄,人莫知之,以献吾君。’”贫穷的农夫愚得可爱,甘愿把“晒太阳”可取暖的“经验”献给国君。不知国君得到那位贫农的“送温暖”后,是否“脸上有点挂不住”。

(壬卷 135·2007 年 4 月 14 日)

※灵犀一典※ 冬日负暄(唐才子名一) 冷朝阳 (清·郑桂堂 作)

以易之为奉宸令

题句见诸《旧唐书·张行成传附张易之》;同书又载:唐武则天曾设控鹤府,“久视元年改称奉宸府,以(张)易之为令”。同书同篇所载下文,就显得骆宾王在《讨武曌檄》里骂武则天“秽乱春宫”,是有真凭实据了,文曰:“张易之、张昌宗兄弟均承武则天辟阳之宠,呼为五郎、六郎。”借题句作谜面,底作出版名词二:封面、首张;底当读成“封/面首/张”。面首,指美男子;面,貌之美;首,发之美。“面首”义经引申,成了不光彩的角色,指男妾、男宠。是赵首成先生用灯谜这形式,揭开“奉宸令”的面纱,曝光张易之“面首”本色。如果没有政治上的恶迹的话,也别太过责备张易之,他敢“抗旨”守身?毕竟出卖灵魂、投靠主子、祸害人民的人更可恶万倍。

(壬卷 136·2007 年 3 月 15 日)

※谜苑拾萃※ 昨日已逝,明日难再(《岳阳楼记》句一) 上下天光 (吴凌涛 作)

蛰于口，惨于腹

"献芹"典亦见《列子·杨朱》，是接"负日之暄"后讲的：宋国农夫"送温暖"一事被"里之富室"知道后，给农夫说："昔人有美戎菽(豆类)，甘枲茎、芹、萍子者，对乡豪称之。乡豪取则尝之，蛰于口，惨于腹。"芹，野芹菜。后来，上陈建议谦言，或以物赠人谦称礼品微薄，则称"献芹"、"芹献"、"芹意"，并望人"笑纳"。"献芹"者难得不属"弱势群体"一员，拿自以为美味的芹等献人，致人口似蜂蛰，腹内惨痛；也就怪不得"众哂(讥笑)而怨之"。蛰口、惨腹，无异于"灾难"，但"献芹"者何尝不是出于好心"为情"？我择题句作口语"难为情"的谜面。我家腌的一种咸菜，吃过的人颇多称道，亦不揣浅陋，常以送人，真有点"不怕难为情"。（壬卷 137·2007 年 4 月 15 日）

※灵犀一典※　芹意(聊目一)　《小谢》(张志有　作)

书画船停泊

民初，范冕先生借题句作谜面，猜底用《第六才子书》中句"颠不剌的"。此谜有误。"颠不剌的"中的"剌"，义为违背常情、事理，乖张。"颠不剌"，风流的样子。而"刺"作动词，有撑船之释。面句以扣"颠不刺的"，亦过迂曲。米芾，北宋书画家，字元章，因举止狂放，人以"米颠"称之。米芾家藏古人书画甚多，黄庭坚称之"米家书画船"，他曾戏赠诗云："沧江静夜虹贯月，定是米家书画船。"范先生因以"书画船"扣"颠"；"停泊"是为"不刺(船)"。"米家书画船"怕已荡然无存了，历史能湮没很多东西。记得兰州某位先生的一谜：贫不卖书留儿读(称谓)——知识分(给儿)子。最宝贵的财富在精神方面。

（壬卷 138·2006 年 11 月 25 日）

※谜苑拾萃※　金榜题名天下知(两岸时政语一)　一中共识　(黄秦奇　作)

当春而扣商弦，及秋而扣角弦

《列子·汤问》有几节论及音乐，著名的有秦青"响遏行云"、韩娥"余音绕梁"、钟子期"知音"等，这几段前，有述及"音律"的；从其中择题句，我配以戏剧名词"乱弹"作谜底。"乱弹"，我另有一面，其乃"琵琶奏末章"，盖乐曲之末章，古时叫"乱"。"当春"不应扣"商弦"，扣而致"凉风忽至，草木成实"；"及秋"不当扣"角弦"，扣则"温风徐回，草木发荣"；后来，"命宫而总四弦"——换回宫调，合奏四弦，始有"景风翔，庆云浮，甘露降，澧泉涌"的"和谐乐章"。俗语有"乱弹琴"，现实中多"乱唱歌"。很多歌曲被"隆重"推出，却似"阳春白雪，和者盖寡"，何以如彼？其非大众"心声"也。"乐章"的"和谐"易，"心"的和谐难，却最重要。（壬卷 139·2007 年 4 月 21 日）

※灵犀一典※　命宫而总四弦(歌曲名一)　《和谐乐章》(张志有　作)

"孟德新书"非抄袭

《三国演义》第六十回，披露一件"著作权"疑案：曹操掌库主簿杨修向张松夸示曹操大才，有军事著作"孟德新书"，"仿孙子十三篇而作"。张松讥之曰："此书吾蜀中三尺小童，亦能暗诵，何为'新书'？此是战国时无名氏所作，曹丞相盗窃以为己能……"后，张松背诵"新书"一字不差；杨修以为张松过目不忘。果有"孟德新书"否？果能"过目不忘"吗？"疑案"仍将存"疑"。谜家张礼鹤先生作一谜对"疑案"作表态，面即题句，底是电脑术语：文本(是曹)操作。当代的"新书疑案"更多。学生的论文，导师共同署名的屡见不鲜；有些论文干脆"情愿"地归之导师名下，"不情愿"行吗？站在老师这"阶梯"上，学生成长了；也有站在学生肩上更为"高大"的"导师"。（壬卷 140·2007 年 3 月 17 日）

※谜苑拾萃※　老板娶得贤内助(探骊)　商人　妇好　(刘旭　作)

我在踩戽

下雨了，会省却汲水灌田的劳作，宋·陆游《喜雨》诗因有“水车罢踏戽斗藏”之句。《辞源》释“戽”：汲水灌田之具。以戽斗或龙骨车汲水。兰州有一景点，名叫“水车园”，三星级，毗邻闹市，有少许乡村风光，即显别样风味。水车园其实平凡，栽几棵岸柳，置几挂黄河水车，筑几间亭榭，人们就很感惬意了。黄河水车，一名翻车，在南方亦屡见不鲜，但到了苍莽的北国，形制加大，又架在咆哮桀骜的黄河之上，就会名声倍增，连邮票上都有了它的形象。近来，为雁滩公园悬猜准备谜作，想添几条“应景”之作；于是，南国妇女溪流上扶栏踩戽汲水的景象浮现眼前，遂拟面以题句，谜底是什么呢？游戏项目：水上自行车。

(壬卷 141·2007 年 4 月 24 日)

※谜苑拾萃※　千红一窟，万艳同悲(古籍二)　《石头记》《列女传》 (丁柏林　作)

烂　柯

南朝梁·任昉《述异记》卷上：晋人王质伐木至石室山，有童子数人弈且歌，质观弈忘返；待童子催其归，“质起，视斧柯尽烂。既归，无复时人”。前事在北魏·郦道元《水经注·浙江水》中亦载。柯，木质的柄；柄，俗名把子、把手等。敖耀寰先生是以“烂柯”置面，令猜反贪用语“一把手腐败”的，此谜允属佳作。仅从“烂柯”一词会意求底，得出底材亦不难；若能通过猜此谜进而去了解其所用典，则典、谜皆烂熟于胸矣。“一”字耐咀嚼，本属数量词的它，一经和“把手”连用，则“升华”为“最高权力”的代名词。现实中，“最高权力”者，每因缺少有效的监督，其“腐朽败坏”则既速且易；有“新成语”揶揄之：前腐后继。

(壬卷 142·2007 年 3 月月 15 日)

※灵犀一典※　烂柯(职务一)　人事局长 (张志有　作)

“一把手”频频上电视

若干年前，故事影片没法拍，老电影又都以“封资修”的身份被锁置库房，亿万人民看什么呢？看国家领导人，他们脸儿熟，自不待说，最当红的“电影明星”是柬埔寨的西哈努克亲王。长期以来“会多”，会上又多领导人作报告；现在可以实话实说了，老百姓烦那些假、大、空的说教，揶揄那些报告的“段子”，不胫而走。数年前，兰州电视台推出一个栏目叫《一把手上电视》。栏目推出后，颇受欢迎，也得到了中央媒体的关注、肯定。何以受欢迎呢？因它拉近了“一把手”和普通民众的距离，能面对面地、及时地解决民众提出的问题。“一把手”，正职之谓也。题句作面，我措四字常言为谜底：正常现象。象通像。正(职)常“现象”，也不正常。

(壬卷 143·2007 年 5 月 5 日)

※谜苑拾萃※　良言一句三冬暖(影视现象一)　陈好热 (于景林　作)

一寸光阴一寸金

元·同恕《送陈嘉会》诗：“尽欢菽水晨昏事，一寸光阴一寸金。”“一寸光阴”，指日影移动一寸，形容时间很短。今有常言，是在题句后加了“寸金难买寸光阴”，尤显时光珍贵了。谢灿星君借题句作电学名词“瞬时值”的谜面；谜以“价值”代替了“数值”；若以“寸金难买寸光阴”论，“值”与“不值”，谁又能说得清楚呢？有的人“瞬时”很“值”，有些人大段的、大好的时光，却一文不值，“空令岁月易蹉跎”。人只有一生，何不留点有益的东西给后人呢？陶侃惜阴，垂为典范，《晋书·陶侃传》载他“常语人曰：‘大禹圣人，乃惜寸阴，至于众人，当惜分阴，岂可逸游荒醉，生无益于时，死无闻于后，是自弃也。’”

(壬卷 144·2007 年 3 月 23 日)

※谜苑拾萃※　为官一任，两袖清风(宋词人一)　权无染 (马立炳　作)

为小门于大门之侧而延晏子

“狗眼看人低”是句俗语，成语词典或有收。世无狗高于人的，“狗眼看人低”正常，不当以此辱及狗；“狗眼看人低”实非辱狗，有些“人眼”常无端地“看人低”，这种人，不如狗。把“狗眼”别解成“狗进出的洞”，我择题文作“狗眼看人低”的谜底；题面出《晏子春秋·内篇杂下·第九》：晏子出使楚国，因晏子身体短小，“楚人为小门于大门之侧而延晏子，晏子不入，曰：‘使狗国者，从狗门入；今臣使楚，不当从此门入。’”楚国人还敢硬让晏子从小门进入吗？楚人“看人低”，为凿“狗眼”；还算识相，没把自己等同于狗，延请晏子进入“人门”。但，总有以禽兽般的心地，视他人如己者！（壬卷 145·2007 年 5 月 12日）

※谜苑拾萃※　玉盘洒清辉(摄影用语一)　满月照　(尹业基　作)

献蒸肉一盘，嫩如乳羊

题句置面，猜《神童诗》一句，底乃“端的是男儿”，谜作者：刘继学。端的，此处作“的确”释义；入于谜，谬解作：盛于盘，端出来；端出何物呢？“嫩如乳羊”的“蒸肉”——谜作者揭示：“是男儿”。是谁将男童杀烹作“蒸肉”，美人口腹呢？其见《东周列国志》第十七回：齐国雍地人名巫字易牙者；齐桓公知易牙善烹调，戏问道：“人肉味何如耳？”“易牙既退，乃午膳，献蒸肉一盘，嫩如乳羊。”“谁知盘中餐”，块块皆残忍。易牙用三岁儿子的肉，蓄积着奸佞的能量。世象何止百态，易牙之丑态，之无人性，谁能预料得到？权、利之欲壑，是填不满的，得一而望十、望百；如果私欲不在萌芽状态被扼杀的话，其“榜样的力量”也是无穷的。（壬卷 146·2007 年 4 月 17 日）

※灵犀一典※　献蒸肉一盘，嫩如乳羊(蔬菜一)　娃娃菜　(张志有　作)

疑　问　手

当年，几至万人空巷争看的电视剧《渴望》播放时，我为该片片首歌词“这样执著究竟为什么”选以“疑问手”为谜面。疑问手是围棋术语，又作“问题手”；顾名思义，这是指有问题的一手行棋，未必是“败着”，亦近是。此谜初刊在吴凌涛编印的谜刊上；写此文时，想起英年早逝的凌涛谜友，难禁唏嘘。执著：原为佛教语，指一心注意于人世间的事物而不能超脱；现泛指固执或拘泥。本以为“执著”属褒义，指对某一信念的坚定不移；现在看，“执著”更广用于贬义，我真于心不忍。科学上讲“定理”，定理不可破，否则，不成其为定理。“真理”这信念，每每和人际间的争斗相关，强“辞”常夺“理”；我敢“执著”于某个信念吗？除非甘为“执著”而付出生命！（壬卷 147·2007 年 8 月 9 日）

※谜苑拾萃※　混沌初开，乾坤始奠(上市股票名一)　天地源　(尹业基　作)

贤而知，知而用，用而任

《晏子春秋·内篇谏下·十》：齐桓公出猎，上山遇猛虎，下泽见长蛇，以为不祥，召问晏婴，晏婴对曰：“国有三不祥……夫有贤而不知，一不祥；知而不用，二不祥；用而不任，三不祥也。”还说，山本是虎的家，泽乃蛇之穴，在那里见到虎、蛇，怎么会是不祥呢！深谙文义，吉其厚先生紧抓其旨，以“反击”手法拟以题句，用为广泛传唱的歌曲《吉祥三宝》的谜面。人生常有不祥，个人的、琐碎的不祥又怎能与国家的、广大民众的“三不祥”相比呢？“贤而知，知而用，用而任”的“三吉祥”，确属至宝。但许多地方并不把它当成“吉祥三宝”；“贤而知”者多，“知而用”者常，而“用而任”者就很少了，何故？怕“贤者”威胁自己的地位也！（壬卷 148·2007 年 4 月 17 日）

※谜苑拾萃※　独在异乡为异客(谜目一)　外时人一　(尹海军　作)

君辈勿为尔,将受困寡人女婿

我为“泰山压顶”谋设谜面以题句,其见《世说新语·文学》:王夷甫邀女婿聚会,才子郭子玄与焉;其间,子玄单找新女婿裴遐“论战”,他“陈张甚盛”,但裴顺着子玄话题,徐徐铺陈,条理明晰,“四座咨嗟称快”。王夷甫称奇道:“君辈勿为尔,将受困寡人女婿。”王夷甫是裴遐的“泰山”,其语吻似在“压制”别人对其“东床”的“顶撞”,否则将“难堪”。用“泰山压顶不弯腰”比喻“坚强”很形象,却只能是“鼓舞”人心而已。是裴遐学问大、口才好,还是在随新妇回门那天,依仗丈人家的“主场”之利,压人一头,谁又能说得清呢?在不短的时期,民主沦为政治家的遮羞布;“泰山”的灭顶之压,是不容任何人“顶撞”的。

(壬卷 149·2007 年 5 月 17 日)

※谜苑拾萃※ 昭阳殿里第一人(外币冠量一) 三千美元 (文木 作)

不若与众

20 世纪 70 年代以前,我最多的娱乐是看电影;此后数十年,已没进过电影院了;极尽豪华的舞台,从未亲近过,那里显得太奢侈。不只“弱势群体”,大多数中国人之娱乐,大约和我差不多吧。恢弘华丽的晚会,只是“独乐乐”而已。“独乐乐,与人乐乐,孰乐?”是《孟子·梁惠王下》里孟子的问话,齐王答道:“不若与人。”又问:“与少乐乐,与众乐乐,孰乐?”齐王再答:“不若与众。”“独乐乐”,指一个人单独欣赏音乐。“不若与人”、“不若与众”是说:和别人一起、和众人一起欣赏音乐,更快乐些。以题句为面,田守文先生为措谜底是广告语:大家好,才是真的好。好,读 hào,义爱好。何时得能“众乐乐”?愿此愿早实现。

(壬卷 150·2007 年 4 月 18 日)

※灵犀一典※ 不若与众(秦腔剧目一) 《大家喜欢》 (张志有 作)

君欲从事于天下诸侯,则亲邻国

北京地区口语“说了归齐”,颇似归纳纷纭众说的成语“总而言之”或“一言以蔽之”,却透着亲切;我为其谋谜面如题句。《国语·齐语》:齐桓公欲称霸诸侯,问诸管仲,仲答以题句;后来,还真那么实施了:返还侵占的临国土地,正其封疆,只对极淫乱的国家征伐之,从而受到周天子的确认,称霸于诸侯。管仲“说了”题面那话,天下“归齐”。天下大事,仅“说了”,很难“归齐”。纵横捭阖的列国,有人只信武力,或近交远攻,或远交近攻,唯以己国利益为最高准则而选取之。谈判(说了),达成协议(归齐),只是各方自以为得到了可以接受的利益。存了三年的美圆,其值贬得一塌糊涂;我不高兴,有人比我更不高兴;不会生什么事吧?

(壬卷 151·2007 年 5 月 19 日)

※谜苑拾萃※ 虎啸龙吟一时发(词牌一) 《双声子》 (方书璧 作)

宽一分,民受赐不止一分;取一文,我为人不值一文

行贿、受贿方式发展的速度,领先于时代,离官场远的人,对其中的纷繁花色,只有瞠目结舌的份儿。社会上的“弱势群体”,生活上“弱”——低档;究其因,“弱”在“权”、“势”上;当然,也有部分人“弱”在思想观念上,他们耻于以权谋私。以题文作为人宗旨的人,我敬重,他是清人张伯行;并非想从“张氏宗祖”那儿叨点荣耀,只缘那样稀缺的人物,弥足珍贵;正巧他姓张。题文出张伯行《禁止馈送檄》,朱洪如先生以之作面,措底乃宋代名画家的名、字:张择端 正道——张(伯行选)择端正(之)道。哪还屑于“取一文”呢?百万、千万,他欣然受之,毫无愧色;可前不久,他还在眉飞色舞地作“廉政”报告呢!

(壬卷 152·2007 年 5 月 5 日)

※谜苑拾萃※ 终身相伴人生路(俗称谓一) 老同行 (王玮 作)

遂达旦微言；于此病笃，遂不起

《世说新语·文学》第二十节讲：卫玠拜访大将军王敦，王敦介绍他与谢鲲见面，卫、谢甚相得，“遂达旦微言”（谈了整整一夜），竟置王敦于不顾。卫玠身体素弱，“于此病笃，遂不起”。截题句缀面，我措置的谜底乃口语：把话说死了——说话太武断之谓也。“士为知己者死”，卫玠怕是觉得“死得值”的。历代都有“把话说”，导致“死了”的，文字狱是之谓也；“说话”虽不形诸文字，但为之“死了”的，亦不鲜见，有“人证”即可谳定死罪，那么，“唾沫星子淹死人”，就不足为怪了。如果有人极其“霸道”，“吐口唾沫就是钉”，那么，他的错话也会被捧成真理，他那话，就会像瘟疫一般，导致大批地死人。

（壬卷 153·2007 年 5 月 17 日）

※谜苑拾萃※　去壳剥皮食内瓤（俗语一）　　吃里扒外　（王正亮　作）

封之寝丘四百户，以奉其祀，后十世不绝

有没有新兴的纨绔子弟呢？肯定有，兴许还不少。不经意间，如雨后春笋，冒出了不少巨富；巨富的致富史，人多莫明，诙谐地说：“鸡不尿尿，各有各的道。”从《史记·滑稽列传》里，择题文作面构谜，任焕长谜友措底以两个列国人：孙/子　孙安。“封之寝丘四百户……后十世不绝”是后来的事，此前，“孙（氏的）子孙，穷困潦倒，更奢谈‘安’”，其后人往见优孟；优孟穿着叔敖衣冠见楚王，楚王欲拜之相，优孟曰：“孙叔敖持廉至死，方今妻子穷困……不足为也！”楚王悟，才有了题面那段话。“持廉至死”的叔敖后人有了安顿，民心亦欣；今之精于“权谋”者，“挣”下的基业，如果也“十世不绝”，民心能服吗？

（壬卷 154·2007 年 5 月 5 日）

※谜苑拾萃※　孤星小桥云水间（字一）　　宁　（方建生　作）

汗　青

宋·文天祥《过零丁洋》诗中“人生自古谁无死，留取丹心照汗青”，当是千古名句；汗青，喻指史册；前句与文天祥其人，都是值得青史留名的。我用汗青一词置面，令猜中国科学院信息技术科学部院士名：简水生；欲明其详，容我择《辞海·汗青》释文：古代写在竹简上，先用火烧炙竹简令汗，干则易写，又不受虫蛀，称为汗青；引申为书册。汗青不光留美名，《旧唐书·李密传》里不是有“罄南山之竹，书罪无穷”吗？美名也好，罪名也罢，即使在现代高科技的载体上，恐怕也难永久地存留；美名，抑是恶名，如果播种在广大民众的心里，那才是久远的、不可磨灭的。民心不可欺；不欺自心，方可称“人”！

（壬卷 155·2007 年 5 月 19 日）

※触典旁通※　汗青（历史术语一）　　竹书纪年　（张志有　作）

写出胸中块垒时

块垒，即垒块；垒块一词初见于南朝宋·刘义庆《世说新语·任诞》：“王大曰：‘阮籍胸中垒块，故须酒浇之。’”后用垒块比喻胸中郁结的不平之气。题句用前典，其出清·敦敏《题芹圃画石》诗，其前句是“醉余愤扫如椽笔”。阮籍唯知借酒“浇垒块”，敦敏于酒之外，更添一支“如椽笔，写出胸中块垒时”，是以，文木谜家为题面配底以成语：毫/发不爽——胸中郁结之不爽闷气，借助笔端的“豪”散发以尽。《酒德颂》不知写进“浇垒块”之妙用否？“毫/发不爽”仅是表象，酒才是“发不爽”的原动力；设无酒来壮胆，使人失“理智”，谁敢、谁会“发不爽”？有时，人对幸福容易满足，能“毫/发不爽”足矣！

（壬卷 156·2007 年 5 月 6 日）

※谜苑拾萃※　悬壶世家（湖南名胜一）　　大夫第　（苏德友　作）

周有玉版，恶贤者之得志也，故予费仲

《韩非子·喻老》末段的故事发人深思，我从中择以题句作谜面，令猜成语：利令智昏。纣之幸臣费仲，善谀好利，商之亡，其“功不可没”。题面首句说：周国有一条精美的玉版，纣王派胶鬲去要，周文王不给；再遣费仲索取，给了；题面的二、三句说的就是这事。周文王太有心计了，玉版不给有德有才的贤臣胶鬲，专给奸佞费仲，让他“得志”以乱商朝国政。利令智昏。智商高的人，也会发昏；让智者发昏的人，更需“大智”；“大智”者让人发昏的“招儿”不外两种：一曰“利”，如周文王付玉版是也；二曰“捧”，即拿好话恭维人，“良药苦口利于病”，不苦口的甜言蜜语也是药，迷魂药。大智若愚，聪明而不外露的人，离成功更近。

（壬卷157·2007年6月2日）

※触典旁通※ 恶贤者之得志也，故予费仲（二字口语一） 使坏 （张志有 作）

谦扬言曰：“臣等诚为国家，非为私计”

明朝大臣于谦，字廷益，今之杭州人；后蒙冤凶死；于谦的诗《石灰吟》极为传诵，其为人亦如此诗中句“要留清白在人间”，其为人又如《明史·于谦传》所载之题文，它是于谦表白一腔赤诚（丹心）为国的话语。“于丹心语”，是中央电视台一个栏目的用语，用其配作题句之谜底成谜，作者是广东青年谜家施奕盛。皇上难侍侯，“伴君如伴虎”是之谓也；侍侯过数位皇上的“数朝元老”，我佩服他左右逢源的“能耐”，“直臣”是绝无那般“能耐”的。历史上的大弯路，或曰“大错误”，“独霸”者最容易犯，因其“霸道”，又多文过饰非而诿过；这时，他手下的“直臣”，最该钦佩。而今最需要彭德怀式的“直臣”。

（壬卷158·2007年5月12日）

※谜苑拾萃※ 臣等诚为国家，非为私计（书名一） 《于丹心语》 （张志有 作）

钉子精神

雷锋（1940—1962），湖南长沙人，中国人民解放军优秀战士；后因公殉职；其生平事迹在报上披示后，毛泽东主席题词：“向雷锋同志学习。”如今，我国青少年多数不知道雷锋为何许人，有人甚至视雷锋“公而忘私”的行为属“傻冒”。据传，雷锋在美国有一定名气，尤其是在西点军校。雷锋文化程度不高，却酷爱学习；其学习的时间全是靠“钉子精神”挤出来的。网络游戏，其害人程度已与“吸毒”比肩了；不少青少年，浪费着美好的青春年华，沉湎在网络游戏中，花钱买戕害。题句作面，我找到的谜底是“挤孔”——机械工艺名词；入谜，孔，从读音kǒng（孔洞），改读kòng，义作“腾出（时间）来”。

（壬卷159·2007年6月13日）

※谜苑拾萃※ 趋庭（四字教育单位名一） 孔子学院 （张志有 作）

攀辕卧辙

“运筹策帷帐中，决胜千里外”的张良，功绩卓著，却谦虚，答刘邦曰：“臣愿封留足矣，不敢当三万户。”“留侯”成为张良封号。《评注灯虎辨类》中一谜，即以题句作“留侯”的谜面。攀住车辕，卧车辙中，要“留”谁呢？“他”是汉人侯霸。唐·李善注《东观汉记》文中，对“留侯”有载：皇上征调侯霸升用，“百姓号呼哭泣，遮使者，或当道卧，皆曰：‘愿复留霸期年。’”白居易《白氏六帖》卷二十一：“侯霸……被征，百姓攀辕卧辙，不许去。”很遗憾，得能让众多百姓“攀辕卧辙”的官员，如今寥若晨星了；而贪官墨吏的频频曝光，却分外刺眼。官们的薪酬动辄比百姓高出数倍、数十倍；薪酬和他们在百姓心目中的形象成反比增长！

（壬卷160·2007年8月10日）

※谜苑拾萃※ 满纸荒唐言（公文用语一） 此页无正文 （丁光斗 作）

冰　敬

冰人即媒人,其出典已有介绍,此文不提。《辞源》释“冰敬”:“清代外官在夏季贿赂京官的银两叫冰敬。又送给媒人的酬劳也叫冰敬。”“冰敬”作谜面,我取评剧名《花为媒》作谜底;此谜用“冰敬”第二义,别解《花为媒》呈“花销是为了谢媒”,与谜面贴切。讲究自由恋爱了,也有性格太内向者,需借重介绍人沟通对异性的爱慕。“专业媒人”少见了,冰敬的第二义淡出了,它的第一义被突出了;不仅无处不在,且花样繁多而“现代化”,成为社会污浊的“罪魁祸首”。“公关学”很大程度上被用作打通关节的润滑剂——实则腐蚀剂。敬,一是“敬”你以“好处”,二是“敬”你以“好听的话”,谁能对“敬”而远之呢?

(壬卷 161·2007 年 6 月 19 日)

※谜苑拾萃※　只知其一,不知其二(《说唐》人名一)　单通　(王子安　作)

或为辽东帽,清操厉冰雪

宋·文天祥抗元兵败遭俘,在狱中作《正气歌》三十韵,言志自勉,不屈而死;文天祥该诗中列举了十二位具“正气”的仁人志士,中有“或为辽东帽,清操厉冰雪”者。冰雪,喻晶莹洁白;“清操厉冰雪”在赞品德、情操高尚的“辽东帽”其人。晋·皇甫谧《高士传》卷下载:管宁字幼安,北海竹虚人;长期避乱辽东,对“征命十至,舆服四赐”皆“固辞不就”;《三国志·魏书·管宁传》亦载:“宁常著皂帽”,祭祀祖先时只“著絮巾”。“皂帽”、“絮巾”当是文天祥所誉的“辽东帽”吧。题句为面,猜底拟为古代名僧二“赞宁”、“怀素”一谜,作者,赵首成先生。古人的“帽”,多有讲究,不能随便;有为了“顶戴花翎”作蝇营狗苟追逐者,今天,“帽”不讲究了,仍不乏蝇营狗苟者。

(壬卷 162·2007 年 5 月 28 日)

※触典旁通※　或为辽东帽,清操厉冰雪(群体简称一)　高管　(张志有　作)

岛　瘦

我以“岛瘦”置面,着猜成语:齐东野语;此句见诸《孟子·万章上》,后泛用以比喻道听途说、无稽之谈。齐东野语扣合“岛瘦”,却非无稽之谈,其道理何在呢?这得从剖析谜面说起。宋·苏轼《祭柳子玉文》:“元轻白俗,郊寒岛瘦。”东坡如斯之论,是因孟郊、贾岛之诗,清峭瘦硬,好作苦语之故。“岛瘦”齐名“郊寒”,铢两悉称;巨匠弘论,世所公允。孟郊,字东野。谜底别解义作:岛瘦,是比齐孟东野诗风“郊寒”的话(语)。“诗言志”,和尚出身的贾岛,屡试进士不第,诗重“推敲”,传为佳话。孟郊终生穷困潦倒。二人若被统治者重用呢?恐怕就不会有“郊寒岛瘦”了。没了“郊寒岛瘦”的一面,世态也就不“全面”了。

(壬卷 163·2007 年 6 月 19 日)

※谜苑拾萃※　人间万姓仰头看(电脑术语一)　光盘共享　(戎慧莲　作)

卢尚书海内人望,今先害之,恐天下震怖。卓乃止

题文取自《三国演义》第三回。时董卓专权,欲废少帝,立陈留王,卢植反对;卓大怒,欲杀卢植,蔡邕、彭伯谏曰:“‘卢尚书海内人望,今先害之,恐天下震怖。’卓乃止。”谜人宁霞巧以题句布面,猜底乃环保名词:植被保护;植,踏实为尚书卢植。2007 年 4 月,滥竽其间,掺和了一把“省际杯网络谜赛”;“掺和”——敲边鼓助阵而已;结果,甘肃队得了两项倒数第一;我不以为耻,甚至沾沾自喜,何脸皮厚如彼?极少数钻在灯谜的象牙塔里玩“脚趾动”而自鸣得意者,成绩再好,有什么可羡慕的?袭“鸦片战争——烟斗”这老谜故技,杜撰出个“清仓促销烟斗”,竟获制谜第一,这不是助长杜撰谜底之歪风吗,当然,赛题里也有传统正路子的佳作,此篇提到的即是。

(壬卷 164·2007 年 5 月 14 日)

※谜苑拾萃※　十年寒窗无人问(《与韩荆州书》句一)　或以才名见知　(张金标　作)

是以见放

题句仅四字，且无示迹典故的字眼，若用作谜面征射，足令猜众如坠五里雾中，难窥门径；此类成句缀面，宜注明出处。谜作不要以能“难倒人”而故充高深；作谜亦应“以人为本”。题句作面，我拟谜底是上海已故著名谜家“周浊”英名。面出《史记·屈原贾生列传》：屈原被流放泽畔，渔父问何故至此，屈原曰：“举世混浊而我独清，众人皆醉而我独醒，是以见放。”“见放”之因，屈原已坦然道出。“举世混浊”，周浊也。在古代，“隐士”几乎成了“清高”的替代词，故“隐士”泛滥。但真“隐士”极少；就算是真“隐士”吧，我对他们怎么也尊敬不起来。做“是以见放”者吧，“浊世”中而被“见放”，生命之光才更灿烂！（壬卷165·2007年6月20日）

※谜苑拾萃※ 老聃性本避纷扰（五字常言一） 耳根子清净 （张勇猛 作）

生死参透了，便永别了又算什么

“人固有一死，死或重于泰山，或轻于鸿毛。”（司马迁《报任安书》）1922年，周恩来在国外求学时，接朋友死讯，写了《生离死别》一诗，题句节自其中，阮治祥先生借其句作温州历史上自号“草庭逸民”的周达观大名的谜面。周达观，生活在元代，曾到过真腊（今柬埔寨），回国后写成的《真腊风土记》甚受推崇。人的性格有“豁达、大度”一项；锱铢不较，不足称“大度”，生死关头，乃见真“大度”。真“大度”，是敢于把自己的生命，投入到为最大多数人民的最大利益办事的行动上。还有一些人，也号称“不怕死”，为了自己“一小撮”的利益，“玩命”地危害社会，这群“人渣”的“不怕死”是假的，一旦到了他奢靡的生活被强制结束时，他们最怕！（壬卷166·2007年5月29日）

※谜苑拾萃※ 偷风不偷雨（电影名一） 《天下无贼》 （张虎君 作）

天保九如

偶翻旧作，见“天保九如”为面猜为清季人名“贺高龄”者，其名是乃父期子“高寿”吗？真那样，此谜“别解”不力。此谜面的典故，引我将其纳入选题。《诗经·小雅·天保》是给贵人祝福的诗，它以“天保”开头，三段曰：“天保定尔，以莫不兴。如山如阜，如冈如陵，如川之方止，以莫不增。”此段有“五如”，颂事业兴隆、坚固，财源滚滚来；六段是“……如月之恒，如日之升，如南山之寿，不骞不崩，如松柏之茂。无不尔或承。”此段列“四如”，祝寿永，颂受众人拥戴。“天保九如”作成语，颂尽福寿绵长。不知“人口学”有否统计：尽享人间物质的福祉的人，长寿者占比例几何？如果，那些尽以卑劣手段攫取“财富”的人，得能“如月之恒”，“天保”是该被诅咒的！（壬卷167·2007年6月28日）

※灵犀一典※ 天保九如（《西厢记》句一） 存在人间的寿高 （张志有 作）

郡国螟伤稼，独此不入

“佛肸（音xī）以中牟畔”是说：佛肸在中牟搞叛乱，句出《论语·阳货》。割裂完整句，只取其中一个句读的几个字作谜底，今人不当仿效。截取“以中牟畔”作谜底，清人金丽源据《后汉书·鲁恭传》裁组谜面如题文：恭任中牟令，“郡国螟伤稼，犬牙缘界，不入中牟”。畔，古通“叛”字，入谜用其“边侧”义。犬牙交错的边界，而螟独“不入中牟”一侧，实虚妄，谜家以“虚妄”传言作“引玉之砖”，引我仔细读了《鲁恭传》；传中多载鲁恭为政之雅闻，如“争田息讼”、“童儿不捕将雏之雉”等，均彰表着鲁恭“以德化为理，不任刑罚”的仁政。如今，人均警察数巨大吧，但安全感并未增长。谁说“好事不出门”来着？鲁恭的“好事”，连螟蝗都为之传扬！（壬卷168·2007年6月28日）

※灵犀一典※ 飞蝗不入鲁恭境（《左传》句一） 乃遇中牟 （清·叶尔龄 作）

投　了

释题：围棋术语。对局中一方失利或大块被杀，经过形势估计，无法恢复时，将己方棋子连同棋奁送至对方，表示认输结局。不用说话，用“投了”这动作承认自己告负的棋局。那么，“投了”作谜面，我措置什么谜底呢？歌曲，原创的较经典的歌曲：《无言的结局》。谱曲咱是门外汉，“听曲”，我有自己爱听的标准。台湾歌曲，尤其是能流传到内地的那些，无论词还是曲，都不错。它的曲，悦耳、动听，“不别扭”；有些曲子虽有人“捧”，但我听起来“别扭”、恶心。台湾的歌词，典雅而不自作高深，委婉而不难懂，情真挚，不肉麻。我想到内地的一些歌词，雍容华贵而太过虚饰，太缺乏生活气息。我想到了“应制诗”。　　　　（壬卷 169·2007 年 7 月 1 日）

※谜苑拾萃※　祖饯（不良现象一）　　公款吃喝　（王麟　作）

美曰美，不一毫虚美；过曰过，不一毫讳过

题句释作：好就说好，不作丝毫的虚夸；错就说错，不隐讳纤丝的错误；语出明·海瑞《治安疏》。古代清正廉明的大官，最有名的一是宋包拯，一是明海瑞，民间口碑他们“包青天”、“海青天”。语言是表达思想的工具，人不能不说话，即使是哑巴，也得用哑语或书写传情达意。人贵说真话、说心里话；不唯“包青天”、“海青天”，考诸历代清官，无一不是说真话、公道办事的，而那些祸国殃民的奸佞，无一不是假话、违心的话不绝于口的；对满嘴假话的人，别指望他办好事。语言也讲究艺术，但它不是也不应该是“说假话”的艺术。用南宋名臣“陈宜中”大名对题文作概括以成谜，此谜作者是夏彬先生。

（壬卷 170·2007 年 6 月 4 日）

※灵犀一典※　美曰美，不一毫虚美；过曰过，不一毫讳过（地名二）　海口　道真（任焕长 作）

践麦田以发代首

裴松之认为，陈寿所著《三国志》“失在于略，时有所脱漏”，因为之作注；斯注侧重对史实的补缺、备异、惩妄与论辩，乃成《三国志》不可或缺的组成部分。题句之事在《三国演义》中有铺陈，所本当出裴松之注《三国志》所引《阿瞒传》：“尝出军，行经麦中，令‘士卒无败麦，犯者死’。”但曹操的马践踏了麦田，主簿以“罪不加于尊”乞免罚，曹操曰：“孤为军帅，不可自杀，请自刑。”“因援剑割发以置地。”拟以题句置面，我令猜成语“操刀必割”为底。践踏麦田，该罚；但不视情节就杀头，此法的难以贯彻必然矣。《阿瞒传》作者说，“割发代首”是曹操性格的“酷虐变诈”。当今，案件“执行难”已成普遍现象，长官们把“酷虐变诈”，当成“执政”的“艺术”！　　　　（壬卷 171·2007 年 7 月 6 日）

※触典旁通※　士卒无败麦，犯者死（行规一）　　操作规程　（张志有　作）

譬诸宝剑，则世之干将

《世说新语·赏誉》首篇载：陈仲举赞道：“若周子居者，真治国之器。譬诸宝剑，则世之干将。”干将何许人也？《吴越春秋·阖闾内传》载：相传春秋时，吴人干将与妻莫邪善铸剑，铸良剑两把，以己名干将、莫邪命之；后以干将作利剑代称。把“治国之器”比作宝剑，我觉不妥；即使是最锋利的名剑干将，亦只配战阵之用，用其治理国家，能不误国？一个时期，“大老粗”摄政；摄政也罢，能虚心地学，“摸着石头过河”未尝不可，偏以“大老粗”为荣，视治国、管理企业的成功经验为“条条框框”，一概破除；无知的“大老粗”最“无畏”，也最“胡作非为”。林凯胜君借题句作谜面，配以亚运冠军名“周卓如”为谜底。“譬”者，“如”也；卓越而“如”宝剑，陈仲举的识见不咋样。　　　　（壬卷 172·2007 年 6 月 5 日）

※谜苑拾萃※　陆秀夫负主跳崖（家电商标冠种类一）　　背投海尔　（王麟　作）

磋磨欠工(一)

璞,未经雕琢的玉石;玉石经切、磋、琢、磨,始成珍贵之玉器。故《礼记·学记》说"玉不琢,不成器",其比喻义作:不学习,不能成材。我为"玉不琢,不成器"谋面:磋磨欠工。"磋磨欠工"出《解人颐广集》:主考官贿卖功名,一士子作《黄莺儿》词讽之,其中有句曰:"磋磨欠工,往来窍通,其斯之谓方能中。告诸公,原来子贡,'货殖'是家风。"子贡乃孔丘弟子中首富,善"货殖"。"磋磨欠工"每每埋没"玉才";用"磋磨欠工"比喻埋没人才,却不妥;人才是大有用于社会的,"磋磨"很"工"的玉,亦只有"显摆作用"。"黄金有价玉无价",玉比黄金珍贵。玉有实用价值吗?依我看,玉除了显摆它的主人的尊贵、富有外,似无它用;越穷的人越忽视玉的价值!　(壬卷 173·2007 年 7 月 10 日)

※谜苑拾萃※　数桃晏相计,齐士几人争(特产带量一)　人参果两个　(王中和　作)

可与共患难,不可与共乐,子何不去

好的"事典"谜,应与"事主"密切相关,"事主"在谜底中每被"点名";而"当事人双方"都被"点名",尤属难得;现试析一例。吴、越争雄,谱写出春秋末期的一段"佳话"。初,越几亡国,而"吴许越成";后,越王忍耻苟活,终灭吴国;灭吴后,功至伟的范蠡辞官离越,曾从齐国传信给文种曰:"越王为人长颈鸟喙,可与共患难,不可与共乐。子何不去?"未及离去的功臣文种遭谗,越王赐剑自刎死。写作用语"行文规范"被"卷帘格"改造成"范规文行",贴切于题文;谜家赵首成赋底材之别义作:范蠡规劝文种应离开越王出行。忍辱垢耻终灭吴国的两个风云人物范蠡、文种,在谜底中被"点名"。以精、短的面文,涵包历史,生动再现其间的风云人物,此种"事典"谜,岂容小觑!　(壬卷 174·2007 年 6 月 6 日)

※谜苑拾萃※　陇原尽显新面貌(历史事件一)　甘露之变　(王华　作)

战战兢兢,如临深渊,如履薄冰

题句出《诗经·小雅·小旻》。战战,恐惧状;兢兢,谨慎戒备态;战战兢兢后多用于对尊者,尤其是对至尊者的恐惧。由是,我借题句置面,着猜广告语:怕上火——怕尊者(位在上的人),尤其是怕皇上发火。"君叫臣死,臣不得不死","上""火"了,不定谁的脑袋得搬家,还不容你分辩。上火是中医术语,对症下药,好治。"上面"发火,是顽疾,不好治。"民主"被大声疾呼了近百年,仍然只闻其声,难见其倩影。"怕上火"仍是广大民众的"第一畏惧"。随着时间演进,"上"更多了,连"村官"都八面威风了;"火"更易发生了,地位低下者,不看谁的脸色能成?庸人在台上发号施令,可别说人家无能;能到台上,须具备很大能量。

(壬卷 175·2007 年 7 月 11 日)

※触典旁通※　如临深渊,如履薄冰(电视剧名一)　《危险进程》　(张志有　作)

山人欣然而笑曰

这篇短文说一条"语典谜";贵其谜目的"姓字名"连缀这"特色"故纳入写题。题句出苏轼《放鹤亭记》,台北吴学平谜家撷以置面,令猜"唐人姓字名",底作:张悦之　说。唐代名相张说,字道济,一字悦之。大陆多种辞书均作"一字说之",商务印书馆 1921 年版《中国人名大辞典》亦如斯说。吴学平先生把谜底定为"张悦之　说",当是据台湾版辞书吧。说,古同悦字。唐相张说的"说",该读作 shuō,或 shuì,还是读成 yuè 呢?浅薄的我,不敢妄言。放鹤亭原在今之徐州,宋代张天骥曾隐居徐州云龙山,自称云龙山人。"山人欣然而笑曰",当然是"张悦之　说"了;把谜底解作"张说之　悦"似亦切面;"谜也者,回互其辞",但其目的不应是"使人昏迷"。　(壬卷 176·2007 年 6 月 21 日)

※谜苑拾萃※　一再察看降雨量(七言唐诗句一)　三顾频烦天下计　(张奕虎　作)

梦磨麦，又见莲花尽落

“破麦破梨，见夫见子之奇梦”，句出《幼学故事琼林·人事》；“破麦”下注曰：“昔宁波一妇人，以兵乱与夫及子相失，寄食于尼。梦人使磨麦，又见莲花尽落。毕解之曰：磨麦见夫面也，莲花落莲子见也，果然。”用前典，拟面如题，我择底以《西厢记》句“梦儿相逢”。前谜中，“儿”字作衬字时，底解作“梦里相逢”；“儿”字亦可用为“儿子”实义。还见《评注灯虎辨类》注“破麦”，与前稍异，惜出典处均未翔实。“天下不如意事，十常居八九。”（晋·羊祜）“梦儿相逢”是美事；梦中美事，“虚”的多；“日有所思，夜有所梦。”别尽想美事吧，踏踏实实地学，踏踏实实地干吧，“美事”才不会是“镜中花，水中月”！

（壬卷 177·2007 年 7 月 14 日）

※谜苑拾萃※ 破麦破梨（词牌一） 《南柯子》 （张志有 作）

朝如青丝暮成雪

唐·韩愈《争臣论》中有“而墨突不得黔”句；此句是说：墨翟家烟囱还没熏黑，又要到别的地方忙去了。“孔子无黔突，墨子无暖席”原出《淮南子·修务训》。台湾康维人先生为“而墨突不得黔”句谋得谜面即题句，它出自李白诗《将进酒》。谜家别解底材作：而墨（色的头发）突然就不黑了。黔，黑色。李白被捧为“诗仙”，其“仙”，仅见于诗，而人生不仅仅是诗。为了宣扬“人生得意须尽欢”，他把人生的短暂夸张到了极致；他劝人们抓紧时间“将进酒，杯莫停”。李白一生没当过大官，并非因“小人进谗”；为了当官，他《与韩荆州书》，为了当官，他写吹捧杨玉环的诗；即使让他当高官，他会有所建树？兰州五泉山公园有酒仙祠，里面供奉的可是李白？

（壬卷 178·2007 年 7 月 1 日）

※灵犀一典※ 朝如青丝暮成雪（历史典故一） 一夜白头 （张志有 作）

占着茅坑不拉屎

题句是俗语，又似谚语，喻义有积极意义又饶回味，不由我不把以它作谜面的一条谑而不虐的谜作，作为选题写成此文，其谜底是“形象大使”；谜用“亥豕”格，“使”、“便”二字形似，易生鲁鱼亥豕之误，谜以形象大便，与面义吻合。尸位素餐的官儿不少。当钱的作用膨胀得很大时，腐败将防不胜防，钱换官，官换钱，庸碌而居高位者，就“别见怪”了。再看“灵犀一典”里的谜例，恭敬地等候多时，被别解成：排便须等候多时。“水火不留情”呀，憋尿，很痛苦，无奈时，就“随便”了；占着官位无所作为者，其危害就不仅是让他人“憋着”了。碌碌无为的官们五十步笑百步：我比忙忙碌碌为非作歹的，强多了！

（壬卷 179·2007 年 7 月 17 日）

※灵犀一典※ 占着茅坑不拉屎（礼貌用语一） 恭候多时 （纪清华 作）

绝妙好辞

民国时期六安人李钟美，生活、工作和灯谜活动都在甘肃，他在武威任上编撰的灯谜集《春台谜稿》，于 1932 年春印行。“绝妙好辞”为面猜为“虔”字，应是李钟美的作品，谜底被拆成“上虞文”与面句贴切。南朝宋·刘义庆《世说新语·捷悟》：曹操过上虞县的“曹娥碑”，杨修随从。碑背题辞曰“黄绢幼妇，外孙齑臼”八字……杨修解作：“黄绢，色丝也，于字为绝；幼妇，少女也，于字为妙；外孙女子也，于字为好；齑臼，受辛也，于字为辤（辞）所谓绝妙好辞也。”后把极为佳妙的文辞叫“绝妙好辞”。绝妙好辞更被谜人青睐，是因“曹娥碑”那种构谜形式，后被命名为“曹娥格”。孝女曹娥怎么能想到，她死之后还为灯谜作了贡献呢？

（壬卷 180·2007 年 7 月 3 日）

※触典旁通※ 绝妙好辞（古谚一） 人之将死，其言也善 （张志有 作）

姜　被

“旅馆夜忧姜被冷”句，出自唐·杜牧诗《冬至日遇京使发寄舍弟》。“姜被”典出《后汉书·姜肱传》：姜肱字伯淮，家世名族。肱与二弟仲海、季江友爱天至，常共卧起；各自成家后，亦常同被眠，世有“姜被”雅闻。哥仨同被衾，盖的(姜被)须是宽饶的，我令汉人名“盖宽饶”作“姜被”一词的谜底。姜肱以兄弟亲情感动贼盗等等记述，《姜肱传》中尚多。姜肱语曰：“今政在阉竖，夫何为哉，乃隐身遁命。”此句作面，可猜成语“阳奉阴违”，此又见姜肱不与阉竖(无阳人)为伍的高风亮节。“小人喻于利”(孔丘语)，令我不解的是，追名逐利与以往比，有增无减；教育：教人赚钱的太多，育人做人的太少！

(壬卷 181·2007 年 7 月 17 日)

※谜苑拾萃※　探究秃发症因(五字口语一)　　找不出毛病　(张树林　作)

自古功成祸亦侵，武安冤句杜邮深

杜邮，古地名，又名杜邮亭，在今咸阳市。《后汉书·傅燮传》疏：“若不详察真伪，忠臣将复有杜邮之戮矣。”后来，“杜邮”常作大将见忌被杀的典故。题句出唐·胡曾《吟史诗·杜邮》；诗咏史事见《史记·白起传》：遭忌，秦昭王将武安君白起逐出，起出咸阳十里至杜邮，秦王又遣使者赐之剑以自裁，起死。赵首成谜家为题句谋谜底以象棋术语：白得一卒。咸阳，生养我的地方；它发生过名将白起的冤死大案，这是我刚才查悉的；人生苦短，故乡一定有更多我还不知道的生动的故事。由“功成”，白起首封武安君，“白得一卒(死)”，何尝不由“功成”？我想，杜邮那地方的乡党，日出而作，日入而息，不冀望什么“功名”，怕是都能安享天年的。

(壬卷 182·2007 年 7 月 11 日)

※灵犀一典※　杜邮饮剑(十字俗语一)　　白刀子进去，红刀子出来　(章春民　作)

强携手，小乔宅

姜夔，南宋文学家、音乐家，字尧章，自号白石道人。题句出姜夔词《淡黄柳》下片。今“乔”姓，古作桥。小乔夫婿即“三国周郎”周瑜。夏承焘《姜白石词编年笺校》认为，小乔即指周瑜夫人；从词人自序“客居合肥南城赤阑桥之西”知，姜夔“抒情”的对象是他在合肥之情侣。以情理度之，姜夔思与周瑜比齐也，“姜思周”是我为题句选配的谜底，其人乃清代画家，善山水花卉，自号“花酒头陀”。著名词家、音乐家姜夔，比之今朝的“大腕”绰有余裕；如今的一些“大腕”，“男女关系”方面的事，谁还齿及？养个把情妇，包一两房“二奶”，说明人家“事业成功”。有句话怎么说来着，“每个成功男人的背后，都有……”也许“都有不少个女人”各方面的关顾吧！

(壬卷 183·2007 年 7 月 22 日)

※谜苑拾萃※　小伙帅气又阳光(台球运动员一)　　丁俊晖　(苏颖　作)

虚与委蛇

题句成语，源出《庄子·应帝王》中“吾与之虚而委蛇”句。委蛇(音 wēi yí)，随便应付；后以“虚与委蛇”表意：假意殷勤，敷衍应酬。台北吴学平谜师，作谜最崇“创见”；题句置面，令猜“芜”字，吴先生“创见”何处呢？兹摘唐·成玄英有关疏文佐证：“委蛇，随顺之貌。虚，无也。”他从《本草药名汇考》发现，“委蛇”乃中药“玉竹”别名之一，以“委蛇”借代为“草”，扣以“卄”，“卄”、“无”合成“芜”字，繁体作“蕪”。《尚书》箴规曰：“作德心逸日休，作伪心劳日拙。”列国纷争时期，应运而生“权”、“术”的种种学说；诸说的重要一点是“虚与委蛇”。而今，很多人也“心劳日拙”；何必呢，攫取、享用得再多，能换来“心逸日休”？

(壬卷 184·2007 年 7 月 12 日)

※谜苑拾萃※　先“双规”，后逮捕(电器一)　　隔离开关　(王文渊　作)

国家再造，卿力也

唐史不能缺了郭子仪，也不能没有安禄山；设无后者叛乱，怎显前者功勋？郭子仪初破史思明，后收复长安、洛阳两京，居功至伟；当上尚书令，受封汾阳郡王，官高爵尊；唐德宗尊他"尚父"，荣莫能再；不但本人尊贵，还荫及后人，这就难怪他寿诞时，趋贺者之笏堆积盈床了。《新唐书·郭子仪传》载："帝遣其军容迎灞上劳之曰：'国家再造，卿力也。'"这话是皇上对郭子仪极高的赞颂，我借作著名歌唱家"郭颂"的谜面；此谜用了"秋千格"。郭子仪应该感谢安禄山；谬论吧，感谢叛匪首领？试想，安禄山败了，落得匪名；如果他成功了，反对他的人就是匪了，历史就这么简单、明了。郭子仪得能善终，缘于他"没野心"；心太"野"，不是好事！ （壬卷185·2007年7月25日）

※灵犀一典※ 国家再造，卿力也（三国魏人一·秋千） 郭嘉 （张志有 作）

谁合军中称亚父

"谁合军中称亚父，直须推让外黄儿。"前诗出宋·王安石《范增》。范增是项羽军师，羽呼其"亚父"；后刘邦用陈平计，离间项羽、范增，羽生疑，范增辞归，死于途。王安石认为堪称"亚父"者，应是外黄儿；由是，台湾康维人谜师以韩愈《师说》句"彼童子之师"配作题句之谜底；底别义作：那外黄儿，合以"师"称之。"外黄儿"事见《史记·项羽本纪》：羽攻外黄不下，欲坑杀十五岁以上男子；外黄令舍人儿年十三，往说项羽，羽乃赦当坑者；此行动感召下，"东至睢阳，闻之皆争下项王"。外黄儿数语，直"不战而屈人之兵"也。散户在股市里造反，惊扰了大鳄们的财梦，"遭得很！"岂容"全民"炒股，从咱哥们儿锅里"分一杯羹"？股市本当"欺行霸市"！ （壬卷186·2007年7月19日）

※触典旁通※ 羽呼其"亚父"（教育名词一） 师范 （张志有 作）

那只靴子何时扔

题句自拟，用之为谜面，猜底作成语：等而下之；何以得出此底？这得从相声《扔靴子》说起：一青年租居老者楼上；辄晚归，每脱靴扔得楼板山响，惊醒老人，因告青年，青年诺："改之"；某日，青年又扔靴子，一声响后，记起前诺，遂把另一只靴子轻轻放下。"那只靴子何时扔"——等而下之，老人彻夜难眠。近期，证券分析师多以"扔靴子"比喻"调控政策"；靴子拿在手上，扔不扔，何时扔，得看有关部门了；上周四（7月19日），加息、降低利息税的"靴子"扔下，周五、次周一股市疯涨两天。"扔靴子"若是经济调控的手段，尚合情理；可中国股民清楚记得，他们头上不止悬着无数只"靴子"，还有行政干预的"上方宝剑"——"评论员文章"。 （壬卷187·2007年7月25日）

※谜苑拾萃※ 万般皆下品（外国高校一） 首尔大学 （苏颖 作）

汉将可谁论

"……王侯宁有种？竿木足亡秦。……驱除功第一，汉将可谁论？"前诗择录自清·屈大均《读陈胜传》。陈胜，字涉。《史记·陈涉世家》载涉语："燕雀安知鸿鹄之志哉！"又，"王侯将相宁有种乎！"此等大志者，其揭竿举义，"汉将可谁论？"——汉廷诸将谁可与之相提并论呢？——陈胜建功伟矣！这是屈大均的看法，田鸿牛谜友苟同之，遂以广西籍作家名"陈建功"作题句的谜底。陈胜、吴广率领的大规模农民起义，在我国历史上属首次。首，第一，往往荣耀，往往受人尊崇吗？"追求第一"，有其消极面。一项好的事，如果只有"首创"者，而无广大群众的追随、拥护、参与，是不会有成就的；有些人，就是喜欢突出自己，另立山头，所以往往背离真理，沦为首恶！ （壬卷188·2007年7月16日）

※谜苑拾萃※ 说的都很恐怖，母亲吓呆了（探骊） 道具惊堂木 （王东雄 作）

号之曰“太公望”

《史记·齐太公世家》：吕尚者，本姓姜氏，从其封姓，故曰吕尚。前所述，即传为直钩钓鱼的“姜太公”，其字子牙；周文王出猎，遇垂钓之姜尚，“与语大悦，曰：‘……吾太公望之久矣。’故号之曰‘太公望’，载与俱归，立为师”。姜太公中“太公”二字，是“太公望”的省略，原本是周文王对其先君的尊称。太公望，显尊敬吕尚极矣。把“敬尚”打个颠倒，即用“秋千格”处理，即成“尚敬”——著名电视导演名，我为其名谋谜面即题句。七十遇文王，佐武王灭纣兴周，后来，受封于齐（今山东临淄），成为齐国始祖，齐地人以“太公望”引以为荣是常理。谁都有赖以荣耀的祖宗，谁都别辱没祖宗；用你的建树，为我们共同的祖宗增光吧！

（壬卷 189·2007 年 7 月 28 日）

※谜苑拾萃※ 夕阳无限好，只是近黄昏（京剧名一） 《明末遗恨》 （张亚谟 作）

顾梁汾《金缕曲》二首，乃千秋绝调

今年四月上旬，赴宝鸡参加陕甘宁谜人小型谜会，命题创作有为电视剧《贞观长歌》谋面者，友人各骋才思，颇见佳制。近见赵首成谜家为《贞观长歌》谋面以自拟之题句，耳目为之一新，其蕴涵甚丰，能不为之饶舌几句？清人顾贞观，号梁汾，颇以其词自诩；他营救遭陷谪戍宁古塔的词友吴兆骞一事，轰动清季文坛；其以《金缕曲》二首代书，亦列清代词苑万口流传的名篇；清廷太傅明珠之子纳兰性德阅此词后，“为泣下数行”，并答应全力营救兆骞，“不俟兄再嘱也”。“乃千秋绝调”，出陈廷焯《白雨斋词话》中评《金缕曲》二首之语：“虽非正声，亦千秋绝调也！”顾贞观之“千秋绝调”（长歌），直是生死可托的友情的赞歌；悲夫！此类赞歌于今绝矣！

（壬卷 190·2007 年 7 月 19 日）

※谜苑拾萃※ 侯门深似海（称谓一） 贵家长 （沈志宏 作）

行人安稳，布帆无恙

顾应泰，字云鹤；清，无锡人；工书，极冷逸之致。题句为面，曾拟底作地名“旅顺”，“白描”扣合甚切；今又为觅底以“顾应泰”；“顾”落实到人，“安稳”、“无恙”应是安泰。《晋书·文苑传·顾恺之》：恺之乘船返家，殷仲堪借给他一块布帆；路遇巨风，险遭厄难，幸无恙；顾返里后写信给仲堪说：“行人安稳，布帆无恙。”祝人旅途顺利常曰“一路顺风”；古多水路之旅，帆张、风顺船则快，祝“顺风”最能慰藉旅人急切见到亲人的心境；须知，“相思之甚，寸阴若岁”（《隋书》）。如今，通讯手段极发达，“万里如面”已成事实；交通亦发达，“千里片时间”不算夸张；祝“顺风”多属“祝平安”矣。“平安”之重要，反见“不安定因素”的多在，而这又缘于“诡诈”代替着“聪明”。

（壬卷 191·2007 年 7 月 29 日）

※谜苑拾萃※ 一朝选在君王侧（歌曲名一） 《遇上爱》 （王民建 作）

宣武验以蜀城阙簿，皆如所言

《世说新语·任诞》载一“强记”者：罗友“为人有记功”，曾随桓宣武（桓温）平蜀，蜀城事物，皆能默记。后桓温携罗友与司马昱（后来的“简文帝”）聚谈，共道蜀中事，友尽记，“宣武验以蜀城阙簿（按书册对照），皆如所言”。清末黎国廉先生据题文为面，着猜《论语·季氏》中句“友多闻，益矣”。入谜，“友”踏实到罗友头上，“损益”之“益”，别指为“益州”，用代“蜀城”。以“多闻”代“记功”，实抹杀罗友“强记”之能也。“博闻强识（通‘志’）”原出《荀子·解蔽》。电脑可代“强记”奏功，电脑还能取代更多，这十分地好，领导好当了，“活的”靠秘书，死物靠电脑。别说“电脑时代”了，我还上班那阵，就侍奉过不少“甩手掌柜”。

（壬卷 192·2007 年 7 月 22 日）

※谜苑拾萃※ 《交通指南》（广告语一） 谁用谁知道 （王永钰 作）

啼时惊妾梦

“打起黄莺儿，莫叫枝上啼，啼时惊妾梦，不得到辽西。”唐·金昌绪的《春怨》诗，何不叫“闺怨”？思夫成梦，相会在辽西，却被黄莺惊散美梦，能不“怨”？遣题句缀面，我拟底是广告词：叫人想家。“啼”切“叫”；“妾梦”扣“人想家”；“想丈夫”怎么成了“想家”？这要追溯到奴隶制社会；那阵，把诸侯统治的地方叫国，丈夫统治的地方叫家，又，《礼记》“男以女为室，女以男为家”。“良人罢远征”则闺怨消，一家人团聚是“和谐”的前提；家家都和谐，各地都和谐，各国之间也和谐，这是理想的世界；可现在还“很不理想”。有一支部队叫“维和”，那“和”不是“和谐”，仅仅是“和平”；利益，威胁着和平，利益，让和谐还停留在“理想阶段”。

（壬卷 193·2007 年 7 月 29 日）

※灵犀一典※ 啼时惊妾梦（探骊） 鸟唤起 （张志有 作）

丘 三

丘八，兵、军人之谓也，由“兵”字可拆成“丘”、“八”二字故也。若以“丘三”置面，令猜称谓，则“退伍军人”之底，甚工巧；因“丘八”“退去”“五（伍）”，则“丘三”也。高雄康维人先生以“丘三”置诸面，猜底拟为《留侯论》句“此不足为勇也”。勇，兵之一种；清季称临时招募、不在常规编制的兵为“勇”；例：散兵游勇。康先生此谜，义理密致，以“勇”扣“兵”——丘八；惜乎面只“丘三”，是谓“不足”也。旧时，兵匪祸结；兵不御敌而害民，其害甚于匪；初，老百姓骂“丘八”，还以为其属“王八”之类，后始知用法“拆字”。兵之所以该受尊重，由其保国安民；他不是，也不应成为保护私利集团的绝对服从的工具。

（壬卷 194·2007 年 7 月 23 日）

※触典旁通※ 丘三（象棋用语一） 少一兵 （张志有 作）

温人之周，周不纳客

勤王：为王事尽力；后来，多把地方出兵援救王朝的行动叫“勤王”。早年我以“勤王”作谜面，底取经济语汇：地方保护主义；今又为该底谋面以题句，其出《韩非子·说林上》，意思是：温地人到了东周，东周却声言不接纳外来客人。“普天之下，莫非王土”，东周已视“王土”属下的子民为“客人”了，其王权衰微之极于此可见一斑。中央王朝鼎盛时，各方诸侯是要“年年进贡，岁岁来朝”的；如今，东周这地方要拿定保护自己的主意（义）了，岂不可悲？凡强盛的国家，视民如子，会千方百计地保护子民的利益，处处为子民的优越生活着想；如果一个国家到了想方设法榨取民脂民膏的地步，其政权岌岌危矣！3‰的证券利息税高否？可否荣膺世界之最？ （壬卷 195·2007 年 7 月 31 日）

※谜苑拾萃※ 丸药（五言唐诗句一） 粒粒皆辛苦 （钱燕林 作）

展风骚妲己迷纣王

世以狐狸比喻奸狡小人。世传狐狸多恶名，如善以媚态惑人的“狐媚”，狡猾，善于迷人的“狐魅”。狐之恶名，亦载谜籍，以题句作谜面，林祖炳先生取骆宾王《讨武曌檄》句“狐媚偏能惑主”为底之谜即一例，此谜谳定武则天如“助纣为虐”的妲己。妲己，己姓，正史有载；妲己或以其貌美“媚”人，怎么成了“狐媚”呢，这要涉及明·许仲琳的小说《封神演义》了。借小说家的“丰富想象”，苏护之女妲己在送去作妃途中，被女娲娘娘派遣的千年狐狸精摄去魂魄，只有妲己的外形了。武王伐灭殷纣，见诸史，小说写殷纣之亡，却出女娲娘娘这“神”的主使。我从不信虚妄的“神”，劝世人也莫相信被一些人吹捧出来的“神”！神怪小说里的“神”，或吹捧出的“神”，若被私利迷了心窍，也干大坏事！

（壬卷 196·2007 年 7 月 26 日）

※谜苑拾萃※ 孙文台羽翼已丰（电影名一） 《坚强的翅膀》 （陈伟斌 作）

五李三张代扬名

元·马致远《乐阳楼》曲："这墨光照文房，取烟在太华顶上仙人掌，更压着五李三张，入砚松风响。"《辞源》释"五李三张"：唐、宋著名墨工李廷珪、张遇的合称。后用作墨的别称。文士酷爱文房四宝，为取拟人化的别名，不一而足。毛笔雅号有毛中书、毛元锐、管城子等；墨的称谓如玄香太守、陈玄、易玄光、黑松使者等；纸的誉称有好畤侯、楮先生、楮国公等；砚的别号如石虚中、即墨侯、陶泓、润色先生等。我拟题句作地名"即墨"的谜面，"代扬名"三字，暗示两代墨工因墨成名，又代墨扬名。文房的四宝，武库的十八般兵器，被主人钟爱得像亲人似的，可它亦只死物；"眼前得丧等云烟，身后是非悬日月。"(陈恭君《赠余鸿客》)是让死物们"等云烟"呢，还是"悬日月"？却得看它的主人的"德行"了。

(壬卷 197·2007 年 8 月 2 日)

※触典旁通※ 五李三张，入砚松风响(成语一)　近墨者黑　(张志有　作)

即论相业亦无双

清人王廷绍咏史诗有以《张九龄》为题者，前两句曰："风度谁能似曲江，即论相业亦无双。"曲江，九龄里籍，今属广东省；九龄为相后，曾封曲江男。"往事越千年"，张九龄尚为人津津乐道，其人格魅力彰著也。九龄在文学上亦显辉煌，诸多方面的卓越建树，"即论相业亦无双"之誉实不为过。台北吴学平先生以此句置面，底取水浒人名：张一。从古至今，当过"相"的人甚多，"相业亦无双"者亦不少。为"相"者，也有挨骂的，成了万古罪人的，如"伴食宰相"、严嵩、秦桧等奸相。我始终认为，"正直"是做人品质的第一重要；人只有一生；一生中，不可能所有的人都有辉煌建树，但却应挺直胸脯，堂堂正正地走完自己的一生！

(壬卷 198·2007 年 7 月 28 日)

※谜苑拾萃※ 人不风流只为贫(《爱莲说》句一)　花之富贵者也　(王俊杰　作)

梁姬值虎

宴安鸩毒——安闲、享受就像毒药一样；是以，"古来忠烈士，多出贫贱门"(崔膺《感兴》)。《宋史·韩世忠传》载有韩世忠、梁红玉夫妇事迹，由于他们是广大人民心目中的英雄，所以，正史以外的事迹更多传诵且绘声绘色。梁红玉出身歌伎，韩世忠是从小卒当起的，他们的结合，在《龙文鞭影》里记有"梁姬值虎"的传说：红玉夜入贵人府贺朔，见廊下卧一虎，骇不敢语；后伙同众人近观，见一小卒睡地；摇醒问之，韩世忠也；红玉母料世忠久后必贵，嫁女予焉。借题句为谜面，我为措底以《三国演义》人名二：审配、韩当——红玉母审度，配女予韩世忠恰当。确实恰当，后来，韩、梁夫妇于黄天荡大破金兵，传为佳话。正史外的"佳话"多是人民的"口碑"！

(壬卷 199·2007 年 8 月 7 日)

※谜苑拾萃※ 删繁就简三秋树(农祀节会一)　密枝节　(张志有　作)

宫辟疑赦，其罚六百锾

宫刑：又称腐刑，是古代破坏生殖机能的酷刑；男子用割势，妇女用幽闭。题句出《书经·吕刑》，《吕刑》后段论及古代刑律、量刑原则及恰当处理诸方面。如题句，即说：处以宫刑而感到有疑问的，罚以(黄铜)六百锾，然后可赦其罪。锾，音 huán，重量单位，每锾重几许，说法不一，今多从六两说。近见《评注灯虎辨类》载一谜，题文乃其面，底取口语：有钱有势——有钱可免宫刑，即保有势——男性生殖器。汉·司马迁即因无钱而辱受宫刑。有钱有势(权力、权势)，钱、势互生的腐败现象，历代为人痛恶，惜乎从未绝迹，且有蔓延之势；钱、势咋就有那么大的迷惑力呢？我不相信"人本恶"之说，是后天环境的熏陶加速着钱、势欲的蔓延！

(壬卷 200·2007 年 8 月 4 日)

※谜苑拾萃※ 只招用九名(常言一)　收拾一下　(王振坤　作)

癸卷

谜意画：两声耳光响脸上（风味面食） biángbiáng面 （张志有 作）

插　图：刘旭　作

不弃君命，触槐而死

早年，我为电影名《请把信留下》谋面以题句；还为同底选用谜面“萧何荐贤”——请把韩信留下。“不弃君命”，舍己命以期留下“信”——诚信也。题句择自《左传·宣公二年》：晋灵公无道极矣，恶迹昭著，如“从台上弹人”，以观人避弹为乐，等等。赵盾多次劝谏，毫无成效，还惹怒了他，派遣鉏麑刺杀赵盾。清旦，盾已朝服端坐，等候上朝；麑见之，“叹而言曰：‘不忘恭敬，民之主也。贼民之主，不忠。弃君之命，不信。有一于此，不如死也。’触槐而死”。人当恪守“忠”、“信”及其他道德规范，但都得看对象；忠信于忠信之人，忠信于真理。鉏麑倒是想以死而求得忠信两全的，他只“把信留下”了，让对暴君的“忠”，见鬼去吧！

（癸卷 1·2007 年 8 月 4 日）

※灵犀一典※　鉏麑触槐（多字成语一）　　恭敬不如从命　（张志有　作）

乃恭率俭约，劝民务农桑

《辞源》释“本”：一，草木的根、干；二，事物的根基或主体。古籍中常以农桑为本，数千年来，我人传统观念亦如是；今能改变如是观念吗？恐不能；君不闻，粮、油、肉的不断涨价，听取怨声一片？中国工程院一院士名“龚知本”；他对本职当然精通、知本，但他绝不会否定“农桑”这“根本”，吉其厚先生为其名谋面以题文。《汉书·龚遂传》载：皇上派七十岁的龚遂到盗贼并起的渤海郡，“遂单车独行至府……盗贼亦皆罢”。“又见齐俗奢侈，好末技，不田作，乃恭率俭约。劝民务农桑……吏民皆富实，狱讼止息。”农业税取消了，又采取了富民的种种措施，何以农、工收入仍在底层？该想想了，是否太抬高了中间环节那些“末技”？

（癸卷 2·2007 年 8 月 14 日）

※灵犀一典※　关关雎鸠，在河之洲（电视剧名一）　　《多情的小岛》（王香山　作）

妻掬夫腰尽纳之，夫责以前约

题句置面，我取成语“阳奉阴违”作谜底。纳此谜入选题，我心惴惴，会被责以“黄谜”吗？可社会上流传的“段子”，怕是比迎春花更加灿烂。面出《笑林广记·下半截》：“欲事过度，惫甚。夫妇相约：‘下次云雨，止放半截。’及行事，妻掬夫腰尽纳之，夫责以前约。妻曰：‘我原讲过是下半截。’”“阴违”，示意妻子违“半截”之约；“阳奉”呢，可别解为男子尊奉前约；“阴”、“阳”还可暗示别样东西。潘金莲以“淫妇”的艺术形象驰名，西门庆挨的骂也不少。别争较那两个人哪个更坏吧，如今，法律、道德观念，何曾约束了性行为的放荡？我甚至诅咒物质的极大丰富和逾趋精美，是它诱使着道德的倒退吗？——明知幼稚，现实却不由我不那么想！

（癸卷 3·2007 年 8 月 8 日）

※灵犀一典※　我原讲过是下半截（离合字一）　　内通纳　（张志有　作）

传语本官今日断屠

题句为面，高雄康维人先生择《三字经》句“彼无书”缀底；面、底何以“成连理”？容我稍作剖析。面出《侯鲭录》：韩宗儒乃一老饕，辄以东坡墨迹换羊肉解馋；晋王羲之爱鹅，曾写黄庭经换僧人鹅，传出“换鹅书”佳话，友人因戏称东坡书为“换羊书”；宗儒又写信给东坡，期以回书易羊肉，充实“口福”，东坡嘱来人转告“传语本官今日断屠”；“彼（韩宗儒）无书”，羊得能苟活了——不遭屠。东坡逸闻趣事，见诸文字者不少，看来，他是一个颇能与各阶层人员打成一片的人；未能查悉韩宗儒的底细，也不敢断言，他就是贪图小利之辈，东坡令传“断屠”，未必是戏谑的话。《论语》中有语曰：“君子成人之美，不成人之恶，小人反是。”如今，“成人之美”者是多呢，抑是少？

（癸卷 4·2007 年 8 月 16 日）

※灵犀一典※　传语本官今日断屠（词汇二）　　苏白　杀戒　（张志有　作）

武大郎开店

《水浒传》里的武植，知之者不多，但“武大郎”却无人不晓，他是武松的嫡兄长，身矮，被人谑称作“三寸丁谷树皮”，挑担卖炊饼为生计。《武大郎开店》是一幅颇知名的漫画：矮子开店，员工都身材矮小，如此，方不显店主猥琐。此漫画在讥刺妒贤忌能的主人。题句置面，我为措谜底是股市术语：逢低吸纳；又有以同面猜外国画家两个：凡高、莫纳，作者是刘干臣。“武大郎”名震寰宇，成了著名商标；“武大郎烧饼”店，当是受漫画“武大郎开店”的启发，员工亦皆侏儒。“武大郎烧饼店”毕竟不多，侏儒身虽矮，智力却不逊常人；但受“武大郎开店”启迪的企业，国内却处处可见，它们的“用人原则”就更可悲了。“武大郎”当掌柜的国企，想不倒闭都难！ （癸卷5·2007年8月17日）

※灵犀一典※ 武大郎开店（外国书名一） 《高个儿莫纳》 （胡安义 作）

吾家屡世公侯，岂识村野匹夫

“有理不在声高”，可有时还得声高。试看，古代临阵“捉对儿厮杀”时，“叫阵”、“骂战”就靠声气；不管打过打不过你，声气上先别认输。题句出《三国演义》第六十五回，尚未归顺刘备的马超进攻葭萌关，面对大呼“认得燕人张翼德么”的张飞道出：“吾家屡世公侯，岂识村野匹夫！”题句为面，文木先生留心至微，措底以“规格连灯具品牌”“超薄飞云”；超、飞分别踏实马超、张飞；薄，音bó，义作看不起，如：鄙薄。马超的“屡世公侯”，地处西凉，西凉人也得以显摆一时；当代的“人以地贵”我始终莫名，如，北京人就比兰州人“尊贵”多了，一友之子，成家于京，养一“千金”，月费五千，他还远远不是新贵。

（癸卷6·2007年8月18日）

※灵犀一典※ 吾家屡世公侯，岂识村野匹夫（围棋术语二） 超一流 小飞 （张志有 作）

伤心瘴江水，同渡不同归

宋·蔡确，字持正，福建晋江人，官曾做得很大，却属地道小人，今阿附者，定是来日构陷，取代其位的对象。《龙文鞭影》载蔡确一事，尚不涉其劣迹：蔡确有侍儿名琵琶，她养的鹦鹉聪慧，能解人意；蔡每扣响板，鹦鹉即传呼侍儿名；琵琶死，某日蔡误扣响板，鹦鹉又呼琵琶不已，蔡确悒悒，倍思琵琶，赋诗曰：“鹦鹉言犹在，琵琶事已非。伤心瘴江水，同渡不同归。”我择题句为谜面，扣底乃已故著名电影家名：蔡楚生。人多重起名，辄斟酌选用溢美辞藻；其实，名只符号而已；人的品行，绝不能“顾名”而认定。字“持正”的蔡确，平生何曾有一事“持正”来着？平淡不易；君不见，多有在争名逐利中，变得不人样！ （癸卷7·2007年8月18日）

※谜苑拾萃※ 天涯何处无芳草（外国著名游泳运动员一） 菲尔普斯 （王得道 作）

扬汤止沸，莫若釜底抽薪

题句为面，猜作口语二：想不开、别发火，构思甚妙，作者佚名。思想钻牛角尖的“想不开”被别解作：想要让水不沸腾，该采取什么措施呢？别让明火发生；此谜贵在把两个口语连缀起来的构想。面句拟出，以《汉书·枚乘传》中语句为原本：“欲汤之冷，令一人炊之，百人扬之，无益也；不如绝薪止火而已。”面句与《三国演义》第三回中语“臣闻扬汤止沸，不如去薪”更贴近。扬汤来止沸，不是解决“沸”这问题的根本办法，其喻义是显而易见的；别讥笑扬汤止沸吧，别的问题临头，很多人采取的解决办法，兴许比“扬汤止沸”者更愚笨，更不得要领。“物理”是一学科，其他学科虽多无“理”字，却多是教人们“明理”的；学贵“明理”，否则，常不免“扬汤止沸”！ （癸卷8·2007年8月20日）

※触典旁通※ 莫若釜底抽薪（六字常言一） 采取断然措施 （张志有 作）

害肚历

题文置面，我拟谜底是“病假”；此谜直解吗？非；底之“病假”别解作：(害肚)病是假的，而非因病休假。宋·彭乘《续墨客挥犀》等书载：宋制，馆阁官员每夜轮一人值宿，如因故不能值宿，则于名下写上“肠肚不安”，故当时称馆阁之宿历(免宿登记本)为“害肚历”。明白了，“肠肚不安”是不去值宿的幌子，并非真有病。段中的“明白了”说我自己；早在“大锅饭时期”，就有“明白人”，那阵不叫“害肚历”，而叫“泡病号”；那阵公费医疗，泡病号者最会花大伙的医疗费。怪，当年泡病号者，如今倒不太花自己的医疗费了，身体反倒很健康；而许多那阵极少花医疗费的人，却突然地告别了物质文明的新时期。究竟谁是“明白人”呢？我搞不明白。把世事搞明白，也有“大学问”。（癸卷 9·2007 年 7 月 19 日）

※触典旁通※　肠肚不安(历史术语一)　　内乱　(张志有　作)

入骨相思

《聊斋志异》颇知名，其中断结案件的判词每每成为谜材；《胭脂》篇写了一个因色杀人案，案情曲折，极富戏剧性；其判词用骈体，科举屡试不第的蒲松龄，得以恣肆地挥洒其八股文才华，其中一句是“嵌红豆于骰子”；《评注灯虎辨类》中一谜，为此句构面：入骨相思。温庭筠词句的“玲珑骰子安红豆(亦名‘相思子’)，入骨相思知未知”，前句义即“嵌红豆于骰子”——似在叙述把红豆镶嵌于骨中的工艺方法。此方法见诸《演繁露》：“镂骨为窍……亦有出意为巧者，取相思子纳于窍中柱，使其色明现而易见。”“嵌红豆于骰子”写实，“入骨相思”极写思恋之情的刻骨铭心，那是美好的感情；物欲横流中的众生，你有“入骨相思”吗？（癸卷 10·2007 年 8 月 20 日）

※谜苑拾萃※　六亿神州尽舜尧(探骊)　　国产大片《英雄》　(邓启明　作)

谈笑有鸿儒，往来无白丁

唐·刘禹锡《陋室铭》，文短而精，开篇以山、水之佳为譬，类比推出“斯是陋室，惟吾德馨”。室诚敝陋，但室中“谈笑有鸿儒，往来无白丁”。室有崇尚“德馨”之斯人，“何陋之有”？我借题句作谜面，猜为文教单位通称：交通大学；“往来无”，见室主“交往通属有大学问之‘鸿儒’”。人家刘禹锡并不以“无白丁”、“有鸿儒”显摆，而是以“惟吾德馨”自豪。影视剧中豪华厅、室多矣，以“德”为“馨”者却少之又少；那些厅、室，有“二奶”养尊处优的，有吼歌狂舞的，有公款豪赌的，有算计人密谋的……难以尽数，总之，藏污纳垢。“交通大学”取代“铁道学院”了，“系”少了，代之以“学院”；“大学”在我心中的分量更轻了！（癸卷 11·2007 年 8 月 21 日）

※灵犀一典※　往来无白丁(学问一)　　交通知识　(张志有　作)

乌音人来多

《檐曝偶谈》载：明·陈献章工画梅，索画者夥，却吝润笔；怅然中，献章题词柱上：“乌音人来多。”不解者诘其旨，答：“不闻乌声曰：‘白画，白画？’”“白画”，当然索画“人来多”；高雄康维人先生为题句配谜底是唐人名：司空图。十年动乱中，不乏誊写“大字报”者，此属“革命”，那会有润笔？没润笔何妨，还真有誊写大字报而练出的书法家；后来，润笔颇不菲，“革命”终得回报。不耗文房四宝而练成书法家，始料不及地“划算”。乌鸟鸣叫，例多谐音，这音凭听者附会吧。“林子大了，什么鸟都有”，世界大了，什么样的人没有？我谅脸皮薄的人，绝无向献章索画者。一友，“文革”培养出的书法家也，我的熟人多有他的书作，而我没有。（癸卷 12·2007 年 8 月 16 日）

※灵犀一典※　莫道浮云终蔽日(《滕王阁序》句一)　　岂乏明时　(邓泽权　作)

冢中枯骨，何足介意

恨孩子不长进，家长常骂“从小看大，三岁至老”；这话像谚语，其对应口语是“把人看死了”，我为此语谋面以题句，其出《三国志·蜀书·先主备》：“北海相孔融谓先主曰：‘袁公路岂忧国忘家者也？冢中枯骨，何足介意。’”袁术，字公路，亦当时枭雄，建安七年曾称帝，却被人“看死了”；袁术也不争气，偏让人咒了个准。“把人看死了”从哲学角度说，是错误的；如是，“少孤，与母贩履织席”的刘备，怎能成为一代帝王？至于刘家东南的桑树“童童如小车盖……或谓当出贵人”，更属扯淡。人活一口气，气，“志气”。社会竞争激烈，诸多的招数在诱人磨灭“志气”，以减少竞争对手；刘备后来的“韬晦”也是一招。

（癸卷 13·2007 年 8 月 22 日）

※灵犀一典※ 冢中枯骨，何足介意（数学名词四）　算术　根　底　差　（张志有　作）

费尽黄金老隗台

题句出唐·罗隐诗《送章碣赴举》。春秋际，燕昭王欲兴燕国，采纳郭隗建议，广招贤才，他“先从隗始……为隗改筑宫而师之”。“筑台”、“黄金台”之说出于后代，罗隐“费尽黄金老隗台”句附会其说。近见许友金友以题句置面，着猜国名：列支敦士登；此国名入谜极难，友金慧心灵动，别解其义作：列（安排黄金台）敦诚地让（支使）贤士登其上。重视贤才，谁都懂，谁都在做，却有些真假之分；有些领导，口头上重才，只是一时一事利用而已，用后，则一脚踢开。再说了，贤才毕竟寥寥，而一提“重才”，则与“贤才”等同学历、资历的庸碌辈，就比真才实学者更能显摆。明白“办证”、“卖文凭”为什么生意火了吧？

（癸卷 14·2007 年 8 月 22 日）

※谜苑拾萃※ 酒浇胸次之垒块（日常事务一）　灌液化气　（邱能福　作）

弃投水里似浮萍

成语有“锱铢必较”，这是形容极吝啬，对很少的钱都要计较；因为，锱、铢都是古代很小的重量单位。汉代始铸“四铢钱”，铸文为“半两”。南朝宋衰微了，孝建七年铸的四铢钱，很会在偷工减料上下工夫：其一，用细瘦的薤叶书书文，且背面无文，正面仅“孝建”二字，且“笔断意连”；二，钱的方孔越铸越大。当时有人赋诗讥此钱：“十万尚难供一掬，弃投水里似浮萍。”铜钱而能如萍浮起在水面，这让我忽发谜思，为“钱起”这古代文学家大名，选用题句作谜面。货币贬值，邮票贬值，邮局的服务更“贬值”。早些年，有诗讽刺曰“信封贴在邮票上”；这我见过，却在当代：1993 年夏，上海寄来“东方谜王赛”录象带，盒上布满面值 1.5 元的邮票，天啊！

（癸卷 15·2007 年 8 月 22 日）

※灵犀一典※ 弃投水里似浮萍（清人一）　钱泳　（张志有　作）

帝　羓

《西厢记·酬简》有“留得形骸在”句，那是张生心里话：莺莺若诚心酬报他的相思，就可保全自己的性命。形骸，指身体；而“生命”不光指身体，重要处在“灵魂”。为“留得形骸在”谋面，我作有几条谜，都是把“形骸”仅当做“身体”的物质部分，而排除了“灵魂”；谜面有“行尸走肉”、“灵魂出窍”、“木乃伊”等。《评注灯虎辨类》一谜，为“留得形骸在”句谋面以“帝羓”。《旧五代史·外国列传》等载：契丹主耶律德光自汴归国，死于栾城，契丹人剖其腹，挖去肠胃，充以盐，载尸北归，人称之“帝羓”。人类受“形骸”之累过多；伟人的“形骸”，就该花大的代价保存它？能永存的是精神！希求保存“形骸”的人，缺的是精神！

（癸卷 16·2007 年 8 月 23 日）

※触典旁通※ 行尸走肉（外国名著一）　《死魂灵》　（张志有　作）

屈打成招

以“屈打成招”置面，我令猜“武断”一词；刑讯逼供，古今皆有，唐·武则天朝，酷吏昭著，发明了不少酷刑；当代，科技进步，想必在逼供上也有进步。此谜，我别解“武断”作：使用武力逼供断案，其原义是：没有充分根据，只凭主观臆想作出判断。而武断一词来历在《史记·平准书》：“兼并豪党之徒，以武断于乡曲。”唐·司马贞《索隐》解释道：“谓乡曲豪富无官位，而以威势主断曲直。”“乡曲豪富”即“地头蛇”或“×地一霸”之类。有时我太天真，总以为有强大的公安、武警和军队，怎么会在21世纪的朗朗乾坤下，还有“地头蛇”、“恶霸”、“黑社会”？仔细地想，何足为奇？世界大事也常遭“武断”，“理事会”的“理”，也无奈于“力”、“武力”。

(癸卷17·2007年8月24日)

※谜苑拾萃※ 今宵离别后，何日君再来(股市术语二) 分时图 复合 (冯忠良 作)

裙带风

一些观念，古时与今世大相径庭。古时衣着崇广，宽衣长带，快步时飘飘然，确显潇洒；闭目思及国画里的“吴带当风”赞曰：神！今世呢，衣着尚窄，尤其是女子，恨不能着比基尼于大庭广众，博取“回头率”；此种装束虽能彰显曲线，却与“飘飘然”相去甚远了。提到“裙带风”，别和“吴带当风”的美去联想，它与“美”对立，很“丑”，是说：搞裙带关系成了风气、时尚。裙带关系：指靠妻妾等女人的裙带攀缘得官，沆瀣一气。医药用语“服时摇动”作底，其谜面颇多；在先有荣耀祥的“裙摆”，今又见纪清华的“裙带风”，我也作有好几条；“裙摆”含蓄，“裙带风”深刻，深刻在对那祸害社会的“风”深恶痛绝，却也不无担心。

(癸卷18·2007年8月25日)

※谜苑拾萃※ 十日卜，不得生(电视剧名一) 《卓尔的故事》 (卢育明 作)

古者三百步为里

社会发展中，有过“均田地”、“土地革命”的要求和“土改运动”；不进行那些改革、革命，社会就不能发展。早在奴隶制社会，我国就实行了“井田制”；此制以方九百步为一里，划为九区，其中为公田，其余八家均私田百亩，同养公田。因形如井字，故名。题句是述“井田制”的，其出《谷梁传·宣十五年》，题文下有三字：“名曰井。”阅罢前文，我以题句置面令猜一部经典电影名，容易猜出：《老井》。《老井》演“争水纠纷”。水对人类至关重要；“自来水”名不副实，水价在涨，今后还得涨，岂是“自来”？争水生械斗，争得发命案，史不绝书；为什么玩命地争？一因物之稀而贵，更因分配“不公平”。我在想：人际关系何以愈趋紧张？社会上的“不公平”在孕育和会滋生什么？

(癸卷19·2007年8月30日)

※谜苑拾萃※ 寒错用白虎汤(工业技术二) 冷作 热处理 (苏振中 作)

依前上街挑卖炊饼

天水杨承业先生的谜艺、从谜事迹、为人品德，应属中华精英之列；可惜，过早的故去，使他未能得到应有的认知、推重。我与承业老师曾有过从，惜未亲睹其面，但他的许多谜作，给我留有深刻印象；如以三国故事“火烧连营”为底之作，依稀记得面句如题，其出《水浒全传》第二十四回。炊饼，是用笼蒸的面制食品，承业先生肯定知悉，它不是“烧饼”、“火烧”，却佯装不晓，将“饼”指为“火烧”；名词“军营”的“营”字，他故作“经营”、“销售”之释；使此谜别解味极显浓郁。 老婆每天与西门大官人厮混着，老实巴交的武大仍在“火烧连营”。我不喜欢商贾；但靠苦力求微利糊口的武大，不属商贾；商贾瞄准的是一本万利，买空卖空。什么时候本分的劳动者，能受到实质上的尊重？

(癸卷20·2007年8月25日)

※谜苑拾萃※ 默默无语两眼泪(市政用语一) 下水道阻塞 (史建国 作)

以天下为之罗，则雀不可失也

题文出《韩非子·难三》第五节，在述治国之理，文中引出宋国人谚语："一雀过羿，必得之，则羿诬也。"意思是：羿要是说能射落每只飞过面前的麻雀，那就是在撒谎。忆及前人一谜，以"一网打尽"猜为古人名"鱼俱罗"。我借题文作面，着猜成语：一网打尽。题句作如斯设想，是为了说明道理；麻雀若被灭绝，世界会是什么样子呢？20世纪40年代"除四害"中大肆捕杀麻雀，不是贻人笑柄的傻事吗？人类的自私本性何时能有所收敛？别说"鱼俱罗"了，捕鱼也有休渔期；可人类有限的财富，总有某些国家希冀"俱罗"为己；于是，为了"俱罗"而扩大军备；军备若与财富成正比增长，世界恐怕会永无宁日！

（癸卷21·2007年8月30日）

※谜苑拾萃※ 辣不怕，怕不辣（央视主持人一） 宁辛 （苏德友 作）

趋镬谏秦皇

以"趋镬谏秦皇"作"四书"句"故就汤而说之"的谜面，见《评注灯虎辨类》。"民不畏死，奈何以死惧之？"秦始皇以其母与嫪毐淫乱，迁之萯阳宫；群臣谏，被杀二十七人，齐人茅焦，甘做第二十八个死者，以凑足天上二十八宿之数；始皇怒曰："是子故来犯吾禁，趋炊镬汤而就之。"茅焦不畏，数落始皇不慈、不孝等恶行，"乃解衣伏质"。也怪，始皇赦了茅焦，立为仲父，尊为上卿。前述择自汉·刘向《说苑·正谏》。"故就汤（赴镬任烹）而说之"，"说之"可解为茅焦"陈说谏词"，亦可别释为"悦之"——视死如归。人谁无死，何不效茅焦凛然赴死？偏有人，事事阿附"尊"者，从未真正为自己活过一回；这世界，他白来一趟！

（癸卷22·2007年8月30日）

※灵犀一典※ 鼎镬甘如饴（《留侯论》句一） 油然而不怪者 （吴礼龙 作）

不遇明公，荆州老从事耳

"虎啸生风，龙腾云起，英贤奋发，亦各因时。"（《北史》）对"机会主义"一词，不想弄懂它，但对"机会"感兴趣，《辞源》释其义：时机和机遇。人皆怀公正之心，"英贤奋发"尚"亦各因时"——靠际遇；若人多私心，则"英贤"被埋没，甚至会是必然的。《世说新语·文学》载：习凿齿有才，桓温看重他，未而立即高官；习写信感激桓温曰："不遇明公，荆州老从事耳。"借此句置面，我择成语二为底：习以为常、温故知新；谜底中"习"、"温"踏实到习凿齿、桓温头上；习氏以为常（终老于"从事"小吏），但"遇明公"——桓温知人善任，故新（从"从事"提拔到"治中"）。拣到碰死在树桩上的兔子的那人，偏是个傻子。

（癸卷23·2007年9月1日）

※谜苑拾萃※ 赵州桥啊什么人来修（动物学术语一） 叫春 （罗营东 作）

一毛厂失火

"一毛厂"指兰州第一毛纺厂，国营企业，所产精细毛纺织品、毛毯有名，数十年以来，都是兰州的纳税大户；令人不解的是，它破产了；"标兵"式国企都能破产，还有什么国字号企业能苟延下去呢？国企破产，发人深思，这应是"人为"的；废话，什么事不是"人为"的？不，我指的是"故意的"。国企破产了，可它的"原领导"个个成了暴发户，还在原地，还干同一行业，只是头衔从"官"变成"老板"。一毛厂有过火灾，是否"烧（过）料子（俗指毛质衣料）"，不得而知；"烧料子"兴许是兰州谜友以谜作"诬陷"的。兰州话把喜欢显摆的行为叫"烧料子"，换成陕西话说，叫"烧包"。周围的国企越发少了，更没实力"烧料子"，但机关的"烧料子"方兴未艾！世界气候变暖，与"发烧"无关吗？ （癸卷24·2007年8月31日）

※谜苑拾萃※ 四海无二君（电影导演一） 王为一 （冯忠良 作）

足反居上，首顾居下

贾谊，汉朝重要人物；《汉书·贾谊传》记他："数上疏陈政事，多所欲匡建。"贾谊奏疏特点：忒胆大；别人"进言皆曰天下已安已治矣"，贾谊"独以为未也"；他说："天下之势方倒悬，足反居上，首顾居下"；他举例："匈奴嫚侮侵掠，至不敬也……而汉数致金絮采缯以奉之。""足反居上，首顾居下"颇形象，用如今时髦的词汇"脑体倒挂"配作谜底，我以为宜。贾谊的苦心，在虑天子权力式微到要向匈奴"进贡"的程度；汉天子的宽宏大量，让我不解；谁不爱听歌颂升平的话，而能容人指指画画，说天子治下"不安"、"未治"？脑力劳动者和体力劳动者的收入"倒挂"吗？未必，多数脑力劳动者的收入，在"随大流"地涨升，其贡献绝不配恭维。 （癸卷25·2007年9月4日）

※灵犀一典※　足反居上，首顾居下（灯谜大忌一）　倒吊　（张志有　作）

不是野人嫌月色

我喜欢读台湾康维人先生谜作，因其涉猎知识博杂，涵容丰富，饶有回味；近见康先生一条佳作，题句乃其面，底材以"本草三"巧组，是为：郭索、防风、故纸；康先生释文云：出郭震纸窗。鄙人寒舍藏书很少，未能查悉原诗。又，有过"绣幕牵丝"佳话的唐·郭震，《全唐诗》无其《纸窗》诗；宋代亦有郭震，亦能诗，《纸窗》出其笔下乎？诗曰："偏宜酥壁称闲情，白似溪云薄似冰（咏纸）。不是野人嫌月色（非为遮挡月色），免教风弄读书灯（避免风吹灯晃影响读书）。"好个嗜读的郭震，索求防风，故贴窗纸。照明条件大有改进，油灯已成"文物"，然不近视的眼却稀罕。眼睛是用来读书、干工作的，若用于玩，那才会大伤视力！ （癸卷26·2007年9月3日）

※谜苑拾萃※　何当共剪西窗烛（六字口语一）　对别人有意见　（陆宏康　作）

当之官者，皆先至西园谐价

题句出南朝宋·范晔《后汉书·宦者传·张让》：东汉灵帝朝，宦者专权，吏治腐败；官疲民穷而大修宫室不辍，阉竖张让有"招儿"：凡官员上任前，必须到西园（上林苑的别称）商定修宫钱，按官阶论价；题句即述此事。借题句为面，我摘古代商业词"宫市"作底。宫市有两义，一作宫中市肆，始于春秋齐国；另一释始于唐德宗朝，指宦官到民市强行买卖，付价甚少，或竟不付价；此系当时弊政之一。"好事不出门，坏事传千里"，从此句俗语我联想到：好的东西，大力讲授、推广、传播，却难奏效；而坏事，不用推广，即广为传播，效法者蜂拥而至。今无"西园"，却绝不少"宫市"；今有欺行霸市者否？还用问吗，古之弊端，今无不毕具，只是更呈"现代化"的精彩！ （癸卷27·2007年9月5日）

※谜苑拾萃※　君有疾在腠理，不治恐将深（成语一·卷帘）　内忧外患　（陈胜　作）

拂须之谄不行，乃成嫌隙

"拍马屁"的来历，书籍有载，与其喻义相同的"溜须"源自何典，查无"实据"，我疑其与"拂须"同源。宋·丁谓，字谓之，今之苏州人。丁谓官至宰相，受封晋国公；宋仁宗朝，与宦官雷见恭勾结，排斥异己，把持朝政；后劣迹败露，贬广东僻地。语曰"反复小人"；小人得志，窍要在"反复"，他们脑袋灵光，从不"在一棵树上吊死"，善"看风换主"。丁谓曾受寇准举荐，出任参知政事，一次饭局，羹污准须，丁谓拂之，准笑曰："参政，国之大臣，乃为人拂须？"谓惭，遂生嫌隙。《评注灯虎辨类》一谜，题文作面，底乃四书句"此谓之寇仇"。寇准太直，拂须之举诚不妥，怎能在大庭广众中责之，给人难堪？唉，世上总有梗直人，缺少"弯弯肠子"；不过，世皆丁谓辈，世事会是什么样？ （癸卷28·2007年9月7日）

※灵犀一典※　为寇准拂须（《孟子》句一）　谓之恭　（清·章祖泰　作）

入木三分

“刻板”一词，不好定其“谜目”是名词，抑是形容词；其本义是：古代在木、石上刻上字或图，用作印刷的底版，按此义应属名词。今以“刻板”比喻办事呆板，不知变通；依此义，当作形容词。我为“刻板”谋面以“入木三分”；入木三分确“深刻”，却属夸张形容，其出“名人轶事”。名人：晋代大书法家王羲之；轶事，见唐·张怀瓘《书断·王羲之》：羲之书写祭文，刻字工刻板时发现，笔迹入木三分。印刷版材，必取坚者，不是豆腐，入一分也是很难的。入木三分用喻见解深刻。对问题的深刻见解，鲜见矣；不是“未见”，是“见”而不去“解”，讳不明言；对大有见地的“见解”，直言之，往往“不讨好”，甚至“招祸”，故“顾左右而言他”。现如今，何谓“明白人”？“明而不白”之人也！（癸卷 29·2007 年 9 月 11 日）

※谜苑拾萃※ 刀枪人马一时休（世界文学名著一） 《永别了，武器》（叶元旦 作）

缚太急，乞缓之

我已故的灯谜老师马兆麟（谜名“啸天”）一谜作，题句乃其面，底取首都名称：布加勒斯特；“加勒斯特”从面文“缚太急”、“乞缓”处贴切；“布”落实到三国时代一骁将吕布头上。面出《三国演义》第十九回：“三姓家奴”吕布像鹰，别喂饱他，“饱则飏去”；吕布终被曹操设计擒获，缚之甚紧；布“乞缓之”，深谙吕布习性的曹阿瞒回曰“缚虎不得不急”，布被缢死白门楼。 终不免死，吕布死得毫无骨气；还曾求过刘备为其说情，未果，徒留笑柄。作恶多端的法西斯，是“无条件投降”的，还算“输得起”，“输”得聪明；若说“赢方”聪明，我实难苟同；法西斯还不是阴魂，至今还影响着不少国家，足见“赢方”并不聪明。（癸卷 30·2007 年 9 月 11 日）

※灵犀一典※ 缚太急，乞缓之（电信用语一） 申请宽带（蔡少文 作）

羲和产子，后羿射乌

最近看了电视剧《生死十日》，表现抗日壮举的；对于法西斯发动的战争对人类良知的毁灭，此剧有深刻的揭示。痛恨法西斯，不仅因它对受害国生灵的涂炭、资财的掠夺，也应看到孕育法西斯国家的人民，其人性已被毒害綦深，此毒的消弭，非一两个世纪能奏效。为《生死十日》谋面，我拟以题句，它用了两个典故，兹简介之。《山海经·大荒南经》：东南海外有羲和国，“羲和者，帝俊之妻，生十日”。多种古籍载：乌是古代神话传说中的太阳内的神鸟。“射日”见屈平《天问》：“羿焉弹（音 bì，射）日？乌焉解羽？”王逸注曰：“尧时十日并出，草木枯焦，尧命羿仰射十日，中其九日，日中九乌皆死，堕其羽翼，故留其一日也。”先祖卓见：太阳是人造的；太阳多了并非好事。（癸卷 31·2007 年 9 月 14 日）

※触典旁通※ 羲和产子说（世界文学名著一） 《十日谈》（张志有 作）

一篇祭鳄恶溪静

题句系吴楚鸿先生自拟，用作地方施政口号“文化潮安”的谜面。潮安，潮州市辖县。广东发展迅猛，“文化潮安”口号的实施见其一斑。“往事越千年”，潮州竟有鳄鱼肆虐，“食民产且尽”，初任刺史的韩愈，察民疾苦，遂“以羊一、猪一，投恶溪之潭水，以与鳄鱼食”，并写了《祭鳄鱼文》；先礼后兵，祭文劝鳄鱼七日内他徙，否则，“必尽杀乃止”。“文化潮安”被别解成：祭文的劝化，潮州安宁了。鳄鱼他徙了吗？即使他徙，是缘于《祭鳄鱼文》吗？正确地施政，才是地方清平、繁荣的主因。联想到“合浦珠还”，“珠还”亦缘于正确地施政。把自然灾害归于“天怒”，不算无理，毕竟，是错误的政令，破坏了环境，才惹起“天怒”的。（癸卷 32·2007 年 9 月 16 日）

※灵犀一典※ 鳄鱼南徙于海（《四书》句一） 文公与之处（清·费源 作）

邹律暖燕谷

题句出苏拯《邹律》一诗，借之为谜面，我作有两谜；其一，借"卷帘格"，用猜近代人名：温生才。其二，猜作中医术语：热能去寒；温、热义近可扣，燕谷扣"寒"？是。《太平御览·谷》："传说燕有寒谷，不生五谷，邹衍至其处，吹律而温气随至，遂生五谷。"上述即题句所本。邹衍吹律事在《列子·汤问》中提及，注者之注文，与《太平御览·谷》所载基本相同。"邹律"事，甚荒唐，现代科学恐亦难解释；《史记》载，邹衍"以阴阳主运显于诸侯……然则怪迂阿谀苟合之徒自此兴，不可胜数也"。"显于诸侯"是目的，"善观阴阳消息"不外是惑人、惑乱君王的妖异术而已。"暴富"愿望，让商贾的广告比"邹律"更神！

（癸卷 33·2007 年 9 月 15 日）

※谜苑拾萃※　超生游击队（医学名词一）　　转移因子　（史宝明　作）

附　凤　翼

《评注灯虎辨类》载一谜，题句乃其面，底取古文句"而欲依羽以成其名"。成语"攀龙附凤"出《汉书·叙传下》。"附凤"与"附凤翼"喻义相同。我疑"攀龙附凤"源自汉·扬雄《法言·渊骞》的"攀龙鳞，附凤翼"句。《汉书·叙传下》是以攀龙附凤句，讥讽出身微贱却荣膺侯爵的汉初功臣的："舞阳鼓刀，滕公厩驺。颍阴商贩，曲周庸夫。攀龙附凤，并乘天衢。"文中前四句，讥刺了屠狗出身的舞阳侯樊哙，当过厩司的汝阴侯夏侯婴，贩缯出身的颍阴侯灌婴和曲周侯郦商。世多攀龙附凤者，但拿樊哙、夏侯婴、灌婴、郦商说事，大不妥！上述四人，皆属刘邦斩蛇起义初，就忠心跟随着南征北战打天下者，怎能属攀龙附凤者流？"唯出身论"，历史久远，鼎盛期却在当代！

（癸卷 34·2007 年 9 月 14 日）

※触典旁通※　附凤翼（衣饰一）　　飘带　（张志有　作）

诃　　子

翻到 1999 年 11 月 19 日一谜作，面用"诃子"，底取社会现象"包二奶"；时过九载，谜是怎么扣合的，自己也莫名其妙了。诃子作植物名、中药名，显然不能把此谜解释得通，后查至《辞源》诃子第二义：抹胸，心始释然。宋人高承所著《事物纪源》引《唐宋遗史》，把"诃子"猜"包二奶"的机窍，解说圆满了：唐，"贵妃（杨玉环）私安禄山，禄山指爪伤贵妃胸乳间，遂作诃子之饰以蔽之"。作为服饰的"诃子"，其来源"故事性强"，却与"包二奶"现象一般丑陋。"三千宠爱在一身"，此"一身"却辜负着"圣主朝朝暮暮情"，把皇冠换成了"绿帽子"。私欲乃万恶之源，皇上"欲"的膨胀，占儿媳为妃；贵妃"欲"的膨胀，把义子变作了"情郎"，他们共同玷污着社会！

（癸卷 35·2007 年 9月 18日）

※灵犀一典※　玉环爪痕印铜钱（聊目一）　　《杨疤眼》（刘子荫　作）

嗟乎，为法之弊一至此哉

题句出《史记·商君列传》：商鞅"少好刑名之学"，在秦变法，法甚苛，但"行之十年，秦民大悦，道不拾遗，山无盗贼，家给人足"。对商鞅之法，也有不欢迎的人，"宗室贵戚多怨望者"，秦孝公死后，人告鞅谋反，发吏捕之，鞅逃至关下，求宿；主人不知其乃商鞅，告诸"商君之法，舍人无验者坐之"。"商君喟然叹曰：'嗟乎，为法之弊一至此哉！'"舍人怕连坐，不留鞅宿。任焕长谜友借题句置面，措底以穴位三：不容、公孙、安眠。"公孙"怎人扣？盖商鞅姓公孙氏也。"为法之弊一至此哉"之叹，无乃太"自私"乎？秦之崛起、强大、统一中国，变法功至伟！

（癸卷 36·2007 年 9 月 22 日）

※谜苑拾萃※　隐者自怡悦（六字俗语一）　　眼不见，心不烦　（叶春荣　作）

南州士之冠冕

“南州冠冕”，常用来称誉才识优异、出类拔萃的人才；它本有专指，典出《三国志·蜀书·庞统》：“颍川司马徽清雅有识人鉴”，曾与来访的庞统长谈竟日，“徽甚异之，称统当为南州士之冠冕”。我用词汇“光荣传统”配作题句的谜底，自感妥贴。“南州冠冕”的荣誉，“传”记在庞统名下。南州，特指南阳郡或南郡，也泛指南方地区。庞统与诸葛亮齐名，号称“伏龙凤雏”；在率部进攻雒县时，中流矢身亡。罗贯中真会“编”故事，命名庞统阵亡地曰“落凤坡”——凤雏殒亡，还让庞统亲口说：“吾道号凤雏，此处名落凤坡，不利于吾。”小说、影视剧可以编，可当把它们“编”得如同“志怪”、“科幻”作品，在现实生活中绝不会发生时，我就怀疑，它们是在和虚假广告“争宠”了。（癸卷37·2007年9月19日）

※谜苑拾萃※ 愿君多采撷，此物最相思(刊物三) 《希望》《收获》《红豆》（陈福 作）

不辞常涤溺

题句出元·郭居敬《二十四孝》。宋·黄庭坚，性至孝，虽为高官，奉母尽诚，每晚亲自为母亲洗涤溺器，书中有诗赞道：“不辞常涤溺，焉用婢生嗔。”济南吉其厚友借题句为面，猜底取京剧名家、两度获中国戏剧梅花奖的“黄孝慈”为底。慈，母亲。《辞源》释“孝”：旧时称善事父母为孝。此解释，让我生气；“旧时”？现在不提倡“孝”了吗？“孝”是封建糟粕吗？但愿在新时代、新观念下，老人、长辈更加受到关怀、尊敬。岂止高官，在古代，皇上也有以“孝”传为佳话的，他是刘恒。最近开始评选“道德模范”了；树几个道德模范容易，而在“敬老”方面，要实打实地见成效，仍是困难的，“私”字作怪。

（癸卷38·2007年9月30日）

※触典旁通※ 不辞常涤溺(日用品分类一) 洁具 （张志有 作）

青蝇吊客

毛泽东的词作《满江红·和郭沫若同志》，有方家称之为“政治抒情诗”，此词写在1963年，其中提到“蚂蚁”、“蚍蜉”、“苍蝇”，用喻“给帝国主义帮腔，进行反华叫嚣”。“嗡嗡叫，几声凄厉，几声抽泣”的苍蝇喻指什么，我这亲历过那段岁月的基层小民，怎敢置喙，仅凭“灯谜悟性”的联想，为那三句词谋面以“青蝇吊客”——青蝇去吊唁，“凄厉”中“抽泣”之；苍蝇这逐臭之夫会有“真情流露“吗？“青蝇吊客”见诸《三国志·吴书·虞翻传》引《翻别传》：虞翻孤傲、梗直，得罪了孙权，被发配到交州（今属越南）；虞翻感到“生无可与谈，死以青蝇为吊客，使天下一人知己者，足以不恨”。处流徙地，“讲学不倦，门徒常数百人”，何恨之有？现而今，“嗡嗡叫”的苍蝇，是在为谁“抽泣”呢？

（癸卷39·2007年9月23日）

※别具匠心※ 百分率(新词语一) 一元化领导 （张志有 作）

断　　袖

《评注灯虎辨类》中一谜，以“断袖”置面，底取古文句“不贤而能如是乎”；贤，被谜家谳定为“董贤”，“如是乎”释为：（若不是董贤）能有断袖那事吗？《汉书·董贤传》载：董贤“常与上卧起，尝昼寝，偏藉上袖，上欲起，贤未觉，不欲动贤，乃断袖而起”。《辞源》称：“后因称男宠为断袖。”皇上与董贤有苟且之事吗？我不断言，《南史·萧韶传》确载：庾信有“断袖之癖”。陕西俗话“吃了五谷想六谷”，意即：欲壑难填。异性之爱，天伦所需，人之常情；偏有“吃了五谷想六谷”的，整出些“男宠”什么的。看过小说《李自成》吗？任金钱、美女引诱，坚不降清的洪承畴，却由“断袖癖”，丧失了英名。寡欲，为人第一须修炼的。（癸卷40·2007年9月30日）

※灵犀一典※ 不须断袖防惊寐(《四书》句一) 抑亦先觉者，是贤乎 （民国·韩光奎 作）

误天下苍生者，未必非此人也

敷衍：做事不认真。成语"敷衍了事"无典故，令我无从"发挥"。"敷"字义：一，涂上、搽上；二，布置，铺开……把"敷衍"别解成"了断某事"，我为"敷衍了事"撷以题句置面成谜。《晋书·王戎传》载戎弟王衍事：童子王衍见名士山涛，衍去，望着他的背影，山涛道："何物老妪，生宁馨儿；然误天下苍生者，未必非此人也。"宁馨儿本义是"这样的孩子"，以后才有了赞美的含义。后来，王衍等不理国事，只以清谈为务而又身居高位，终至误国、身死。今代王衍流者，不尚清谈，唯重"实际"；这"实际"却非知识、技术、办事能力，而是"权谋"、"结党营私"、"关系学"！

（癸卷 41·2007 年 9 月 24 日）

※谜苑拾萃※　没病，走两步（元代作家一）　康进之　（王麟　作）

总把新桃换旧符

题句出宋·王安石《元日》诗。近见朱敬起先生为题句谋底以男篮国手"易建联"之名；易，改换也；建，此处作"设置"义；"桃符"是"春联"吗？容我释明。清·姚之《元明事类钞·春联》云：旧俗除夕以红纸书吉语为对联，贴于门上，谓之春联，源出古时的桃符。桃符历史久远：传东海度朔山有大桃数，其下有神荼、郁櫑二神，能食百鬼。故于农历元日，用桃木板画二神于其上，悬于门户，以驱鬼辟邪。五代后蜀始于桃符板书写联语。我家从不贴春联，贴"福"字等祈福避祸的讲究一概省略；这是我从无好运、从未发达的缘由吗？祈祷多活几年吧，虽享受不到，但能看到别人的好日子，饱饱眼福也罢。

（癸卷 42·2007 年 10 月 25 日）

※谜苑拾萃※　父老年年等驾回（鸟名二）　白头翁　望帝　（叶鸿鸣　作）

今五日京兆耳，安能复案事

汉·张敞"为妇画眉"闻名遐迩，其于政事，亦多佳绩，此可见《汉书·张敞传》；这里单道其另一雅闻：敞受杨恽重罪牵连，眼见得京兆尹当不成了，但汉宣帝惜其才，压下弹劾奏章；这时，敞手下吏名絮舜者，对交办的事拖延不办，还说："今五日京兆耳，安能复案事？"敞闻舜语，收杀之；敞暂获罪，后终拜冀州刺史。领会题句意旨，我以《三国演义》两人名作底：张任、干休；别义作：张在京兆尹任上干事，会休止吗？今絮舜者流夥矣，唯长官意见是听而又见风使舵，新领导上任，吹之、拍之唯恐不及；领导卸任或他徙，则弃之如敝履。借张敞的光，絮舜得能臭著史籍，絮舜后人，冀以扬名乎？今有"絮"姓吗？改姓了吧？

（癸卷 43·2007 年 9 月 24 日）

※谜苑拾萃※　一厝朔东，一厝雍南（电影名一）　《断背山》　（陈万星　作）

太祖既长，容貌雄伟，器度豁如，识者知其非常人

题句出《宋史·太祖本纪》。《宋史》是元·托克托主持撰修的，所据为宋王朝国史旧本。宋太祖果然长得"容貌雄伟，器度豁如"吗？今人当然说不清楚，与宋太祖同时代的人，想说清楚，怕也是不能的。赵首成先生以题句置面，着猜公众人物名连雅称：宋英杰气象先生。开宋朝国基的赵匡胤，允属"英杰"，"识者知其非常人"之类言辞，出自"本纪"的，大抵雷同。真正的"识者"，应是跟随赵氏南征北讨、运筹设计的文武股肱；当赵匡胤沦落到喝"珍珠翡翠白玉汤"时，"识者"在哪呢？如果那时"识者"仍追随赵氏左右的话，恐怕《宋史》里也不会出现他"容貌雄伟，器度豁如"的话了。闭着眼睛唱颂歌的人，比"帮闲"、"帮凶"们更坏！

（癸卷 44·2007 年 11 月 11 日）

※灵犀一点※　容貌雄伟，器度豁如（歌唱家一）　宋祖英　（张志有　作）

苦心随日长

苦心随日长(字一),谜底:早;我作前谜早矣,约在1980年;此谜曾由甘当牛作为佳构评析,惜乎甘当牛与我均未查悉面句出处,对此谜的内涵、底蕴,未能深入挖掘。近日查悉,面句出乐府《吴声歌曲》里《子夜四时歌》的"春歌",是东晋时期流行在长江下游的民歌,与后世民歌"四季相思"颇类。全歌曰:"自从别欢后,叹音不绝响。黄檗向春生,苦心随日长。"此谜是"拆拼"成的:"苦心"取"+",但"随(在)日(字之后,延)长"而成"十"。"拆拼"抹杀了谜面丰富的"内涵"。"别欢后"的"欢"字,"随日长"的"日"字,不能等闲;欢,是否喻为男女情爱?"日"字仅用作名词吗?在辞书中,"日"字也有作动词的释义,且历史久远。

(癸卷45·2007年9月25日)

※触典旁通※　叹音不绝响(《离骚》句一)　　长太息以掩涕兮　(张志有　作)

及此补牢,犹未迟也

成语"亡羊补牢"出自《战国策·楚四》:楚襄王淫逸侈靡,不理国政,庄辛苦劝无果,奔赵;不久,楚为秦败,襄王流亡,乃召庄辛并道歉,庄辛曰:"见兔而顾犬,未为晚也;亡羊而补牢,未为迟也。"《评注灯虎辨类》载一谜,据出典处原文稍改作面,谜底标作"叠平韵":羊尝亡商量当防;以单字七个"凑"成"集锦底谜",且命以"一串念珠"的雅号;单字而不标字数,此种谜若想猜中,那是相当困难的,只好留作"自我欣赏"了。现实中多"爱面子"者。一些领导"爱面子",劳民伤财地搞为自己"树碑"的"面子工程";把事情办砸了,还"爱面子",讳疾忌医,不知"亡羊补牢",百姓们的血汗钱,只能溅起浪花数朵!

(癸卷46·2007年10月3日)

※灵犀一典※　歧路亡羊(《易经》句一)　　未失道也　(清·徐枕亚　作)

佩弦以自警

《韩非子·观行》:"西门豹之性急,故佩韦以自缓;董安于之性缓,故佩弦以自急。"韦,皮绳,性柔韧,性急者佩之,警戒自己勿急。弦即弓弦,常紧绷,性缓者佩之,提醒自己勿缓。后来,每以"韦弦"称朋友间的规劝。我取"佩弦以自警"缀面,令猜口语"干着急"。干,音gān,义作空、徒然;"干着急",义谓:着急上火,却于事无补,义近"有劲使不上"。入谜,"干"读作gàn,作动词用,义作做、搞、从事;"干着急"别解作:干事着予急、疾。为"干着急"我还谋面以毛泽东词句"一万年太久,只争朝夕"。拔苗助长之错误是明显的;干事"只争朝夕"也不能绝对,"心急吃不了热豆腐"嘛;早年的"社会主义大跃进",结果是"进"吗?

(癸卷47·2007年10月1日)

※灵犀一典※　故佩韦以自缓(职业一)　　防暴警察　(文木　作)

浣纱弄碧水

题句出李白诗《西施》,撷之置面,借"卷帘格",济南吉其厚先生为措谜底以著名围棋手:罗洗河;底材呈"河洗罗"贴近谜面。诗盛赞西施之美,亦有对吴国灭亡的感慨,此谜却"就事论事"。罗,轻软的丝织品;谜以"罗"扣"纱",虽欠贴切,但"贴切"过头,却是"死板"。太白所咏"浣纱弄碧水"的浣纱溪,又名若耶溪,在今浙江绍兴若耶山下;溪边有浣纱石,传西施浣纱于此。古代,有数名美女颂传千古。近代,也有闻名的女人,赛金花不能算一个吧?现代,美女多如牛毛;她们能有几个被千年后的后代念叨吗?我持疑,不是因她们不美,是因为她们只有外表的美。

(癸卷48·2007年10月31日)

※谜苑拾萃※　海上明月共潮生(全运会冠军二)　　张亮　于洋　(尹业基　作)

割臂盟

题句作谜面,我配底以两个四字常言:女中丈夫、以身相许。女中丈夫,本义作“女子中的大丈夫”,入谜,别解作:女子中意的丈夫。怎么“以身相许”呢?“割臂盟誓”,只能是其初级阶段了。《左传·庄公三十二年》:鲁庄公喜欢上了大夫党氏之女孟任,答应娶为夫人;孟任遂割臂出血为誓订定盟约。后称男女私下订定的婚约为“割臂之盟”、“割臂盟”、“啮臂盟”。古时讲究“歃血为盟”:用畜血含在口里或涂在口旁,表示信誓。怪不得那阵“歃血”频频,不毁约的却少,因为用了无人性的牲畜的血;也有帮会、社团取自身的血盟誓的,那就“保险”吗?兴许男女间的“割臂盟”会坚贞些吧。盟、约之类,若沾上“政治”,就更像孩提时的“过家家”了!

(癸卷49·2007年10月5日)

※触典旁通※ 啮臂盟(经济事务一)　交割　(张志有　作)

看杀卫玠

西晋人卫玠是个美男子,由此反招“祸害”;明·李贽《初潭集·师友十》载:“卫玠从豫章至下都,人人闻其名,观者如墙堵。玠先有羸疾,体不堪劳,遂成病而死,时人谓看杀卫玠。”盯,集中视力看,亦作“钉”。篮球战术有“人盯人”一招,此中“盯”,更该写作“钉”。沈阳李良柱先生为“盯死人”这球类术语巧以“看杀卫玠”置面。“盯死了”,即要求严防死守,不让被“盯”者活动(死),不能有任何作为。真用眼睛“看”,是不会把人“看死”的,就拿卫玠说,是他本身有病,死以“内因”为主。刑侦上有“盯梢”一说。谁也不能苛求“盯梢”者,把犯罪嫌疑人百分百地“盯死”,但犯罪率的居高不下在说:“盯”着玩!

(癸卷50·2007年11月8日)

※灵犀一典※ 看杀卫玠(口语一)　美死了　(张志有　作)

重核裂变,轻核聚变

我的系列文章,涉及“科学知识”的仅寥寥几篇,确见偏颇;现将原子能知识纳入,敷衍成篇。曾为我国原子弹爆炸而自豪,可对原子能知识,全然不懂,兹择《辞海》中“原子能”条释文如下:“指原子核……结构发生变化时放出的能量。在实用上指重核裂变和轻核聚变时所放出的巨大能量。物质所具有的原子能要比化学能大几百万倍以至一千万倍以上。”题文作面,我以股市用语“量能放大”为谜底;受面材制约,“量能”本义是“成交量”,入谜变而为“能量”。股民陡增,有人刺之曰“全民炒股”;几千万股民,怎么就成了“全民”?噢!股市原本是资金大鳄暴利的专场,岂容他人分取杯羹?股指“飞天”,所谓的“大盘蓝筹”股,股价演绎着“神话”!

(癸卷51·2007年10月5日)

※谜苑拾萃※ 始称秦,终兴霸(地域一)　陕甘宁　(田守文　作)

非德宗之鄙暗,亦何从而用之

题文见诸宋·苏洵《辨奸论》;此文实讥王安石;文中提及的“奸人”指明的有晋王衍、唐卢杞;也还提及列国时齐之竖刁、易牙、开方,此三人只属“玩物”,以“奸”属之,是抬举他们了。奸人得势误国,是有条件的,苏洵论卢杞甚庸,“非德宗之鄙暗,亦何从而用之”。《评注灯虎辨类》载一谜,以题文置面,措底乃“四书”句“杞不足征也”;征,此处作“征用”释;卢杞误国,由唐德宗的“鄙暗”,重用了卢杞。苏洵胆大,敢骂圣上——前朝的;对宋朝的皇上他敢有微词吗?给他十个胆也不敢。话说回来,能听任小民议论国事,直至论及圣上执政得失者,此圣上才堪称“明君”;否则,别奢谈民主、盛世!

(癸卷52·2007年10月12日)

※谜苑拾萃※ 六王毕,四海一(歌曲名连演唱者一)　《外面的世界》齐秦　(陈书法　作)

蹶如历块

题句出《汉书·王褒传》中引述王褒的《圣主得贤臣颂》;此文曰:“纵驰骋骛,息如影靡,过都越国,蹶如历块。”后两句义作:过都越国,疾似越过一小块土地;此马之快,亦见于文中之“追奔电,逐遗风,万里一息”。那么,题句为面,我觅谜底“马快”,它是古代称谓。快马加鞭,鞭打快牛,驽马、慢牛反倒安适。世事纷繁,熙熙攘攘的人群,也色彩斑斓。上班时,我是搞技术的,数十人的科室,能干点事的就几个人;只有在升工资、评职称时,这才能知道他(她)是拥有“大本”文凭的。不“吃大锅饭”了,我退休了,虽无在竞争中显露锋芒的机会,也不再受冤枉的鞭挞。我羡慕职称中那个“高”字,尤其是退休后。

(癸卷 53·2007 年 10 月 10 日)

※触典旁通※ 蹶如历块(《歌唱祖国》句二)　越过高山,越过平原　(张志有　作)

名须没世称才好

“名须没世称才好,书到今生读已迟。”此语极是,其出袁枚《随园诗话》。济南时秀珠先生取以题句作面,着猜中国科学院院士英名:毕德显——生命完毕后,受广众称颂者,方显品德高尚。古语“盖棺论定”欠妥;尸骨甫寒,即使“盖棺”,也别急“论定”。千余年过去了,秦始皇的功过是非,不是还在争论吗?整个世界都在前进,不作横向比较,非经数十年的“考评”,就轻谈“辉煌”,用武汉人的饮食名言说:“过早”!急功近利,往往适得其反。“大跃进”使发展拖后数十年的教训,不能太快地忘记。“学说”这词,何妨理解为“先学后说”;还没学透,就创立什么“学说”,此“学说”想不误国殃民,难!

(癸卷 54·2007 年 11 月 9 日)

※谜苑拾萃※ 侬也凉凉去(河南教育机构一)　新郑二中　(任焕长　作)

破瓜女儿一枝花

股市的监督机构叫“证监会”;股市里的弱势群体“散户”们很少能感到“证监会”的存在;拥有巨大资金的机构,实际上左右着股市;“有钱能使鬼推磨”,在股市里印证得最真切;钱,才是股市的上帝。最近,“二八现象”在股市里愈演愈烈,直逼“一九现象”,即一成股票上涨,九成在下跌;这不能算“和谐”吧?为“二八现象”这一术语,我拟以谜面即题句。清·翟颢《通俗编·妇女破瓜》等古籍对“破瓜”有阐释:瓜字可分剖成二八字,故诗文中习称女子十六岁为破瓜之年。“年方二八”习指女子十六岁。晋·孙绰《情人歌》有“碧玉破瓜时,郎为情颠倒”之句。破瓜年龄的女子,使人神魂颠倒,股市里的“二八现象”总是在“颠倒”着什么吧?

(癸卷 55·2007 年 10 月 16 日)

※灵犀一典※ 阿侬未到破瓜时(电影名一)　《你没有十六岁》　(李珍　作)

吾得孔明,犹鱼之得水也。两弟勿复多言

题句出《三国演义》第三十九回。刘备“三顾茅庐”,请得诸葛孔明这“卧龙”出山助己,待之以师礼,关羽、张飞不悦,玄德以题句那话呵止之。近见六安陈浩先生借题句作谜面,措谜底以当代两个作家名:刘白羽、张贤亮。底材巧借顿读,别释为:刘备告诉(白)关羽、张飞,诸葛亮乃大贤。《三国演义》里,写诸葛亮的才智出众,简直臻于化境;其实,诸葛亮最可贵处是其“贤”,这在他的《出师表》里表述得很清楚。看人,不能看其“表述”,诸葛亮忠于蜀汉,可谓死心塌地,他的“九伐中原,六出祁山”,直是百折不挠地“顽固”。君臣相得之“如鱼得水”罕见,更难得;人类的智商在迅速提高;智商的提高却让“贤德”更罕见了,这是人类的大悲剧。

(癸卷 56·2007 年 11 月 13 日)

※谜苑拾萃※ 杜确进兵普救寺(影视演员二)　张伐　孙飞虎　(申立峰　作)

使我嫁妇无颜色

《史记·匈奴列传》索隐引《西河旧事》述：汉将霍去病出临洮越燕支山大破匈奴。匈奴失此山乃歌曰：“……失我燕支山，使我嫁妇无颜色。”燕支山，亦作胭脂山、删丹山，位于甘肃山丹县东南；山石赭红似胭脂，因名。又，匈奴称夫人为阏氏，亦知此山对匈奴的重要。匈奴族无文字，题面之歌谣，亦属文学史之珍品。借题句置面，我令“丝路”地名“删丹山”作其谜底；因“删”却胭脂色的“丹山”，致匈奴“嫁妇无颜色”，于谜理而言，应属必然。如今，“嫁妇无颜色”的现象，并未绝迹，贫富差距仍在扩大嘛。即使“嫁妇”之美，能把古代四大美女都“盖”了，何奇之有？“利令智高”之人，什么“造”不出来呢？人很累，得花心思“防假”！

(癸卷 57·2007 年 10 月 25 日)

※谜苑拾萃※　深柳读书堂(《秋声赋》句一)　　声在树间　(申杰侯　作)

沐猴而冠

书罢文题，想起了为人忠厚的兰州谜家张启学；他是死于煤气中毒的；以煤炉取暖、做饭，乍听，似乎挺“原始”的，然，那只是十数年前的事。启学一谜，“审”字置面，猜底据他说是一种面食名，与“沐猴而冠”沾亲，叫“猴戴帽”；申，以生肖对应“猴”字；宝盖头“宀”——帽。《评注灯虎辨类》中一谜，题句为面，猜底取春秋人名：王孙楚；王孙，猴子的另名；“楚”字之入扣，得觅其“来头”了。《史记·项羽本纪》：“人言楚人沐猴而冠耳，果然。”猕猴戴上帽，扮得人模人样的，猴性依旧。沐猴而冠是讥讽楚人的“杰出”代表项羽的，已据关中而无王霸之志，却以“富贵而不归故乡，如锦衣夜行”为旨，末了，仍是弃尸他乡，沦为孤魂野鬼了！

(癸卷 58·2007 年 10 月 12 日)

※灵犀一点※　人言楚人沐猴而冠耳，果然(数学名词一)　　同类项　(张志有　作)

刀枪人马一时休(二)

题句置面，我令猜电视剧名《凯旋在子夜》。“刀枪人马”“休”，未必就是“凯旋”，但“休”字却从其“吉庆、善美”之义，隐含着战事的胜利。一般说，“一时”未必是“子夜”，但谜面所吟谳定：是子夜。清·钱德苍《解人颐》引无际僧《咏走马灯》诗曰：“团团了又来游游，无个明人指路头。除却心中三昧火，刀枪人马一时休。”走马灯是我人的发明；火，是其旋转的动力；是龙的传人很早就成功地运用了空气动力学原理吧？咏走马灯这题材好，摒弃了传统戏里的帝王将相、才子佳人，它写“战争”。世界像个大家庭，其成员却非“真亲”；家长发火了，看谁不顺眼了，可以任意教训，表现为战争；家长“火”去了，“刀枪人马”始“休”。听说板门店那地方值得一看。

(癸卷 59·2007 年 11 月 1 日)

※谜苑拾萃※　九五折，毛毛雨啦(六字常言一)　　上有老，下有小　(石爱民　作)

骑鹤楼头，难忘十日；梅花岭畔，共仰千秋

题句乃对联，郭沫若面对民族英雄史可法之祠，只凝练出那十六字的联句。郭老将史公之死喻为驾鹤仙去，但仍心系扬州而“难忘十日”——清兵对扬州民众的残酷杀戮，这在清·王季楚以亲睹之事所撰的《扬州十日记》里记载甚详。史料载，史可法是在扬州城陷被俘后遭杀害的，《桃花扇》所写与之异：扬州陷，史可法从南城缒下，在逃往南京途中，得悉圣上已逃出南京，护驾无望，遂脱下衣冠投江。扬州广储门外的梅花岭畔，留有史公衣冠墓，郭沫若题联处，当指此衣冠墓。借“卷帘格”，赵首成谜家为题联配底以古籍名《史记正义》；谜以“义正记史”，彰扬了史可法生命中最辉煌的时刻：殉国而死。别动辄就对死者褒以“驾鹤仙游”吧，“例行公事”的话语，谁还去记它！

(癸卷 60·2007 年 11 月 16 日)

※谜苑拾萃※　看巨著(学历简述一)　　大本在读　(乔北海　作)

击壤之年，唯欣尧俗

题文见徐陵《报尹义尚书》，击壤，古代游戏；《艺经》等载，壤乃长方形木块，立一壤，戏者距数十步以另壤击之，击倒为胜。《论语》载："有年五十击壤于路者，观者曰：'大哉，尧德乎！'"闻此言，击壤者"不买账"，他们认为：我们自食其力，与帝尧的恩德何干？老人得有"击壤"之乐，乃见帝尧时代确属"太平时日(天)的国度"，我为题文选取的谜底，即"太平天国"，它是历史名词。人要知足，知足者常乐；永不知足，则永陷烦恼中。今无击壤，但有门球、保龄球、高尔夫球等与之相类；门球差可，保龄球、高尔夫球则与我等弱势群体绝缘。儿时玩过"打尜"，能回到"打尜"的时期该多好！

(癸卷 61·2007 年 11 月 1 日)

※谜苑拾萃※　教育是高消费(俗称二)　　校花　大款　(陈永栋　作)

曾孙赖吉得全

人老了，难免糊涂；糊涂了，就"非非想"地办事，古今伟人，概莫能外！生在帝王家就享福吗？不尽然。老年的汉武帝，听信"巫蛊"的蛊惑，大肆"灭亲"，其曾孙刘询亦难幸免，已下狱；武帝又信"狱中有天子气"之说，着尽杀狱囚；廷尉监丙吉，拒纳传旨使者，"曾孙赖(丙)吉得全"。资深谜家李珍，撷题句置面，措三个《聊斋志异》篇目缀底，是为：《保住》、《刘姓》、《王子安》；刘询岂止"得安"，后被迎立为帝；刘询少时居民间，深悉闾里奸邪，吏治得失，登基后励精图治，选贤任能，轻徭薄赋，是西汉很不错的皇帝，谥宣帝。等到"老糊涂"了，还赖在高位上，那是祸国殃民；早该退休了，还不退不休，若说是"为国家利益着想"，鬼才信呢！　(癸卷 62·2007 年 11 月 27 日)

※谜苑拾萃※　无不散的宴席(考评用语一)　　酌情得分　(陈延助　作)

钉　子　户

电视剧《我爱我家》中歌词"让昨天成为历史的记忆"，我曾配以新词语"与时俱进"作其谜底。与时俱进，今天蕴涵较丰的新词，必将成为后人的"历史典故"。常在篮球比赛评论中听到"dǎng chāi"两个音节，仔细琢磨，它应是"挡拆"——篮球的一种战术；我把它配作"钉子户"的谜底。旧城改造，让人民住得更宽敞、更舒适，这是大好事呀，何乐而不为呢？有些住户却就是不乐为，"挡拆"！于是被冠以"钉子户"的诨号。要赖皮的"钉子户"有，但其中大多数不是"无赖"，反倒是强行让他们拆迁者却是"大无赖"！开发房地产最赚钱，这是公开的秘密，为了暴利，很多"官"被房地产商拉下水，沦为祸害百姓的伥鬼！

(癸卷 63·2007 年 11 月 3 日)

※谜苑拾萃※　只有功名忘不了(探骊双珠)　　心　器官　耳　(刘旭　作)

谁知他一概不取，伸手只把些脂粉钗环抓来

"抓周"一典，在本文乙卷 185 篇已有介绍，不赘述。题句出《红楼梦》第二回，说的是"顽石"托生的贾宝玉，周岁时，其父贾政亦以"抓周"测试，结果即如题文那样，"政老爷便不喜欢，说他将来是酒色之徒耳"。六安陈浩先生为题句踅摸的谜底是两位央视主持人：贾志红、颜芳——贾宝玉只以"红颜"为"知己"；宝玉另有"名言"，更宜披露："女儿是水做的骨肉，男人是泥做的骨肉，我见了女儿便清爽，见了男子便觉浊气逼人。"喜欢在红粉阵里厮混的贾宝玉偏出家了，非独"色空"，更向往"四大皆空"。"官气逼人"、满嘴"大道理"、看起来"凛然正气"的一些官，我只感到："戏过了"；让贾宝玉代替那些官执政，百姓兴许更欢迎！　(癸卷 64·2007 年 11 月 28 日)

※灵犀一典※　水做的骨肉(电视剧名一)　　《女人汤》　(张志有　作)

书到今生读已迟

题句出清·袁枚《随园诗话》。袁枚,字子才,号简斋,别号随园老人,乾隆进士。官没做得很大,却不避权贵,政声昭著;后不复仕,以诗名享世。饱学的诗人是在以自己的亲身体会劝诫后人:学习要趁早,即“早期教育”,我用“卷帘格”,使呈“育教期早”形态,配之为题句的谜底。很多人都意识到了读书、学习的至关重要;有搞胎教的,有把童稚的时间排得满满当当的,唯一一件事,就是读书。人生在世为了什么?是为啃书本吗?无休止地灌输书本知识,那些知识,有多少、有多大用处?人生的大好光阴,都用在了啃书本上,啃了那么多书本,将来在工作上,都有用吗?我大胆提议:学到高中即就业,就业后再按需要有针对性地安排学习。 (癸卷65·2007年11月29日)

※触典旁通※ 书到今生读已迟(学校用语一) 晚自习 (张志有 作)

夏曰校,殷曰序,周曰庠

庠序:“古代地方所设的学校,与帝王的辟雍、诸侯的泮宫等大学相对而言。”《孟子·滕文公上》释曰:“夏曰校,殷曰序,周曰庠,则三代共之。”这是说:夏、殷、周三代把校、序、庠统称“学校”。择题文作谜面,王峰谜友取谜底以“时政场所”——“三个代表”教育基地;底材别解作:校、序、庠是三者代表教育的基层场所。王峰是在“网络灯谜”上活跃且有功力的的佼佼者。“网络灯谜”的优点,我觉得有:一,视野广,能把最新的信息用于灯谜领域;二,构思以奇、巧见长。对“网络灯谜”的优点,应大力弘扬;但对其与优点俱生的缺点,却不得不汰锄。新、巧固好,但不能刁钻、怪异,以“难倒”人为宗旨;谜目的“用新”、“创新”,不能任意到“想当然”、“瞎凑”的境地! (癸卷66·2008年1月3日)

※灵犀一典※ 夏曰校,殷曰序,周曰庠(新词语一) 复古学堂 (邱中尧 作)

黄山归来不看岳

黄山,秦称黟山,据传因黄帝曾修身、炼丹于此而得名。作为我国最著名的风景区之一,亦属世界知名的游览胜地,游黄山看什么呢?看“奇松”、“怪石”、“云海”、“温泉”这“四绝”。“五岳归来不看山,黄山归来不看岳”,“登黄山天下无山,观止矣!”俱是明代著名地理学家徐霞客的赞语。撷题句为面,我措谜底是清季文士丘逢甲之名;览罢山丘之“甲”,“观止矣”的黄山,其余名山都显得相形失色,不值一看了!无条件去游名山大川,从邮票上、风光片里,管窥过黄山妙景之一隅,差可慰藉了!胜景、佳肴、“够刺激”的玩乐,从来只属于少数人;少数人可借它“显摆”;没了“显摆”的对象,胜景、佳肴等,也就索然无味了。家里尚有竹壳的“电壶”(热水瓶),几十年前,那可是奢侈品!

(癸卷67·2007年11月12日)

※谜苑拾萃※ 朱雀七宿(中药一) 天南星 (陈岳桐 作)

欲知圣人姓,田八二十一

近从高雄谜学会《谜萃》月刊第二十三期上读到康维人先生一谜,题句是谜面,猜底作上古人“黄帝”。题句出宋·钱希白《南部新言·预兆》:“黄巢令皮日休作谶词云:‘欲知圣人姓,田八二十一。欲知圣人名,果头三屈律。’”若按已故谜家韦荣先“半露面也不好”的理论,“黄巢”之谶,当然不能算灯谜了。但我否定“半露面”理论。《新华字典》释“谶”曰:“迷信的人指将来要应验的预言、预兆。”我不迷信;我也没研究过古人的谶语哪些是“应验”过的;一些书本记载的“应验”事例,不过是事后撰书人的编排罢了。股市很火,“炒股理论著作”盈架,股票分析师多如牛毛,一个个在电视里“讲故事”,诱人钻套,我叫他们“股托”;他们又像巫师、神婆,大约还会跳腾半年。 (癸卷68·2007年11月29日)

※谜苑拾萃※ 我才不及卿,乃觉三十里(成语一) 相知恨晚 (刘敏 作)

藕断丝连

早年，我有以题句之成语置面着猜电影名《未完结的爱》的谜作；近又拟“藕断丝不断”为面，猜底一作常言“情牵一线”，或作媒体栏目《亲情在线》。藕断丝连一语，实无“典故”，省却我饶舌，它当是有心人对生活细微观察总结出的“箴言”；藕断了，丝却连着，用喻关系没有彻底断绝；此语初现，功归唐·孟郊，其《去妇》诗云：“妾心藕中丝，虽断意犹连。”看来，唯有用“藕断丝连”比喻刻骨铭心的爱情难以割舍，才称得上贴切。“男朋友”、“女朋友”本指“恋人”关系；现实冷酷，对男、女朋友的称呼，多有加以“注释”的，如“男性朋友”、“女性朋友”；由此可见，人们在交往中，真挚的感情，更难看到了，这是社会的进步？

（癸卷69·2007年11月30日）

※谜苑拾萃※　君看一叶舟（歌手一）　刀郎　（陈建清　作）

高宗患风眩，百事唯武后裁决

题句系据史籍撰拟，扬州王峰先生以之作谜面，着猜俗语“治得了病治不得命”；唐高宗李治，得了风眩疾病，不能理政、发号施令（命）了。中医术语涉“风”者，不下百条，容我这门外汉交代“风眩”吧：中医将病因归结为“六淫”，是为：风、寒、暑、湿、燥、火；因风而致眼花、头晕，是为“风眩”。“老糊涂了”？李治不老，因“风”而“晕”了，军国大事悉由武氏定夺。别怪武氏专权吧，摊上个不能治事的皇上，亏得有武氏这贤内助主事。乾陵乃李治和武氏的合葬墓，据说，武氏令李治的碑文极尽赞美，却给自己留了块无字碑；李治最该赞美的是，得了“风眩”却明事理，不贪权。“老糊涂了”而“贪权”者，最是祸国殃民。历史的经验，值得注意。

（癸卷70·2008年1月26日）

※谜苑拾萃※　食品保质到本日（清赵翼诗句一）　至今已觉不新鲜　（刘二安　作）

泥牛入海无消息

1962年初，毛泽东填词《满江红·和郭沫若同志》发表，使我得读郭沫若《满江红》原词，题句即出其中；我借此句为谜面，着猜名人：沈寂；他是电影《开枪，为他送行》的编剧。沈、沉二字古通；泥牛沉入海，寂然，迄无声息。“泥牛入海”作“一去不复返”之喻。毛泽东、郭沫若的诗皆属“政治抒情诗”。诗重形象化的比喻，原是正理，但用于“政治抒情”，宜乎？郭沫若是大学问家，众所公认；但他晚年的一些诗、文，多有“迎合政治”之倾向，难免不贻人口实；即如“泥牛入海”所在之词作，为了突显“英雄本色”，把当时的世界形势夸张成“天塌下来”，这连毛泽东也觉得“溢美”了！“夸张”，我也会；但做人的良知不让我“吹”！

（癸卷71·2007年12月2日）

※灵犀一典※　泥牛入海无消息（经济术语一）　经济一体化　（张志有　作）

皋陶治狱不能决者

《辞源》皋陶：“也称咎繇。传说舜之臣，掌刑狱之事。”又《左传注》：“皋陶，有虞氏，字庭坚。……治狱不能决者，使神羊触之，有罪即触，无罪不触。”史家谳定，皋陶、庭坚应是两个人，但作为掌刑狱的舜臣这一点，是相同的。哈尔滨姜文清先生，从《左传注》之说，裁组题句作谜面，着猜春秋人羊角哀。用羊来决狱（尽管是神羊），能不悲哀？其实，神羊之触或不触，概率各占一半；那么，决狱之正、误亦各半，“哀”亦占半。今天，若有用“神羊”来决狱，是会被人笑掉大牙的；虽不劳驾“神羊”了，但决狱结果而致“哀”的概率，知悉内幕者，对之很难低估。执法者“拒腐蚀”的能力，还远远低于“施腐蚀”者的能量。宋鱼水是法官的楷模，谁有幸遇到那凤毛麟角？

（癸卷72·2008年5月7日）

※谜苑拾萃※　小姑居处本无郎（交通术语一）　零公里　（刘国瑞　作）

邮　　差

近整理旧作，1980年一作，以“邮差”置面，猜底是：绿衣使者——鹦鹉的别名。王仁裕《开元天宝遗事》载：唐长安杨崇义家养一鹦鹉；杨妻与邻人私通，谋杀崇义，埋尸井中。县官勘案，架上鹦鹉鸣屈，遂使案情昭然。唐玄宗闻此事，封鹦鹉为“绿衣使者”。绿衣使者，多么雅的誉称啊，把他加诸低级动物鹦鹉的头上，是在讥刺谁吧？邮差，旧时对邮递员的称呼，并无对邮递员的不敬。我没用邮递员，偏用“邮差”作“绿衣使者”的谜面。王顺友，多么令人尊敬的山乡邮递员呀；王顺友太少了，多数是“邮差（读 chà）”，太多的邮件差错、遗失。独此一家的中国邮政，它的话就是法律，就是搂钱的耙子！

（癸卷 73·2007 年 12 月 2 日）

※谜苑拾萃※　做鬼也风流（歌曲名一）　《死性不改》（陈建清　作）

似扇，似柱，似墙，瞎子各执己见

拟以题句作谜面，厦门徐宾鸿先生选四个常用词为谜底，是为：盲目、对象、摸索、争论。“盲人摸象”之典源自《大般涅槃经·三十二》。“盲人摸象”故事在传说中衍生出多种版本，徐宾鸿先生拟面所据，更似出自鲁迅文章《这也是生活》。耳似扇，腿若柱，身如墙，还有说象的牙酷肖芦菔根的；总之，盲人只凭各自触摸到的大象的局部，断言大象很像某某云云，当然作不出接近正确的结论。盲目者，眼睛不瞎，若让他描述大象的形象，也未必会得出恰如其分的结论，何故呢？一，他片面看问题；二，他太相信自己那1.5视力的眼睛。世事不是大象，它多变，更善伪装，这就要求决策者，不仅有好的视力，尤其需具备优良的“心力”和“抗腐蚀”的能力！

（癸卷 74·2007 年 12 月 11 日）

※谜苑拾萃※　极目青郊外（刊物名一）　《视野》（孙耀　作）

血流漂杵

摊上姓“屠”，真无奈，名字不好起。屠隆，浙江鄞县人，万历进士；落笔数千言立就，官做到礼部主事。屠隆又被称为屠赤水，这就更令人生畏了，且不管它；我为“屠隆”谋谜面以“血流漂杵”；其实，倒是“屠赤水”之号更显贴切于谜面。“血流漂杵”出《书经·周书·武成》，此文用纪周武王伐商功成后的主要政事。“归马于华山之阳，放牛于桃林之塞”的安逸，却是通过会战于牧野的“血流漂杵”得来的。柳贯，大学问家也，辞书记他“于书靡所不通，为文沈郁春容，人多传颂之”。他在《谥议》文中劝人曰“显于一时，不若彰灼于后”。此语全然在理，今人多以此语劝人，自己则既贪图眼前之利，又包揽身后之名。

（癸卷 75·2007 年 12 月 2 日）

※触典旁通※　漂杵（外国电影名一）　《血的河流》（张志有　作）

官不得夺，人不得取

唐·李瀚开启蒙文学之先河，他择经传故事为四言韵语编成《易蒙》一书，以教学童；后仿效者众，其中，尤为人推重者乃明·萧良友编的《蒙养故事》；此书复经杨臣诤增订，取古事之相类似者，摘而成偶，各谐以韵，改名《龙文鞭影》。“鞭影”难免捕风捉影。清·张起南以题文为面，猜为“钜”者，徇佳谜也，然面句为典故原出处《搜神记》所不见；张大师所本当系《龙文鞭影》：郭巨，字文举。家綦贫，事母至孝，为保证供食母亲，活埋亲子；坑挖三尺，现黄金一釜，上有丹书：“天赐孝子郭巨，官不得夺，人不得取。”谜以“郭巨之金”谳定产权。“郭巨埋儿”被列为二十四孝之一。“孝”到郭巨那个份上，我担心戴着“外视”眼镜的“国际警察”会以“人权问题”发难。

（癸卷 76·2008 年 6 月 16 日）

※灵犀一典※　官不得夺，人不得取（字一）　钜（清·张起南　作）

一朝天子一朝臣

题句属谚语，初见于《牡丹亭·掳谍》；旧指一个皇帝任用一批臣子；后泛指一个人上台会换一套人马。一套人马，拿现在话说，叫“班子”。自古以来，为争、斗，甚至流血得来的“权”的巩固，就得任用“自己人”，建立自己的“班子”；这在今天的一些地方，我不能不遗憾地说：司空见惯。一个伟人说过，“党内无派，千奇百怪”；容忍那“千奇百怪”的现象继续下去，“国无宁日”！我当头了，就得用自己的“一帮哥们”，别人当头了，如法炮制；换了“君”，就得更换一批臣佐；题句挂面，我令猜民国时期著名作家、谜家“易君佐”，不是挺“般配”吗？易君佐对兰州谜事的繁荣，亦功不可没，抗战期间，他在兰州办的《和平日报》，很为灯谜助浪兴波！

（癸卷 77·2007 年 12 月 3 日）

※谜苑拾萃※ 书籍是人类进步的阶梯（计算机词语一） 版本升级 （孙耀 作）

枕戈待旦

戈，古代常用的平头戟的兵器；旦，早晨。借题句之成语置面，用“探骊”谜法，陈振凡先生措“明朝人施武”作猜底；“明朝人”这“谜目”，亦应由猜者报出。枕以兵器躺着，比喻一刻也不松懈，准备参加战斗；枕戈待旦一语，初见于《晋书·刘琨传》：“吾枕戈待旦，志枭逆虏。”“不打无准备之仗，不打无把握之仗”，不无道理。“无准备”、“无把握”地打仗，无异于拿生命开玩笑、送死。“有准备”、“有把握”地打仗，有时只是“想当然”；良善的人哪能度知恶人处心积虑地磨刀霍霍，准备到邻国去“开发资源”？枕戈待旦还只是士兵的低级“准备”，“运筹策帷帐之中”的那些人，如果“不准备”，甚至被恶人的“橄榄枝”迷住了双眼，却是最可怕的。

（癸卷 78·2007 年 12 月 28 日）

※谜苑拾萃※ 腹中天地阔（成语一） 宽大为怀 （陈松柏 作）

新朝时代

新朝时代（猜地名），谜底：汉中；我还以“汉中”作谜面，令猜刊物名《新时期》；又用“北派法”，为电影《新寡》拟面“篡汉临朝称孤家”，这些都是我早期的谜作。王莽，字巨君，汉元帝皇后的亲侄儿；在西汉朝，他“积极上进”，“模范”事迹感动了当权派，受封为“新都侯”。阅知了不少改朝换代，王莽的手法堪称独树一帜。不一定要篡国柄，那太显眼，整不好要吃花生米；在不显眼的地方，王莽的徒子徒孙“代有人才出”，演出了一幕幕生动的“活报剧”；怪不得哲人说“堡垒最怕从内部攻破”，哲人时刻警惕着“隐藏在内部的阶级敌人”，一段时期，时不时地“运动”。“运动”多了，难免影响正常的秩序；“运动”少了，社会却前进得快了！

（癸卷 79·2007 年 12 月 13 日）

※灵犀一典※ 莽称皇帝改国号（《礼记》句一） 天子尝新 （清·郑永禧 作）

大破赤眉于崤底

王莽登基后，倒是励精图治，怎奈子民得到的只是繁苛徭役，遂致矛盾激化，农民起义蜂起；公元 23 年，王莽被杀，新朝玩完。起义军中重要的一支是把眉毛涂成赤色的“赤眉”军；公元 24 年赤眉军攻入长安，拥立放牛娃出身，有着汉皇室血统的刘盆子为帝；后赤眉军被刘秀部下“大树将军”冯异部消灭于“崤底”。清末民初谜家杜实夫据《后汉书·刘盆子传》的史实，拟以题句作谜面，着猜中药名“覆盆子”；“覆”作动词“覆没”释，“盆子”踏实到刘盆子名下。赤眉军覆没了，皇室血统的盆子，哪儿都没磕着碰着，在刘秀锅里，分享着不菲的“战果”。国人可贵的品质是老实，善于忍辱负重；这也是“历史经验”教会他们的，没“皇家血统”，就别掺和着“起事”。

（癸卷 80·2007 年 12 月 13 日）

※谜苑拾萃※ 农夫心内如汤煮，公子王孙把扇摇（著名演员一） 焦晃 （孙国光 作）

暖　房

唐·王建诗《宫辞·七四》有句曰:"太仪前日暖房来,嘱向昭阳乞药栽。"元·施惠《幽闺记·招商谐偶》:"明日再取一尊酒与你暖房。""暖房"又作"暖屋",旧俗备礼仪贺人新居或新婚是之谓。1981年,我借"暖房"作谜面,取电影名《婚礼》《祝福》为底;此谜甚贴切,然自度,终是考人知识的平淡之作,缺少诡谲的奇趣。暖房历史悠久。宋·周辉《清波别志·暖屋》:"里巷间有迁居者,邻里醵金(今之'凑份子')治具过之,名暖屋,乃古考室之义。"故里陕西之暖屋,更由男童先一日入睡新婚者新房,尤显对生男的希冀。我国民俗文化丰富多彩,端午、中秋已定为法定假日,足见政府对民俗的重视。年轻人的"新潮"、"前卫",令我不解,竟把"洋俗"奉为"圭臬",真有点数典忘祖了。(癸卷81·2008年1月4日)

※触典旁通※　学暖房(地球物理学词一)　温室效应　(张志有　作)

药石言用药石谢

药石,药物的总称。药,方药;石,砭石;皆以治病。药石,又喻规戒。题句有典,姜文清先生拟之作面,选猜底为两条成语:高出一筹、报之以李。面中"药石言"即指规戒的话,其出《旧唐书七八·高季辅传》:"(季辅)上疏切谏时政得失,(皇上)特赐钟乳一剂,曰:'进药石之言,故以药石相报。'"高季辅,名冯,以字行。谜以"上疏切谏时政"踏实"高(冯)出一筹";"报之以李"则别释为:回报以药石者,是唐太宗李(氏)。"让一部分人先富起来",势必导致愈演愈烈的竞争;竞争尤以善于和政策"打擦边球"技高者为优;此等高人,又岂能与权、掌权者毫无瓜葛?此等"高人"若说在乎"药石言",那是扯淡!

(癸卷82·2008年5月8日)

※谜苑拾萃※　来年拟扩军(网络名词一)　下载补丁　(安建国　作)

兔死悲戚生

我拟题句作谜面,猜底是唐代名人:令狐楚;别释作:兔之死,令狐狸感到悲楚。语言多有褒贬之别。"惺惺惜惺惺"是说:聪明人爱惜聪明人,形容性格或才能相同的人互相爱惜,而兔死狐悲则多用于贬义,它初见于元·无名氏元曲之作《赚蒯通》:"今日油烹蒯彻,正所谓兔死狐悲。"时有倡善之举,间有行善之人。但"言善非难,行善为难"(《资治通鉴·唐纪》),"耻恶则善生"(焦竑《焦氏类林·警悟》)。最大的"善"不是让不幸的人减少,而是根除产生不幸的原因;否则,倡善、行善,等于舍本逐末。权柄有责任铲除为富不仁者,别让他们"猫哭老鼠假慈悲"。黄世仁的妈常念弥陀,就在她念弥陀的佛堂里,神们目睹着一幕幕人间悲剧!　(癸卷83·2007年12月4日)

※谜苑拾萃※　施朱则太赤,傅粉则太白(广告语一)　不染色,更出色　(陈振凡　作)

藁砧今何在,山上复有山

题句出南朝陈·徐陵《玉台新咏》中《古绝句四首》之一,其后两句曰:"何当大刀头,破镜飞上天。"清·天目山樵以题句置面,令猜"四书句":良人出。良人,丈夫也;"山上复有山",得"出"字;"藁砧"之所以扣"良人"、"丈夫",则见"藁砧"一诗隐喻之意,深矣。藁砧,剁肉之砧;剁肉必用斧,砧、斧每形影不离;又以斧谐音"夫",遂成丈夫之隐语。后,藁砧喻指丈夫,古诗文屡见不鲜矣。在古代,思妇极苦;不像现在,通讯、交通都很发达;手指按几下,可聆夫音,更时髦的可视电话,会让亲人的音容笑貌,宛在身边;还感孤单凄凉时,就飞回来吧!妇思夫、夫思妇的"相思"之苦,而今更多在"理论"上了;别让"山盟海誓"、"白头到老"的卿卿我我,只在昔时的美丽传说中吧!　(癸卷84·2008年1月4日)

※谜苑拾萃※　纸上得来终觉浅(中药一)　知了皮　(安润泽　作)

三十六体谁为首

题句系我自拟，用为明代词曲家李开先大名的的谜面。“三十六体”有说道，其见《旧唐书·李商隐传》：唐李商隐、温庭筠、段成式均擅长作骈体文，而三人在家里又都排行十六，因被时人称作“三十六体”。入谜，底材别解作：在排行十六且擅骈体的三人里，李商隐开了先例。“三十六体”亦如“唐宋八大家”之称，反映了一定时代、一定风格的作者群风姿。如今，很少见这类称谓了；如今崇尚“标新立异”；但很遗憾，那是无奈的“标新立异”，是形式上的标新立异；而其“新”、“异”，却有共同的特点：脱离现实生活。央视的电视剧频道式微了，很少有人光顾了，它播出的剧目，尤其是农村题材剧目，甚少不是“瞎编”！

（癸卷 85·2007 年 12 月 19 日）

※谜苑拾萃※　玉环飞燕皆尘土（贬称谓冠量一）　两个好色鬼　（陈继耿　作）

郑侠上《流民图》

从电视剧里知道了《流民图》。有粮食吃就不会有流民；很遗憾，我亲眼见过流民，那是在 20 世纪 60 年代初的武都，大群的小要饭的，整日围着县招待所；问他们：你们家大人呢？饿死了。当时，甘肃省委书记姓张；提他的姓名毫无意义，“全国一盘棋”，他也只是一枚棋子。宋·魏泰《东轩杂录·五》等载：宋熙宁六年，河东、河北、陕西大饥，大量饥民外逃乞食至京西；官吏瞒报，十不奏一；郑侠因绘《流民图》呈圣上。后郑侠遭流放。清佚名者，拟题句作谜面，谜底是《书经》句“奏庶鲜食”，别解义作：奏称庶民没有吃的。从古至今，“奏庶鲜食”者虽鲜，却都鲜有好的结局。“鲜食”不可怕，“奏庶鲜食”者太少，才是最可怕的！

（癸卷 86·2008 年 2 月 12 日）

※谜苑拾萃※　自恨身轻不如燕（市招一）　减肥中心　（庄荣池　作）

袭九渊之神龙兮

《庄子·列御寇》故事：贫人以编织蒿草帘生计，其子坠渊，却得千金之珠而返；其父令毁珠以免祸，还说：“夫千金之珠，必在九重之渊，而骊龙颔下。子能得珠者，必遭其睡也。”不幸坠渊，犹“塞翁失马”，而在骊龙打盹时得千金之珠，又“安知非福”？“福为祸始”，父又令子毁珠。“探骊”故事诚“塞翁失马”之辩证的又一范例。灯谜术语的“探骊”或曰“骊珠”即出上述典故；面用前典，句出汉 贾谊《吊屈原赋》，我令猜谜刊名《谜海探骊》。“探骊”谜作，每有让人“眼前一亮”的“明珠”，但其多属偶尔所得，不是刻意为之所能得到的；君不见，为了刻意“探骊”，不是把电影、电视剧都扭曲成了“影目”、“视目”吗？

（癸卷 87·2007 年 12 月 18 日）

※灵犀一典※　袭九渊之神龙兮（电影名一）　《海上明珠》（张志有　作）

阅后付丙

成语“一目了然”义作：一看即完全清楚了，其出处无典故；了然，明白，如“了然于胸”。然、燃通假；把“一目了然”里的“然”谬解作“燃”，清季谜家高芸生为该成语拟谜面以：阅后付丙——看过后烧了它。“付丙”有说道。古代以天干配五行金、木、水、火、土，丙丁属火，后因称“火”为丙丁，或叫丙；把付诸火焚叫“付丙丁”，省作“付丙”。如明·钱德洪《平濠记》：“目毕，即付丙丁，知名不具。”做机密事常嘱：阅后付丙，期不留痕迹。常言道：“若要人不知，除非己莫为。”干过的事，要完全不留痕迹，极难；事是由人干的，由是，杀人灭口就屡见不鲜了。别干坏事吧，得小心你也会被“付丙”。

（癸卷 88·2008 年 1 月 27 日）

※谜苑拾萃※　被动吸烟（五字口语一）　受别人的气　（朱映德　作）

倾城倾国

早年，我借题句置面，以影视演员“盖丽丽”之名作谜底。倾城倾国这成语的衍生，兴许只是故事，其出《汉书·孝武李夫人传》：“性知音，善歌舞”的李延年，武帝喜欢；一次，延年“侍上起舞，歌曰：‘北方有佳人，绝世而独立。一顾倾人城，再顾倾人国……’”平阳公主告诉汉武帝，延年唱的是他妹妹，于是，武帝召而幸之，遂有了“孝武李夫人”。献上妹妹，李延年只为巩固自己的尊荣地位。倾，又作“倾覆”释。美色可倾覆一城、一国吗？不尽然；汉武帝有倾城倾国的美人强劲的“枕头风”，却难改其有作为的皇上形象。现今，“历史故事”越写越“现代化”了，他们笔下的西施，俨然是越国派出的“间谍”。哪国不派间谍？不是所有间谍都能发挥作用的！（癸卷89·2007年12月19日）

※触典旁通※　再顾倾人国（市招一）　女子美甲　（张志有　作）

称为佳友

清·顾震福先生拟“称为佳友”置面，着猜京剧名家：言菊朋；称为，扣“言”；友者，朋也；那么，“佳友”扣“菊朋”吗？是的。明·都卬《三余赘笔》载：宋·曾端伯以十种花，各题名目，称为十友：荼蘼韵友，茉莉雅友，瑞香殊友，荷花静友，岩桂仙友，海棠名友，菊花佳友，芍药艳友，梅花清友，栀子禅友。曾端伯“十友”之论，虽一家之言，然传扬广、久；“十友”之号，如“韵”、“雅”、“殊”、“静”、“佳”、“艳”等，均属褒词，古人都能生活在“十友”般超俗脱尘的世态里吗？理想而已。兰州市政协办过一刊，名曰《诤友》，那名字殊可敬，名字而已，“诤友”是十分难得的。快祭灶王爷了，祭品有种很粘的，陕西人叫“灶糖”的糖，用以粘住灶王爷的嘴，让他“上天言好事”。（癸卷90·2008年1月27日）

※谜苑拾萃※　阅历丰富事易成（歌词句一）　经过多少失败　（陈继耿　作）

足下为汉则汉胜，与楚则楚胜

韩信的事介绍已多，谁要人家是举足轻重的人物呢？题句那蒯通的话即为明证。《史记·淮阴侯列传》述：汉四年，齐国被灭，拥重兵的韩信向刘邦求“假王”于齐，邦怒；其时，张良“咬”着刘邦耳朵说：“汉方不利，宁能禁信之王乎？不如因而立……不然，变生。”这时，齐人蒯通借相面以说信：“当今两主（刘邦、项羽）之命悬于足下，足下为汉则汉胜，与楚则楚胜。”不久，项羽被灭，刘邦夺信军权。撷题句作谜面，我取县名“通道”、“崇信”为谜底；蒯通的话（道），崇韩信极矣。大丈夫处世，能左右“两主之命”者，人中龙也；不听蒯通言，吃亏在眼前；无兵权的韩信，由齐王到楚王，再降到淮阴侯，名儿仍好听，却逃不过上砧板的命。讲究“服从分配”的年代，我们摊上了；命苦啊！

（癸卷91·2008年1月30日）

※灵犀一典※　足下为汉则汉胜，与楚则楚胜（《左传》句一）　以结两国之信　（古谜）

欲从赤松子游耳

张良，字子房，先祖乃韩人；《史记·留侯世家》记有张良语曰：“今以三寸舌为帝者师，封万户，位列侯……愿弃人间事，欲从赤松子游耳。”择以题句置面，取两个歌名《听雨》、《神话》缀底；此谜作者：任焕长先生。嗜黄老之术的张良，听了雨神的话，“欲从赤松子游”。此谜瀐定赤松子是雨神，见《辞源》“赤松子”释：“传说中的仙人。1.神农时为雨师……”张良是否“从赤松子游”，不得而知，但一度“辟谷”，史记凿凿。辟谷：古称行导引之术，不食五谷，可以长生。我释“辟谷”：不食人间烟火，向往神仙。陕西话责人贪欲时说“吃了五谷想六谷”；其实，想吃谷物的都是凡、俗者流；贵为王、侯的有权、有钱人，谁不想以“导引之术”，窜到更高的“位”，直至成为神仙？（癸卷92·2008年1月31日）

※触典旁通※　欲从赤松子游（宋人一）　张志道　（张志有　作）

恭立程门足见情

程门立雪应是不陌生且很有教益的典故,怎么在本文前几卷未予介绍?看来,不是"老糊涂了",起码也属"忘性大"。《宋史·杨时传》:年已四十的杨时,和游酢同到洛阳拜见著名理学家程颐,逢颐坐着小睡,他们没敢惊动老师。及程颐醒转,"则门外雪深一尺矣"。"立雪程门"、"立程门"、"立雪"传为尊师重道佳话。读李华《吊古战场文》至"积雪没胫"句,我遂以题句作其面。站立程门等候,雪深盈尺,埋没到脚脖子,不夸张吧;恭敬之情见于"足"。学生另有"站"的——被罚站。有些教师,教育无方,心思甚至就没放在教学上,致使学生成了当今社会负担最重的人;"炒"升学,"炒"得教师"财路亨通"。今若再评"五蠹",可别忘了一些"黑心教师"。(癸卷93·2008年2月2日)

※谜苑拾萃※ 满朝朱紫贵,尽是读书人(外国科学家一)　达尔文　(朱锦华　作)

不知细叶谁裁出

题面诗句出唐·贺知章《咏柳》,取之作面成谜,多用"章旨·启下"法门;柳之"细叶谁裁出"呢?答案须从诗的下句"二月春风似剪刀"中寻觅。舟山周震康先生用将军"赖春风"之名作答,"赖"字作"依仗"释,但"春风"略嫌笼统。又有以小说名《剪剪风》答底的,动词"剪"贴切,但"风"字更宽泛。还有措底为三个杂志名者,《二月》《春风》已答得确凿,其后之《萌芽》,却显蛇足。相比之下,我觉着,应是漳州资深谜家杨炎木选底为两个电影名最妥:《早春二月》《风》。某地举行典故谜创作赛,我集中精力从中遴选可入《灯谜·典故·杂感》的主谜,失望;何故呢?那些谜作只抓了典故的中心词句,而未从典故出处的原文里妥当剪裁,以贴切底材的意旨,挖掘其别解之意趣也!(癸卷94·2008年2月18日)

※灵犀一典※ 不知细叶谁裁出(四字口语一)　吹的结果　(佚名　作)

湘　累

1984年,我以"湘累"置面,拟猜底是成语:沉冤莫白;去年整理旧作时,前谜自己也"莫白"了。《汉书·扬雄传》中《反离骚》曰:"因江潭而淮兮,钦吊楚之湘累。"注:"李奇曰:'诸不以罪死曰累……屈原赴湘死,故曰湘累。'"就此谜言,屈原是"沉没于湘水"的属冤死者,其冤未得昭雪,应属"莫白"。《新华字典》载"累"字有三种读音,多种义项,却无"冤死"一项,甚属不该。想古往今来,"累"鬼累累,被株连的受"连累"者,就会十倍、百倍地多;"冤死"的多,虽"冤枉"而不至于死的,不是更多吗?"冤死"、"冤枉",就认倒霉吧,而制造冤案者却借此发财、升官,不是也不少吗?这就等于让这些人去制造更多、更大的冤案。奇怪吗?世界之大,无奇不有!(癸卷95·2008年2月12日)

※谜苑拾萃※ 迅雷不及掩耳(交通用语二)　打的　特快　(纪清华　作)

周鼎既迁合纵散

题句出《东周列国志》文末"史臣有《列国歌》"中。夏、商、周三朝均以鼎为国之重器,国灭则鼎迁。周鼎,实指周朝传国之九鼎,后多代指政权。合纵即合从,是战国时苏秦力主的,将齐、楚、燕、韩、赵、魏六国土地南北相连,西向抗击强秦的战略学说。《史记·始皇本纪》:"始皇……欲出周鼎泗水。"前之引文说明,合纵失败了(散),嬴政成了统一的大中国的"始皇帝",周鼎归秦。题句的寓意明晰后,谁能把它的意旨归结成一种名茶呢?"归结"彰示着他的"灯谜悟性"和才思;夏彬先生归结其意旨为:六国安能瓜分已成整片的土地呢?欧洲有块多事的地区,点燃过大战火;它已裂变成几个国家了,裂变并未终止。是谁?为了何种目的?"瓜片"何时休?(癸卷96·2008年2月18日)

※谜苑拾萃※ 浪花里飞出欢乐的歌(中成药一)　江中亮嗓　(余波尔　作)

精逃白骨累三遭

题句出郭沫若《七律·看〈孙悟空三打白骨精〉》，我以此句作谜面，着猜口语“怪不得”——妖怪屡屡脱逃——不得。《孙悟空三打白骨精》是绍兴剧团据《西游记》第二十七回《尸魔三戏唐三藏，圣僧恨逐美猴王》编演的绍剧。看了郭沫若诗后，毛泽东写了《七律·和郭沫若同志》，诗中指出郭老对唐僧看法的偏激：“僧是愚氓犹可训”；读主席诗后，郭老当即步韵又写七律，末句是“哪怕妖精亿度来”。郭沫若是大学问家，又极聪明，他知错即改，改得快，改得“大”，看他那气势：“哪怕妖精亿度来”。应是我的谜底辩证：“怪不得”。妖精会“亿度来”，终究是“不得”；一个白骨精亿度来，其他精怪也亿度来，岂非“国无宁日”？斗妖除怪犹自罢了，那“愚氓”的僧，也“不是省油的灯”！（癸卷97·2008年2月12日）

※谜苑拾萃※ 乃不知有汉（称谓一） 男生 （陈盛强 作）

朱桃椎掷还鹿帻

题文出《幼学故事琼林·贫富》，尚志谜人任焕长借之作谜面，巧取两个中医术语“穷骨”、“气高”为谜底。《幼学》引《事文类聚》载：“唐朱桃椎敝衣束带，长吏窦帆遗以鹿帻，朱委之地不服，曰：命合穷耳。”我无法查阅《事文类聚》原文，其在《幼学》引文与《中国人名大辞典》所载朱桃椎事，颇有出入；后者载“长史窦轨遗以衣服”，朱桃椎“披裘曳索”。“遗鹿帻”与“遗衣服”是决然不同的。遗赠须重“实用”，须雪中送炭；能给冻馁者送鹿皮头巾吗？近期，雪灾祸害南方，政府对灾民关怀备至，使历来寒冷的北方都倍感温暖。灾害怕“罕见”，它一旦突袭，难以承受；反倒是北方人对暴风雪见得惯了，似乎更能承受灾难，更能安之若素。（癸卷98·2008年2月12日）

※谜苑拾萃※ 街头装上电子眼（《召公谏厉王止谤》句一） 道路以目 （余植华 作）

斗妖除怪观音到

前面写过“斗妖除怪犹自罢了”句；是的，要得国家康宁，光有“斗妖除怪”，与其“亿度来”作斗争的决心是远远不够的；还得和“愚氓”的“僧”周旋，否则，他念“紧箍咒”；“斗妖除怪”还须“观音到”；你看，“做人”多难啊！《西游记》里，不是把孙悟空写得十分了得吗？一个筋斗十万八千里，七十二般变化，火眼金睛，谁都不能致之死；可他却每每对妖怪束手无策，关键时候还得“观音到”；这就难怪我要以题句置面，着猜口语“打起精/神来”了。“观音”、“神”是什么呢？没法说清楚。《西游记》里的一些妖怪，不正是“神”们豢养的吗？解铃还得系铃人，除妖还得养妖人。能否说：“神”和妖怪在联手欺负人，“神”也是妖怪？世上最伟大的，是正直的人！（癸卷99·2008年2月12日）

※触典旁通※ 尸魔三戏唐三藏（三字口语一） 精气神 （张志有 作）

山中宰相胜封侯

“朝中无宰相，湖上有平章”，这是对南宋奸相贾似道嘲讽的民谣。贾似道把持朝政，“班”都不想上，百官有事得到西湖上他的家中请示。题句出明·王守仁诗《夏日游阳明小洞天喜诸生偕集偶用唐韵》。“山中宰相”指南朝陶弘景；初，弘景仕齐为诸王侍读，后辞官隐于句容句曲山，自号华阳隐居；他曾参与机密，佐萧衍夺帝位建梁朝，时人称其“山中宰相”，《梁书》、《南史》均有传。广州谜家黄树基先生以广州老店字号“陶陶居”配作题句谜底；前“陶”字踏实弘景之姓，后“陶”字以“怡然自乐”训义。我骂臭名的“湖上平章”，却不恭维颇膺称誉的“山中宰相”；为广大百姓鞠躬尽瘁的良吏并不多，为什么要给“墨吏”腾地方呢？（癸卷100·2008年2月18日）

※触典旁通※ 山中宰相（晋人一） 陶潜 （张志有 作）

王勔、王勮、王勃兄弟都有才名

去过几次哈尔滨，坐火车去的；那阵，从北京到哈尔滨有趟车，终点站叫三棵树；于是，我以"三棵树"为底，拟谜面以题句。株、棵同义，否则，前谜属瞎编。唐初，王勔、王勮、王勃兄弟都有才名，杜易简称他们为"三珠树"（见《新唐书·王勃传》）。后来，"三珠树"成为对别人兄弟的赞词。"三珠树"能等同于"三株树"吗？这又得引出《山海经·海外南经》那"经"："三株树在厌火北，生赤水上，其为树如柏，叶皆为珠。"《淮南子·地形》、《初学记》引《山海经》"三株"均作"三珠"。在中国地图册里的哈尔滨地图上，没找到三棵树；兴许，详细的哈尔滨地图里会有它；它被时代湮没了吗？历史会湮没一些"物质"；"非物质文化"是否比"物质文化"更容易被湮没呢？应该不是。（癸卷 101·2008 年 2 月 14 日）

※谜苑拾萃※　冬吃萝卜夏吃姜，小病小灾一扫光（古词人一）　辛弃疾　（吴乐荣　作）

赐宴月池之上，翼赞堪夸

题文见诸《幼学故事琼林·师生》，任焕长谜友借之为面，猜底拟为宗教称谓四：教皇、上人、比丘、行者——别释作：教皇上的人，自比为孔丘一样的圣贤。"嚣张"一词，是说张家人甚嚣尘上吧，他可别是我们的老祖宗呀！《合璧》一书载：李渊曾请张复胤"以经授秦王（李世民）"；李世民成了唐太宗后，"赐宴月池。帝从容曰：'今日弟子何如？'胤曰：'昔孔子门人三千，达者无子男之（爵）位。臣赞（辅佐、引导）易一人，乃王天下。计臣之功，过于宣圣（指孔丘）。'帝为之笑"。张复胤不"嚣张"吗，自吹其功"过于宣圣"。张姓乃世界第三的大姓，可没出过"王"一级的大人物；听说"拔宅飞升"的玉皇大帝俗名叫张百忍，这下，大可作为谈资，过过虚荣瘾了吧？（癸卷 102·2007 年 12 月 28 日）

※谜苑拾萃※　雨作佳酿雪作蔬（食品统称一）　下酒菜　（吴凌涛　作）

余音绕梁

题句置面，我拟谜底是《红楼梦》中曲目《好了歌》；了，作完了、完毕释；好的歌、唱得好的歌，是余音绕梁，久久萦回在人们耳际吗？不是。声音是靠物质传播的，与声音的好坏无关；余音绕梁，只是对好歌、唱得好的歌的赞美。"余音绕梁"出《列子·汤问》：韩娥过雍门卖唱寄食，"既去而余音绕梁欐，三日不绝，左右以其人弗去"。或云"歌声绕梁"出《太平御览》引《洞冥记》。声音能"绕梁"，因声学原理，但"三日不去"，我不信。何不把"绕梁"比做"传播"？传播岂止"三日"，甚至是永恒的。有些中央媒体钱多（不用自掏腰包），每每奢靡地办晚会，推出什么的；就说歌曲吧，硬是靠"物质"促使"传播"的歌曲，有几首？能引起广大人民共鸣的，只有心声！（癸卷 103·2008 年 2 月 14 日）

※灵犀一典※　乍取新声学绕梁（文化活动名一）　中韩歌会　（吴融行　作）

吾膝如铁，岂可为贼屈

当某个政权腐败已极，群雄蜂起，必欲推翻它而称霸封王时，当然是造反，但你能说他们挑起的战争是非正义的吗？任焕长谜友为相声演员名"齐立强"谋面以题句，其出《元史·李齐传》。元代进士李齐，知高邮府；盐贩出身的张士诚攻下高邮，李齐不降，还说："吾膝如铁，岂可为贼屈。"后，张士诚一度降元，复自立为吴王，最终被朱元璋打败，自缢死。"浪花淘尽英雄"，朱元璋、张士诚与李齐比，哪个是英雄呢？每闻"男儿膝下有黄金"云云，把屈膝看得比命还重；不提为元朝统治殉葬的值与不值吧，李齐"膝如铁"，是很可敬的。毕竟，太过机敏为追名逐利而朝秦暮楚，他的膝见任何强者即屈的人，最为正直的人所不齿！（癸卷 104·2008 年 2 月 27 日）

※谜苑拾萃※　我欲思投笔（现代史名词一）　志愿军　（郑昆吾　作）

莫做江湖卖艺人

通读《辞海》时，引发谜思，我拟以题句作谜面，取初唐杰出诗人王勃的《杜少府之任蜀州》中句“无为在歧路”为谜底；此谜虽妥帖，然乏“神”可陈，有“掉书袋”之嫌。探索典故，“书袋”不能不“掉”；欲搞懂前谜，“引经据典”是必要的。综合《辞海》“歧路人”、“路歧”条释文如下：宋、元时对民间艺人的称呼，犹言走江湖者；前释乃据宋·曾三省《因话录》等古籍。一部写“歧路人”的电视剧叫《一路黄昏》，看得人忒心酸。今仍有“歧路人”；自诩为“国粹”的灯谜，境遇比“歧路人”好不到哪儿去。前些年，西安谜友曾自费购买奖品在公园“撂地儿”为群众搞文化活动，竟遭到保安的驱赶。灯谜还没到须“抢救”的程度吗？“申遗”很有必要！

（癸卷 105·2008 年 2 月 1 日）

※触典旁通※　荒田（曲艺名词一）　撂地儿　（张志有　作）

纵然生得好皮囊

冗长的夸奖后，若有“但是”二字，就会把所有的夸饰给否定；有人美名这种技巧曰“但学”。“纵然”一词，应归“但学”，它让“好皮囊”的“腹内原来草莽”——《红楼梦》第三回里、“后人《西江月》”、“批宝玉极确”的词句。扬州王峰先生借题句置面，用“启下”法，“击”出地理术语“内蒙草原”为谜底。京剧《沙家浜》里的胡传魁，是知名的“草包”，阿庆嫂把他当“挡风的墙”。贾宝玉果是“草包”吗？“批宝玉极确”，怕是反话吧，宝玉应是曹氏笔下被“赞颂”的人物。宝玉“草莽”在何处呢？——“潦倒不通庶务，愚顽怕读文章。”如今，很是崇尚“读文章”，读到博士、博士后什么的；但读书多，有时会更“草莽”；把世事“玩”得转的“花花肠子”，绝不是书本教出来的！

（癸卷 106·2008 年 1 月 20 日）

※触典旁通※　纵然生得好皮囊（材料连制品一）　人造革包（张志有　作）

郭槐脚屈拜李氏

古籍所载颇有价值的话，多已演化为固定词组或短句，更多以四字赅其旨，叫它“成语”；亦有未能入成语者，其事却并非等闲。早年，读《晋书·贾充传》，对贾充绝嗣，大感意外。权倾晋国的贾充，却无奈夫人郭槐之妒，致使两子夭亡。充前妻李氏淑美有才行，父遭诛，坐流徙，充娶郭槐；后李氏以赦还，但贾充欲见李氏一面亦难。值郭槐不得不入李氏门时，贾充嘱其曰：“彼有才气，卿往不如不往。”郭槐不听，“盛威仪而去，既入户，李氏出迎，槐不觉脚屈，因遂再拜”。据上述史实，我拟以题句成谜，底取口语“气不过”。“气”，气质也。见了有气质的李氏，郭槐不由自主地“脚屈”。有些人，有了点钱，有了点权，就牛气烘烘的；他有“气质”吗？气质是钱、权换不来的！　（癸卷 107·2008 年 2 月 1 日）

※谜苑拾萃※　扶为正职者，年龄皆不小（六字口语一）　提起来头都大　（吴家宏　作）

只见那两个大虫，于黑影里直立起来

一查即知，题句出《水浒全传》第二十三回。景阳冈上打死猛虎的武松，精疲力尽，他挣扎下冈不到半里，“只见枯草丛中，钻出两只大虫来”。读过《水浒传》者明白，那两只大虫是猎户扮的——虎都男装——陈清泉先生为题文谋的谜底，它是“服饰名冠品牌”。以古代文学名著情节作谜面，应属制谜者的妙选；虽然，我这系列文章很少选用以名著情节构面的“典故”，但怎能舍弃“虎/都男装”这巧妙的构思？服装、运动鞋很有一些名牌了，光福建、广东就不少。一位温州人在兰州创出一个西服名牌，质量进入全国“四大”行列；恕我未能记住它的名字叫“×良”来着，兴许是受它出生地的连累吧。很多名牌，“名”在名字上，但质量无法恭维，价格吓人。不吓人怎么行，广告费谁出？

（癸卷 108·2008 年 5月 8 日）

※谜苑拾萃※　亮有一方，便叫都督气顺（汽车品牌一）　东风悦达　（吴融杭　作）

著作等身

拍了部好电影，一个导演的名字让我记牢了，他是《东京审判》的导演，名叫高群书。有的人，能“拉赞助”，兴许拍了不少东西，虽有“托儿”们的喝彩、如雷贯耳的宣传和不惜巨资的“炒作”，人们还是记不住他。有时被“感动”，有了作谜的“冲动”，我才作谜。为高群书大名，我踅摸的谜面是：著作等身。著作等身，又作著述等身，初见于清·纪昀《阅微草堂笔记·滦阳消夏录一》；此语直白，据字面即可尽晓其义。著作等身，有时不夸张；有的人，一生的著述、编撰，垒起来足可和自己的身高相等，但他不一定是受人赞许的作家；陈忠实曾说，只想写出可以当枕头的作品（大意如此），他的《白鹿原》只那么高吗？“良言一句三冬暖”，有时，一句话亦可“等身”。（癸卷 109·2008 年 2 月 14 日）

※灵犀一典※ 著作等身（足球宿将一） 高丰文 （佚名 作）

花底捉迷藏

《西厢记·酬韵》一折，有“遮遮掩掩穿芳径”句，句述张珙偷窥崔莺莺的大胆“行径”；近见《评注灯虎辨类》载一谜，为此句拟面：花底捉迷藏。我作过“儿戏系列谜”，谜底计有“过家家”“跳房房”“藏猫猫”等；“藏猫猫”与“捉迷藏”玩法相同而名异。元·尹世珍《琅嬛记》中引《致虚阁杂俎》：唐玄宗与杨太真恒于月下以锦帛裹目，互相捉戏，谓之捉迷藏。捉迷藏还叫“摸盲盲”。谁能跟李隆基比，人家有御花园，捉迷藏还真在“花底”。幼时，我玩过树上捉迷藏，那得看谁的胆大，敢“攀高枝”了。前列儿戏种种，如今看，太低档，玩它还不让人笑掉大牙？现代化的、花巨资的游戏，其情趣和有益身心健康处，却未必胜过昔时的“小儿科”，凭心而论。（癸卷 110·2008 年 2 月 17 日）

※触典旁通※ 七月流火（菊花品种一） 相映红 （杨承业 作）

二者不可得兼

“鱼，我所欲也，熊掌，亦我所欲也。二者不可得兼，舍鱼而取熊掌也。……生，亦我所欲也，义，亦我所欲也。二者不可得兼，舍生而取义者也。”前文出《孟子·告子章句上》。两处“二者不可得兼”，对于不讲究吃的我，崇尚后者，所以撷题句为谜面，措底只可能是谚语“生意不成仁义在”。感谢孟夫子对“舍生取义”的精辟阐述。古往今来的英烈，正是循着舍生取义的精神，塑成光辉形象，垂范中华英贤。舍、取考验每个人。最宝贵的生命可舍，还有什么不能舍？研讨“脸皮厚、心肠黑”的“厚黑学”火了，但它太不要脸，不足取，“聪明人”研究“得兼学”；别炫耀官衔吧，它像“牌坊”；牌坊旌表的也有婊子！（癸卷 111·2008 年 2 月 15 日）

※触典旁通※ 鱼，我所欲也，熊掌，亦我所欲也（酒名带量一） 舍得一件 （张志有 作）

簸之扬之，糠秕在前

偶尔想：“正经”的“事典谜”该是什么样的？试答曰：事主均应在谜底中体现，以扣合贴切、自然为佳。一“阿物”，广告捧为“王者风范”，大约是宫廷食品吧，那么，让宫廷主子们享用去，你跑到大众市场内吆喝个啥？言归正传，回到以“王者风范”为谜底的谜作吧，它符合“正经事典谜”的条件。作者：章健儿；谜面即题句，其出《世说新语·排调》：王文度、范荣期同赴简文帝邀；王年少而位高，范年长而位卑；行间，二人“礼让”对方前行，推让良久，王终在后，遂语曰：“簸之扬之，糠秕在前。”此讥讽生活化而形象：王（文度）者，风（古通讽）刺范荣期。我“逆反”广告，你越“吹”，我越不买账。广告费掩垮的企业不少了，但“吹牛”的奇效，仍令骗子们前“夸”后继。（癸卷 112·2008 年 5 月 9 日）

※谜苑拾萃※ 红遍粤申两地（足球教练名一） 朱广沪 （张洵 作）

孤山梅鹤报消息

意念：想法、念头。若把意念比作物质的丰饶、精美，更为人们孜孜追求时，世界会安宁得多，也会进步得更快。娶妻生子被视为“最大”的事，这“世俗”吗？世况仍如是。古代一人，不把“娶妻生子”视为“头等大事”，他是林逋。清·吕留良《宋诗钞·林和靖诗钞序载》：“林逋字君复……力学刻志不仕，……时人高其志识，赐谥和靖先生。逋不娶，无子，所居多植梅畜鹤……因谓梅妻鹤子云。”拟题句置面，我令电影名《妻子的信》作其底。萦牵于“妻子的信”，凡夫俗子耳，林逋大约是不屑的。为意念、信念而活，而奋斗，再把那意念、信念牵挂在最大多数人的衣食住行上，不庸俗，的属伟大！

（癸卷 113·2008 年 3 月 2 日）

※灵犀一典※　莫道和靖无儿（《诗经》句一）　　有鹤在林　（清·俞曲园　作）

书通二酉

姜文清为己名谋面：书通二酉，并自谦“腹中无书，不敢掠人之美”。凭此谜，看官推断：文清果“掠人之美”吗？《中国成语大辞典》“书通二酉”载：“二酉，指大酉、小酉二山。《太平御览》卷四九引《荆州记》：‘小酉山上石穴中有书千卷，相传秦人于此学习，因留之。’后称学识丰富精湛为‘学通二酉’。”谜以“书通”扣“文清”，又假“借代”之法，以“二酉”代“姜”。清季丹阳人姜绍书，字二酉。我是秦人，想为秦人说几句公允话，看来难。统一战乱的七国成大一统的嬴政，亦只赢得骂声一片；那么，进入 21 世纪后，经济仍落后的西鄙秦地，凭什么让别人尊重？还好，小酉山上石穴中的千卷书，足堪佐证：秦人毕竟文武兼备。别贬此扬彼吧，“六亿神州尽舜尧”！　（癸卷 114·2008 年 5 月 9 日）

※谜苑拾萃※　红颜未老恩先断（文学评论语一）　　有色情成分　（张钰　作）

总角之交

晋代才女苏蕙，以“织锦回文诗”名传千古。灯谜有“回文”格，仅以正读、倒读切合谜面，比“回文诗”简单多了。题面成语置面，我借“回文”格，措底以台湾名人：连战；底材是以“连战战连”回应面句的；面句还可换成“不打不成相识”，但显直白，不如用“总角之交”，以别解“总角”二字，更添回互之韵味。总角：古时小儿把发梳成髻，泛指童年时代；总角之交，指童年时结下的朋友。“总角之交”，有两种情况。其一：总在共同对敌斗争中结成朋友，简称战友；其二：总在争斗中，和敌方结成朋友，“化敌为友”乎？化敌为友不新鲜。对越自卫反击战中，越方的工事，有用中国援越物资构筑的；有时，下边拼争得你死我活，上层却在握手言欢；政界没有不变的敌、友。　（癸卷 115·2008 年 3 月 2 日）

※灵犀一典※　总角好（《书经》句一）　　孺子其朋　（选自《评注灯虎辨类》）

昆剧《十五贯》诞生

《十五贯》，一名《双熊梦》，乃清末朱素臣根据宋人话本《错斩崔宁》改编的传奇剧本。浙江丽水彭金元先生拟以题句置面，猜底取用四字常言“传世之作”一谜，扣合贴切，更兼蕴涵丰盈，因纳入选题，铺陈成此文。昆剧《十五贯》与传奇《十五贯》相比，不可同日而语。前者剔汰了迷信糟粕的剧情支线，突出了况钟实事求是、实地察访乃至为民请命的精神，在整理传统剧目工作上卓树风范，因被誉为“一出戏救活一个剧种”。昆剧《十五贯》又怎么成为“传世之作”呢？原来，此剧是由“传”字辈演员为主挖掘、改编并主演的，周传瑛饰况钟，王传淞扮娄阿鼠。昆剧享誉世界，多见于“才子佳人”戏《游园惊梦》，什么时候刚正的况钟形象“走俏”了，世态方显正常。　（癸卷 116·2008 年 5 月 9 日）

※谜苑拾萃※　浑身上下无一是处（会议用语一）　　全体通过　（张晖　作）

床床屋漏无干处

前人推李白为“诗仙”、杜甫为“诗圣”，我更喜欢“诗圣”，“仙”们离人太远了，太多不食人间烟火的“仙气”，而少关心，尤其是关心普通人的“人气”。杜甫的《茅屋为秋风所破歌》，初看，似在计较自己求亲告友构筑的草堂，实际上，诗的结句才是他的心声：“安得广厦千万间，大庇天下寒士俱欢颜……吾庐独破受冻死亦足。”题句出杜甫前诗，另本作“床头屋漏无干处”，“床床”似更合理。我借题句置面，猜底作“家天下”，这是历史术语，曾入《三字经》。家天下：帝王把国家作为自家私产，世代相传；此语初见于《汉书·盖宽饶传》：“五代官天下，三王家天下，家以传子……”如今，“家天下”、“家政权”太露骨，“能人”不为；而世代当官的诀窍，属“绝密”，从不示人！（癸卷 117·2008 年 3 月 4 日）

※灵犀一典※ 不传于贤（《四书》句一） 则在君与子矣 （清·唐薇卿 作）

饮马投钱誉楷模

题句置面，邓德源先生取猜底为两位古人名：项斯、廉范；底材别解义作：项某人乃廉洁的楷范。项某人究系何人呢？项仲山（一作项仲仙），他是汉代安陵人，以清节著；《初学记》引《三辅决录》：“（项仲山）饮马渭水，每投三钱。”汉代安陵，故城在今咸阳城东，那么，项仲山地道是我的“乡党”了；惜其事迹寥寥，已尽录在前文中。唐人项斯，中过进士，当过小官，他是被杨敬之的诗句“到处逢人说项斯”给捧出名的。后汉人廉范，“廉”字上未出佳迹，倒是在“义”字上，颇受称道。此谜面句，前四字以典扣，呼出“项”、“廉”两个谜眼字，又拟“誉楷模”暗隐“范”字。20 世纪 80 年代初，我写过一篇短文《扣字兼顾用典》，若把此题改为《用典兼顾扣字》，允属剀切。（癸卷 118·2008 年 5 月 10 日）

※谜苑拾萃※ 若三日内有投名状来，便容你入伙（银行词二） 首付 出纳 （邱中尧 作）

江淮草木，亦知尔威名

清·张树声，合肥人，堪膺一代儒将之誉，我为其名谋面以题句。《唐书·张万福传》：“朕谓江淮草木，亦知尔威名。”凡夫俗子，把你夸到天上，屁不顶，而张万福是被“朕”树立的名声，谁敢不敬？万福累官金吾将军，年九十，卒于工部尚书任上。莫把“草木”等闲看。草木在惊魂失魄者眼中，皆成坚兵；草木“亦知尔威名”时，人还不对你敬若神灵？亿万斯年来，“适者生存”下来的大自然原貌（包括草木），谁若楞要强行改变它，那是要付出极大代价的。“大跃进”几属“大破坏”，为它“埋单”的却是喊口号者的后人。凡夫俗子确不起眼，就像低级生物的“草木”，但别欺负他，丧尽天良地欺负他，终归要遭报应！（癸卷 119·2008 年 5 月 10 日）

※谜苑拾萃※ 与君离别意（体育称谓一） 得分王 （杨锐 作）

赵家轻掷与强胡

曩昔“五四”，莘莘学子们游行示威，声讨过卖国贼，见其赤诚之爱国心志。但在历史上，有比卖国更可恨的，把中华大好河山“轻掷与强胡”的，题句如是。武骝谜友有敏睿的“灯谜悟性”，他撷题句作面，选取三个房地产术语为谜底：旧城、地王、出让金；谜以“旧城地/王出让（给）金（人）”，揭示：赵宋皇家把钱塘“轻掷与强胡，不要一钱沽”。题句出明·魏大中词《临江仙·钱塘怀古》。21 世纪了，中华强盛，明显的卖国行径看不到了，但出卖国土中饱私囊者却有增无减。房地产开发为什么“火”？“火”在官商勾结，或将国有土地贱卖，官人从中“回扣”，或强行“改造旧城”，让原住户再花高价求一栖身之所；买不起的、不愿搬的人，还送你诨号：钉子户！（癸卷 120·2008 年 5 月 12 日）

※谜苑拾萃※ “101”保证有效（铁路交通用语一） 包头发出 （张士斌 作）

悔读南华

我不信神、佛，也不“念经”；但我不厌恶别人念经、信佛；倘若佛、经会给世人带来福祉，我是求之不得的，阿弥陀佛！我的这谜恐有得罪，请恕宥；这谜是为“得罪人”、“经过”两句口语谋面曰：悔读南华。南华指《南华经》，即《庄子》。宋·计有功《唐诗纪事·温庭筠》：令狐绹一事不明，求教于庭筠，庭筠“对曰：‘事出南华，非僻书也。’”绹怒，以庭筠讥其无学，“奏庭筠有才无行，卒不登第”。温庭筠因有诗曰“悔读南华第二篇”；陆游亦有句为“忤人常悔读南华”。　君其思之，“得罪（了）人”，良非“经（之）过”？岂止“经”，直是“读书”、“学问”之过也。有学问者，嘴上严实点；你那“上峰”兴许不学无术，却往往善心术、专权术；得罪了他，会让你“吃不了兜着走”！（癸卷 121·2008 年 5 月 12 日）

※谜苑拾萃※　诸君徒能得走兽耳（美国电影名一）　《总统的狗》（张礼鹤　作）

子兴奇太祖，以后归焉

题句出《明史·太祖孝慈高后列传》。子兴，郭子兴；太祖，明太祖朱元璋；后，文中指太祖发妻，马公之女马氏。马公素善郭子兴，以女托之，子兴育如己女。“子兴奇太祖，以后（马公女）归（嫁）焉。”六安赵辉先生“借题发挥”，此“发挥”又比如“挥发”——液态或固态物质发散为气体的变化；此种变化，端仗谜人智慧中的特质——“灯谜悟性”。赵辉把题句化育成二战时期苏联元帅“朱可夫”的英名。朱元璋是可以托终身的丈夫，应是到后来他稍成气候时，才看得出来的；此前的牧童、和尚，把“珍珠翡翠白玉汤”当佳肴的重八（元璋幼名），谁去“奇”他？郭子兴的“知人”英名，也无从说起。

（癸卷 122·2008 年 5 月 13 日）

※触典旁通※　子兴奇太祖，以后归焉（动物冠量一）　一匹马　（张志有　作）

老鼠亦有烧尾之事

隋末大将宇文化及死前两年，把历史搅和得异彩纷呈：弑炀帝，立杨浩；鸩杨浩，自称帝；后被起义军俘获杀死。我为宇文化及其名谋面以题句。宋·孙光宪《北梦琐言》：唐·宇文翃无文，却一门心思中举，为此，不惜将年轻貌美的女儿嫁给花甲翁窦璠做妾，让窦向其兄关说，终如愿登第。时人讥之：“鱼将化龙，雷为烧尾，近日老鼠亦有烧尾之事。”——老鼠居然也烧去尾巴想化龙了。后以“老鼠烧尾”讥无才而醉心科举及第者。宇文翃应是“手头紧”者辈；否则，何不花钱买通关节，谋个“登第”，竟缺德地用女儿一生的幸福，换得自己虚名？也怪宇文翃生不逢时，搁现在，买张文凭省事多了。

（癸卷 123·2008 年 5 月 13 日）

※触典旁通※　禹门烧尾（《四书》句一）　必求龙断而登之　（清·顾震福　作）

以真珍三斛买之

有搜集“古代名女”作“专题谜材”者；一旦“搜集”，则唯恐资料不全，而失之于“滥”；其中“名女”，有一文不名者，有纯系故事人物，而史无其人者。“中华灯谜 2008 宝鸡谜会”专题征谜中，为“金利来珠宝”这市招，苗恩培谜友觅得题句置面，荣膺佳谜之誉。“真珍”一词，应指珍珠，但我多方查阅未果；后恩培先生提供了确证。《岭表录异》：“梁氏有女貌，石季伦（崇）为交趾采防使，以真珍三斛买之，即绿珠。”“绿珠”其人，史书不乏载述，她姓徐，博白人。以三斛真珍的“金利”买来；把绿珠贮之洛阳金谷园而宝之；灯谜让绿珠的故事，别饶韵致。石崇之死与舍不得绿珠不无关系；绿珠亦因为石崇殉情而灿烂了生命，牵动了历代文人歌咏赞叹的才思。（癸卷 124·2008 年 6 月 10 日）

※谜苑拾萃※　咫尺间，天样阔（物理名词二·卷帘）　遥感　短路　（张伟雄　作）

乃顿服数丸，遂愈

世有“应声虫”，用以比喻无主见、随声附和的人。“应声虫”有来头，有写头，遂大动脑筋，搜面求底；忆及小范围发表的毛泽东诗词中，有写于 1909 年、后补题《蛙》的一句“哪个虫儿敢做声”，即择题句为其谜面。唐·张鷟《朝野佥载》、宋·范正敏《遁斋闲览·应声虫》载：人患怪病，闻人语，“腹中即有小声应之。道士谓此虫为应声虫，宜读《本草》，遇虫不应声，当取服之。读至‘雷丸’，虫忽无声，乃顿服数丸，遂愈”。雷丸是竹根生的菌，别名甚多，中药作杀虫剂。有些人，老陕叫他“跟屁虫”，这是“应声虫”中甚者，其行动每每“跟人”。真是无主见的应声虫并不可悲；可悲的是，一些有思想的人，为了一己之利，牺牲主见、信念，处处“应声”；它们不仅可悲，更属可恶。（癸卷 125·2008 年 5 月 19 日）

※谜苑拾萃※　天涯何处无芳草（环保术语一）　大面积绿化　（陈雪芳　作）

淮南王他把令传下

我国有五十六个民族，各民族又多有独特的风俗，由是，我国的民俗丰富多彩、蔚为大观。昔时，医卫条件极差，初生儿、婴幼儿成活率很低，于是，冀望他们长命百岁的“长命锁”，几成幼儿必佩之物。“长命锁”为银片冲制成形，上有“长命”、“富贵”字样。为“长命锁”这民俗物品，姜文清先生撷取题句作谜面，其出京剧《淮河营》蒯彻唱词。事出汉朝；其时吕雉专权，蒯彻等老臣诣淮南王刘长，劝其反吕扶汉；刘长是附吕一派，故传令（命）将蒯彻等绳捆索绑——锁。卫生事业越发达，越少“长命锁”那劳什子。民俗往往摆不掉迷信色彩；现在，少见“长命锁”了，人的平均寿命却长多了。把民俗当作对美好的希冀吧，人往往是为希冀而活的；没了希冀，富而贵者未必长命。（癸卷 126·2008 年 5 月 19 日）

※别具匠心※　苟富贵，无相忘（电视剧名一）　《哥儿们发财记》（许友金　作）

半生半熟未相谙

西北人对东北的民间艺术“二人转”并不入迷；今人看到的二人转节目，是经过改造的；“原生态”的二人转，很多节目是庸俗得不堪入目的。谜友姜文清、任焕长同为二人转名角张野之名作了谜，惹得我技痒，也为“张野”用题句作谜面吧。元·宋元怀《拊掌录》载：北都有妓美色，但举止生硬，“士人谓之生张八”。张八乞诗魏野，“野赠之诗曰：‘君为北道生张八，我是西州熟魏三，莫怪尊前无笑语，半生半熟未相谙。’”《梦溪笔谈·艺文三》亦有近似载述。对此谜颇惬意；“半生半熟”各贴切于“张”、“野”之一姓一名，何其巧也。“生张八”果然“生硬”吗？只怪出入勾栏的“士人”们贱。毕竟，无奈沦为下贱者，并非个个甘愿卖笑。（癸卷 127·2008 年 5 月 19 日）

※灵犀一典※　我是西州熟魏三（《左传》句一）　民狎其野　（清·张起南　作）

妇姑手谈

笔谈，原谓随笔记录的著作，始于宋·沈括的《梦溪笔谈》；后称以文字交换意见或发表意见为笔谈。笔谈是用手写的，却不叫“手谈”，手谈作为一个雅号，已被古老的围棋占有。多在电脑上“写作”了，“博客”是否就是“电脑谈”呢？《龙文鞭影》以“妇姑手谈”为题，记“手谈”之“美谈”，其出唐·薛用弱《集异记》：唐人王积薪，逢安史乱逃川途中，借宿“但有妇姑”之家，窃听妇姑以手谈消遣长夜；其“手谈”颇奇：无灯烛之夜，只能以口述行子、布局。南京谜家周问屏先生，用“妇姑手谈”作面，以人口学名词“人口布局”为底，引导我们去追忆“妇姑手谈”那流传千古的韵事。让“妇姑”和电脑对弈如何？我押电脑败；原因呢？电脑是，也只是人主导的为人服务的工具。（癸卷 148·2008 年 6 月 9 日）

※谜苑拾萃※　战士军前半生死（商业术语一）　打对折　（张宏福　作）

一鞭一条痕

二十余年前，曾以“一棒一条痕”置面，猜底是公文用语“打印”；面句见诸《朱子语类·论语十六》：“大概圣人做事，如所谓一棒一条痕，一掴一掌血，直是任地。”前语系佛教禅宗比喻做事扎实，一步一个脚印。总想为2007年春晚小品名《策划》谋个好谜面，在“鞭痕”上琢磨月余，终难称意；重读“一棒一条痕”典，释语曰“也作‘一鞭一条痕’”，不禁雀跃。策，古代的一种马鞭，头上有刺。“鞭打之痕”，非“策划”而何？策划是大动作前的构想，其经可行性分析、科学验证，乃事业成功的前题。小品《策划》可贵处在于，它的讽刺有的放失。可悲的一些媒体人啊，别在寻噱头、找绯闻上让人嗟叹：“你太有才了！”

（癸卷129·2008年5月20日）

※谜苑拾萃※ 谈笑有鸿儒，往来无白丁（会展简称一） 文博会 （陈裕生 作）

拗莲作寸丝难断

有些谜人“迷恋”成句作面；有时，注重它的意境，用来创作“典故谜”；有时，只涉猎它的文字，作的谜属“白描”。题句出唐·温庭筠诗《达摩支曲》，其前句是“捣麝成尘香不灭”。方炳良先生一谜，属“白描法”之作，谜目应是“军事编制带职务”，谜底乃“有限连”。“藕断丝连”这成语的形成，功归孟郊，其诗《去归》：“妾心藕中丝，虽断犹连牵。”别以为“藕断丝连”一语的容易理解而轻之；孟郊第一个观察到它，而用来形容至情的“斩不断，理还乱”，他一定对男女间的爱情理解深刻；“出家人”也有爱情，或者更强烈；惟其强烈，才“决绝”地“入空门”。你有“斩不断，理还乱”的感受吗？如果没有，你就还没享受到爱的甜蜜。

（癸卷130·2010年11月10日）

※谜苑拾萃※ 年年春天来这里（周树人笔名） 燕客 （张国荣 作）

但嘲风咏月，今日宜也

文章、著作贵在思想性，如果只描写景物、堆砌文字作无病呻吟，用“但嘲风咏月”去形容，确“宜”。题句作面，我拟谜底是明朝人：李开先。宋·曾慥《类说》引胡讷《见闻录》载：“……太宗江南臣在上而故主（李煜）在下位，侍臣曰：‘不能修霸业，但嘲风咏月，今日宜也。’”说到词作，南唐后主李煜在帝王中首屈一指；作为帝王而“不能修霸业”，故其位屈居他原先的臣僚之下，谁云不宜？李煜被开出先位，于谜言，亦“宜”。养尊处优，不“嘲风咏月”做甚？“一旦归为臣虏”了，才懂得人不是好做的，才体验到常人甚多苦与愁；“问君能有几多愁”，底层黎庶的愁，才“恰似一江春水向东流”。苦难是必不可少的，却讨人厌的财富。

（癸卷131·2008年5月20日）

※触典旁通※ 但嘲风咏月，今日宜也（词汇二） 合作 赋闲 （张志有 作）

令狐冲未明她的用意，只见她右眼又眨了两下

很少看武侠小说，金大侠的名著亦莫能外。央视版电视剧《笑傲江湖》热播时，友人借给我《笑傲江湖》小说参阅，读书范围增加了武侠小说一类；看后的最大收获是，作了上百条《笑傲江湖》谜。常迷惑，“大侠”们的“纸上谈兵”，咋就会有那么多的受众？又想，让纸上大侠和武校学员“过招”，结果会怎样呢？不用回答吧？只就一条好谜论，沈玉泉谜友读《笑傲江湖》的收获亦不小；他从中择题句为面，猜两句古诗“盈盈一水间，脉脉不得语”的谜作，甫读之，即为其灵动的神韵击节。“盈盈”指实为圣姑任盈盈，她用水灵灵的“秋波”给她的恋人华山派大侠令狐冲以无言的表白。谜贵扣合贴切，死板地贴切却不是最佳境界；“我爱你”贴切，怎比“眨了两下”的眼神脉脉含情，“尽在不言中”？

（癸卷132·2008年5月20日）

※触典旁通※ 令狐掌门空话多（《笑傲江湖》人物一） 冲虚道长 （张志有 作）

东市朝衣

“官倒”算不算“新名词”？算，虽然它的出现已有几十个年头了；应是计划经济时代吧，少数握有物资审批权的官，把他的批文倒卖，门市很火。为什么还算“新”词呢？“官倒”的形式在日日更新；这从腐败的难治、愈烈上可资凭证；今日的豪富，宁无以“官倒财富”作老本的？别解“官倒”为“官员倒下”，我为其谋面以“东市朝衣”。东市，汉代在长安东市执行死刑；朝衣，穿着上朝的官服。《史记·晁错列传》：汉景帝朝，御史大夫晁错，身着朝衣被斩于东市；史实：晁错是冤死的“替罪羊”。今天，已无别解义的“官倒”了；该死的，早已“双开”，且得以免受枪决等“酷毙”死法；这些丧尽天良者，知道“感恩”吗？

(癸卷 133·2008 年 5 月 21 日)

※灵犀一典※　朝衣东市(宋人姓字一)　　晁无咎　(清·张起南　作)

我要你点石成金这个指头

清季嘉庆年间刊印的章回小说《镜花缘》，被定性为“神怪(魔)小说”，我不喜欢它；明明生活在尘世，稍不如意，就到神魔的世界去寻找慰藉，我所不齿。我喜欢现实的、贴近生活的、最真实的文字。题句出《镜花缘》第七十八回一位才女讲的“贪者”故事：綦穷者遇吕洞宾，求资助；洞宾用点石成金术，变金赠之；此人欲壑大开，索求无已，后来竟向洞宾求一物，何物？“我要你点石成金这个指头！”谜友王峰用港产电影名《爱神·手》，曝光那个贪者。正如才女亦调侃：点石成金术失传，由洞宾指头被劫所致。不乏贫困的人，他们虽穷，却耻于开口、伸手；甚至他们的恓惶景况，还鲜为人知；他们不奢望“神手”，而企盼着脱贫的妙策良方。

(癸卷 134·2008 年 5 月 21 日)

※触典旁通※　点石成金这个指头(四字称谓一)　　致富能手　(张志有　作)

丹　　书

儿时，就听说过“官官相护”一语，大约是那句话的“实施率”太高的缘故吧。官官相护极致时，诞生了“丹书铁券”；那是帝王颁赐给功臣世代保持优遇和免罪的凭证；文凭用朱砂书写，叫“丹书”，券用铁制，曰“铁券”。我借“丹书”作谜面，着猜生活用品：卫生纸；有了那一纸“丹书”，死罪可免，可不就是保卫生命的纸？善良人，知感恩，可以世世代代铭记某人的恩情，这绝对是一种品质；有了此种品质，才会有“我为人人，人人为我”的世风；当私欲膨胀，竞争趋向恶性，人们尔虞我诈时，“人不为己，天诛地灭”就被奉为金科玉律。老辈人常怀旧，年轻人每每不解；他们见惯了竞争，他们更需适应、学会竞争，否则，就有被淘汰的危险。当竞争灭绝良知时，会有和谐的社会吗？该想想。

(癸卷 135·2008 年 5 月 21 日)

※触典旁通※　丹书(古籍用语一)　　朱批　(张志有　作)

正月初七

清·江峰青以“正月初七”置面，底取《礼记·曾子问》中“天无二日”句。此谜“窍门”在于，须将底句作“天无二/日”读断，“天无二”，“人”也，底以“人日”与面句吻合。“正月初七”何作“人日”？“晋义郎董勋《答问礼俗》云：‘正月一日为鸡，二日为狗，三日为猪，四日为羊，五日为牛，六日为马，七日为人。’”(见《北齐书·魏收传》)“天无二日”多用于比喻一国不能有两个主宰者，此语深刻；几千年打打杀杀，用无数生命总结出的话，能不“深刻”！又说了，人皆与世无争，甘愿听命于人，那么，谁来“发号施令”呢？这是我杞人忧天了，现实仍是“能人”多；“能人”再多，总不能轮番到台上“演练”一通吧！

(癸卷 136·2008 年 5 月 28 日)

※灵犀一典※　从小表达能力强(五字口语一)　　不大会说话　(张松林　作)

从许子之道

题句见诸《孟子·滕文公上》。许子,名行,战国时期楚人,他来到滕国谒见了滕文公,滕文公安置了他和他的学生。“从许子之道,则市价不贰,国中无伪。”由前文知,许行之道推崇“诚信”,但孟子认为“许子之道……恶能治国家?”亚圣孟轲的观点让我大跌眼镜,难道儒家不提倡诚信?这也从侧面证实,一些人骂孔丘为“巧伪人”,并非空穴来风。是否由于孟子的话,致“相率而为伪者也”?我以“从许子之道”置谜面,令猜品行词语,谜用“回文格”,底材作:信行行信,别解义呈:信者许行,尊许行之道——诚信。“信行”一词不多见,我是在《西厢记·请宴》中见到的,意思是:讲信用,说话算数。“信行”一词不多见了,这不打紧,但愿与之近义的“诚信”、“守诺”,人皆从之。(癸卷137·2008年5月26日)

※灵犀一典※ 从许子之道(新名词一)　　信教自由　(选自《评注灯虎辨类》)

食花瘥后号绣囊

题句系自拟,姜文清先生用其作曲艺家“马增慧”大名的谜面;底材别义作:马姓人增加智慧。用典成谜,谜面的遣词用句,是须字斟句酌的。文清此作,以七字赅尽典故要旨,用心良苦。绣囊,比喻文辞和知识丰富,典出唐·李冗《独异志》引唐·鲍照《武陵记》:“后汉马融勤学,梦见一林,花如绣锦,梦中摘此花食之。及瘥,见天下文词,无所不知,时人号为绣囊。”鲍照著文,故弄玄虚;马融“增慧”,缘于“食花”吗?设无“马融勤学”,能否成就“绣囊”?人的“天赋”、“天资”有别,“智商”高下有分,但若不勤学,与弱智者无异。补脑品能提高智商吗?天晓得;如果,谁能发明喝了让人“酷爱学”的饮品,定然热销!

(癸卷138·2008年5月21日)

※谜苑拾萃※ 妾心古井水(外国电影名一)　　《人生不了情》(麦铎雄　作)

梦鸡知大限

大限,生命的极限,指死期。我拟题句作谜面,猜底取“醉”字,欲知原委,容我剖析。《晋书·谢安传》:“忽梦乘(桓)温舆(车)行十六里,见一白鸡而止。”谢安自己解梦曰:“乘温舆者,代其位也。十六里,止今十六年矣。白鸡主酉。今太岁在酉,吾病殆不起乎!”谢安“圆”己梦——卒;“酉”、“卒”合成“醉”字;不仅如此,解“卒”字,可得“十六”、“人”,盖言谢安知大限,尚有“十六”寿限。谢安颇会“装”。四十多了,高卧东山,不肯出仕;有人不无阿谀地说:“安石不肯出,将如苍生何!”俨然如救世主般地受推崇。谢安的“装”,又如淝水战时的故为镇静,后来过门限时,激动得折了屐齿;自梦自解,真相谁知?可别是疑心招来索命鬼吧!

(癸卷139·2008年5月27日)

※谜苑拾萃※ 故岁今宵尽(叙时语一)　　明天启一年　(张虎牛　作)

罗雀掘鼠

帝王也有真挚的爱情,白居易以其《长恨歌》给予肯定;“升天入地求之遍”是说,失却皇位的李隆基想念杨玉环了,下令方士寻觅杨氏魂魄。《评注灯虎辨类》中一谜,为前句取面是“罗雀掘鼠”。“罗雀掘鼠”出处,亦与安禄山叛乱有关。《新唐书·张巡传》:禄山叛军围张巡所守睢阳数月,城中绝粮,“至罗雀掘鼠,煮铠弩(皮革制品)以食”。罗雀,网鸟雀;掘鼠,挖开鼠洞觅粮。“罗雀掘鼠”又衍生出“罗掘俱穷”。西部自然条件差,人就活得艰难而恓惶,有些地方只能靠挖掘资源苟活,那资源也显得“罗掘俱穷”了;说发菜吧,它很值钱,可搜罗发菜者却都赤贫;光靠几句“暖心话”,已不能使西部摆脱贫穷落后了!

(癸卷140·2008年2月26日)

※灵犀一典※ 睢阳城(《四书》句一)　　巡所守也　(选自《绝妙集》)

尽弃其学而学焉

这篇短文再说《孟子·滕文公》里许行的事。许行是研究神农氏学说的，还主张君民并耕。宋国的儒家弟子陈相也来到滕国，他见到许行后，非常高兴，“尽弃其学而学焉”——放弃了儒学，改向许行学习。陈相去看孟子，转述了许行的话，惹得孟子长篇大论地批驳“许子之道”，其中就有“劳心者治人，劳力者治于人。治于人者食人，治人者食于人”的名言。借题句作谜面，我用“行为准则”这语汇作谜底，应称熨贴；许行作为准则，陈相起码打心眼里认同。对孟子“劳心者”那名言，我莫名其妙，因之，不敢置可否。“劳心者治人”是现实，可“劳力者”就只是听命于人的“劳动机器”吗？劳心者、劳力者的融为一体，是否应属“理想境界”？

(癸卷 141·2008 年 5 月 27 日)

※灵犀一典※ 尽弃其学而学焉(《左传》句一)　傅于许　(民国·金元善　作)

如箕如臼如床如瓮如绳

题句系据典罗辑而成的谜面，极见作者于照应底材“形象用语”时的匠心；此谜采自《台湾灯谜》第 25 期，作者署名“劲梅”；恕我迳改谜目为“四字语汇”。面句出自众所周知的“盲人摸象”典故，此典原出《涅槃经》第三十二品：王令牵一象示盲者，众盲各以手触象，王问众盲：“汝见象类何物？”触耳者言“如箕”，触脚者言“如臼”，下面又有言“如床”、“如瓮”、“如绳”各异；其所以“各异”，缘众盲皆触象之局部，岂能知其全貌？谜面罗列的是“形容大象用的语言”。别讥笑众盲吧，他们是残疾人；你是五官、肢体健全的高智商者吗？你没犯过以偏概全的错误吗？只怕是越自信、越自负的智者，更多“盲人摸象”般的谬误。

(癸卷 142·2008 年 5 月 10 日)

※触典旁通※ 摸象曰：如箕、如臼、如床……(常用词二)　盲目　偏见　(张志有　作)

宓妃留枕

《文选·洛神赋》李善注：魏东阿王曹植曾有娶甄逸之女，曹操却把她嫁给了五官中郎将曹丕；甄氏遭谗死，曹丕将甄氏遗物玉带金缕枕给了曹植。植离京归封地，过洛水，梦甄氏来，语曰：“我本托心君王，其心不遂。此枕是我在家时从嫁，前与五官中郎将，今与君王。遂用荐枕席，欢情交集。”感前事，植作《感甄赋》，后明帝改为《洛神赋》。宓妃即洛神，代指甄后。我是以“宓妃留枕”置面，用“卷帘格”，取医学名词“植物人”作谜底的；谜格令底材呈“人遗物予植”，表达那至死不渝的“生死恋”。“宓妃留枕魏王才。”(李商隐《无题四首·之二》)“留枕”似乎不像“荐枕席”那般地赤裸裸；有什么办法呢，流氓能把任何美好的感情“流氓化”！

(癸卷 143·2008 年 5 月 30 日)

※谜苑拾萃※ 纵使相逢应不识，尘满面，鬓如霜(戏剧词二)　苏剧　变脸　(田洪亮　作)

错落竹枝无墨画

我家里能有什么东西堪称“文物”吗？无；但有一样东西，我视之为“文物”，它是兰州前辈谜家刘子荫亲笔书写百条谜笺并冠序言的谜册。据说，子荫先生写的一条谜笺，在隍庙就标价数百元；即使我那“文物”有人出价数万，我也不会出手，它将捐给中华灯谜艺术馆。拟以题句置面，刘子荫先生着猜成语“君子之交淡若水”——庄周的话，出自《庄子》。此谜用“北派”技法；为了平仄妥叶，刘老把“错落”一词调到“竹枝”之前，使成“仄仄平平平仄仄”句式；“竹称君子”(见《幼学》)；“错落”，交也；墨将罄，何妨涂抹一幅雾中竹林图？“君子之交淡若水”，是我愧对朋友时的自慰。

(癸卷 144·2008 年，七十初度)

※触典旁通※ 错落竹枝无墨画(成语一)　轻描淡写　(张志有　作)

二分明月

我以“二分明月”作面，令猜词牌《维扬好》。此谜当属“语典谜”。是哪位大家的妙句令我念念，因有此作呢？何必大家，小人物宁无千古绝句乎？唐·徐凝诗《忆扬州》，不忆绿杨绕城的扬州，是忆人的；忆人的诗，偏让人忘了他所忆的人，却以“天下三分明月夜，二分无赖是扬州”两句享誉千古。怨责“二分明月无赖”，适成赞美扬州月色的佳句。无缘一眄扬州，我梦牵魂系的尤是她“二分无赖”的“明月”。维扬，扬州别称；无赖，骂人话，入谜，反击之，使入“好”的语境；维、唯通假；“唯扬好”作一字一顿地读，底义则现“单单(唯)赞扬(州)好”。当然了，历史文化名城扬州，岂止好在“二分明月”，瘦西湖怎么个“瘦”法，等等等等，都是令人神往的。（癸卷145·2008年5月30日）

※灵犀一典※ 扬州明月(《四书》句一) 三分天下有其二 (选自《龙山社虎》)

韩湘曰“他日自验”

清季一灯谜名家曾用典措句为面，底取五言唐诗一句“早知潮有信”，我撷取题句置面，仍猜乃句；因其构思袭人，不敢掠为己作，只好对前辈说：“冒犯了！”因力谏迎佛骨入大内触犯人主而贬为潮州刺史的韩愈，离开长安不远，写了《左迁至蓝关示侄孙湘》一诗，中有“云横秦岭家何在，雪拥蓝关马不前”句。《列仙全传》让韩湘年长了一辈，变成韩愈的侄儿，并列入“仙班”，其故事略曰：韩愈令韩湘作诗明志，诗成，韩愈开樽得佳酿，又聚土，旋开花朵，花间涌出金字联，联即“云横……”句。韩愈不明其意，“湘曰：‘他日自验。’”后，雪中蓝关，韩湘赶来送愈，他“早知贬潮州的信息”。我从不信神、佛，所以，连遭贬逐的机会也无。（癸卷146·2008年5月28日）

※谜苑拾萃※ 战乱年代，家破不堪(排球术语一) 打时间差 (张勇猛 作)

自笑平生为口忙

苏轼为什么在很多地方都有名？这和他的仕途关联；以此看，“官运亨通”不无弊端，元丰二年(1079)，苏轼脱“乌台诗案”之狱，贬黄州(今湖北黄冈)，头上虽有不少官衔，皆虚职无实权；苏轼倒也达观，“口福”上从未消停。《初到黄州》一诗，即以题句开头，三、四两句又是“长江绕郭知鱼美，好竹连山觉笋香”。就凭这几句诗，让你用一个唐人名去拢刮其旨，“苏味道”你该认同吧！据我所知，苏轼足迹到过河南、河北、浙江、江苏、湖北、湖南、广东等地；敢作敢为敢直言，因而曾数度入狱；经历的坎坷，刻画出他生命的灿烂；不到杭州，何来“苏堤”，不到湖北，怎写《赤壁赋》？反观之，一辈子不得罪人、不作为，“不倒翁”式的京官，老百姓念叨他吗？（癸卷147·2008年5月30日）

※谜苑拾萃※ 执手相看泪眼(央视栏目二) 《面对面》《交流》 (单鑫华 作)

秦王乃除逐客之令

列国后期，秦渐盛，与各国人才纷纷入秦为客卿有关，李斯乃其中杰出的代表；一次，秦国发觉有韩人来间秦，于是，“秦宗室大臣皆言秦王，诸侯人来事秦者，大抵为其主游间于秦耳，请一切逐客”。李斯在逐客列，遂上《谏逐客书》，秦王嬴政信斯言，“乃除逐客之令”。题句及《谏逐客书》并见于《史记·李斯列传》。张亚谟先生取题语置面，以语言学名词诠释之：纳西语——接纳客卿(西)上言(语)。“秦宗室大臣”这些高贵者，因循已有的高贵，“请一切逐客”，这是在培育“卑贱者”；卑贱者有了失败的经验总结，是走向成功的开端，打下了成为“高贵者”的基础。从高贵者到卑贱者的换位，是历史发展的必然。聪明、愚蠢并非一定和高贵者、卑贱者匹配，这是一位伟人的晓谕。

（癸卷148·2008年6月9日）

※灵犀一典※ 秦王乃除逐客之令(《四书》句一) 信斯言也 (清·费源 作)

勿翦勿伐，召伯所茇

未必是“领袖级”人物，只要他为大众做过好事，人民是会纪念他的，“领袖级”人物更不例外，因其“知名度”高故也。题句出《诗·召南·甘棠》，我择之置面，着猜体育界的名人：荣高棠。棠，乔木名，有赤白两种。赤者称杜，白者称棠。白棠即甘棠，也叫棠梨。甘棠果实酸美可食。味美果品多矣，但不足为荣；“荣”且“高”者“棠”，何故？让今人高亨《诗·召南·甘棠》篇的注文作答吧，其略曰：召伯(名“虎”)受命在召南劳作，住处有一株甘棠树，常憩其下；后人追思他的劳绩，特保护此甘棠树以资纪念，并作是诗。豪华的纪念馆，比不过一株甘棠树！（癸卷 149·2008 年 5 月 31 日）

※灵犀一典※ 勿翦勿伐(古人名一)　棠无咎　(清·夏之时　作)

除五蠹之民，养耿介之士

《韩非子·五蠹》：韩非恨五种人，斥之为“五蠹”，指的是：学者(儒家)、言谈者(纵横家)、带剑者(游侠)、患御者(逃避兵役者)及工商之民。五蠹坏与否，那是韩非一家之言；韩非还说：“人主不除此五蠹之民，不养耿介之士，则海内虽有破亡之国，消灭之朝，亦勿怪矣。”从前文中择句作谜面，姜文清谜家令猜南宋人名：王定国。谜用“反击法”，人主(王)“不除……不养……”会有“破亡之国”，反之，(能)定国。小民如我，无“立说”的胆；几句“杂感”，也是想哪写哪，难免学舌之音、雌黄之言，但于“耿介”二字，自认还是担当得起的。我心中的“第一蠹”何许人呢？“睁眼瞎”的“吹鼓手”，对错误大唱赞歌者。（癸卷 150·2008 年 5 月 21 日）

※谜苑拾萃※ 才了蚕桑又插田(土地名词一)　休闲地　(张哲源　作)

桃叶桃根

现在的孩子很少听到《歌唱二小放牛郎》，我们孩提时不但常听，而且还唱过。那是首抗日歌曲：日本鬼子抓住了放牛娃王二小，逼他带路去打八路军，二小把鬼子“带进了我们的埋伏圈”；鬼子知道上当，挑死了二小。当然，侵略者也得到了他们本该得到的下场。我以“桃叶桃根”为谜面，令猜抗日小英雄(或是故事中)名；看完下文，读者当会知道谜底。桃叶，晋王献之妾，其妹叫桃根。献之笃爱桃叶，曾作《桃叶歌》。又，南京有桃叶渡，因献之送妾桃叶于此得名。清人作谜，谳定桃根亦献之妾，我不能决，姑从其论。名人的小老婆都能在历史上占有篇幅，故如今“外室”、“二奶”不绝于闻。让“桃叶桃根”干点正事，为抗日小英雄王二小传名吧。（癸卷 151·2008 年 6 月 2 日）

※灵犀一典※ 二小他顺从地走在前面(服装名词三)　牛仔服　时装　假领　(张志有　作)

买臣因樵采，伉俪不得安

题句出自左思《咏史·七》。当官后的朱买臣，因陷害廷尉张汤致其自杀而遭诛。左思感慨的是买臣微时家事，其所据当是《汉书·朱买臣传》，略曰：买臣家贫，樵采挑卖糊口，行且诵书，其妻不耐贫苦，求离去，朱任之；此即左思所咏题句事；后，买臣贵显，妻与后夫见之，妻羞自缢。后人编排敷衍，作《烂柯山》剧，即旧时传说的“朱买臣休妻”。任焕长谜友以题句置面，让猜众以两个旧时称谓作答：贱内、更夫。买臣“休妻”不确，那是编故事者为保卫大丈夫面子的措辞；买臣前妻后来自缢了，这举动更贱；如果她能不羡前夫富贵，踏实地与后夫白头偕老，兴许会减少后人对她的唾骂。“人往高处走”，这走，得本分，要踏实。（癸卷 152·2008年 5 月 22 日）

※触典旁通※ 买臣因樵采，伉俪不得安(成语一)　穷则思变　(张志有　作)

肇状元及第

记得广东音乐有曲名《赛龙夺锦》者，我为其配面以题句；此句是说：名肇者考上了状元；中状元固属“夺锦”，与“赛龙”何涉？下面典实不但与“赛龙”有关，且更为“夺锦”增色。五代·王定保《唐摭言·慈恩寺题句游赏赋咏杂纪》载：卢肇与黄颇齐名，前者贫，后者富，二人同日赴试；郡牧独于离亭盛饯颇；越年，肇状元及第归，郡牧等人迎接之，大惭愧；时同观龙舟竞渡，肇即席赋诗曰：“向道是龙刚不信，果然衔得锦标归。”科举时代称状元为“龙头（首）”，卢肇诗以龙舟竞渡喻举试，而廷试夺魁是远比“夺锦（标）”更重大的“事件”。吃过多次堪称“宴”的饭，有时，硬把我安排到上席，这没必要，随便坐好；但谁若以“座次”小瞧我，我宁可离席而去。（癸卷153·2008年6月2日）

※谜苑拾萃※ 三十以后才明白（机构简称一） 省人大 （侯增 作）

逃 债 台

“债台高筑”非泛泛言欠债累累如台，“台”实有之。《汉书·诸侯王年表》：“有逃债之台”，颜师古注云：“周赧王负责（通‘债’），无以归（还）之，主迫责急，乃逃与此台，后人因以名之。”清人徐枕亚取“逃债台”为面，底用《书经》句“以登乃辟”；辟通“避”；登斯台乃为躲（避）债也。身居王位而高筑债台，让我感慨良多。据载，周赧王因“惭赧”乃有其名；“知耻而后勇”，知耻的“赧王”，却始终没“勇”起来。欠债有什么可“惭赧”的？如今，敢“欠债”那是“本事”；靠“借贷”作资本而成巨富，并不鲜见；在菜市场一分一分砍价的弱势群体，全是耻于欠债的人。（癸卷154·2008年5月30日）

※灵犀一典※ 债台占候（《孟子》句一） 观其色赧赧然 （清·章祖泰 作）

婢作夫人

唐·张彦远《法书要录·三》引南朝梁·袁昂《古今书评》：“羊欣书如大家婢为夫人，虽处其位，而举止羞涩，终不似真。”后以“婢作夫人”比喻模仿而不相似。题句为谜面，我取文学期刊名《收获》作谜底；面、底间的关合，须明悉一些知识，这就是我说的灯谜功能之一：增长知识。婢，被迫供有钱人家役使的女孩；多是卖给“大家”的，“人权”、“平等”，对她们显得太过奢侈。也有“婢作夫人”的，那是因各种原因被“收房”——交代了“收”字的来由；《收获》的“获”字，如何落实？请看《方言》载：荆、淮、海岱之间，骂奴曰藏，骂婢曰获。今，人皆有权，可以平等；但总有一些好逸恶劳者，视平等为等闲，置人权于罔顾，期盼着被“收获”。（癸卷155·2008年5月31日）

※触典旁通※ 婢已作夫人（四字口语二） 自下至上 从小到大 （张志有 作）

孤情冷韵似郊岛

“岛寒郊瘦”指唐代诗人贾岛和孟郊的诗作风格，初见于宋·朱熹《次韵谢刘仲行惠笋》。宋·苏轼在其《祭柳子玉文》中，综评唐代四人诗风曰：“元轻白俗，郊寒岛瘦。”孟、贾的诗古朴生涩，清奇苦僻。对凄苦的诗作风格，清·方文《与吴晦之书后》诗云：“孤清冷韵似郊岛。”青岛文木先生借题句作谜面，底取教育名词“函授生”；此作借用把底材全部以谐音字替代的“梨花格”，使底材以“寒瘦声”之义与面句贴合无隙，诚属“梨花格”谜作中翘楚。见过一些谐音格谜作，不唯四声不谐，更以方言谐音成谜，恕我对那些东西不屑一顾。经济发达地区，如果以别人不懂的方言引为自豪的话，恰显文化上的落后，可悲！（癸卷156·2008年5月23日）

※触典旁通※ 函授生（宗教用语一） 信教 （张志有 作）

故乐与乡党宗族共飨其赐

从20世纪到21世纪，于“敛钱”而言，有增无减，愈演愈烈；说到“贫富差距”，越来越大是不争的事实。暴富者“愁”：该怎么享受呢？贫穷者则仍猫在祖辈的窝棚里；别说“5·12”的八级地震，那窝棚连四、五级也是不堪承受的。《汉书·疏广传》载：疏广，字仲翁，官至太傅，与其侄疏受，同为太子师；后叔侄年迈辞官，皇上、太子均有厚赠。疏广拒绝其后人置田产之求，说道：“此金者，圣主所以惠养老臣也，故乐与乡党宗族共飨其赐。”我择题句作元曲《来生债》中两句“疏财仗义，都做了祝福消愆”的谜面；疏广之财，“仗义”，用作与乡党宗族共同“祝福消愆”。助残救灾解人危难的捐款叫“善款”；有没有“恶款”呢？有，买凶杀人的钱是也，以“恶款”去换更多的“恶款”。（癸卷157·2008年6月4日）

※灵犀一典※ 多叹息泣下，共言其贤（《四书》句一） 齐疏之服 （民国·唐景崧 作）

食少事烦，岂能久乎

西晋·李密，一名虔，字令伯；官没做得很大，却以其至孝之德，誉满寰中。密早丧父，母他适，由祖母刘氏抚养成人。西晋初，朝廷屡召出仕，他上《陈情表》，以孝养祖母刘氏为由恳切求免，晋武帝览表，嘉其诚款，准其请；时李密祖母已九十有六，“气息奄奄，人命危浅，朝不虑夕”。李密说自己“报刘之日短也”——报答刘氏养育大恩的日子不多了；为此句，清人闻芸圃取以《三国演义》第一百零三回的题句作谜面；那是说（报）刘备能活之日很短了。谜人之移花接木妙术，观止矣。赞人忠节时，每曰“忠孝不能两全”；其实，不能尽孝未必“忠”；“忠”于谁呢？“忠”于什么事呢？如果是“忠”于狗苟蝇营的事和祸害黎庶的朝廷，莫若促其早绝，这才是最大的“忠孝两全”。（癸卷158·2008年6月10日）

※灵犀一典※ 李密乞终养（古人名一） 刘孝孙 （选自《映雪山房谜语》）

牵衣顿足拦道哭

题句出唐·杜甫七古名篇《兵车行》。安史叛乱酿成的战争，制造了亲人离别的凄惨：“耶娘妻子走相送，尘埃不见咸阳桥。牵衣顿足拦道哭，哭声直上干云霄……”20世纪80年代一次谜赛时，我以题句置面，令猜三字的民俗事务。此赛，我有三条谜作被猜众评为十佳谜作，此谜的落选，实出我料；或许是“走亲戚”这谜底在南方不常见吧。生离死别的“走”，令亲人撕肝裂肺般悲戚，“只因有此谜，才更深刻地理解了这首诗”——杨耀学谜家如是说。“走亲戚”是指亲属间联络感情的来往，多发生在节日期间，陕西俗称“追节”；节日里，亲戚团聚，家长里短，把酒欢叙，让我给“导演”成了色彩浓烈的“悲剧”。别责怪我吧，生活里难免会有悲剧，看开些！（癸卷159·2008年6月10日）

※灵犀一典※ 牵衣顿足拦道哭（口语一） 拉人下水 （佚名 作）

乱迸珍珠个个圆

题句作面，吴仁泰先生为措谜底以《聊斋志异》篇目《钱流》。我两度到过泉城，趵突迸涌之景，深刻脑际；“乱迸珍珠”是说“泉水涌流”吗？又有幸游过杭州，北高峰下，南高峰上、下，都留下过我的足迹；虎跑泉边，导游娓娓地数说“虎跑”：唐高僧寰中居此，苦于无水；一夕，梦神人相告，当遣二虎移来南岳童子泉；次晨，果有“二虎跑地作穴”，泉水涌出，水味甘冽醇厚。题句怎能肯定是咏“泉流”而非泛泛“水流”呢？原来，面句是元代文学家贯云石，在虎跑泉边为智竭的读书人以“泉”韵续咏的名句。问题又来了，“泉流”等同于“钱流”吗？是的。《周礼·底官·泉府》东汉·郑众注“故书泉或作钱”疏：“泉与钱今古异名。”钱流涌动，淹没了“泉流”的雅韵。泉、钱合流。（癸卷160·2008年6月12日）

※谜苑拾萃※ 一口吃成胖子（农用物资一） 速效肥 （张谦君 作）

直把杭州作汴州

地名中，后一字是“州”的很多，我无权选择它，它选择了我：兰州；虽然是我国的“几何中心”，但在一些人眼里，已属西僻、“不宜居”的地方了；更西的肃州、凉州、瓜州，除“猎奇”涉足于敦煌外，怕是不会被正眼瞧了。今开封，曾是北宋都城的汴州，它被金人占领了，可悲的是，它被南宋统治者遗忘了，却沉迷在“天堂”杭州的花天酒地里。士人林升写的《题临安(杭州)邸》后两句曰：“暖风熏得游人醉，直把杭州作汴州。”是林升“不问政治”，置国破家亡于不顾吗？祥云火炬在全国传递，注目它，祖国各地的人文、风光、物产，让我自豪，大饱眼福。“直把杭州作汴州”，或曰“直把兰州作×州”，何必计较呢？都是祖国的大好河山！让我用一条成语概括题句吧：通都大邑。（癸卷 161·2008 年 6 月 13 日）

※灵犀一典※　直把杭州作汴州(电视剧名一)　　《都一样》（张君　作）

汉高本龙种

《汉书·高帝纪》开篇：“高祖，沛丰邑中阳里人也，姓刘氏。母媪尝息大泽之陂，梦与神遇。是时雷电晦冥，父太公往视，则见交龙于上。已而有娠，遂产高祖。高祖为人隆准而龙颜……”上面说汉刘邦的话你信吗？当了开国皇帝，当然是有本事；“本事”之一，制造“神话”，让人相信他是“真龙天子”。我真佩服御用文人们丰富的想象力。《史记·高祖纪》与《汉书》所载略异，两者我都没弄懂，或者是作者不欲人懂，我领会：那是说刘媪(邦他妈)于梦中和龙生了刘邦；如此，清·张起南拟以题句布面，令猜唐人姓字“刘梦得”，始得了然于胸。王朝的更替或被推翻，是谁干的？是科学。是科学破除了“神话”，否则，谁还敢触动“神权”？（癸卷 162·2008 年 6 月 2 日）

※谜苑拾萃※　尽洗甲兵长不用(外国城市一)　　卡其武　(李双　作)

磨砺以须，问天下头颅几许

小时候怕剃头，嫌疼；后来，兴起用推子“理发”，处理长毛才不觉得“难过”了。处理毛发之事日新月异地“时髦”着；“发廊”、“发屋”到处见，“离子烫”、“××烫”等，名堂比高能物理还玄乎；我对那些“前卫事物”，一个字：盲。毛发谁都得修理，修理毛发的职业就火，利润就惊人，名堂当然得“蒙人”。题句乃剃头铺联语的上联，下联是：“及锋而试，看老夫手段如何？”此联传为太平军将领冯云山初拟，石达开改定。管它“头颅几许”，全都得修理；于是，我想到了赵树理小说《三里湾》里的名人“全有理”——就用他作谜底吧。发型也是人的“门面”，时代在前进，“门面”更显重要了；以衣、以貌取人者，当然少不了被“驴粪蛋”的“外面光”蒙蔽！（癸卷 163·2008 年 6 月 13 日）

※触典旁通※　问天下头颅几许(三字口语二)　　脑袋瓜　不识数　(张志有　作)

龙有蛇之一鳞，玉有石之一脉

《礼·礼运》：“麟、凤、龟、龙，谓之四灵。”玉，石中美者，多用于雕刻工艺美术品。蛇，爬行动物，有鳞，无四肢。以上交代，冀读者理解宋人许棐《樵谈》中的话：“龙有蛇之一鳞，不害其为灵；玉有石之一脉(玉多含璞中；璞，含有玉的石)，不害其为宝。”姜文清先生择取题句作谜面，措谜底乃河南两地名：固始、灵宝；固，事之根本，此“固”字，似在坚定地维护着许棐看问题的辩证观点。龙在天上兴云布雨，地上的民众颂声载道；蛇被惊醒，伸头洞外向天上看：不也满身长鳞，头大点，有几只爪吗，值得人们敬若神灵？看我的！蛇伸出它的信，窜到民众跟前；初，民众惊怖，后，操起地上一切可作武器的东西；蛇不解：我也有鳞，为什么不被人当“灵”而“宝”之？（癸卷 164·2008 年 5 月 22 日）

※谜苑拾萃※　访旧半为鬼(离合音字一)　　昔友朽　(李军　作)

磋磨欠功(二)

《诗经·卫风·淇澳》有“如切如磋,如琢如磨”句;此二句以治骨器、玉器等比喻君子努力于进修。我借题句置面,令猜《礼记·学记》中“玉不琢不成器”一句;此句本义作:玉不经加工,不能成为器皿,比喻不学习,不能成为有用之材。本义、喻义之迂回婉转,在见识了面句出处后,当不乏味。《解人颐广集》载:主考官贿卖举人衔,一士子作《黄莺儿》曲刺之;中有句曰:“磋磨欠功,往来窍通,其斯之谓方能中。告诸公,原来子贡,‘货殖’是家风。”比考官为孔丘的善“货殖”弟子子贡,欠贴切;贿卖是比“货殖”更容易来钱的。社会是个“大市场”,在这个“市场”里,无须玉工“磋磨”的技艺;但更重视“磋磨”;不少人“磋磨”着“贿卖”的诀窍!

(癸卷 165·2008 年 6 月 11 日)

※谜苑拾萃※ 大小也是二把手(字一) 捺 (李少杰 作)

群臣劾以大逆诸罪凡九十二款

电视剧《雍正王朝》里,年羹尧给人印象颇深;那是“戏”,不足信,今录史志文字如下:年羹尧,字亮工;累官至川陕总督、抚远大将军;雍正(胤祯)心腹,曾助其夺得帝位,后遭疑忌,讽群臣劾以大逆诸罪凡九十二款,赐自缢。台湾魏士杰先生为惯用语“陈年老账”谋面一谜,荣登《新时代谜坛》196 期函部魁首,实至名归矣。此谜佳妙处,显于“构思”:雍正红人,复死于雍正金口;平乱伟绩,受封一等功,而又积“大逆诸罪凡九十二款”,足令人注目复瞠目;故布面之题句,岂让“陈年老账”逃脱乎?鄙人限于不便沟通,径改面句如上;愚意是:“大逆诸罪凡九十二款”,非老年莫属;此累累罪行,又岂是短期所能为?故略去原面“抚远大将军”、“昔日”诸文字,未悉魏先生然否?

(癸卷 166·2008 年 6 月 16 日)

※谜苑拾萃※ 这任务重千斤派谁最好(书名一) 《琢磨事与琢磨人》 (檀焰炉 作)

宇航服料刚裁就

我人上天了,绕月了,即将在月球上踏勘了,这是值得自豪的事。我为宇航做点什么呢?来条谜吧;拟题面作刚裁好的面料,尚待缝制——天衣无缝(音 féng)。太深奥的科学咱不懂,航天衣服兴许无缝(音 fèng)——防止漏气么。古代的“无缝天衣”,神话或“鬼话”里有。前蜀·牛峤《灵怪录·郭翰》:“徐视其(织女)衣并无缝,翰问之,曰:‘天衣本非针线为也。’”前载述即成语“天衣无缝”的出处。“鬼话”出现在《聊斋志异·巩仙》里:巩道人作剧给鲁王,袖中取美人扮织女献天衣一袭,鲁王持视,“果无缝之衣,非人工所能制也”。神、怪、鬼之“无缝天衣”,呼之即来,航天服可没那么简单。“可上九天揽月”,凭我人智慧,什么困难能挡住我们前进的脚步?

(癸卷 167·2008 年 6 月 14 日)

※灵犀一典※ 果无缝之衣,非人工所能制也(聊目二) 神女 织成 (清·韩春农 作)

续汉书,著《女诫》,执教后宫;名不虚传

如雷鸹耳,轮番轰炸,一些广告语楞让我记住了。以广告语作谜材,纯为作谜,对其中的虚假、夸大,恕不负责。对“大家好,才是真的好”这广告语,方炳良先生感兴趣的是“续汉书,著《女诫》,执教后宫”的班昭那个人。《后汉书·列女传·班昭》载:班昭,字惠班。博学高才。乃兄班固著《汉书》未竟,班昭续成;帝召班昭入宫,令皇后诸贵人师事之,号曰“大家”;又作《女诫》七篇,以助内训。班昭嫁曹世叔,史称“曹大家(音 gū)”。大家好才/是真的好,是说曹大家才华横溢(好),其功绩史记昭然,名不虚传(真的好),因能千载流传。对花大价钱做的广告,我从来“左耳朵进,右耳朵出”,甚至还感谢能方便换台的遥控器。

(癸卷 168·2008 年 6 月 13 日)

※触典旁通※ 曹大家历数家史(电视剧名一) 《女子道班》 (张志有 作)

吾党有直躬者

《论语·子路》第十八节如下："叶公语孔子曰：'吾党有直躬者，其父攘(偷)羊，而子证之。'孔子曰：'吾党之直者异于是：父为子隐，子为父隐，直在其中矣。'"从前文中择句，我作谜三条。其一，题句为面，底取称呼"小偷儿"；其二，以"父为子隐，子为父隐"置面，猜成语"亡羊补牢"——丢了羊，隐瞒得牢靠；其三见"灵犀一典"栏。那个"直躬者"是小偷的儿子，告发了其父的偷羊勾当。"至圣"孔丘上面的话，我不敢说读懂了，因为，莫能明白它的奥妙处；偷羊"互隐"，杀人也"互隐"吗？于丹教授讲过《论语》，我没听，她出的书，价不菲，看不起，不知她对"攘羊"一节，作何感悟？以前，有"偷书不算偷"之说，还真有"老臭"照办了；是否中了"至圣"的"流毒"？ (癸卷 169·2008 年 6 月 17 日)

※灵犀一典※ 其父攘羊，而子证之(成语一) 盗亦有道 (张志有 作)

螬食实者过半矣

读清人一谜，感慨良多；题文乃其面，猜底是三国蜀汉人：李馀；赖谜家化育之功，把著名孝子"李馀"英名，变为"吃剩下的李子"。《孟子·滕文公下》：陈仲子三天没吃东西，饿得耳聋眼花，"井上有李，螬食实者过半矣"——井边一李子，被蛴螬吃得只剩少一半了。此谜见于清·咄咄夫《又一夕话·续雅谜》。陈仲子即战国时於陵子终，有说他是楚国贤人的，又有说他是齐国廉士的；楚王闻其贤，遣使持百金往聘，其妻劝拒之，逃逸出，为人灌园。陈仲子也是个不吃嗟来食者。"古来圣贤皆寂寞"(李白诗句)，是之谓乎？岂止"寂寞"，实"落魄"，甚至穷困潦倒矣。并非"惟有饮者留其名"，陈仲子亦得"青史留名"。我在寻觅，如今还有拒百金之聘却吃"李食之余"的人吗？ (癸卷 170·2008 年 6 月 16 日)

※谜苑拾萃※ 脱我战时袍，着我旧时装(同音四声字一) 衣仪已易 (李文林 作)

两声耳光响脸上

陕西省文化底蕴深厚，咱咸阳尤多"说道"；小麦产区嘛，只吃面食，硬给吃大米，是折磨他。咸阳面食的花样，数不胜数。不是有"陕西十大怪"嘛，其中的"面条像裤带"不是吹，一寸多宽算是窄的，厚度起码两毫米；还给起了个怪名：biángbiáng 面，我为它谋面以题句。无法用汉字输入电脑，只得用拼音暂代。说无"biáng"字吧，咸阳人会造，还编了"口口子"(民谣)描述它："一点上了天，黄河两道弯；八字大张口，言字往进走；你一扭，我一扭；左一长，右一长，当中夹个马大王；心字底，月字帮；留个钩担挂麻糖；坐个车车逛咸阳。""biáng"字非得用照相制版，请看卷首图。再昭示两个咸阳风味面食名：南瓜盖被儿、老鸹 sá(头)；不能"面面俱到"了。 (癸卷 171·2008 年 9 月 2 日)

※谜苑拾萃※ 亦如是肉矣(农学家一) 陈宰均 (潘洁妹 作)

以养济群族之人

宋·钱公辅《义田记》篇首曰："范文正公，苏人也。平生好施与，择其亲而贫，疏而远者，咸施之。方贵显时，置负郭稔田千亩，号曰义田，以养济群族之人。"撷题句缀面，台南范胜雄先生令猜称谓"资本家"——资助本家(族人)。《义田记》记载有仲淹义田的"义举"。其义田有主事之人，且制度完善，效果颇佳，群族之人善之；此举是仲淹"先天下之忧而忧，后天下之乐而乐"的博大仁怀的铮铮佐证。天有不测风云，人有旦夕祸福。2008 年 5 月 12 日下午，以汶川为震中的广大地区，遭受八级强烈地震，损失惨重。全中国、全世界并非亲族之人都慷慨资助了，西方却有几个幸灾乐祸者，他们是披着人皮的冷血动物——蛇；人，善良的中国人是不屑和低级的冷血动物计较的。(癸卷 172·2008 年 6 月 14 日)

※谜苑拾萃※ 何为滑头(饰品一) 指甲油 (潘云龙 作)

润之"数风流人物"

伟大领袖毛泽东,字润之。题句乃自拟,用作电视剧《东归英雄》的谜面。毛泽东写于 1936 年 2 月的词作《沁园春·雪》,以咏雪起兴,赞美中华大好河山,月旦历史伟人;词末曰:"俱往矣,数风流人物,还看今朝。"这三句是对人才辈出的中华民族和国家未来的兴旺发达、充满信心地表述。"俱往矣"句前,历数了历史上很有影响的帝王,"数风流人物"是对他们和无数英雄人物的"综述、归纳"。谜底首字"东"字,怎么交代呢?"润、泽"近义,以"泽"代"润";"泽"字"之(走向)"谜底,使底材呈"泽东归(纳)英雄",恰与谜面贴切。"只有人民,才是创造世界历史的动力。"这话也是"数风流人物";"风流人物"太多,总名:人民;"人民"这名字,不容忽视!

(癸卷173·2008年6月9日)

※谜苑拾萃※　祭之丰不如养之薄(市招一)　供应早点　(李文林　作)

壮士一去兮不复还

现代的"刺客",叫"杀手"更合适,且多系受雇的"职业杀手"。古代"刺客",多服务于"政治",刺杀的对象越重要,刺客就越"知名",例如荆轲。《战国策·燕策三》详载荆轲刺秦王的前前后后,"戏剧性"又强,荆轲也就当仁不让地成了戏曲、影视的主角。因嬴政在列国中"口碑"不好,刺杀嬴政的荆轲适成英雄。入秦前,燕太子丹及宾客送之,"高渐离击筑,荆轲和而歌……士皆垂泪涕泣",歌词曰:"风萧萧兮易水寒,壮士一去兮不复还!"请注意,题文首字得用繁体,即"壯",题句作面猜一字,谜底不能成"版"字,反片——爿。"一去不复还"只是说明"壯"字中,"士"字去了。壮士去了,去得再多,也阻挡不住历史前进的步伐!

(癸卷 174·2008 年 6 月 2 日)

※触典旁通※　爿(电影术语一)　反转片　(佚名　作)

会见汝在荆棘中耳

《晋书·索靖传》:"靖有先识远量,知天下将乱,指洛阳宫中铜驼,叹曰:'会见汝在荆棘中耳!'"后以"荆棘铜驼"形容国破后的残败景象。据《太平寰宇记》引晋·陆机《洛中记》载:汉铸铜驼,立洛阳宫南四会道,夹路相对。铜驼昂首巍立,何其雄哉,一旦"在荆棘中",国家的命运可知矣,是以,李商隐有"老忧王室泣铜驼"诗句。不能挽救晋之败亡,索靖徒有"先识远量"耳。索靖其实无可指责;秦皇汉武等"天之骄子",比索靖如何?还不是挡不住朝代的更替?有一股无形的力量,在左右着历史,这股力量总会推出一个人为代表;代表,幸运儿耳;那股力量是广大的人民群众。我令一种草名"白描"题文:骆驼刺。

(癸卷 175·2008 年 6 月 21 日)

※谜苑拾萃※　《茶馆》、《雷雨》、《龙须沟》(谜目一·卷帘)　著名艺人三　(滕宝毅　作)

阿衡起于有莘野,太公遇于渭水滨

题文两句,巧以楹联形式,分咏两桩史事。后句咏姜尚,本书"甲卷 40"篇有介绍,不赘。前句咏伊尹。伊尹,名挚,曾"耕于有莘之野",是汤的妻子的陪嫁奴隶;后佐商汤伐夏桀,汤尊之为"阿衡"。姜文清先生拟以题句为谜面,令猜三个古人名:伊尹、和尚、王延之。"王延之"被别解成"王延请之";"和尚"一名被中间读断,"尚"踏实为字子牙(一说字"望")伐纣功绩卓著的西周人姜尚。伊尹出身卑微;姜尚虽说从师多年,怕也只是传说,其出身并非高贵,否则,发妻马氏也不会演出《马前泼水》那一幕了。伊尹、姜尚于商、周的功绩,谁人堪比?有幸的是,历史追溯得越古,"出身论"、"唯成分论"越不吃香;否则,我们就无从知道伊尹、姜尚为何许人也。

(癸卷 176·2008 年 5 月 23 日)

※谜苑拾萃※　白了少年头(成语一)　未老先衰　(蔡金生　作)

活人不及死人香

题句置面，我拟猜底是成语：万古流芳；此谜非直解；谜底原意是“好名声永远流传”，入谜，则别解作：作古（死）万年后，仍流芳馨的名声；当天作的谜，当天写成此文，当天编入本书，还是第一次。何“迫不及待”呢？为事感动而冲动。1654年春，清兵攻江南，已调广东的原江阴县典史阎应元和新典史陈明遇共筹起兵抗清；他们固守江阴八十一日，杀清兵七万余。城破，清兵屠城，尸满街巷池井。后人录“江阴女子”《题城墙》诗曰：“雪胔（腐肉）白骨满疆场，万死孤忠未肯降。寄语行人休掩鼻，活人不及死人香。”无论何时，人都分等级。高贵者可以吃香喝辣，遍体沐香，可以对衣着过时的劳动者“掩鼻”；唯其“掩鼻”，他才“不及死人香”。（癸卷177·2008年6月23日）

※谜苑拾萃※　泥菩萨过河（文艺评论语一）　偶像化　（蔡和平　作）

劳不坐乘，暑不张盖

2008年5月12日14时28分，以四川汶川为震中，发生了里氏八级强烈地震，广大地区灾情空前严重。国家作出减少一些支出的规定；如果不遭受这特大震灾，那些规定会出台吗？那些规定对省级以下政府会有约束力，会有效果吗？恕我斗胆表述了我的怀疑。不是该减少一些支出，而是本不该有的支出还很多，该取消的开支项目还很多；但愿各级地方政府不会像以往一样，衍生一些“对策”。题句出《史记·商君列传》，是赞颂秦相百里奚虽辛苦却不坐车乘，冒酷暑却不张伞盖的节俭行为的；清人以之作谜面，猜底是《孟子》句“而俭于百里”。百里奚就是那个拿五张羊皮换来的俘虏；他出身卑微，后来当了秦国宰相。我们的官，是否在“讲排场”方面，让第一世界都自愧不如呢？

（癸卷178·2008年6月21日）

※谜苑拾萃※　晏婴设下二桃计（外国电影名一）　《终结者》三　（李永文　作）

视见垣一方人

《史记·扁鹊仓公列传》：“扁鹊者，勃海郡郑人也，姓秦氏，名越人。”《史记》关于扁鹊的记载未可全信。据专家研究，秦越人确有之，但出生在卢国，因称“卢医”。《史记》所载扁鹊医疗事迹，亦多系传说，且跨越三百余年，显然不可能；所以说，扁鹊是古代医术高超、医德高尚的医生的代称。扁鹊传开篇，就讲了一个神奇故事：长桑君与扁鹊交往十余载，为其人格魅力感动，传以禁方予扁；扁用“上池之水”（露水）送服所赠药，三十日后，“视见垣一方人”——看见了墙另一边的人；我用口语“眼神”配作此句之谜底。扁鹊“望诊”之精准、神奇，神化成能“透视”的“神眼”。但谁能说，“X光”、“CT”什么的，不是受到《史记》载述的启发呢？（癸卷179·2008年6月4日）

※触典旁通※　视见垣一方人（成语一）　隔墙有耳　（张志有　作）

灵均博闻强志，明于治乱

核能，亦称原子能；是原子核结构发生变化放出的能量。泰国已故谜家卢山夫，把原子能的“能”字转化为“才能”，并以一位古代贤人的字和美称冠之，组成别义的“原子能”，还配以题句，以彰明“原子”的才能、学识。题句出《史记·屈原贾生列传》：“屈原者，名平，楚之同姓也。……博闻强志，明于治乱，娴于辞令。”补说：原，屈平之字；灵均，一说是屈平的别号，一说乃其字。明于治乱，重要之能也。然屈原不得志，终死在汨罗江中。“古来才大难为用”，但愿这只是杜甫不被重用时的抱怨话；很可惜，那话如今在很多地方也应验。我在想：什么是“大才”呢？“大才”是无法量化的、不显而易见的“手段”；可量化的、可显见的，非“大才”。不明白吗？慢慢琢磨去。（癸卷180·2008年6月14日）

※谜苑拾萃※　驻足秦王兵马坑（方位语一）　俑前立人　（李功平　作）

墨翟悲丝

文学作品须具“感染力”,即通过作品引起人相同的思想或感情;通常指好的、积极的影响。我为“感染力”一词谋面:墨翟悲丝;此句出《龙文鞭影》,典见《墨子·所染》:“(墨子)见染丝而叹曰:‘染于苍则苍,染于黄则黄;所入者变,其色亦变。’”后以“悲染丝”比喻易受习俗影响而变化。墨子“悲丝”多“叹”受到坏的感染,文学的“感染力”又多指受到好的熏陶。其实,“感染”是不以人的意志为转移的;良善者切勿以己心度世人,总会有一些歹人企图把社会变成造就他们同伙的“染缸”。文学作品的“感染力”是通过潜移默化起影响的,“染缸”亦如是;遗憾的是,强大的正面宣传会因太多口号而致“感染力”不强,上不了台面的“染缸”却为害巨大。(癸卷 181·2008 年 6 月 26 日)

※触典旁通※ 墨翟悲丝(医学术语一) 染色体 (张志有 作)

世上魔多,望尊神休停宝杵

偶尔“借网”查资料,觉“百度一下”不错,4 月份还为它制作一面:“99°”,用于“中华灯谜 2008 宝鸡谜会”抢猜题。但总觉着网上的资料“查无实据”。网民“你的样子”一谜,题句为面,猜为数学名词“韦达定理”者,撩逗起我的“杂思”,及至“百度”了好多下,还不敢信以为真;网上载:某君游什邡市,见罗汉寺韦陀殿张环泗手迹联如题,其下联是“人间难广,待我佛立驾慈云”。经查《中国名胜词典》,未能落实什邡市有罗汉寺,只好相信网上的资料了。佛教护法神韦陀(驮),地位很高,其金刚杵作伏魔用。如果被人信作“佛”的大人物,却暗中迷惑、唆使一些人搞打砸抢的话,只会“世上魔多”、“人间难广”,那么,谁还冀望“我佛”能“立驾慈云”?(癸卷 182·2008 年 6 月 23 日)

※触典旁通※ 望尊神休停宝杵(《红灯记》唱句一) 打不尽豺狼决不下战场 (张志有 作)

贤圣之君皆有名臣在侧

题句出《汉书·外戚传下》里班婕妤之口,我取其句作电视剧《女子道班》谜面。汉成帝初即位,选班氏入宫,旋得幸,封婕妤。班女虽无名,却不容小觑;数班氏门中的班彪、班固、班昭、班超,哪个等闲?查族谱,班婕妤还是班固的祖姑。此谜解析:题面语乃“女子道”,谁之“道”?班氏也。论谜,兴许直白,然“班氏女之道”,不逊且不辱其门中名人的名望,确“非常道”也。成帝游后廷,欲与班婕妤同辇,班氏辞曰:“观古图书,贤圣之君皆有名臣在侧,三代末主乃有嬖女,今欲同辇,得无近似之乎?”后来,汉成帝宠赵飞燕;与班婕妤比,可为“掌上舞”的飞燕,直玩偶耳,无德可言。“女子无才便是德”吗?班婕妤不仅德倾后宫,其才亦不让须眉;《汉书》录有其《自悼赋》。(癸卷 183·2008 年 6 月 29 日)

※触典旁通※ 君皆有名臣在侧(《说岳》人一) 王佐 (张志有 作)

建业城拦路劫张昭

我作过“儿戏系列谜”,“跳房房”、“过家家”等都是题材;张礼鹤谜友一谜,又把我带回儿时。题句乃谜面,底是游戏名:石头剪子布。三国纷争,政敌劫持张昭应不奇怪,但竟在吴国都城行事,实强盗行径也。先析谜理。建业,县名,汉称秣陵,三国吴时改名建业,晋改为建康,其地在今南京市,南京别称石头城;张昭,吴国重臣,所谓“内事不明问张昭”其人也,字子布;拦路抢劫,剪径也,谜底“剪”字指此。谜底作“石头/剪子布”顿读,与谜面贴切。玩过“石头剪子布”,陕西叫“剪子包袱锤”;握拳示锤、石头,五指平伸象形包袱、布,食指、中指叉作“剪子”状;三者各有所长,循环制约。“建业城拦路劫张昭”,陕西人干不了;只因他们把“布”叫“包袱”。(癸卷 184·2008 年 6 月 14 日)

※谜苑拾萃※ 红男绿女(医学词二) 性别 染色体 (李好焕 作)

天子门前，尚容走马

题句述“诗仙”李白故事其出《唐才子传·李白》。我对李白有微词，不因他一生没当过大官，因他饮酒“成就”过高，妨碍了他“全才”的发挥故也。醉中草诏“吓蛮书”后，“牛”得放不下了；乘醉骑驴经华阴县，县吏呵阻之，他索笔写道：“曾令龙巾拭吐，御手调羹，贵妃捧砚，力士脱靴。天子门前，尚容走马；华阴县里，不得骑驴？”谜以题句反击“华阴县里，不得骑驴”；李骑驴（卫），被官（县令）阻遏了（当）。《李卫当官》是部电视剧。皇廷里“辉煌”过后，李白做过哪点对百姓有益的事？他藐视王侯显宦吗？那是出于“酸葡萄”心理；否则，何以干谒韩荆州，为啥追随永王璘，留下“附逆”的污点？

（癸卷 185·2008 年 7 月 6 日）

※灵犀一典※　天子门前，尚容走马（陕西名胜一）　李自成行宫　（张志有　作）

留得残荷听雨声

“秋阴不散霜飞晚，留得残荷听雨声”，此李商隐诗《宿骆氏亭寄怀崔雍崔兖》中句。诗人秋思的心扉，似被不住的雨点敲击着；谜人驰骛的心却想：丢开离愁别绪吧，不就是雨点敲打枯莲叶的音响吗？胡安义先生为题句配以“打莲响”这民间艺术形式作谜底。解放初，学生常上街宣传，扭秧歌，打腰鼓，还有陕西叫“霸王鞭”的行进舞蹈表演；此“鞭”是在普通棍棒中间镂空几处，装上铜钱，在肩、腿各处敲打时发出声响。查阅《中国民间艺术大辞典》知，那种表演形式学名叫“打莲湘”，又叫“莲湘”，是乾隆年间湖北天门的讨饭父女从打狗棍演变成的舞蹈兼演唱艺术，又叫“打花棍”。还是“打莲响”更“原生态”，名字更质朴。

（癸卷 186·2008 年 6 月 23 日）

※灵犀一典※　留得残荷听雨声（三国故事一）　打黄盖　（张志有　作）

使我治天下十年，当使黄金与土同价

是谁那么“牛”，说了题文那话？萧道成。语见《南史·齐本纪上》。道成初即帝位成“齐高帝”，“身不御精细之物，主衣中有玉介导，以长侈奢之源，命打破之”。其节俭行为尚多载述；尤其是题文之语，令我震惊；震惊之后，却生怀疑；为何怀疑？他的传中，述事不多，“神异怪诞”铺陈阿谀之词却成“精华”，给我的印象像“广告”，“吹”得太过，全然失去了蛊惑力。吹就吹吧，御用文人只有吹捧帝王，才最能发挥吹捧的效果、“效益”。为了谜，我容忍了萧道成的“吹”，以题文置面，猜底取两个《水浒传》人名：萧让、高廉。物价不断涨，石油更是疯涨。重登我的一则获奖谜作吧：物价稳定人尽喜（六字口语）——别提有多高兴。高兴得起来吗？

（癸卷 187·2008 年 6 月 30 日）

※谜苑拾萃※　酒好不怕巷子深（地名三）　那曲　招远　来宾　（李明富　作）

夺席谈经非五鹿

1949 年 3 月末，著名民主人士柳亚子写的《七律·感事呈毛主席》中有“夺席谈经非五鹿”句，姜文清谜友撷之作面，拟猜底是两个明代人：朱能、白慧元；入谜，底材须顿读成“朱能白/慧元”，别解义呈“朱某人能言，智慧亦属第一”。“夺席谈经”一典，参见本书“丙卷 140”篇。“非五鹿”典见《汉书·朱云传》：五鹿充宗是朝廷红人，精于“梁丘易”学说；汉文帝令充宗与各易学家论辩，只有朱云敢出席，云“既论难，连拄五鹿君，故诸儒为之语曰：‘五鹿岳岳，朱云折其角。’”能说会道算不上“口辩之才”；有学问作基础才配称“口辩之才”。仅有“口辩之才”又远不足以担重任。咱视野狭小，阅历不广，但也深受“光说不练”的“天桥把式”的危害，愿“天桥把式”只幸存于我的周围。（癸卷 188·2008 年 7 月 15 日）

※谜苑拾萃※　此去泉台招旧部（称谓二）　老帅　老师　（李金海　作）

向见管夷吾，无复忧矣

王导(276—339)字茂弘；促建东晋政权，总揽元帝、明帝、成帝三朝达数十年之重臣；其实，当时朝廷微弱，桓彝为之担忧，在他见过王导后，对周顗说："向见管夷吾，无复忧矣。"前述见《晋书·列传第三十五·王导》。桓彝以王导比管仲，认为有他在，晋国"无复忧"；因此，我取题句为面，着猜两个理科常用术语：推导、定理——推断王导定能管理好(国家)。读王导传，有两点感悟。一，王导权倾天下，其兄握重兵，时人称"王与(司)马，共天下"；在皇上对自己言听计从、尊宠有加的情状下，不宜生篡位、图"九五之尊"那虚名的"邪念"；二，把皇室笼络好了，自己"现有的福现享着"，至于让国家强盛，让民生改善，操那份心重要吗？

(癸卷 189·2008 年 7 月 1 日)

※谜苑拾萃※ 疑是地上霜(纺织品一)　夜光布　(蔡金龙　作)

近海红潮为害大

红潮又名"赤潮"，是由某些浮游生物大量繁殖和高度密集所引起的海水变色现象，多现于近岸海域的晚春至早秋季节；视浮游生物种类的不同，红潮呈红或近红色，其水发粘，味腥臭，渔民称其"臭水"。沪上著名谜家江更生，谜作"海派"味浓。他拟题句为面，猜作成语"红颜祸水"一谜，应属我渴盼见到的"科技典故"谜范畴，很高兴铺排成此文。"水至清则无鱼"，水中无浮游生物，鱼类无"生活来源"，不能生存；浮游生物过多而密集，又成"红潮"；"红潮"能杀死贝、虾、鱼类等水族，诚"祸水"矣。谳定红颜女子为"祸水"是歪理。谁不爱美？怎么单单女子貌美就成了"祸水"？"祸水"从来不能殃及健康的肌体！

(癸卷 190·2008 年 6 月 6 日)

※谜苑拾萃※ 先天性脑瘫(京剧名冠量一)　一出《生死板》　(李祝英　作)

以手板画地曰：犯此当死

《龙文鞭影》"安之画地"篇，介绍了唐代河南丞严安之韵事；安之行政以"严肃"闻名；唐玄宗御五凤楼大宴群臣，赐三日饮酒作乐，奈观瞻者喧、挤，序乱，乐不得奏；高力士奏请严安之维持秩序；安之至，"以手板画地曰：'犯此当死。'"众人指其画曰"严公界"，三日内无人敢进一步。我借题句置面，为觅公安术语"戒严"作底。严安之，名副其实；他为政"严"，有他出面，能不"安之"？因"名声"安定边塞，史有数例；以"名字"息事宁人，笑谈耳。"戒严"，非有寻常事件不为耳；可甘肃动辄"戒严"，令我啼笑皆非。国家领导人视察，戒严，6 月 30 日，圣火传递预演，也戒严；真不知是对广大的良善群众不放心呢，抑是自己班子多有"不放心的事"。

(癸卷 191·2008 年 7 月 4 日)

※谜苑拾萃※ 右军往视，意甚喜，因求市之(动物名一)　王企鹅　(李培镇　作)

公主语驸马：日间应行君臣礼

关于京剧《打金枝》(《满床笏》)，有过说道，今结合一谜，再述未尽之意。以成语"夜郎自大"作谜底，香港张伯人先生拟以题句置面；题句是升平公主对其夫君，郭子仪第六子郭暧的要求吗？可以那样理解，亦可这么想：无论哪位公主能听任夫君在大白天无视自己尊贵的皇女身份吗？但公主也不能时时尊大，入夜床笫间，"君臣礼"怎么个行法？从题句不难推理定论：夜/郎(君)自(然为)大。郭暧打了升平公主这"金枝"，"家庭暴力"，该检讨；可公主也该管管，否则，她还怎么为人妻、为人媳？供着个"金枝"，还怎么居家过日子？听说"女强人"多"单身贵族"，谁要她们端着个"金枝"身份，妄自尊大呢？继续"贵族"吧，有钱了，"鬼可推磨"，什么生活问题无法解决？

(癸卷 192·2008 年 6 月 15 日)

※谜苑拾萃※ 大旱望云霓(俗语一)　干瞪眼　(蔡纯如　作)

介诚狂直

题句是《龙文鞭影》篇目;此篇绍介北宋一学者性狂直,乐善疾恶,敢与奸臣抗争的品德;此人叫石介,兖州奉符(今山东泰安)人。由是我联想到“泰山石敢当”,以之配作题句的谜底;此五字来头大,故事多,还拍成了电视剧。唐宋以来,人家门口或街衢巷口常立的小石碑,上刻“石敢当”,用来禁压不祥。“石敢当”冠以“泰山”,见《茶香室丛钞》卷十引《夫于亭杂录》云:齐鲁俗,多于村落巷口立石,刻“泰山石敢当”五字,云能暮夜至人家医病;另说,石敢当多埋地下,用镇宅;又载,石为姓,敢当乃虚构之名,言所当无敌。我的谜,只以故事作引,泰山人石介“敢当”,才是我的最崇;设无梗直敢说、敢为之人,邪恶终会让任何美好成为空想!

(癸卷 193·2008 年 7 月 6 日)

※谜苑拾萃※ 天不生仲尼,万古如长夜(外国电影名一)　《圣诞前夕》(李振贵　作)

刘显辨为“与上人”

宗教信仰自由,已写入宪法;但也有不信教的自由,这是重要的;笃信宗教者,若迷恋到“狂”的程度,无疑是有害的;那将会被人利用,干出出格的事,请看一例。《南史·列传第四十·刘显》:有僧家与人打田地官司,梁武帝署曰“贞”。“有司未辨,遍问莫知。”时任尚书左丞的刘显曰:“贞字文为与上人”——分析“贞”字,是“与上人”;上人即和尚。清末民初谜家黎国廉,据史拟题句作面,着猜年号“贞明”——书“贞”字的用意明晰了。梁武帝的信佛就到了“狂”的程度,不好明着偏袒,耍了个“字谜”把戏。当然,和尚赢了官司,田地归沙门。即使是和尚讹了别人的地,谁让人家有皇上罩着呢?刘显还因聪明遭忌,被皇上赶出了京师。

(癸卷 194·2008 年 6 月 20 日)

※谜苑拾萃※ 若非先主垂三顾(象棋术语二)　亮将　闲着　(蔡芳　作)

空劳云雨下阳台

《全唐诗》录有“莲花妓”作《献陈陶处士》一诗:“莲花为号玉为腮,珍重尚书送妾来。处士不生巫峡梦,空劳云雨下阳台。”我从中撷句置面,令猜宋·周敦颐《爱莲说》句“出淤泥而不染”。面、底所以结成连理,须到《唐才子书·陈陶》篇里寻觅原因:陈陶,字嵩伯;屡举进士不第后,冷淡了仕进,隐洪州西山学仙;严宇任洪州刺史时,俯就山中,与陈陶谈辄竟日;又遣莲花妓侍陶,陶笑而不答;莲花妓乃作前诗求去。“出淤泥”者,莲花也;不染,见陈陶决绝云雨情之坚贞。陈陶落第时,曾以诗述怨“中原不是无麟凤,自是皇家结网疏”。与妓“不染”,谈不上什么“亮节”,他更迷恋“神仙”而已;设皇家网目密一些,自诩“麟凤”的陈陶,在仕途上会有大的作为吗?

(癸卷 195·2008 年 7 月 9 日)

※触典旁通※ 空劳云雨下阳台(蔬菜名一)　莲花白　(张志有　作)

“名将之花”怎凋谢

沈阳李良柱先生拟题句置面,令猜象棋术语“炮打中卒”;入谜,“卒”作“死亡”解,在“炮击(打)中”,“名将之花”凋谢了——成了名副其实的“炮灰”——炮下之灰。1939 年冬,日本侵华第二混成旅一个大队向晋察冀抗日根据地“扫荡”,被晋察冀军区一、二、三团歼灭。11 月 4 日,侵华日军第二混成旅旅团长阿部中将又亲率千余人进犯至黄土岭、上庄子一带,旋被我军包围全歼;侵略者誉为“名将之花”的阿部中将,在“炮打中卒”。中国人讲究“叶落归根”——死也要死在自己的故里。抛尸异国他乡,再“遗臭”异国他乡的人,实际上是最愚昧的。靖国神社的魔灵,如果仍在享受祭拜的话,祭拜者的居心,还用得着大费口舌地解释吗?

(癸卷 196·2007 年 12 月 12 日)

※谜苑拾萃※ 万径人踪灭(新词语一)　走光　(张礼鹤　作)

玄将已注《春秋》文稿悉归子慎

服虔，东汉经学家，字子慎；他撰写的《春秋左氏传解谊》，一度甚流行，唐·孔颖达撰《五经正义》时，《左传》部分专用杜预注，服虔注遂亡佚，后有清学者辑其佚书数卷。《龙文鞭影》“服虔赁作”篇记有西汉著名经学家郑玄雅闻：玄注《春秋》未完成，在听到服虔的注解后，遂将已注悉交服虔发表；其对服虔之敬重可见。拟题句置面，我取两个常用词“郑重”、“信服”为谜底；郑、服各落实在郑玄、服虔名下；此又见郑玄专心治学、不孜孜于名的高贵品质。《后汉书·郑玄传》列郑玄著作甚夥，但无《春秋》，确证他已将著述成果无偿给了服虔。“讲坛”很火，大师们的论述，我无缘从中得到启迪；若郑玄再生，我兴许会从他的注疏里，对人生的真谛有所感悟吧。 (癸卷 197·2008 年 7 月 9 日)

※谜苑拾萃※ 读罢泪沾巾(成语二) 一念之间 一衣带水 (缪一松 作)

莫向春风唱鹧鸪

有“人以鸟名”者，此人是唐·郑谷。古代宴饮，多有伶人以演奏或歌唱助酒兴的“时髦”。诗人郑谷记一次宴饮写的《席上贻歌者》诗只四句，却因末句“莫向春风唱鹧鸪”饮誉而得名“郑鹧鸪”。鹧鸪，指当时流行的《鹧鸪曲》；鹧鸪鸣声谐音“行不得也哥哥”，《鹧鸪曲》又“效鹧鸪之声”，哀婉愁怨，尤不宜在送别时演唱。清·企杜《龙山灯谜》中一谜，以题句为谜面，猜底是《论语·卫灵公》句“放郑声”；此句本意是禁绝郑国音乐，入于谜，却被谬解成“放弃郑谷唱鹧鸪之声”。自战国始，郑国的俗乐，因孔丘说它“郑声淫”而声名狼籍，甚至还有说它是“亡国之音”的；卫国俗乐亦如是。音乐的潜移默化作用从来就没被“小看”。 (癸卷 198·2008 年 6 月 24 日)

※灵犀一典※ 莫向春风唱鹧鸪(成语一) 靡靡之音 (张志有 作)

墨　　庄

以称谓“知识分子”作谜底之作，已有佳面，如兰州赵小因先生之“贫不卖书留儿读”等；谜用推理，意谓：将知识分给儿子；长辈用意原好，但“留书”不等于“分知识给儿子”；有书不读，何来知识？我为“知识分子”作谜，对底材之别解并无创新，唯面材取用典实，以谳定底材的别义，面曰：墨庄。宋·叶廷珪《海录碎事·文学上·收书》载：宋刘式聚书千余卷，书室名墨庄；又，元·申屠智聚书万卷，亦名墨庄。仅此，谜于扣合“分子”二字不显，仍须从刘式传中“寻根”：刘式死后，其妻陈氏教诸子曰：汝父禀行清洁，唯有书数千卷留给你们，是谓“墨庄”。因此，陈氏还膺“墨庄夫人”美名。老板客厅，书籍盈壁，可惜那些书都太新。 (癸卷 199·2008 年 7 月 10 日)

※谜苑拾萃※ 夹岸数百步，中无杂树(地方名食品一) 合川桃片 (彭金元 作)

连“杂感”也被“放进了应该去的地方”时

《灯谜·典故·杂感》该收笔了；不少朋友盛赞此文，首赞“杂感”；然，此文若难付梓，未必不由“杂感”。鲁迅《〈而已集〉题辞》共八句，后二句曰：“连‘杂感’也被‘放进了应该去的地方’时/我于是只有‘而已’而已！”《而已集》是在什么背景下写的呢？《〈三闲集〉序言》里披露：“我是在二七年被血吓得目瞪口呆，离开广东的，那些吞吞吐吐，没有胆子直说的话，都载在《而已集》里。”吉其厚先生为题句找的谜底是“终于此而已矣”，其出《孟子·万章下》。大非鲁迅所处的时代，如今“开放”、“宽松”。我不应该担心此文的“付梓”，否则，“我于是只有‘而已’而已”。 (癸卷 200·2007 年 2 月 8 日)

※谜苑拾萃※ 本书第三部分内容见刊(鲁迅语一) 连“杂感”也被“放进了应该去的地方”

(张志有 作)

跋

当我坐在电脑前写这篇“跋”的时候，释然而欣然。为了二十余年的艰辛笔耕就要告一段落而释然，也因此艰辛的笔耕终有成果而欣然。

有必要把《灯谜·典故·杂感》一书的萌生和写作过程，作如下简述。

1986年萌发写此文的念头，原拟写上、下两卷；当1994年上卷写完后，又萌生写三卷以上的想法。1995年年底到1996年年初，对上卷作了两次修改，该卷绝大部分得以在《中国(华)谜报》、《中华谜联》、《灯谜指南》、《中华谜苑》等报刊上发表，反响良好。

2003年决定写完六卷后搁笔，全文计甲、乙、丙、丁、戊、己六卷。2004年4月，又对甲卷作了文字订正，个别篇幅长者，压缩至每篇300余字。

2005年4月，完成己卷写作后，将全文六卷“写进”了电脑，编成书样，还复印了十册，作征求意见用，并争取出版。在筹谋、争取出版过程中，不忍闲着，又陆续写了庚、辛、壬、癸四卷，至2008年10月，共完成十卷写作，形成现在这个样子。此后，对发现的问题，随时进行着修改、完善。

早在2008年，郑百川、赵首成两位方家就欣然动笔为此书写好了序言，可筹谋出版此书的过程，并不轻松。因为此书的内容不是“畅销”的题材，我又不愿把它改成迎合受众的那种样式，所以它长时间躺在电脑里。在此期间，刘旭、武骝谜友，李连斌、李建斌先生都曾为此书的出版而联系、奔走过，在此书即将付印之际，特向他们表示诚挚的谢意。

后经李建斌先生联系，兰州大学出版社有意出版该书，其间各位编辑付出了艰辛的劳动，我也要由衷地对他们道声：谢谢！

在该书刚签订了出版合同后不久，闻讯的谜界朋友就为此而欢欣鼓舞，他们纷纷表示渴盼尽早得到此书，还以实际行动支持此书的出版，他们是杨靖高、刘旭、安建国、陈清泉、“西北铝”十谜友、许海魁、王少鹏、桑小平、孙耀、李毅、裴靖、张举端、彭金元、朱建铭、徐锦忠等人，对这些朋友的热情支持，难道只用一个“谢”字，就能表达得了吗？

对参加首届“中华杯”谜赛的老朋友赵首成、田鸿牛，还有忘年交的小友刘旭，我更不能忘怀。挚友赵首成，曾先后两次对该书前八卷仔细审阅，逐篇提出了匡正、修改意见；他工整的小楷书信，我甚至当成书法作品般地保存着。鸿牛友在闻讯后，竟在两天内，洋洋洒洒地写了三千字的序言。刘旭友还在百忙的工作中挤出时间，完成了数幅插画。对他们的辛勤付出，无论说什么感谢的话，都显得苍白无力了！

我热爱灯谜这项活动，我想，只有不遗余力地把灯谜当成“事业”继续搞下去、写下去，才能对得起喜欢我、支持我的朋友。

当您闲暇时翻阅本书的时候，请留意它的错谬，和您不满意的地方，把意见回馈给我，对此我将非常感激；如有机会，我也会认真地改正我的电子文本。有可能的话，我还会把我的电子文本酌赠给持有本书、热爱本书的我的挚友。

张志有

2010年12月27日于虎蜗居